寧夏回族自治區“西夏學人才高地”
經費資助出版

西夏研究論叢（第一輯）

西夏研究論文集

寧夏社會科學院歷史研究所 編

鳳凰出版社

圖書在版編目（CIP）數據

西夏研究論文集 / 寧夏社會科學院歷史研究所編
. -- 南京 : 鳳凰出版社, 2015.11
ISBN 978-7-5506-2296-8

Ⅰ. ①西… Ⅱ. ①寧… Ⅲ. ①中國歷史－西夏－文集
Ⅳ. ①K246.307-53

中國版本圖書館CIP數據核字(2015)第264980號

書　　名	西夏研究論文集
編　　者	寧夏社會科學院歷史研究所
責任編輯	陳曉清
出版發行	鳳凰出版傳媒股份有限公司 鳳凰出版社(原江蘇古籍出版社) 發行部電話025-83223462
出版社地址	南京市中央路165號,郵編:210009
出版社網址	http://www.fhcbs.com
經　　銷	鳳凰出版傳媒股份有限公司
照　　排	南京凱建圖文製作有限公司
印　　刷	江蘇鳳凰通達印刷有限公司 南京市六合區冶山鎮,郵編:211523
開　　本	718×1005毫米　1/16
印　　張	19.5
字　　數	382千字
版　　次	2015年11月第1版　2015年11月第1次印刷
標準書號	ISBN 978-7-5506-2296-8
定　　價	88.00圓

(本書凡印裝錯誤可向承印廠調換,電話:025-57572508)

目　録

摘要 …………………………………………………………………… / 1

試論唐初唐蕃戰爭對黨項羌的影響 ………………………… 保宏彪/ 1
從晚唐墓志中的黨項史料看唐朝與黨項的關係 ………… 保宏彪/ 9
熙寧變法與宋夏戰爭 ……………………………………… 魏淑霞/ 20
定戎寨鹽池與宋夏戰爭
——兼論鹽文化 …………………………………………… 薛正昌/ 28
范仲淹與西夏 ……………………………………………… 薛正昌/ 34

從西夏年號看西夏文化的階段性 ………………………… 保宏彪/ 41
西夏官吏酬勞
——封爵、俸禄及致仕 …………………………………… 魏淑霞/ 56
從《天盛律令》看西夏榷禁制度 …………………………… 張玉海/ 68
西夏的軍事立法與軍事制度 ……………………………… 李　温/ 75
論西夏的起訴制度 ………………………………………… 姜　歆/ 86
論西夏的審判制度 ………………………………………… 姜　歆/ 99
西夏的婚姻立法與婚姻制度 ……………………………… 李　温/ 110
黑水城出土元代文書押印制度初探 ……………………… 陳朝輝/ 119

日本藏西夏文刊本《大方廣佛華嚴經》考略 ……………… 許生根/ 125
英藏黑水城出土軍糧文書初探 …………………………… 許生根/ 130

《打剌赤碑記》考釋 …… 張玉海/ 136

論黨項西夏家族關係 …… 孫廣文/ 144
宋元理學與西夏遺民的《龍祠鄉約》…… 胡若飛/ 153
略談河南濮陽西夏遺民的族屬 …… 胡若飛 薛 路/ 157
寧夏舊志輯録西夏遺民史料匯考 …… 張琰玲 沈劍俠/ 161

西夏語韵母的構擬與分攝 …… 賈常業/ 172
西夏文字的字形結構組合形式與造字方法 …… 賈常業/ 179

西夏王陵對唐宋陵寢制度的繼承與嬗變
——以西夏王陵三號陵園爲切入點 …… 余 軍/ 193
西夏六號陵陵主再考 …… 岳 鍵/ 227
西夏文“馬”字比較的若干歷史文化意涵 …… 胡若飛 薛 路/ 244

《寧夏社會科學》西夏欄目述評 …… 孫穎慧/ 260
黑水城漢文文獻研究叙録 …… 張琰玲/ 272

摘　　要

試論唐初唐蕃戰争對黨項羌的影響

唐初在西南邊疆廣設羈縻府州，當地黨項羌開始主動内附唐朝。高宗時期爆發的“唐蕃戰争”使黨項羌與唐朝的關係出現分化，一部分黨項羌受到吐蕃的控制與驅使，另一部分不甘吐蕃統治的黨項羌被迫向唐朝地域内徙。這一過程爲後來唐朝組織黨項羌定點内徙奠定了基礎，從而改變了當時乃至以後黨項羌的分布格局與歷史進程。

從晚唐墓志中的黨項史料看唐朝與黨項的關係

關於黨項的史料散見於隋唐宋元諸朝正史、文集奏章和部分碑刻題記之中，墓志材料並不多見。尤其是處於黨項興起階段的晚唐墓志中的黨項史料，不但彌足珍貴，而且更具研究價值。本文通過對八方晚唐墓志中黨項材料的考證與分析，試圖從另一個側面審視這一時期唐朝與黨項關係。

熙寧變法與宋夏戰争

宋夏之間戰事頗多，戰争的勝負對雙方的經濟、政治等都産生了重要的影響，影響戰争勝負的因素衆多，本文試圖通過對宋夏之間幾次大的戰争的叙述、戰争脉絡的梳理和熙寧變法軍事成效的分析，來説明北宋熙寧變法對宋夏戰争軌迹産生的重要影響。

定戎寨鹽池與宋夏戰争

——兼論鹽文化

食鹽歷來與政治和戰争關係密切。寧夏海原縣乾鹽池池鹽,是漢唐時期著名的河池,宋元時期的定戎堡鹽池。明代乾鹽池之名已約定俗成,政府在這裡設有負責管理鹽倉的"倉官"。宋夏之間的戰争衝突在百餘年間時停時起,除了其中的政治與軍事等主要原因外,鹽池的争奪是宋朝與西夏邊界衝突的重要原因之一,當時池鹽生産規模很大。金國占據西安州後,將鹽池賜還給西夏,西夏人非常重視經營這裡的池鹽。從文化意義上看,絲綢之路穿越千年古道,與鹽池同樣有着密切關係,除了地理意義上的多元價值外,依賴於這裡盛産的食鹽也是一個重要原因。

范仲淹與西夏

范仲淹是北宋時期著名的政治家、軍事家和文學家。北宋與西夏在西北地區三次規模較大的戰役(三川口、好水川、定川砦)期間,作爲北宋陝西沿邊軍事統帥,他力主守議,"攻防兼備",不贊成深入敵境的進攻戰。"慶曆和約"是宋朝三大戰役失敗後的産物。"和約"提出減罷營田、攻防兼備,重在守禦、嚴邊城與實關内相結合的禦邊措施,是范仲淹較長時間禦邊的過程中,對宋夏沿邊戰争環境與宋夏軍事深入研究並提出的軍事防禦思想的體現。

從西夏年號看西夏文化的階段性

西夏年號的出現與使用在一定程度上反映了黨項在立足民族文化基礎上接受、學習並改造漢文化的過程,折射出西夏文化的階段性。隨着漢文化的持續傳入與統治者對其態度的轉變,西夏文化呈現出彰顯民族特色—蕃漢雜糅—大興漢禮的發展態勢。依據西夏年號的特點可將西夏文化分爲前、後兩段,按照其内容和性質分爲强調君權神授、希望天佑維穩、祈求國泰民安三種類型。

西夏官吏酬勞

——封爵、俸禄及致仕

封爵、俸禄、致仕是官吏酬勞制度的重要組成部分,西夏作爲少數民族政權,其酬勞制度雖有承襲中原傳統職官制度的成分,但在具體的規定和運作中又呈現出獨特的一面。本文在現有的漢文獻、碑刻、黑水城出土文書、律令等史料記載的基礎上,結合前人的研究成果,從職官制度、文化視角入手,對西夏官吏的封爵、俸禄、致仕等進行了探討,從側面反映了西夏職官制度的運行狀況。

從《天盛律令》看西夏榷禁制度

榷禁制是中國古代國家的一項基本經濟制度。從《天盛律令》相關條文分析,可以得知西夏通過對畜牧業、鹽鐵酒等的禁榷構成其榷禁制度的基本内容。西夏榷禁制承襲了唐宋榷禁制度的基本原則和主要内容,並根據西夏社會經濟發展的實際情況與歷史傳統,對禁榷的基本内容和各個環節進行了大幅度的修改與充實。伴隨其封建化過程逐步發展完善,至夏仁宗天盛年間已基本形成一個較爲完備的體系。同唐宋相比,西夏榷禁制特色突出,集中體現了西夏社會經濟的發展水平和組織化程度,爲西夏與宋遼金對峙提供了物質保障。

西夏的軍事立法與軍事制度

軍事制度是國家政治制度的一項重要内容,軍事鬥爭是政治鬥爭的延續。一個國家要生存和發展,必須有足以保衛國家安全的軍事力量。黨項民族從一建國就非常重視軍事建設。要建設、統率一支强大的軍隊,必須要有完備的法律和制度。西夏既承襲唐宋的法律制度,又有自己的軍事立法,如崇宗年間的《貞觀玉鏡將》和仁宗年間修訂的《天盛律令》,是西夏比較完備的軍事立法。根據這兩部法典我們得知西夏的兵役制度、軍事體制和治軍方略。西夏實行普遍的兵役制度;改革了軍事體制,在全國建立軍事與行政性質的地方監軍司制度;建立了西夏的軍兵種和軍事後勤制度。

論西夏的起訴制度

西夏的起訴制度既是西夏訴訟制度的必經過程,也是西夏司法具體實施的體現。本文通過分析西夏訴訟機關對於案件的處理、存在的起訴形式、起訴制度的原則和特點,説明西夏確實形成了一種體系比較完整、大而舉要、小而具體、大小相統、彼此互補、渾然一體、首尾相銜、彼此照應的起訴制度。

論西夏的審判制度

西夏的審判制度是西夏重要的司法制度,它直接體現了西夏法制化的程度。本文將西夏製定的審判制度、這一程序的兩個步奏——審訊和判决分别加以分析後再統合研究。西夏的審訊制度突出的是嚴格的規範性,對審判期限、證據認定等嚴加規範。在對案件的判决上,確立了司法官吏的秉公判斷成爲核心,其目的就在於彰顯法律的公正性。西夏審判制度之所以體現出層次分明而又環環緊扣,處罰嚴厲而又不失靈活的特色,是與其對中國傳統法律制度中不斷總結和積累的審判經驗的承襲與運用分不開的。

西夏的婚姻立法與婚姻制度

婚姻制度是人類社會發展到一定階段的産物。不同類型社會的不同發展階段有着不同類型的婚姻制度。剛剛封建化的西夏王朝在學習、借鑒唐宋王朝先進的政治文化制度的同時,也承襲了唐宋王朝的封建婚姻制度。本文根據西夏《天盛律令》的有關律條研究了西夏婚姻立法的基本指導思想,並論述了西夏婚姻制度中婚姻締結的條件、程序,解除的條件、程序和禁止結婚的規定以及保留的黨項民族固有的婚姻習俗。

黑水城出土元代文書押印制度初探

黑水城出土文書中保存有大量的印文,有官、私之分,官印有官印、戳印等,私印有押印、畫押等。押印、畫押的基本形態是上部一横,下部爲更粗一横,兩劃中間爲變化的圖案,印文的位置,常見在文書末尾和文書中,末尾的是日期印和簽署印,文書中的多爲騎縫印及鈐蓋在重要數字上,以防篡改的印。這些印文不僅是珍貴的實物資料,而且對研究黑水城以及元代押印制度具有重要意義。

日本藏西夏文刊本《大方廣佛華嚴經》考略

20世紀初在寧夏靈武出土了一批西夏文佛經,其中包括西夏文刊本《大方廣佛華嚴經》。這批珍貴的佛經文獻當年散失嚴重,出土後一部分文獻被掠至海外,劫餘之物被收藏在北京圖書館,即今天的中國國家圖書館。日本藏西夏文《大方廣佛華嚴經》就是當年流失到海外的靈武出土西夏文佛經中的精品,該文獻保存完整,屬於元代的善本,距今七八百年之久,具有很高的學術價值。由于日本藏西夏文獻一直没有完整公開刊布,國内學者對日本藏西夏文佛經的研究還很少,筆者在對日本藏西夏文佛經文獻實地考察的基礎上,對比西夏文《大方廣佛華嚴經》在海内外收藏的不同版本,試就日本藏西夏文《大方廣佛華嚴經》作初步的探討。

英藏黑水城出土軍糧文書初探

英藏黑水城出土元朝軍政文書全部是漢文文書,寫本。本文涉及的四件文書保存大致完整或基本能够辨認,現收藏在英國國家圖書館東方部。本文結合宋夏元時期的西北歷史,比對俄藏黑水城文獻的相關文書,對黑水城軍糧供給、運輸等内容進行了研究。

《打剌赤碑記》考釋

本文結合《宋史》、《宋會要輯稿》、《續資治通鑒長編》等相關史料對《嘉靖萬曆固原州志》所録《打剌赤碑記》進行了考釋,指出《打剌赤碑記》真實反映了 1098 年至 1102 年宋與西夏、青唐之間在熙河地區的複雜關係及其宋沿邊政策的變化與邊防形勢,爲我們研究這一時期宋、夏、青唐之間複雜多變的關係提供了彌足珍貴的第一手資料。

論黨項西夏家族關係

黨項西夏的社會變革與社會轉型,對黨項人的家庭、家族生活習慣産生了巨大的影響,包括:在經濟上表現爲從先前完全的遊牧經濟形式變爲半農半牧農牧結合的經濟形式;在政治上表現爲吸收中原唐宋成功的政治經驗即强化中央集權;在文化上逐步確立儒家思想的正統地位。這些影響最終會反映到社會最基本的關係——家庭、家族與宗族關係上:家庭的獨立性逐漸加强,家族在國家政治生活中的地位上升,宗族的社會聯繫功能減弱,法律逐步成爲約束社會行爲的基本要素。

宋元理學與西夏遺民的《龍祠鄉約》

理學盛極於南宋與元、明時代，西夏遺民楊氏先祖唐兀氏家族學習並踐行“新儒家文化”，形成了獨特的“家族文化”，也是楊氏家族徹底實現漢化的另一條重要途徑，河南濮陽西夏遺民唐兀氏於元明鼎革之際，改姓楊姓。《龍祠鄉約》的出現，不能不説是我國民族文化深度融合的一段精彩插曲。《龍祠鄉約》的製定者唐兀盅顯、唐兀崇喜等堪稱理學傑出的追隨者，鄉約的製定本身就是理學理想在社會中的一種實踐。

略談河南濮陽西夏遺民的族屬

有關河南濮陽西夏遺民的族屬問題，學者在理解上還有歧異，本文在已有史料的基礎上使有關河南濮陽西夏遺民族屬論斷和印證的綫索更加切近、明晰。

寧夏舊志輯録西夏遺民史料匯考

寧夏現存舊志共 30 部，其中《宣德寧夏志》、《弘治寧夏新志》、《嘉靖寧夏新志》、《乾隆寧夏府志》四部志書直接或間接記載了諸多西夏遺民信息，有些信息和正史有差異，有些相同，有些信息正史無記載，可以補正史之缺。本文對這四部志書中西夏遺民史料進行整理和研究，以供學界參考。

西夏語韵母的構擬與分攝

西夏韵書《五音切韵》丙種本和己種本在每一韵圖上均寫有相同内容的 14 個字，經考證，這 14 個字分布在“八攝”之中，不僅是有關韵中的起始音位代表字，更重要的是西夏語 105 韵母分“攝”韵目代表字，在韵圖中起着“分八攝韵首法”的重要指導作用。《五音切韵》丙種本和己種本提供的材料證明了西夏語的 105 韵分成八攝，它是西夏語韵母構擬的基本依據和重要的音韵學文獻資料。

西夏文字的字形結構組合形式與造字方法

本文從西夏文字的字形結構入手，對其構字的組合形式進行了分類，用大量的例字、例證揭示了西夏文字的組合形式和造字方法。

西夏王陵對唐宋陵寢制度的繼承與嬗變
——以西夏王陵三號陵園爲切入點

本文論述了西夏王陵在唐宋陵寢制度深厚背景的影響下，採納取捨、兼收並蓄而有所創建衍化。西夏陵寢制度借鑒、融入了秦漢以來特别是北魏、唐宋陵園之規制、因素，既有唐風宋行，又有佛教樣式，還頗具自身特色。西夏陵園形制以唐宋帝陵陵園建築平面布局爲藍本，但其陵園建制却非帝王皇陵陵寢規格，實爲王侯陵墓級别；以北魏方山永固陵把佛寺、祠廟共建在陵園的建置理念爲依托，輸入傳統祠廟建築的祭祀功能，引進佛教寺塔建築的紀念碑性質，西夏陵園創造性地將“陵、廟、寺”建築功用契合在一起，形式和内容藴涵着豐富的佛教意境，與之相適應的喪葬儀軌，就是使漢族儒家文化和佛教文化與黨項民族文化三者有機地結合，集漢俗、佛俗及黨項遊牧民族習俗於一體，反映了籠罩在佛教信仰濃厚氛圍的帷幕下，中原傳統文化與西夏民族文化在陵寢制度上的疊加和交融。在中國古代陵寢制度發展史中，西夏王陵有創新獨到之處。

西夏六号陵陵主再考

本文就學界對西夏六號陵的研究作了回顧，對《西夏六號陵陵主考》一文提出了商榷意見，並就六號陵的修建時間、去宋化背景、始祖選位、碑亭復原、碑文梳理作了進一步的考述，最後得出結論：六號陵陵主是西夏第四代皇帝，崇宗嵬名乾順。

西夏文“馬”字比較的若干歷史文化意涵

“龍”、“馬”具有圖騰的象徵意義，代表着中華民族自古以來“進取向上”的民族精神，已經融匯爲歷史上不同民族的共同文化遺産。西夏文“馬”字是值得重視的分析綫索，本文没有選擇孤立的就字論字，盡量利用第一手文獻資料，通過西夏文“馬”字這一多棱鏡面展開從西夏主體民族黨項羌文化到西夏文化，再從西夏文化到周邊民族的文化對比，涉及西夏文産生的政治訴求和社會背景等衆多因素。

《寧夏社會科學》西夏欄目述評

《寧夏社會科學》"西夏欄目"是被公認的西夏學術期刊欄目之一。本文通過對《寧夏社會科學》及近3年發表的西夏學方面60多篇文章的梳理，使讀者對該刊及"西夏欄目"有一個系統的了解，也爲今後更好地辦好該欄目有所借鑒。

黑水城漢文文獻研究叙録

本文對2012年以前(含2012年)出版的10部黑水城漢文文獻研究著作和公開發表的240餘篇論文進行梳理并予以簡要叙録。儘管研究水平參差不齊，研究廣度和深度尚需拓展，但客觀反映了黑水城漢文文獻研究目前所取得的巨大進展。

試論唐初唐蕃戰争對黨項羌的影響

保宏彪

吐蕃是唐初崛起於青藏高原的少數民族政權,在其立國的二百餘年中對周邊民族産生了重大影響。黨項羌作爲隋唐時期西南民族的重要組成部分,吐蕃的對外擴張對其産生了持久而深遠的影響。關於吐蕃與黨項羌的關係及其影響問題,學術界已有不少研究成果[①]。這些研究在論述吐蕃的崛起與對外戰争的過程中,雖涉及了吐蕃對黨項羌的影響,但是多側重安史之亂以後的情況,對唐初吐蕃擴張對黨項羌的影響論述不够具體。目前對於高宗年間"唐蕃戰争"的研究,主要集中在雙方對青海和川西地區的争奪,側重吐谷渾方面,對黨項羌雖也有論述[②],但仍有未盡之處。相關研究普遍對"唐蕃戰争"對黨項羌與唐朝關係的分化重視不足,未能全面反映唐代黨項羌從主動内附、被迫内徙到定點遷徙的過程。因此本文將從這一方面試論唐初"唐蕃戰争"對黨項羌的影響。

一、唐蕃戰争前的黨項羌

隨着唐朝疆域的擴大與政治勢力的逐步深入,唐朝繼承並發展了羈縻府州制度。在邊疆民族居地廣設羈縻都督府、州和縣,任命當地民族首領爲世襲都督和刺史管理具體事務,不繳納賦税和申報户口,接受都護府的監領。這是唐朝在少數民族地區設置的一種帶有自治性質的地方行政機構,體現了唐代對少數民族的籠絡政策和鬆散管理的方針,客觀上有利於民族間的和平共處與自然融合。唐初在西南邊疆廣設羈縻府州,當地黨項羌揭開了主動内附唐朝的序幕。

---

① 周偉洲:《中國中世西北民族關係研究》,廣西師範大學出版社,2007 年;林冠群:《唐代吐蕃史論集》,中國藏學出版社,2006 年;薛宗正:《吐蕃王國的興衰》,民族出版社,1997 年;才讓:《吐蕃史稿》,甘肅人民出版社,2007 年;王海兵:《唐蕃西川戰争及相關路綫考釋》,《江漢論壇》2008 年第 1 期。

② 湯開建:《隋唐時期黨項部落的遷徙》,《西夏文史論叢》第 1 輯,寧夏人民出版社,1992 年;湯開建:《隋唐時期黨項部落遷徙考》,《暨南學報》(哲學社會科學版),1994 年第 1 期;史衛民:《黨項族拓跋部的遷移及其與唐、五代諸王朝的關係》,《内蒙古大學學報》(歷史學專集),1981 年增刊;楊浣:《試析唐代黨項羈縻府州制》,《寧夏大學學報》(人文社會科學版),2000 年第 4 期;李吉和:《唐朝時期黨項族的遷徙與社會文化變遷》,《青海民族研究》,2006 年第 3 期;陸寧:《論 7—10 世紀黨項崛起的地緣條件》,河北大學 2005 年碩士學位論文。周偉洲:《中國中世西北民族關係研究》,廣西師範大學出版社,2007 年;周偉洲:《唐代黨項》,廣西師範大學出版社,2006 年。

黨項羌是漢代西羌的别種，魏晋南北朝時期還不爲人所重，自北周時期滅亡宕昌和鄧至後才逐漸强大。隋朝時黨項羌游牧於青海隴右地區，“東接臨洮、西平，西拒葉護，南北數千里，處山谷間。每姓别爲部落，大者五千餘騎，小者數千騎”①。隨着自身力量的不斷壯大與政治環境的有利變化，唐代黨項羌的居地範圍與實力都有所擴大。“其界東至松州，西接葉護，南雜春桑、迷桑等羌，北連吐谷渾，處山谷間，亘三千里。其種每姓别自爲部落，一姓之中復分爲小部落，大者萬餘騎，小者數千騎，不相統一。有細封氏、費聽氏、往利氏、頗超氏、野辭氏②、房當氏、米擒氏、拓跋氏，而拓跋最爲强族”③。唐代黨項羌的居地已擴大到青藏高原東緣廣大區域，但其内部仍包含衆多羌人部落。因此客觀地説，七至九世紀的黨項始終處於部落或部落集團狀態，是一個多種族的部落集合體④。他們自北周末興起後就與青海的吐谷渾關係最爲密切，很大一部分爲其所役屬⑤。因自身力量較弱而游離於各政治勢力之間，利用其矛盾與對立謀取自身利益。當時西南邊疆尚未出現足够强大的民族國家，所以割據青海的吐谷渾與蒸蒸日上的唐朝就成爲其左右權衡的政治目標。隨着唐朝對該地的影響與日俱增，其對吐谷渾的征服迫使黨項羌不得不徘徊在維持與吐谷渾的聯盟或歸降内附唐朝之間。隨着唐朝勢力的不斷深入，這一問題不止存在於青海地區的黨項羌之間，還有川北和隴南等黨項羌聚居區的黨項羌部落。

在唐太宗的積極招撫與羈縻府州的廣泛設置下，唐朝對西部邊疆的統治不斷鞏固，政治勢力的持續深入帶動了當地諸族相繼主動歸附。在此背景下，唐朝於貞觀中後期展開了對嶲州和松州地區的征服與開拓⑥。嶲州和松州等川北諸州是黨項羌的聚居區，此舉既鞏固了當地羈縻府州的統治基礎，又加强了唐朝與當地黨項羌的聯繫。貞觀年間唐朝在四川西北部相繼設置了徹州、向州、冉州、穹州和笮州等羈縻州⑦，這些地區是黨項羌居住最爲集中的區域。同時，還在隴南地區設置了相當數量的黨項羈縻府州⑧。統而言之，黨項羈縻府州的控制力隨着唐朝實力的盛衰變化呈現相對的强弱反應。該制度是唐朝與黨項利益認同的産物，它有力地加强了華夷民族團結，對後世王朝的黨項政策産生了深遠影響⑨。隨着該地黨項羌被納入中原王朝體系，漢族勢力與影響逐步滲入，爲其内徙奠定了基礎。

唐高宗初年，唐朝對西南地區的征服與開拓仍在繼續，對該地黨項羌的影響逐

① (唐)魏徵:《隋書》,中華書局,1975年,第1845頁。
② 《通典》記作“野律氏”,疑即“野利氏”,律、利一音之轉。參周偉洲《唐代黨項》,第4頁。
③ (後晋)劉昫:《舊唐書》,中華書局,1975年,第5290頁。
④ 黄兆宏:《七至九世紀吐蕃與黨項關係述論》,《青海民族學院學報》,2004年第2期。
⑤ 周偉洲:《吐谷渾史》,廣西師範大學出版社,2006年。
⑥ 郭聲波:《唐代嶲屬羈縻州及其部族研究》,《歷史地理》第20輯。
⑦ (後晋)劉昫:《舊唐書》,中華書局,1975年,第1691－1692頁。
⑧⑨ 楊浣:《試析唐代黨項羈縻府州制》,《寧夏大學學報》(人文社會科學版),2000年第4期。

漸加强。永徽六年(655),"巂州道行軍總管曹繼叔破胡叢、顯養、東魯等蠻於斜山[①],克一十餘城,斬首七百餘級,獲馬四百餘匹,牦牛一萬五千頭"[②]。曹繼叔所占十餘城的範圍包括大渡河北岸五部落蠻地區,以每城設置一個羈縻州計算,共有十餘州。它們就是巂屬的第二批羈縻州,即開元四年割屬黎州都督府的那十一個州[③]。龍朔初年因爲"邛蠻"作亂,唐朝任命姚懿爲巂州都督前往安撫經營[④]。"邛部川蠻"是龍朔年間所設的第三批巂屬羈縻州,即開元四年割屬黎州都督府的那三個州,與其同時設立的還有巂州北部大渡河南岸地區的衆多羈縻州[⑤]。麟德二年爲了加强對西南諸州的管理,唐朝將管轄三十二州的姚州的治所遷至昆明弄棟川[⑥],治姚州姚城縣(今雲南省姚安縣北)。咸亨三年設立翼州都督府,將其治所移至悉州城内[⑦],加强了對大凉山地區的控制與管理。

唐初積極經營與開拓西南地區,招撫了不少當地土著部落並設置了大批羈縻府州,加强了對該地的控制與管理,促進了漢族與當地諸族的交流與聯繫。在這一浪潮推動下,廣泛分布於青、甘、川三省交界地區的黨項羌相繼要求内附。有些部落還内徙北上進入唐朝西北邊境,接受朝廷招撫並定居於唐朝爲其設置的羈縻府州内[⑧]。這是黨項羌主動内附的階段,是唐朝政治決策與黨項自身需要相結合的産物。"唐蕃戰争"的爆發使這一進程出現分化,黨項羌與唐朝的關係複雜化。吐蕃的崛起與擴張使黨項羌大部爲其所役屬,一部分不甘吐蕃統治而遠走他方。頑强不屈的拓跋部爲求自保被迫歸降内徙唐朝,爲唐朝政府組織的黨項定點内徙奠定了基礎,改變了當時乃至以後黨項羌的分布格局與歷史進程。

二、"唐蕃戰争"的爆發

從公元七世紀前半期開始,吐蕃逐步興起並統一了青藏高原諸部,建立了國家後開始對西部地區産生政治影響。貞觀十五年,唐太宗出於維護西部邊疆穩定與鞏固大一統局面的考慮,促成了文成公主與吐蕃松贊干布和親。在得到唐朝的政治認可與物質文化支持後,吐蕃的社會經濟得到了迅速發展,軍事力量日益强盛,對周邊諸小邦和部族展開了大規模兼併[⑨]。"大唐初,已有勝兵數十萬,

---

① 郭聲波先生認爲,據《新唐書·南蠻傳》,劍山當吐蕃大道,有五部落居之,其中之一就是胡叢,故可以判斷曹繼叔攻克"斜山",當是"劍山"之誤。《唐代黎屬羈縻州研究》,《歷史地理》第18輯。

② (北宋)王欽若:《册府元龜》,中華書局,1989年,第11576頁。

③ 郭聲波:《唐代巂屬羈縻州及其部族研究》,《歷史地理》第20輯。

④ (清)董誥:《全唐文》,中華書局,1983年,第3326頁。

⑤ 郭聲波:《唐代黎屬羈縻州研究》,《歷史地理》第18輯。

⑥ (後晋)劉昫:《舊唐書》,中華書局,1975年,第1697頁。

⑦ (後晋)劉昫:《舊唐書》,中華書局,1975年,第1689頁。

⑧ 周偉洲:《唐代黨項》,廣西師範大學出版社,2006年,第20-27頁。

⑨ 參林冠群:《唐代吐蕃史論集》,中國藏學出版社,2006年,第264-295頁。

號爲强國……黨項、白蘭諸部及吐谷渾、西域諸國咸畏懼之"[①]。高宗嗣位後，吐蕃贊普致書司徒長孫無忌，宣稱"天子初即位，若臣下有不忠之心者，當勒兵以赴國討除"[②]，覬覦唐朝的野心表露無遺。

吐蕃崛起後迅速向周邊地區擴張，鋒芒分别指向了青海、西域和川西地區。青海地區連接河西隴右，與漠北和西域唇齒相依，是拱衛關中政治中心的西部屏障。西域地區横跨"絲綢之路"中段，多條交通要道在此分合匯聚，是唐朝對外交往的生命綫與西部邊防的重要組成部分，戰略意義重大。川西地區北鄰隴右，南接雲南，大致位於被學術界命名爲"藏彝走廊"綫性通道的東緣位置[③]，與青海地區都是唐初西部邊疆地緣政治的敏感區域。該區域衆多山脉與河流南北向切割所形成的很多天然通道，歷來爲南北民族交流遷徙之所[④]。唐朝控制這三大戰略要地與聯繫渠道，可將西域、青海、關隴和巴蜀四大戰區連成一片，實現西北、西南乃至整個西部邊疆的配合，提高對蕃作戰的聯動性與有效性，扭轉西部戰局的不利形勢與被動局面，實現西部邊疆的穩定與邊防的鞏固。吐蕃控制或占領這一邊疆要地，不但在地理方面占據優勢，而且會迫使該地衆多原本歸附唐朝的民族或部落爲己所驅使，在不斷壯大自身實力的同時破壞唐朝的邊疆穩定與邊防格局，奪取與唐西部對峙的優勢。

但是唐高宗統治前期因爲集中精力經略西域和東北，尚未注意到西部邊疆潛藏的危機。永徽年間禄東贊諸子相繼秉持吐蕃國政，開始不斷向唐朝周邊發動進攻，逐步蠶食邊境地區與民族[⑤]。吐蕃對外擴張的目標首先鎖定在青海地區，對處於唐與吐蕃緩衝區的吐谷渾展開進攻。吐谷渾和吐蕃"龍朔、麟德中遞相表奏，各論曲直，國家依違，未爲定奪"[⑥]。唐朝當時正忙於征討經略朝鮮半島，對西北邊地的潛在威脅採取了模棱兩可的態度。唐朝對吐谷渾的漠不關心，助長了吐蕃的擴張野心。"吐蕃怨怒，遂率兵以擊吐谷渾，吐谷渾大敗，河源王慕容諾曷鉢及弘化公主脱身走投涼州，遣使告急。咸亨元年四月，詔以右威衛大將軍薛仁貴爲邏娑道行軍大總管，左衛員外大將軍阿史那道真、右衛將軍郭待封爲副，率衆十餘萬以討之。軍至大非川，爲吐蕃大將論欽陵所敗，仁貴等並坐除名。吐谷渾全國盡没，慕容諾曷鉢及其親信數千帳來内屬，仍徙於靈州。自是吐蕃連歲寇邊，

---

① (唐)杜佑:《通典》，中華書局，1984年，第1023頁。

② (後晋)劉昫:《舊唐書》，中華書局，1975年，第5222頁。

③ 關於"藏彝走廊"，參石碩主編:《藏彝走廊:歷史與文化》，四川人民出版社，2005年;袁曉文主編，李星星著:《李星星論藏彝走廊》，民族出版社，2008年;袁曉文主編，李紹明著:《藏彝走廊民族歷史文化》，民族出版社，2008年。

④ 王海兵:《唐蕃西川戰争及相關路綫考釋》，《江漢論壇》，2008年第1期。

⑤ 關於唐代吐蕃對外擴張的原因、條件、過程和策略，參林冠群著:《唐代吐蕃史論集》，中國藏學出版社，2006年，第220-263頁。

⑥ (後晋)劉昫:《舊唐書》，中華書局，1975年，第5223頁。

當、悉等州諸羌盡降之"[①]。咸亨元年(670),經過大非川之戰,吐蕃逐漸在西北和西南邊境占據上風。

咸亨元年四月,在取得大非川之戰勝利後,吐蕃爲將唐朝勢力擠出西北又展開了對西域的進攻。"陷西域十八州,又與于闐襲龜兹拔换城,陷之。罷龜兹、于闐、焉耆、疏勒四鎮"[②]。吐蕃占據龜兹、于闐、焉耆和疏勒四鎮後,不但在西域取得了軍事優勢,而且爲其在西北擴張勢力解除了後顧之憂。通過入侵並占據青海和西域兩大戰略要地,吐蕃打破了唐朝西部邊防體系,對河西隴右乃至關中地區形成了重大威脅。

上元三年(674)三月,吐蕃侵入青海地區鄯、廓、河、芳四州。爲阻止吐蕃勢力繼續向河隴地區滲透,高祖特命尚書左僕射劉仁軌前往洮河軍負責鎮守防禦。但這一措施並未奏效,儀鳳年間吐蕃連續寇擾鄯、廓、河、芳、疊、扶等州,勢力進入河湟和隴右地區,兵鋒抵達隴南與川北一帶。儀鳳三年(676),益州長史李孝逸和巂州都督李利奉受命徵調劍南和山南地區兵力增援駐防[③]。同年高宗又命中書令李敬玄兼任鄯州都督,代替劉仁軌鎮守洮河軍。"仍召募關内、河東及諸州驍勇,以爲猛士,不簡色役。亦有嘗任文武官者召入殿庭賜宴,遣往擊之。又命益州長史李孝逸、巂州都督拓王奉等發劍南、山南兵募以防禦之。其年秋,敬玄與工部尚書劉審禮率兵與吐蕃戰於青海,官軍敗績,審禮没於陣,敬玄按軍不敢救"[④]。唐朝組織動員關隴、河東、劍南和山南等地兵力對吐蕃展開的大規模征戰,由于出征將領的決策失誤均宣告失敗。吐蕃乘機擴張勢力,擴大了與唐朝西部對峙中的優勢。

爲阻止吐蕃勢力侵入川西地區,唐朝在茂州西部修築了安戎城。從唐朝築安戎城的目的可以得知,至少在大非川戰後到儀鳳三年的短短幾年時間,吐蕃軍隊已從川西高原南下,經過唐朝川西邊境抵達大渡河以南地區。但是安戎城未能阻斷吐蕃通蠻之路[⑤],"俄爲生羌導虜取之以收,因併西洱河諸蠻,盡臣羊同、黨項諸羌"[⑥]。安戎城在當地生羌引導下陷於吐蕃,唐朝借此阻止吐蕃入侵的希望落空了。此後吐蕃從安戎城頻繁進攻川西和隴右,南下雅、黎、巂等州和雲南西洱地區[⑦]。永淳元年(682),"論欽陵寇柘、松、翼等州"[⑧]。同年冬,芒碾細贊和芒向達仁布兩位吐蕃高層人物在道孚城堡集會議盟[⑨],謀劃入侵唐朝的軍事行動。

經過唐初"唐蕃戰争",到永隆元年(680)時,吐蕃已"盡羊同、黨項及諸羌之地,東接凉、松、茂、巂等州,南鄰天竺,西陷龜兹、疏勒等四鎮,北抵突厥,地方萬餘里,

---

①③ (後晋)劉昫:《舊唐書》,中華書局,1975年,第5223頁。

② (北宋)司馬光:《資治通鑒》,中華書局,1956年,第6363頁。

④ (後晋)劉昫:《舊唐書》,中華書局,1975年,第5223-5224頁。

⑤⑨ 王海兵:《唐蕃西川戰争及相關路綫考釋》,《江漢論壇》,2008年第1期。

⑥ (北宋)歐陽修、宋祁:《新唐書》,中華書局,1975年,第6077-6078頁。

⑦ 方鐵:《南沼、吐蕃與唐朝之間的關係》,《中國藏學》,2003年第2期。

⑧ (北宋)司馬光:《資治通鑒》,中華書局,1956年,第6411頁。

諸胡之盛,莫與爲比"[①]。吐蕃占領青海、西域和川西大片地區後,控制了當地衆多民族和部落,在與唐朝西部邊疆爭奪中取得了勝利。"唐蕃戰争"使黨項羌與唐朝的關係出現分化,居於該地的諸黨項羌部落大部分淪爲吐蕃役屬對象,被其控制和驅使,另一部分不甘被吐蕃統治而被迫遠徙他方,頑强不屈的拓跋部爲求自保歸降内徙唐朝。

三、"唐蕃戰争"對黨項羌的影響

周偉洲先生指出,吐蕃政權的建立和强大,以及其向唐西北地區的擴展,對中國西北民族關係有巨大的、深遠的影響。它不僅改變了唐代以後西北民族分布的格局,而且在唐代及其以後的西北民族關係史上占有重要地位。吐蕃興起後,與西北的黨項、吐谷渾、西突厥、西域諸族均有着密切的關係,特别是與當時已逐漸統一了西北地區的唐朝之間,關係更爲密切。唐朝與吐蕃這兩個當時在東亞舉足輕重的强國之間的關係,往往影響着他們與西部各族的關係[②]。

早期黨項羌居地周圍存在着吐谷渾、吐蕃和唐朝三大勢力,它們在政治、經濟和文化上都處於優勢地位。唐朝與吐谷渾、唐朝與吐蕃之間的關係給黨項的發展帶來了巨大影響[③]。唐蕃戰争的爆發使黨項羌與唐朝的關係産生了分化,出現了吐蕃統治下的黨項羌與歸降内徙唐朝的黨項羌。這一局面的出現爲唐朝組織的黨項定點内徙奠定了基礎,改變了當時乃至以後黨項羌的分布格局與歷史進程。

吐谷渾政權崩潰後,生活於青海地區原本受其控制的黨項羌開始受到吐蕃節制,爲其所驅使。唐軍大敗於青海,吐谷渾和隴右諸羌相繼被吐蕃征服,川西北的當州和悉州等羈縻州也陸續叛投吐蕃[④]。川西地區的陷落與當地諸羌的相繼叛變,使廣泛分布於青藏高原東緣的黨項羌處境更加艱難,大多被吐蕃控制與驅使[⑤]。"其故地陷於吐蕃,其處者爲其役屬,吐蕃謂之'彌藥'"[⑥]。據藏文史籍《賢者喜宴》記載,"東方之咱米興米,南方之洛與門,西方之香雄及突厥,北方之霍爾及回鶻等均被收爲屬民"。據黄颢先生研究,文中的"咱米"即爲"弭藥"(黨項)的别稱[⑦]。而文中的"霍爾",則是吐蕃人對吐谷渾的别稱[⑧]。與此同時,有一些黨項羌部落因不滿吐蕃壓榨奴役而歸降内徙唐朝,這可通過此時西北地區大量黨項羈縻

---

① (北宋)司馬光:《資治通鑒》,中華書局,1956年,第6396頁。
② 周偉洲:《中國中世西北民族關係研究》,廣西師範大學出版社,2007年,第257頁。
③ 陸寧:《論7—10世紀黨項崛起的地緣條件》,河北大學,2005年碩士學位論文。
④ (後晋)劉昫:《舊唐書》,中華書局,1975年,第1702—1703頁。
⑤ 参張雲:《吐蕃與黨項政治關係試探》,《甘肅民族研究》,1988年第3-4期。
⑥ (後晋)劉昫:《舊唐書》,中華書局,1975年,第5292頁。
⑦ 黄颢:《藏文史書中的弭藥》,《青海民族學院學報》,1985年第4期。
⑧ 胡小鵬:《西北民族文獻與歷史研究》,甘肅人民出版社,2004年,第37頁。

府州的設立得到證明[①]。這是黨項羌被迫歸降内徙唐朝的階段，與前期主動内附有所不同。前期是黨項羌歸順唐朝並就地接受唐朝官職管理族内事務的階段，後期則是黨項羌歸降並内徙至唐朝境内定居的階段，二者的區别在於對唐朝的效忠程度和是否仍留在原來聚居地。這是唐朝與吐蕃兩大政治勢力在西部邊疆激烈争奪與黨項羌自身發展道路選擇的産物。原來役屬於吐谷渾的黨項諸部落，除頑强不屈的拓跋部在唐朝幫助下内遷外，大多歸於吐蕃統治之下。

黨項拓跋部的内附，是當時歷史條件的産物。黨項羌自唐朝建國後就不斷有部落内附於唐，到貞觀初年已形成"諸羌内附，而赤辭不至"的局面[②]。陳寅恪先生指出，李唐承襲"關中本位政策"，全國重心本在西北一隅。吐蕃强盛將近二百年，唐代極盛之時不得不在東北方面採取維持現狀之消極策略[③]，竭盡全國武力與財力積極進取以開拓西方邊境，統治西域和中亞，借此保護關隴地區的安全[④]。因此唐朝必然要加强對青海地區的控制，不可避免地將青海地區的吐谷渾與黨項羌作爲打擊對象。爲了在青海地區謀求自保與發展，拓跋部與吐谷渾相互支持配合，以期共同對付唐軍[⑤]。貞觀年間唐軍的持續打擊使吐谷渾國力日削，極大地削弱了兩者的聯盟力量，拓跋部失去了外在屏障和支援。隨着吐蕃的崛起與吐谷渾王國的滅亡，黨項羌受到了更大的壓力。從吐蕃攻破黨項和白蘭諸羌開始，黨項羌大多數部落都被吐蕃征服，只有拓跋部仍頑强抵抗，與唐朝政府一直保持着"職貢不絶"的狀態[⑥]。在吐蕃勢力日益强大、唐軍屢屢失利的情况下，處在吐蕃和唐朝夾縫中的黨項羌發生了嚴重的生存危機，面臨艱難抉擇。唐朝喪失西域和西部邊防優勢後，他們被迫做出歸降内徙决定，向唐朝西北邊境遷徙。"其後吐蕃强盛，拓跋氏漸爲所逼，遂請内徙。始移其部落於慶州，置静邊等州予以處之"[⑦]。永隆元年吐蕃攻占安戎城後，盡占川西黨項之地，在此前後曾有一些不甘吐蕃統治的黨項羌部落遷入内地。據《舊唐書・崔知温傳》記載，永隆年間曾有三萬餘黨項羌寇擾蘭州，被擊退後降附於唐朝。周偉洲先生認爲，這批黨項人很可能是"隴右北部諸州的内徙黨項部衆"[⑧]。

正是在唐朝與吐蕃的持續戰争中，黨項羌大部淪爲吐蕃役屬，不甘吐蕃壓迫的黨項羌拓跋部越過邊界歸降内徙唐朝，從而改變了當時乃至以後黨項羌的分布格局與歷史進程。"歷史上常常有這樣的戰争，他們雖然像一切戰争一樣不可避免地

---

① 周偉洲：《唐代黨項》，廣西師範大學出版社，2006 年，第 28－38 頁。

② 陸寧：《論 7—10 世紀黨項崛起的地緣條件》，河北大學，2005 年碩士學位論文。

③ 參黄約瑟：《武則天與朝鮮半島政局》，《黄約瑟隋唐史論文集》，中華書局，1997 年，第 61－79 頁。

④ 陳寅恪：《唐代政治史述論稿》，上海古籍出版社，1997 年，第 130 頁。

⑤ 周偉洲：《中國中世西北民族關係研究》，廣西師範大學出版社，2007 年，第 83－88 頁。

⑥ 陸寧：《論 7—10 世紀黨項崛起的地緣條件》，河北大學，2005 年碩士學位論文。

⑦ （後晋）劉昫：《舊唐書》，中華書局，1975 年，第 5292 頁。

⑧ 周偉洲：《唐代黨項》，廣西師範大學出版社，2006 年，第 39 頁。

帶來種種殘禍、暴行、灾害和痛苦，但是它們仍然是進步的戰争，也就是説，它們有利於人類的發展”[①]。吐蕃向唐朝西部邊疆的擴張爲黨項羌内徙創造了外部條件，其壓榨與迫害是黨項羌擺脱其控制歸降内徙唐朝的外在動力，勢單力薄與桀驁不馴的民族特性是黨項羌被迫内徙的内在原因。歸結來講，正是以上諸種内外因素共同促成了黨項羌拓跋部的歸降内徙。

綜上所述，黨項羌早在唐初就接受羈縻府州制度歸附唐朝，唐朝與吐蕃在西部邊疆的争奪使這一局面産生分化，出現了吐蕃控制下的黨項羌與擺脱吐蕃控制内徙唐朝的黨項羌。黨項羌的内徙既是歷史上的重大事件，也是其發展歷程的一個重要轉折點，它給黨項社會帶來了深遠的影響[②]。黨項羌内徙後和中央政府一直保持着緊密聯繫，作爲唐帝國内一支政治力量活躍於當時的政治舞臺。正是吐蕃的崛起與擴張爲黨項羌的内徙與定居創造了條件，安史之亂後黨項羌在吐蕃勢力侵逼下被迫大規模東遷是這一進程的延續與高潮，是唐蕃戰争後續影響的持續發展。隨着唐朝邊疆形勢的變化，黨項羌從被迫歸降内徙走向唐朝政府組織的定點遷徙，逐步遷徙至隴東、陝北和内蒙古南部地區。經過安史之亂後大規模遷徙，通過積極壯大自身勢力逐步在夏、銀、綏、宥等陝北地區站穩脚跟。在立足自身實際的基礎上，通過幫助唐朝鎮壓黄巢起義和利用藩鎮混戰壯大自己，努力發展地方勢力，這些都爲黨項羌的長遠發展做了充分準備。正是這一局面揭開了黨項羌在西北地區發展壯大的歷史進程，既爲宋初西夏的自立建國與民族文化的形成和發展鋪平了道路，更爲中華民族“多元一體格局”的最終形成奠定了基礎[③]。

原刊於《寧夏社會科學》2011 年第 3 期

① 列寧:《列寧全集》，人民出版社，1956 年，第 279 頁。

② 黄顥:《藏文史書中的弭藥》，《青海民族學院學報》，1985 年第 4 期。

③ 在中華民族形成過程中，費孝通先生特别强調羌人的地位。他指出漢人以“接納”（他族）爲主而日益强大，而羌人却以“供應”爲主而壯大别的民族，因而今日許多包括漢、藏之民族都曾得到過羌人血液。參費孝通著:《中華民族的多元一體格局》，中央民族大學出版社，2003 年，第 43 頁。同時可參考王明珂的兩本相關著作，《羌在漢藏之間》，中華書局，2008 年;《華夏邊緣:歷史記憶與族群認同》，社會科學文獻出版社，2006 年。

從晚唐墓志中的黨項史料看唐朝與黨項的關係

保宏彪

關於黨項的史料散見於隋唐宋元諸朝正史、文集奏章和部分碑刻題記之中，目前對這一方面材料進行全面收集與整理者首推韓蔭晟先生主編的《黨項與西夏資料匯編》一書。相較於傳統文獻材料，地下出土材料較少，尤其是墓志材料更不多見。近年出土於陝北和内蒙古等地的黨項拓跋氏與折氏家族墓志逐步拓寬了這一領域的研究，出現了一批利用墓志材料對黨項的族源與發展歷程進行研究的文章和專著[①]。處於黨項壯大階段的晚唐墓志中的黨項史料，不但彌足珍貴，而且更具史料價值。它們將增加一些被正史所湮没的材料，提供一種全新視角，結合紙質文獻與金石材料來認識晚唐時期唐朝與黨項的關係。

關於晚唐的界定，至今尚無定論[②]。目前普遍接受的是文學界關於唐詩的時代劃分，這種劃分方法雖然依據唐詩的發展與特點進行定位，但也適用於對唐代歷史的劃分。本文所指的“晚唐”自文宗太和元年至昭宗天祐四年（827—907），墓志内容主要集中在宣宗大中年間。此時唐朝雖然收復了河西走廊和原州諸關，穩定了代北局勢，但是地方割據勢力的持續發展造成中央對邊疆地區控制力減弱，周邊各族開始擺脱唐朝控制並逐漸對國家安全構成重大威脅[③]。在這一背景下，内徙定居於陝北和河東地區的黨項逐步壯大，反抗唐朝的鬥爭日益激烈，頻繁對關中和河東地區發動侵擾，唐朝採取武力打擊與和平招撫相結合的方式進行應對。本文

---

① 周偉洲：《早期黨項拓跋氏實習考辨》，《西夏研究》創刊號；牛達生：《夏州政權建立者拓跋思恭卒年考——唐代〈白立敬墓志銘〉考釋之一》，收入其《西夏考古論稿》；牛達生：《夏州政權建立者拓跋思恭的新資料——唐代〈白立敬墓志銘〉考釋之二》，《蘭州學刊》2009 年第 1 期；周偉洲：《陝北出土三方唐五代黨項拓跋氏墓志考釋——兼論黨項拓跋氏之族源問題》，《民族研究》2004 年第 6 期；杜建録，《黨項夏州政權建立前後的重要記録——唐故安塞軍防禦使白敬立墓志銘考釋》，《寧夏師範學院學報》2007 年第 2 期；王富春：《唐黨項族首領拓跋守寂墓志考釋》，《考古與文物》2004 年第 3 期；周偉洲：《唐代黨項》，廣西師範大學出版社，2006 年。

② 元人楊士宏在唐詩選《唐音》中提出四分法：初唐（高祖至睿宗）、盛唐（玄宗至肅宗）、中唐（代宗至文宗）、晚唐（武宗至哀帝）。明人胡震亨在唐诗集《唐音癸籤》中繼承了這一説法並廣爲流傳。《辭海》“四唐”條作如下解釋：一説依據明人高棅的《唐詩品匯》將文宗大和到唐末作爲晚唐；一説依據明人徐師曾的《文體明辨》將文宗開成初至五代作爲晚唐。《辭海》，第 1734 頁。辭海編輯委員會編，上海辭書出版社，1979 年。

③ 參李鴻賓：《唐末的形勢與黨項勢力的崛起》，《寧夏社會科學》，2009 年第 2 期。

通過對八方晚唐墓志中黨項史料的考證與分析,試圖從另一個側面審視晚唐時期唐朝與黨項的關係。

一、晚唐墓志中的黨項史料

八方晚唐墓志中所見黨項史料

墓志名稱	撰者	出處	編號 頁碼	內容
唐故朝請大夫尚書刑部郎中上柱國範陽盧府君墓志銘並序	翰林學士朝散大夫中書舍人上柱國畢諴	唐代墓志匯編·下卷	大中064 2299	會昌初,刑部侍郎弘宣出爲東川節度使,即君之高祖兄也,奏假殿中侍御史,充支使。盧公移鎮易、定,改侍御史,充觀察判官,又轉檢校户部員外郎,充節度判官。未周歲,入爲御史,推吴湘冤事甚直,遷比部員外,由比部爲度支外郎。會天子赫怒黨項,未暇調食,卒徵天下兵屯於□上,君佐大計,理出入。
唐故河東節度押衙銀青光禄大夫前朗州司馬檢校國子祭酒兼監察御史上柱國馮府君墓志銘並序	李胤	唐代墓志匯編·下卷	大中069 2302	故年十二,授興寧陵丞,尋遷朗州司馬,俄授河東武幕,因馹騎獻討黨項捷書,恩加監察御史。
唐故朝散大夫使持節丹州諸軍事守丹州刺史充本州防禦使上柱國弘農楊公(乾光)墓志銘並序	前防禦判官登仕郎前守太原府祁縣尉旭	唐代墓志匯編·下卷	大中097 2326	大中六年五月授丹州防使。七年冬,蕃寇侵掠,傷害居人,公累表奏請兵士,討伐奸黨,人户却復,鄉里城邑,獲保無虞,實公之全才智也。
唐故天平軍節度鄆曹濮等州觀察處置等使朝請大夫檢校禮部尚書使持節鄆州諸軍事兼鄆州刺史御史大夫上柱國賜紫金魚袋贈兵部尚書孫府君墓志銘並序	翰林學士承旨通議大夫户部侍郎知制誥上護軍賜紫金魚袋蔣伸	唐代墓志匯編·下卷	大中120 2345	大中五年,今兩川白丞相爲京西北招討,都統諸軍以討叛羌,奏公爲行軍司馬,授左庶子兼御史中丞,賜紫金魚袋,並授餘(蔣伸)招討副使。時黨項仍歲擾邊,上怒,命宰相出征。當時議者以兵羸食窘,遽難收功,然其勢峻嚴,不可争止。公佐理之外,與餘從容講劃,掇取精理,懇貢其說。白丞相納其言,奏罷討,以恩信撫馭,不日寧格,徵拜給事中。

續 表

墓志名稱	撰 者	出 處	編 號 頁 碼	内 容
故義昌軍監軍使正議大夫行内侍省掖廷局令上柱國賜緋魚袋渤海高公(克從)墓志銘並序	故吏文林郎前守夏州都督府參軍陳毅	唐代墓志匯編·續集·下卷	大中 006 973	洎開成初,邊軍難撫,蕃部易摇,推擇良能,護臨藩鎮。二年正月九日,公當盛選,監守夏室。公韜藴智謀,樂得其往,果塞衆望,大愜蕃情。自黨項三百年來,互相劫殺,寇讎不息,勞擾邊軍。公與元戎敷法道誘,而威以典刑。特表上聞,悉與和斷。遂得各捨讎隙,逐性便安,牧野不收,不扃户外。詔書褒飾,尤加依賴。撫綏五年,兩任留務。利人除弊,邊境晏安。
唐故襄州節度押衙充左厢馬步都虞侯銀青光禄大夫檢校太子賓客兼殿中侍御史上柱國扶風魯公墓志銘並序	不詳	唐代墓志匯編·續集·下卷	大中 060 1012	始主柳城,洎司戰馬……大中戊辰歲,統兵防邊,黨項充斥,計謀籌畫,保全城壘,爲郡帥甄奬,録功上聞,授殿中侍御史兼本城教練使。
唐故丹州刺史兼防禦使楊府君張掖郡烏氏夫人封張掖縣君墓志	長子楊坦	唐代墓志匯編·下卷	咸通 088 2448	大中初,相國白公嘉先考爲官政有奇能云:"上求瘼甚切,不得蔽賢,須有甄賞。遂剖符文州,更任戎州。屬當州草賊蟻聚雲屯,奔突境内,莫能制止。先考下車未期,秘密潛施,以兵一千斬虜梟擒五千餘級,兩川宿患,此時一清。及政成歸於京輦,不日又除丹州。亦緣羌戎爲寇,侵掠關輔。
唐故銀青光禄大夫使持節資州諸軍事守資州刺史兼安夷軍使殿中侍御史柱國平原師府君墓志銘並序	前原州軍事判官將仕郎試太常寺協律郎劉象述	唐代墓志匯編·下卷	廣明 001 2499	時遇司空隴西公之節制鄜畤也,知公而特請行焉。到郡,補節度押衙。公勤恪小心,夙夜無怠,復奏授監察御史,尋遷鄜、坊、丹、延四州都游奕使。且此州羌漢錯居,山川敻闊,苟失控御,即爲寇攘。公爲是郡也,部落畏威,將卒知懼,秋毫無犯,邊界獲安。

二、史料考證與分析

編號"大中 064"的墓主爲盧就[①],是晚唐大臣盧弘宣之侄。盧弘宣在《新唐書》

① 周一良、趙超:《唐代墓志匯編》,上海古籍出版社,1992 年,第 2299 頁。

有傳，會昌二年至三年出任東川節度使[①]，此後不久盧就擔任殿中侍御史、節度支使和觀察判官等職。盧弘宣會昌五年正月以義武軍節度使身份節制易定二州[②]，盧就檢校户部員外郎、充節度判官也在此年。當年發生了震驚朝野的"揚州吴湘案"[③]，此案由崔元藻和李稠調查審理[④]，墓志説明盧就也參與了這一案件的審理，可補史闕。會昌五年十二月黨項攻陷了邠、寧、鹽州交界處的城堡，屯於叱利寨。宰相李德裕次年正月十一日上書，主張以招撫爲主[⑤]，但是武宗皇帝震怒於黨項的不羈與侵擾，決定對其發動大規模征討。結合墓志與史書記載，可以確定武宗征討黨項在會昌六年。"未暇調食，征天下兵屯於□上"，説明當時征討規模盛大，因尚未作好準備而十分倉促。"上"前所缺字疑爲"塞"字，即征兵屯於塞上以圖征討。關於這次對征討黨項的行動，相關史料只載會昌六年因黨項侵擾而出兵還擊，其他情況付之闕如。周偉洲先生認爲這可能與同年三月武宗之死、各鎮使未出兵或小有戰鬥、未能改變黨項屯集叱利寨局面有關[⑥]。通過這方墓志可知，會昌六年唐朝爲征討黨項進行了廣泛調兵與周密安排。"兵部侍郎、判度支盧商奏：'諸道兵討伐黨項，今差度支郎官一人往所在有糧料州郡，先計度支給。'從之"[⑦]。盧就在征討行動中"佐大計、理出入"，就是那名負責徵集糧草的度支郎官。這方墓志提供了會昌六年征討黨項的相關史料，反映了晚唐時期唐朝通過武力打擊遏制黨項侵擾的史實。

編號"大中069"的墓主爲馮審中[⑧]，卒於大中六年(864)，享年43歲。據此推算其生於長慶元年(821)，12歲時爲太和七年(833)。馮審中於太和七年擔任河東節度使府武職，因呈送征討黨項捷報有功，獲得恩賞加封監察御史。太和七年前後雖未見黨項入侵河東地區的記載，但可以從相關史料中獲得一些信息。"太和中，河西黨項擾邊，文宗召石雄於白州，隸振武軍爲裨將，屢立戰功"[⑨]。太和年間石雄以振武軍裨將身份多次擊退河西黨項對河東地區的侵擾，其太和三年四月被流配

---

① 《唐僕尚丞郎表》卷四《兵刑工尚侍》"刑侍"條："盧弘宣會昌初由京尹换刑侍，出爲劍南東川節度使，時約二三年。"第293頁。同參該書卷二十《輯考七・下》"刑侍"條，第1034頁。嚴耕望撰：《唐僕尚丞郎表》，上海世紀出版股份有限公司、上海古籍出版社，2007年。另據《唐方鎮年表》卷六《劍南東川》，吴廷燮將盧弘宣出任劍南東川節度的時間定爲會昌三年，與嚴耕望所推相近，第1006頁。吴廷燮撰：《唐方鎮年表》，中華書局，1980年。

② (北宋)司馬光：《資治通鑒》，中華書局，1956年，第8013頁。

③ 揚州江都縣尉吴湘因貪污公款、强娶民女激起民憤，被淮南節度使李紳逮捕下獄，準備處死。此案上奏時諫官懷疑有冤情，朝廷派遣御史崔元藻和李稠前往揚州勘察。崔元藻的推審結論與揚州所奏基本相同，李紳將吴湘就地正法。此案是晚唐"牛李黨争"中的重要事件，影響深遠。

④ (北宋)司馬光：《資治通鑒》，中華書局，1956年，第8014頁。

⑤ 傅璇琮、周建國：《李德裕文集校箋》，河北教育出版社，2000年，第316頁。

⑥ 周偉洲：《唐代黨項》，廣西師範大學出版社，2006年，第70頁。

⑦ (後晉)劉昫：《舊唐書》，中華書局，1975年，第609頁。

⑧ 周一良、趙超：《唐代墓志匯編》，上海古籍出版社，1992年，第2302頁。

⑨ (北宋)司馬光：《資治通鑒》，中華書局，1956年，第7961頁。

白州[①]，被召回擔任振武軍裨將肯定在太和三年以後，平定河西黨項入侵可能就在太和六年或七年。結合墓志可知，河西黨項太和六年左右寇擾河東地區被守軍擊退，河東節度使派遣幕府武職馮審中赴京獻捷，文宗皇帝提拔其爲御史。這方墓志提供了太和年間河西黨項寇擾河東地區的史料，反映了晚唐時期河西黨項與唐朝的關係。

編號"大中 097"的墓主爲楊乾光[②]，大中六年五月擔任丹州防禦使。丹州東距同州 350 里，西至鄜州 180 里，南距坊州 260 里，北至延州 250 里[③]，這一區域都是唐朝爲黨項劃定的定居區。"宣宗大中四年，内掠邠、寧，詔鳳翔李業、河東李拭合節度兵討之，宰相白敏中爲都統。……不閲月，羌果破殄，餘種竄南山"[④]。丹州毗鄰邠寧地區，不排除入寇黨項來自此地的可能。此次征討黨項調動了鳳翔與河東兩個節度使的兵力，時間不足一個月，潰敗的黨項逃往南山。此次侵擾邠寧地區的可能是南山黨項，他們因居於鄜、延二州之北山地而得名[⑤]。丹州不但正處於河東節度使兵馬東進道路之上，而且周邊地區都有内徙黨項分布，所以此次征討行動對這一區域内的黨項造成了一定影響。大中七年冬(865)，黨項入侵丹州，劫掠當地百姓，楊乾光請求增派兵馬還擊。因爲唐軍及時到達，該地人衆財産和鄉里城邑得到保護。這方墓志提供了大中年間内徙黨項寇擾丹州並被擊潰的史料，側面反映了内徙黨項侵擾關中地區的情況。

編號"大中 120"的墓主爲孫景商[⑥]，宣宗大中年間參與謀劃征討黨項行動，和平化解了黨項入寇危機。大中四年黨項侵擾邠寧地區，宣宗命鳳翔節度與河東節度合兵反擊，很快擊退了黨項的進攻。但是黨項的入侵勢頭並未就此止住，他們不斷掀起反抗唐朝的鬥争浪潮。大中五年(863)，"三月，以白敏中爲司空、同平章事，充招討黨項行營都統、制置等使，南北兩路供軍使兼邠寧節度使。敏中請用裴度故事，擇廷臣爲將佐，許之。夏，四月，以左諫議大夫孫景商爲左庶子，充邠寧行軍司馬；知制誥蔣伸爲右庶子，充節度副使"[⑦]。宣宗命宰相白敏中都統諸軍討伐黨項，白敏中奏請孫景商爲行軍司馬，蔣伸爲招討副使。蔣伸爲晚唐大臣，曾任宰相與河中節度使等職。據《新唐書・蔣伸傳》載，"白敏中領邠寧節度，表伸自副，加右庶子。入知户部侍郎"[⑧]。白敏中任邠寧節度使在大中五年至六年[⑨]，此墓志爲蔣伸

① (北宋)司馬光:《資治通鑒》，中華書局，1956 年，第 7863 頁。
② 周一良、趙超:《唐代墓志匯編》，上海古籍出版社，1992 年，第 2326 頁。
③ (唐)李吉甫:《元和郡縣圖志》，中華書局，1983 年，第 74 頁。
④ (北宋)歐陽修、宋祁:《新唐書》，中華書局，1975 年，第 6218 頁。
⑤ 周偉洲:《唐代黨項》，廣西師範大學出版社，2006 年，第 60 頁。
⑥ 周一良、趙超:《唐代墓志匯編》，上海古籍出版社，1992 年，第 2345 頁。
⑦ (北宋)司馬光:《資治通鑒》，中華書局，1956 年，第 8045－8046 頁。
⑧ (北宋)歐陽修、宋祁:《新唐書》，中華書局，1975 年，第 4534－4535 頁。
⑨ (清)吴廷燮:《唐方鎮年表》，中華書局，1998 年，第 44 頁。

自撰,其所載大中五年征討黨項一事與史相合。從蔣伸後來出任户部侍郎可知其一定具備相當的籌劃能力,所以白敏中才奏請其擔任節度副使。當時黨項頻繁擾邊,宣宗大怒,命宰相白敏中率軍出征。朝野之中都認爲兵弱食乏,短期之内難以收效,反對貿然出征。孫景商與蔣伸經過謀劃,認爲時機尚不成熟,主張對黨項進行招撫。白敏中採納了其意見,奏請停止了對黨項的大規模征討,在恩信撫馭已降服的平夏黨項的同時,堅決打擊桀驁不馴的南山黨項①。“敏中軍於寧州,壬子,定遠城使史元破黨項九千餘帳於三交谷,敏中奏黨項平”②。在避免大規模征討後恩威並施,黨項停止了對唐朝的侵擾。孫景商因成功地避免了大規模征討黨項可能給唐朝帶來的不利影響而被授予給事中之職。“宣宗初雖欲以兵力平定黨項,而終不得不遣白敏中施招撫之策,含混了之”③。雖然吐蕃和回鶻已陷於内亂和崩潰,但是打擊其殘餘勢力既會削弱唐朝的國力,又會加劇國内藩鎮割據局面,危及統治基礎與政治穩定。在嚴峻的國内外形勢面前,對黨項進行大規模征討力不從心,“兵羸食窘,遽難收功”正是這一實情的反映。這方墓志材料既佐证了《資治通鑒》,又提供了大中年間唐朝對黨項由武力征討到和平招撫這一過程的史料。

編號“大中006”的墓主爲高克從④,大中二年任職於夏州節度使府。夏州不但是安史之亂後唐朝爲内徙黨項劃定的主要定居點,而且臨近漠北的地理位置又使其很容易成爲民族衝突的爆發點。自開成初年以來,由于唐朝邊疆局勢變化與所用邊將不當,出現了“邊軍難撫,蕃部易摇”的不利局面。内徙定居於陝北地區的黨項部落因不滿唐朝的壓迫與邊將的貪婪,不斷掀起反抗唐朝統治的鬥争。會昌六年二月(846),武宗任命夏州節度使米暨爲東北道招討黨項使,邠寧節度使高克恭爲西南面招討黨項使⑤,聯合討伐劫掠京西北地區的東山黨項。大中二年正月九日,出於“推擇良能,護臨藩鎮”的目的,高克從被選入夏州節度使府。“公韜藴智謀,樂得其往,果塞衆望,大愜蕃情。自黨項三百年來,互相劫殺,寇讎不息,勞擾邊軍。公與元戎敷法道誘,而威以典刑。特表上聞,悉與和斷。遂得各捨讎隙,逐性便安,牧野不收,不扃户外。詔書褒飾,尤加依賴”。高克從立足黨項實際,恩威並施,妥善處置了夏州地區的黨項事務。“撫綏五年,兩任留務。利人除弊,邊境晏安”。因爲高克從招撫有功,任職五年後又獲得兩次連任,有力維護與促進了夏州地區的安定和内徙黨項的發展。這方墓志提供了大中年間唐朝處理與夏州地區黨項關係的史料,説明唐朝在這一過程中並不以武力征討爲主要手段,而是適時地將武力征討與和平招撫相結合。

---

① 周偉洲:《唐代黨項》,廣西師範大學出版社,2006年,第71-75頁。

② (北宋)司馬光:《資治通鑒》,中華書局,1956年,第8046-8047頁。

③ 陳寅恪:《唐代政治史述論稿》,上海古籍出版社,1982年,第134-135頁。

④ 周一良、趙超:《唐代墓志匯編續集》,上海古籍出版社,2001年,第973頁。

⑤ (後晉)劉昫:《舊唐書》,中華書局,1975年,第609-610頁。

編號“大中060”的墓主爲魯美[①],大中年間擊潰了入侵營州地區的黨項。從“始主柳城,洎司戰馬……大中戊辰歲,統兵防邊,黨項充斥”等句可知,柳城在遼東營州(今遼寧省朝陽市),爲幽州(盧龍)節度巡屬[②],“大中戊辰歲”爲大中二年(848)[③]。内徙黨項主要聚居在陝北與内蒙古南部廣大地區,雖有黨項越過黄河進攻河東地區,却很少有黨項侵擾營州地區的記載。“統兵防邊,黨項充斥,計謀籌畫,保全城壘,爲郡帥甄獎,録功上聞,授殿中侍御史兼本城教練使”。大中二年黨項入寇營州,魯美積極組織防禦阻擊,因保全城壘獲得上司嘉獎。此次入侵營州地區的可能是河西黨項,因爲其在太和年間曾頻繁寇擾河東地區[④],不排除繼續東進入侵營州的可能。這方墓志記載了大中二年黨項侵擾營州地區的史料,既可補史之闕,又爲晚唐黨項的活動提供了新材料。

編號“大中088”的墓主爲烏氏[⑤],大中初年因處置西南地區羌戎叛亂有功而被調往丹州阻擊黨項入侵。文州位於四川北部,是隋唐之際黨項羌的主要聚居區。戎州位於川西北,是西南少數民族雜居之地[⑥]。該州土著“蟻聚雲屯,奔突境内,莫能制止”,形勢十分嚴峻。“先考下車未期,秘密潛施,以兵一千斬虜梟擒五千餘級,兩川宿患,此時一清”。烏氏到任後即刻組織平亂,經過周密籌劃一舉肅清了叛亂。“政成歸於京輦,不日又除丹州。亦緣羌戎爲寇,侵掠關輔”。平定戎州叛亂後,烏氏因富有平叛處置經驗而被調往内徙黨項聚居的丹州。此舉在阻擊頻繁入侵京畿地區黨項的同時,還有震懾壓制的目的。這方墓志提供了大中年間唐朝處理丹州地區内徙黨項關係的史料。

編號“大中088”的墓主爲師弘禮[⑦],咸通年間任職於鄜坊節度使府並出任鄜、坊、丹、延四州都游奕使。“時遇司空隴西公之節制鄜時也,知公而特請行焉。到郡,補節度押衙”。所謂“隴西公”指沙陀族首領李國昌,“司空”爲“司徒”之誤[⑧]。李國昌於咸通十年至乾符元年任鄜坊節度使,歷時五年(869—874)[⑨]。“公勤恪小心,夙夜無怠,復奏授監察御史,尋遷鄜、坊、丹、延四州都游奕使”。師弘禮任職於鄜坊節度使府,因工作出色被李國昌奏爲監察御史,不久又被任命爲鄜、坊、丹、延四州都游奕使。“游奕”亦作“游弋”,通過無目標的巡遊以監視可疑之事和潛在威脅,既進行巡邏又展開間諜活動。唐代中期以後,凡兵多地廣之處都設“游奕使”一

① 周一良、趙超:《唐代墓志匯編續集》,上海古籍出版社,2001年,第1012頁。
② (後晋)劉昫:《舊唐書》,中華書局,1975年,第1521頁。
③ 陳垣:《二十史朔閏表》,中華書局,1962年,第106頁。
④ (北宋)司馬光:《資治通鑒》,中華書局,1956年,第7961頁。
⑤ 周一良、趙超:《唐代墓志匯編續集》,上海古籍出版社,2001年,第2448頁。
⑥ (唐)李吉甫:《元和郡縣圖志》,中華書局,1983年,第790頁。
⑦ 周一良、趙超:《唐代墓志匯編續集》,上海古籍出版社,2001年,第2499頁。
⑧ (北宋)歐陽修、宋祁:《新唐書》,中華書局,1975年,第6156頁。
⑨ (清)吴廷燮:《唐方鎮年表》,中華書局,1998年,第98-99頁。

職，負責巡營和防遏事宜①。鄜、坊、丹、延四州是内徙黨項的主要聚居區，師弘禮以都游奕使身份對該地黨項進行監視和防遏。“且此州羌漢錯居，山川夐闊，苟失控御，即爲寇攘”。該地黨項與漢人交錯雜居，如有不慎就會釀成禍端與寇擾。“公爲是郡也，部落畏威，將卒知懼，秋毫無犯，邊界獲安”。師弘禮任職後通過恩威並施制服了當地的内徙黨項與不法邊將，維護了民族團結與地方安寧，穩定了邊疆局勢。這方墓志提供了大中年間唐朝處理陝北地區内徙黨項關係的史料。

三、晚唐時期唐與黨項的關係

這八方晚唐墓志中的黨項史料跨越文宗至懿宗時期，歷時近五十年（827—874），分别涉及會昌六年征討黨項、太和年間黨項入侵河東、大中七年黨項入侵丹州、大中五年對黨項的討伐與招撫、大中年間綏撫夏州、黨項入侵營州、鎮遏丹州和咸通年間綏撫陝北地區八個方面的史實。它們從不同方面反映了文宗至懿宗時期唐朝採取征討與招撫相結合的方式應對黨項侵擾與反抗的史實。通過對其的考證與分析，可以從另一個側面重新審視晚唐時期唐朝與黨項的關係。

安史之亂後大規模内徙的黨項雖然接受了唐朝羈縻府州制度臣服中央，但是黨項羈縻府州的控制力會隨唐朝實力的盛衰變化呈現相應的强弱反應②。唐朝在沿邊設置黨項羈縻州縣，任命其首領爲世襲都督和刺史管理部落事務，接受都護府監領，不繳納賦税和申報户口。羈縻都督府、州和縣是唐朝在少數民族地區設置的一種帶有自治性質的地方行政機構，體現了唐代對少數民族的籠絡政策和鬆散管理的方針，客觀上有利於民族間的和平共處與自然融合。因爲唐朝短期内對其没有充分的統轄能力，只能通過間接安撫控制來應對③。黨項在朝廷勢力强盛之時接受羈縻州縣制度，當朝廷勢力受到吐蕃進逼出現衰弱之時，黨項就逐步擺脱羈縻式的鬆散狀態，夾在唐、蕃之間的黨項的活動常表現出遊移不定的傾向④。

安史之亂後，黨項在吐蕃侵逼下時常進攻唐朝西部邊疆。爲了扭轉這一局面，唐朝決定對其進行定點内徙，主要目的地爲陝北地區。“子儀以黨項、吐谷渾部落散處鹽慶等州，其地與吐蕃濱近，易相脅，即表徙静邊州都督、夏州、樂容等六府黨項於銀州之北、夏州之東，寧朔州吐谷渾住夏西，以離沮之。召静邊州大首領左羽林大將軍拓跋朝光等五刺史入朝，厚賜賚，使還綏其部”⑤。郭子儀組織的大規模定點内徙逐步將黨項遷至黄河東西兩岸，不但使陝北地區成爲黨項的主要活動區

---

① 吕宗力：《中國歷代官制大辭典》，北京出版社，1994 年，第 843 頁。

② 楊浣：《試析唐代黨項羈縻府州制》，《寧夏大學學報》（人文社會科學版），2000 年第 4 期。

③ 李鴻賓：《唐朝朔方軍研究——兼論唐廷與西北諸族的關係及其演變》，吉林人民出版社，2000 年，第 32 - 37 頁。

④ 李鴻賓：《唐末的形勢與黨項勢力的崛起》，《寧夏社會科學》，2009 年第 2 期。

⑤ （北宋）歐陽修、宋祁：《新唐書》，中華書局，1975 年，第 6216 - 6217 頁。

域，而且使原無黨項居住的河東地區也逐步成爲黨項的遊牧地與聚居區。“永泰、大曆以後，居石州，依水草”①。石州即今山西離石（吕梁），位於黄河和吕梁山之間，有適宜畜牧的山間草場。貞元十五年二月，當地黨項因不堪永安城鎮將阿史那思昧的貪婪與壓迫而舉族渡河向西遷徙②。爲了加强對内徙黨項的控制與管理，元和九年五月重新設置宥州以護黨項，十五年十一月任命太子中允李寮爲宣撫黨項使③。雖然黨項暫時得到安撫，但是唐朝因國力衰落而控制力下降的不利局面與黨項謀求自身發展的訴求爲黨項的發展壯大創造了條件。

黨項自安史之亂後開始大規模内徙，唐朝雖然採取了“安撫”爲主的總方針，但是唐代對黨項經濟活動的限制與邊將的暴虐和横征暴斂使内徙黨項的反抗與寇掠此起彼伏④。爲了加强對黨項的控制、遏制其勢力的壯大，唐朝對黨項貿易進行了嚴格限制。“貞元三年十二月，初禁商賈以牛、馬、器械於黨項部落貿易”⑤。隨着唐朝對邊疆部族控制力的削弱與黨項自身力量的不斷壯大，其反抗唐朝的鬥争愈加激烈。“至大和中浸强，數寇掠，然器械鈍苦，畏唐兵精，則以善馬購鎧，善羊貿弓矢。鄜坊道軍糧使李石表禁商人不得以旗幟、甲胄、五兵入部落，告者，舉罪人財畀之”⑥。在黨項發展社會經濟的要求遭到壓制的同時，唐朝邊將的横征暴斂與貪婪無度更激化了這一矛盾。“至大和、開成之際，其藩鎮統領無緒，恣其貪婪，不顧危亡，或强市其羊馬，不酬其直，以是部落苦之，遂相率爲盗，靈、鹽之路小梗”⑦。編號“大中 069”的墓志反映的文宗太和年間平定河西黨項寇擾河東地區的史實也從一個側面説明了這一危急局面。

會昌元年唐朝出兵征討回鶻烏介可汗的軍事行動對内徙黨項産生了重要影響。會昌二年任命李思忠爲河西黨項都將，回紇南面招討使⑧，率領黨項諸部從南面進攻回鶻，三年正月任命何清朝率領沙陀、吐谷渾和黨項趕赴振武接受劉沔調遣⑨。唐朝多次徵調黨項諸部與回鶻作戰加重了其負擔，率領黨項諸部邊將的暴虐更增加了黨項諸部的不滿⑩，内徙黨項不斷掀起反抗浪潮。爲了緩和唐朝與黨項的關係，武宗決定加强對邊將的管理與監察。“會昌初，上頻命使安撫之，兼命憲臣爲使，分三印以統之。在邠、寧、延者，以侍御史、内供奉崔君會主之⑪；在延、夏、長、澤者，以侍御史、内供奉李鄠主之；在靈、武、麟、勝者，以侍御史、内供奉鄭賀主

①②③⑤⑦ （北宋）司馬光：《資治通鑒》，中華書局，1956 年，第 5293 頁。

④ 參周偉洲：《唐代黨項》，第 53－75 頁。

⑥ （北宋）司馬光：《資治通鑒》，中華書局，1956 年，第 6217 頁。

⑧ （後晉）劉昫：《舊唐書》，中華書局，1975 年，第 591－592 頁。

⑨ （後晉）劉昫：《舊唐書》，中華書局，1975 年，第 592 頁。

⑩ 周偉洲：《唐代黨項》，廣西師範大學出版社，2006 年，第 68 頁。

⑪ 《舊唐書・黨項傳》作“崔君會”，《新唐書・黨項傳》作“崔彦曾”，《唐會要・黨項羌》作“崔君會”，《資治通鑒》卷二四八“會昌五年”胡注亦作“崔君會”，本文以此爲準。因“會”與“曾”形近，“彦曾”恐爲“君會”所訛。

之,仍各賜緋魚以重其事。久而無狀,尋皆罷之"[①]。但是此舉並未奏效,黨項的反抗活動仍此起彼伏。會昌四年九月,"制以皇子惲爲開府儀同三司、夏州刺史、朔方軍節度大使,時黨項叛,命親王以制之"[②]。會昌五年黨項侵擾鹽州,十一月入寇邠寧。"李德裕奏:'黨項愈熾,不可不爲區處。聞黨項分隸諸鎮,剽掠於此則亡逃歸彼。節度使各利其羊馬,不爲擒送,以此無由禁戢。臣屢奏不若使一鎮統之,陛下以爲一鎮專領黨項權太重。臣今請以皇子兼統諸道,擇中朝廉幹之臣爲之副,居於夏州,理其詞訟,庶爲得宜。'乃以兖王岐爲靈、夏等六道元帥,兼安撫黨項大使,又以御史中丞李回爲安撫黨項副使,史官修撰鄭亞爲元帥判官,令齎詔往安撫黨項及六鎮百姓"[③]。唐朝雖爲黨項置使進行安撫,但入侵寇擾之事仍屢禁不止。會昌六年黨項攻陷邠州、寧州和鹽州交界的城堡,屯於叱利寨。宰相李德裕建議遣使宣慰,武宗決意對黨項進行討伐[④]。編號"大中064"的墓志真實反映了會昌六年這次征討的一些詳情,爲研究武宗時期唐朝與黨項關係提供了新材料。

面對黨項此起彼伏的反抗浪潮,宣宗開始反思其緣由並總結經驗教訓,做出了慎選邊將與照顧黨項社會經濟發展要求的決定。"上頗知黨項之反由邊帥利其羊馬,數欺奪之,或妄誅殺,黨項不勝憤怨,故反,乃以右諫議大夫李福爲夏綏節度使。自是繼選儒臣以代邊帥之貪暴者,行日復面加戒勵,黨項由是遂安。上以南山、平夏黨項久未平,頗厭用兵"[⑤]。在平定黨項侵擾後,宣宗下詔頒布了一系列旨在遏制黨項寇擾、防範邊將貪婪横行、改善黨項生活狀況的措施。"辛未,詔[⑥]:'平夏黨項,已就安帖。南山黨項,聞出山者迫於飢寒,猶行鈔掠,平夏不容,窮無所歸;宜委李福存諭,於銀、夏境内授以閑田。如能革心相化,則撫如赤子,從前爲惡,一切不問,或有抑屈,聽於本鎮投牒自訴。若再犯疆埸,或復入山林,不受教令,則誅討無赦。將吏有功者甄奬,死傷者優恤,靈、夏、邠、鄜四道百姓,給復三年,鄰道量免租税。歸由邊將貪鄙,致其怨叛,自今當更擇廉良撫之。若復致侵叛,當先罪邊將,後討寇虜。'"[⑦]由于宣宗對禦邊將領人選的慎重選擇與適宜黨項生存與發展政策的實施,黨項對夏州和邠寧等地區的侵擾逐步減少,出現了暫時的安定局面。編號"大中006"的墓志就是這一情況的真實反映,説明了宣宗時期唐朝對其與黨項關係的深刻反思與慎重考慮。周偉洲先生指出,自大中五年後,黨項諸部雖仍有一些反抗,但由于宣宗選任的邊鎮節度使處置得當,並未釀成大的動亂。這種環境爲黨

① (後晉)劉昫:《舊唐書》,中華書局,1975年,第5293頁。
② (後晉)劉昫:《舊唐書》,中華書局,1975年,第602頁。
③ (北宋)司馬光:《資治通鑒》,中華書局,1956年,第7993頁。
④ (北宋)司馬光:《資治通鑒》,中華書局,1956年,第8021頁。
⑤ (北宋)司馬光:《資治通鑒》,中華書局,1956年,第8045-8046頁。
⑥ 參《唐大詔令集》卷一三〇《蕃夷·平亂·平黨項德音》,第709-711頁。
⑦ (北宋)司馬光:《資治通鑒》,中華書局,1956年,第8046-8047頁。

項諸部的發展和勃興提供了有利的條件①。

這八方墓志從不同方面反映了晚唐時期因實力下降而採取武力打擊與和平招撫相結合的方式處理與黨項關係的史實，這一局面逐步爲黨項的崛起奠定了基礎。李鴻賓先生認爲，黨項勢力崛興的根本原因是中央與地方關係出現了新的變化②。安史之亂後中央權威的衰落與地方藩鎮割據的加强，造成唐朝國力的削弱與控制力的下降。這就爲黨項力量的壯大創造了有利的外在條件，使其對唐朝的反抗鬥争與邊境侵擾日益頻繁，而邊將的貪婪與唐朝處置措施不當更加助長了這一局面，從而對邊疆局勢的穩定造成重大威脅。“作爲與漢人有别的邊緣勢力，黨項崛起除了借助上述機遇之外，其民族認同觀念也起着重要的作用，逐步形成以自身族屬爲主的勢力並朝政權建設發展。然而這種思想在唐朝解體之前並不占主要位置，此前黨項的活動屬於政治性支配下的地方性活動，其族性張揚在王朝解體之後”③。在唐朝的衰落進程中，黨項逐步壯大並奠定了北宋初期建國自立的基礎。這一過程開始於安史之亂後的中唐時期，發展於文宗以後的晚唐時期，最終完成於北宋時期，以自立西夏國的形式宣告了黨項這一新興政治勢力的徹底崛起。

原刊於《西夏研究》2011 年第 2 期

① 周偉洲：《唐代黨項》，廣西師範大學出版社，2006 年，第 52 頁。

②③ 李鴻賓：《唐末的形勢與黨項勢力的崛起》，《寧夏社會科學》，2009 年第 2 期。

熙寧變法與宋夏戰争

魏淑霞

宋夏戰争是宋軍與西夏軍在今天陝西、寧夏一帶所進行的戰争。若從李繼遷反宋自立算起，它始於太平興國七年(982)，若從李元昊正式立國算起，它始於寶元元年(1038)，期間戰争有大有小，直到北宋滅亡，戰事才算結束，其中有影響的戰争有：李繼遷攻靈州，李元昊時期的三川口、好水川、定川寨戰役，元豐四年宋五路軍攻西夏，永樂城之戰，平夏城之戰等。這些戰争給宋和西夏政權的政治和經濟都帶來了深刻的影響。有關宋夏之間的戰争，學界已有論述①，但未從熙寧變法的角度對宋夏之間的戰争進行梳理。實際上，熙寧變法對宋夏戰争産生的影響是深遠的，梳理宋夏戰争的脉絡，可以發現，熙寧變法之前宋夏戰争中宋軍連連受挫，之後宋軍在戰争中逐漸從消極防守轉入主動反攻，使西夏陷於被動。究其原因，主要是熙寧變法後宋朝西北軍事實力的增强。本文擬就這一問題進行探討，以求教於方家，不足之處，敬請指正。

一、前期宋夏戰争

1. 李繼遷攻取靈州

靈州歷來是中原王朝的西北門户，是關中之屏蔽，河隴之噤喉，對李繼遷而言，若占領靈州，則可“西掠吐蕃健馬，北收回鶻鋭兵，然後長驅南牧”②。統一整個西北，與宋、遼抗衡。對宋朝而言，占有靈州則“猶足以張大國之威聲，爲中原之扞蔽”。如果失去靈州，則邊緣諸郡都不可保。咸平四年(1001)，李繼遷率5萬人馬攻打靈州，面對李繼遷的進攻，宋朝内部出現了棄靈州與保靈州兩種不同的意見。宋真宗力主保靈州，派王超爲西面行營都部署，率兵6萬援助靈州。當時，靈州的

---

① 王天順：《西夏戰史》，寧夏人民出版社，1993年；杜建録：《西夏與周邊民放關係史》，甘肅文化出版社，1995年；李範文主編：《西夏通史》；鐘侃、吴峰雲、李範文：《西夏簡史》；曾瑞龍：《拓邊西北——北宋中後期對夏戰争研究》，香港中華書局有限公司，2006年；米壽祺：《紹聖開邊與章楶經營天都》，載《固原師專學報》1991年第4期；王立新：《試析宋夏戰争初期北宋軍事失利的原因》，載《隴東學院學報》(社會科學版)，2007-18-1；金勇强：《宋夏戰争有明顯的季節性》，載《寧夏大學學報》2009年第5期；錢俊嶺：《從淺攻到蠶食：論章楶的軍事構想與實施》，載《西夏研究》2010年第3期；籍勇：《論北宋攻城戰——以元豐五路攻夏戰役爲中心》，載《西夏研究》2010年第3期等。

② (清)吴廣成：《西夏書事》，龔世俊等校，甘肅文化出版社，1995年，第79頁。

知州爲裴濟,在整個靈州之戰中,裴濟全力固守城池,在靈州戰事喫緊之時,他曾以血書求救於宋廷,但始終不見宋朝援軍的踪影,最後,靈州城中彈盡糧絶,李繼遷集重兵攻陷靈州,裴濟被殺。

事實上,李繼遷攻取靈州戰事開始後,爲了抗敵,宋朝任命張齊賢爲邠寧環慶涇原儀渭鎮戎軍經略使,把長安到靈州的全部軍事指揮權都交給了張齊賢,這本是一個正確的決策,但宋真宗又怕張齊賢軍權過重難以節制,所以不到一個月又把他給免職了。而王超所率 6 萬大軍行至瀚海時,被李繼遷遣兵阻攔,不得前進。别將張煦出兵鎮戎軍,入夏州界内,由白豹鎮抵柔遠川,與李繼遷軍隊相戰,煦獲勝,日夜兼程地趕往靈州救援,但軍未至而城已陷。從這層意義上講,靈州的失守,與其説是李繼遷攻占,不如説是宋朝拱手相讓。

2. 李元昊立國後對宋戰争

西夏建國後的第二年,李元昊爲了顯示實力、提高國威、迫使宋承認西夏國家的合法地位,就開始了對宋朝邊境的三次大規模戰争。即:三川口戰役、好水川之戰和定川寨戰役。

三川口戰役:延州(今陝西定邊縣)是宋朝西北邊境的軍事要地,也是西夏出入的要衝。所以李元昊對宋戰争第一個要解决的就是延州。宋知延州兼鄜延環慶路經略安撫使范雍聞李元昊要攻延州,驚恐萬分,請求朝延支援。李元昊以假和談麻痹范雍,范雍信以爲真,不再備戰防範。就在宋軍懈怠之時,李元昊進攻金明寨,他用突襲的方式出兵包圍了金明寨,猛烈地進攻,由于有詐降的西夏兵作内應,金明寨守將李士彬倉促應戰,無法衝出重圍,被西夏軍活捉,李元昊順利占據了金明寨。隨後,快速進攻延州。延州又稱赫連城,其城墻依山而建,地勢嚴峻,易守難攻,此時延州守軍較少,勢力單薄。李元昊選擇了三川口爲咽喉地帶,先殲滅宋朝的援軍,後集兵於延州城下,延州被圍七天,危在旦夕,延州守將范雍等全無退敵的良策。若非天公做美突降大雪,氣温驟降;西夏士兵露宿野外,缺少禦寒的衣物而無心戀戰,李元昊主動退兵,則延州之圍難以被解。三川口之戰暴露了宋朝西北邊防的空虚和邊將的無能。戰後,宋仁宗下令將臨陣脱逃者斬首,撤銷范雍邊帥之職,提拔韓琦、范仲淹爲陝西經略安撫副使,讓他們共同管理軍事防務。

好水川之戰:李元昊於夏天授禮法延祚四年(1041)二月,親自率大軍 10 萬,從天都山(今寧夏海原縣南)出發,進軍到懷遠鎮(今寧夏西吉縣偏城鄉),韓琦急忙派大將任福領兵應戰,但任福驕傲輕敵,不按韓琦製定的路綫前進,擅自率兵數千人,與西夏軍戰於孫家堡南部。任福指揮守軍參戰,斬敵數百,西夏軍佯裝敗退,以此引誘宋軍到好水川(今寧夏隆德縣北)。任福不知道這是西夏所用的計謀,便緊追西夏軍。晚上正好屯兵於好水川,此時,宋軍只有 3 萬餘人。而李元昊早已將自己的 10 萬兵力隱藏於好水川口,等待宋軍的到來。第二天,任福發現中了李元昊的誘兵之計,就率兵沿好水川向西奔逃,出了六盤山後,宋朝士兵發現了路邊擺放了許多密封的泥盒,宋兵非常好奇,便打開了泥盒,只見數百只繫哨子的鴿子直衝雲霄,這實際上是李元昊的又一計。李元昊看到天空中的鴿子,知道宋軍入進到了埋伏圈,就用分割包圍的戰術殲滅了宋軍。任福見兵敗,自扼咽喉而死。好水川一戰,宋朝軍隊幾十員大將除朱觀一人外,其餘的全部陣亡,涇原路的 18000 人馬損失殆盡,西夏在這次戰爭中大獲全勝,這是宋朝邊將趨利而違節度的後果。清吴廣成在《西夏書事》中稱:“福素以未撫循之衆,臨敵受命,法制不立,既又分出趨利,以至於敗。”①

定川寨戰役:夏天授禮法延祚五年(1042)閏九月,李元昊採納了宰相張元的建議,從天都山出發向南行進,準備攻下鎮戎軍後,經過渭州深入關中。決戰地點選在鎮戎軍(今寧夏固原市)西北面的定川寨(今寧夏固原市西北)。李元昊集合 10 萬兵馬,分兩路進軍。一路到劉璠堡(今寧夏海原西南),另一路到彭陽城(今寧夏固原東北),最後匯合於鎮戎軍。此時,宋渭州的知州爲王沿,涇源路總管爲葛懷敏。涇源平坦遼闊,無險可守,是宋朝延、環慶、涇源、秦鳳四路中最爲薄弱的地域。渭州知州王沿得知西夏軍從天都山大舉出動,就忙派葛懷敏率兵在瓦亭寨阻擊西夏軍。而葛懷敏率兵到瓦亭寨没有遇到西夏軍,便自作主張,率軍進入養馬城,其他各路軍隊也都前往葛懷敏所在的養馬城與其會合。正在此時,李元昊率軍進入鎮戎軍境内。有部將建議葛懷敏速戰速決,應依靠馬欄城布置栅欄,切斷敵人右路,固守鎮戎城,來保障糧餉的暢通,拖垮敵人,等敵人鋭氣減弱後,再進攻,才能取勝。不然必定吃敗仗。但葛懷敏剛愎自用,置大將建議於不顧,下令各路軍分四路會師於定川寨。葛懷敏的這種布置正合善於用兵的李元昊之意。李元昊早在定川寨設下埋伏,只待葛懷敏主力軍的到來。李元昊燒燬了定川寨後邊定川河上的木橋,斷絶宋軍退路,又派人切斷了流經定川寨的水道,斷了宋軍的水源。葛懷敏軍剛到定川寨,就陷入西夏軍的埋伏,李元昊率精鋭部隊將葛懷敏軍重重包圍,並分割圍剿,加之天氣突變,狂風肆虐,飛沙走石,宋軍亂成一團。李元昊乘亂而上,宋軍自相踐踏,死傷無數,葛懷敏因得涇源路都監趙詢的救助才得以逃脱。葛懷敏率部引退到長城邊,而夏軍早已將近路截斷,宋軍再次陷入夏軍包圍,葛懷敏等十餘人全部戰死。定川寨之戰,又是以西夏的勝利而告終。西夏軍趁勢直奔渭州,大肆掠奪,最後滿載而歸。

前期的宋夏戰爭中宋軍之所以節節失利,主要是由于宋朝多年來上下安於無事,武備廢而不修;將愚不識干戈,兵驕不知戰陣;器械朽腐,城郭隳頽,在統軍體制和一些軍事制度上存在明顯的缺陷。宋朝在軍事統御體制上,首先是建立樞密院——三衙體制,其次是實行以文制武。樞密院三衙統兵體制的建立,巧妙地把兵權一分爲三。樞密院有調兵之權,却不掌管軍隊;三衙掌管軍隊,却無調兵之權;遇

① (清)吴廣成:《西夏書事》,龔世俊等校,甘肅文化出版社,1995 年,第 174 頁。

有戰事,由皇帝任命將帥領兵出征,從而實現了發兵權與握兵權的分離。這種體制造成了主兵機構與將帥之間、將帥與將帥之間、主將與偏裨之間權限不明,缺乏相互協調,結果必然是互相牽制,動輒掣肘。正如賈昌朝所言:“今陝西四路總管而下鈐轄、都監、巡檢之屬,悉參軍政,謀之未成,事已先漏,甲可乙否,上行下戾,主將不專號令,故動則必敗。”[①]在李繼遷攻靈州之戰、定川寨之戰中都暴露了宋朝統軍體制上的這種弊端。而宋朝實行以文制武,文人大多未經戰事,缺乏統兵作戰的實際能力,讓他們領兵作戰,其後果不言自明。

募兵制是宋代主要的兵役制度,但是隨着歷史的發展,募兵制弊端叢生。主要是戰斗力低下,由于揀選不實,訓練缺乏,嚴重影響了宋軍的戰斗力,兵雖多而無用。關於北宋中葉雇傭兵的驕惰腐朽、不堪征戰的情況,歐陽修在《原弊》一文中曾加以描述:“國家自景德罷兵(澶淵之盟)三十三歲矣,兵嘗經用者老死今盡,而後來者未嘗聞金鼓、識戰陣也,生於無事而飽於衣食也,其勢不得驕惰。”[②]田况在其所上的《兵策十四事》中,則對於當時騎兵不堪征戰的情况加以描述:“沿邊屯戍騎兵,軍額高者無如龍衛,聞其間有不能披甲上馬者;况驍勝、雲武二騎(均是北宋軍中騎兵的一種番號)之類,馳走輓弓不過五六斗,每教射,皆望空發箭,馬前一二十步即已墮地。以賊甲之堅,縱使能中,亦不能入,况未能中之!”[③]宋朝陷入了“不任人無以安邊,不安邊無以惜費,不惜費無以寬民,不寬民無以致治”[④]的境地。而西夏軍的戰斗力極强,羌戎上下山阪,出入溪澗,中國之馬不如;隘險傾側,且馳且射,中國之技不如;風雨罷勞,餓渴不困,中國之人不如。二者之間形成鮮明的對比。

二、熙寧變法與北宋西北軍事實力的增强

宋神宗趙頊繼位後,决意改弦更張,力圖擺脱邊患困境。就是在這種情况下,王安石於熙寧元年(1068),被召入政府,由翰林學士陞任參知政事,熙寧二年(1069),除參知政事,初任宰相,隨即開始主持中國封建歷史上著名的變法革新運動。史家對於王安石變法頗多争議,然而有一點却是不容否認的,王安石變法的最大成就不在經濟和政治,却在軍事上。從王安石變法開始,宋朝軍事改革特别是西北地區的軍事改革就成爲了變法的重點,變法之後,西北軍隊擁有了獨立的指揮權與統兵權,士兵的作戰素質和將領素質也隨着變法的深入而日益提高,終於漸漸扭轉了宋朝在宋夏戰争中的被動局面。

王安石變法運動中的强兵措施有:裁汰冗兵,整編禁軍,縮減軍隊;推行將兵

---

① 《宋史》(卷二八五),中華書局,1985 年。
② 《歐陽修集》,李之亮注譯,中州古籍出版社,2010 年。
③ (宋)李燾:《續資治通鑑長編》,中華書局,1985 年,第 3135 頁。
④ 陳均:《皇朝編年綱目備要》,中華書局,2006 年,第 119 頁。

法，加强軍事訓練；實行保甲法，恢復寓兵於農的征兵制，廢除弊端叢生的募兵制；推行保甲馬，改變軍馬供應缺乏的狀況；設立軍器監，改進武器製作。其變法具體的内容不再贅述，主要述其軍事變法的成效。

1. 針對軍隊中存在的冗兵、老弱、空額等問題，全國共裁減了 247 營，軍隊總額不到 80 萬人。以前養募兵節省的軍費專門存在各路的提點刑獄司所管的金庫中，以備邊防非常之用。

2. 將兵法推行後，將已非一種官職，而變成軍隊的一級編制。各將的兵力，從 3000 人至 1 萬人不等，每將設正將和副將各 1 人作爲統兵官。正將、副將之下，又各以所將兵多寡，置部將、隊將、押隊使臣各有差，又置訓練官，次諸將佐①，他們的職責是管理、訓練和指揮所部軍隊。到元豐四年（1081），全國各地無不設將之處了。《宋史・兵志二》對此概括説："總天下爲九十二將，而鄜延五路又有漢蕃弓箭手，亦各附諸將而分隸焉。"②一改將不知兵、兵不識將的局面。

3.王安石認爲，經過訓練的保甲，使與募兵相參，則可以消募兵驕志，省養兵財費，事漸可以復古，此宗廟長久計，非小事也。爲達此目的，對保甲採取了"上番"和"教閲"兩項措施。司馬光在元祐初（1086）所上《乞罷保甲狀》中，説保甲法實施之後，使得"甽畝之民皆戎服執兵奔驅滿野"③。司馬光上書的目的是爲了反對王安石變法，但我們從司馬光的言論中可以看出王安石實施保甲法收到的實效，即大量的農村壯丁已接受了軍事訓練。二十四年後，即紹聖二年（1095），變法派章惇向宋哲宗趙煦陳述保甲法成效時説："熙寧中，先帝始行保甲法，府界、三路得七十餘萬丁。設官教閲始於府界，衆議沸騰。教藝既成，更勝正兵。元豐中，始遣使遍教三路。……而一時賞賚，率取諸封樁或禁軍缺額，未嘗費户部一錢。元祐弛廢，深可惜也。"④元符二年（1099），變法派的曾布也向趙煦説："熙寧中教保甲，臣在司農。是時諸縣引見保甲，事藝精熟。……仕宦及有力之家子弟，皆欣然趨赴。及引對，所乘皆良馬，鞍韉華楚，馬上事藝往往勝諸軍。"⑤

4. 戰馬的多少是古代衡量軍事力量强弱的重要標志，宋朝的軍馬供應，除貿易得來外，主要依靠政府牧監飼養，但是宋朝舊有的牧監根本解决不了戰馬的缺失問題。熙寧二年至五年，河南北十二監，只出馬 1600 匹，而其中可供騎兵者 264 匹而已，平均每年出戰馬 66 匹，戰馬缺失嚴重影響了宋與遼夏的軍事力量對比。爲了改變這種狀況，熙寧六年（1073）八月頒布保馬法。此後，北宋元豐年間，又實行了户馬法、元豐保馬法，都是熙寧年間保馬政策的延續，即增加宋朝軍馬的供應。元豐七年時，宋廷征得的戰馬總數達 6000 匹，其中河東、鄜延、環慶、永興、秦鳳幾路

---

① 鄧廣銘：《宋史研究論文集》，上海古籍出版社，1982 年。

② 《宋史》，中華書局，1985 年，第 4628 頁。

③ 《宋史》，中華書局，1985 年，第 4779 頁。

④⑤ 《宋史》，中華書局，1985 年，第 4786 頁。

的户馬爲 2700 匹[①]。與西夏東南部相鄰的河東、鄜延、環慶三環路的禁軍一次增加戰馬 6000 匹，這對於增强與西夏抗衡的力量，是十分有益的。

5.宋朝的兵器製造原歸三司胄案管理。三司是主管財政的機構，事務繁雜，無暇顧及胄案，加上胄案主管人員不重視也不懂得這項工作，僅能記簿賬而已，武器製造的質量如何根本無人過問，因而兵器大多粗製濫造，質量低劣，不堪戰用。爲改變這種狀況，熙寧六年(1073)六月，宋廷設置軍器監，專門負責管理兵器製造。自此，兵器製造得以大大改善，"國家自罷兵以來，武庫百備，廢壞幾盡。神宗皇帝，以常德立武事，震耀威靈，治兵製器，憲度詳謹，內置軍器監，外創都作院，日程其功，月閱其課，戈矛、弧矢、甲胄、刀劍之具，皆極完具，等數之積，殆不勝計。苟有靈旗之伐，可足數十年之用"[②]。

可見，宋神宗支持的熙寧變法雖没有達到全面振興宋朝的目的，但却使宋朝的軍事實力發生了變化。其一是軍事指揮體制的變化。將兵法實行之後，將和副將有了對所部軍隊進行統馭、訓練和指揮的權力，將得專其兵，初步改變了以文制武的舊制，武將的地位有了一定的提高，這是宋兵制上的一大變革。其二軍隊戰斗力增强。司馬光也認爲："今獨緣邊州軍城隍完固，士卒衆多，可以守禦。"[③]不僅可以守禦，而且有力量進攻，王韶收復河、洮等五州之地，就是北宋空前的一次大捷。

三、後期的宋夏戰爭

雖然，王安石已於熙寧九年(1076)罷相，但宋神宗還是維持新法近十年之久，永樂城之戰宋大敗，1085 年宋神宗含恨而歿。年僅 10 歲的哲宗繼位，朝政由高太后把持，熙寧變法被廢止。但到元祐八年(1093)，哲宗親政後，有復熙寧、元豐之意，改元紹聖，意爲"遵照先賢之道"，"專以'紹述'爲國是，凡元祐所革一切復之"[④]。重新起用革新派，恢復了熙寧變法的多項內容，尤其是在對西夏的軍事策略上與王安石的策略一脉相承。可以説王安石軍事改革的影響是深遠的。宋朝始終將整頓西北軍務當作了國策的重點。之後的幾十年內，宋朝與西夏在西北連年征戰，互有勝負，却漸漸扭轉了仁宗時代被動挨打的局面，甚至能够主動出擊，不斷蠶食西夏的戰略要地。

1. 元豐五路軍攻夏

元豐四年(1081)，西夏發生了政變，年幼的西夏國主秉常(1060—1086)被囚。宋朝决定趁此難得之機發動五路進攻，對戰爭進行了全面布署：李憲部出熙河路，種諤部出鄜延路，高遵裕部出環慶路，劉昌祚部出涇原路(劉昌祚受高遵裕的節

① (宋)李燾：《續資治通鑒長編》，中華書局，2004 年，卷 346、347，元豐七年六月丁醜、七月癸卯。

② 轉引自：《宋史論集》，中州書畫社出版，1983 年，第 104 頁。

③ 《司馬温公文集》，商務印書館，1936 年，卷三三《乞罷將官狀》。

④ 《宋史》，中華書局，1985 年，第 13711 頁。

制)，王正中部出河東路。按作戰計劃，涇原、環慶兩路合取靈州，河東、鄜延兩路先會師夏州，再攻懷州，最後四路合攻興州。宋朝廷還請吐蕃出兵渡黄河攻取涼州，以牽制西夏右厢兵力。戰争的核心目標是西夏的興、靈二州。

涇原路劉昌祚部進至堪哥平磨哆隘口(在靈州南百餘里)，與據險守隘的3萬西夏兵遭遇。劉昌祚以牌手在前，布神臂弓和勁弩於後，身先士卒，挾兩盾牌登隘激戰。待西夏兵稍稍退却，以大軍猛衝，將其擊敗，乘勝直抵靈州城下。但高遵裕缺乏對戰局的整體把握，在缺乏攻城器械、後勤補給不足的情況下盲目命劉昌祚直接攻城。宋軍頓兵堅城之下，圍攻十八晝夜而不克。而西夏軍放黄河渠水灌淹宋軍營地，又斷絶其糧餉之道，宋軍士兵因凍溺飢餓而死者極多。宋朝廷見其不能取勝，下令班師。

出兵鄜延的種諤作戰積極，率所部沿無定河西進，起初勢如破竹，通過一系列間接攻城戰略的運用，先後攻取了西夏的米脂寨、石州、夏州、銀州等處。但很快就因爲軍糧供應不繼，又逢大雪，部隊非戰鬥减員達三分之二以上。

河東路王正中所部沿無定河北行，選擇了消極的方式參戰，没有遭遇西夏軍。

此次戰争，宋軍雖失敗，但是宋軍的戰鬥力却有了一定的提高，協調作戰的意識和能力增加，占領了銀、石、夏、宥諸州和横山北側的一些軍事要點，使西夏在横山沿邊地帶不敢耕者至二百餘里，邊境貿易斷絶，物價奇高，其餘老弱轉徙，牛羊墮壞，所失不可勝數，陷入不利境地。

2. 宋夏平夏城之戰

紹聖年間(1094—1098)，宋朝命涇原路經略安撫使章楶合涇原、環慶、熙河、秦鳳路兵馬修築了平夏城、靈平寨。在修築堡寨的軍事行動中，各路軍隊體現出良好的協作精神，西北諸路形成了以涇原路爲核心的局部戰區。章楶可按照自己的戰略部署節制諸路人馬，使得宋軍更有效、更靈活地打擊來犯敵軍。元符元年(1097)，西夏梁氏親率40萬衆，自没煙峽直趨平夏城。章楶任命宋將郭成充爲涇原路第十一將、知平夏城，他守城有方，成功地抵禦了西夏軍14日的進攻，另外，西夏圍攻平夏城之際，鄜延、河東、熙河、環慶、秦鳳路或“領兵出界討蕩”，斬獲甚多，或“屯據要害，張耀兵勢，使不能深入作過致賊無利”①。都不同程度地支援了這場戰争。

宋夏平夏城決戰是“一場組織完善的戰役”②，在各路人馬的策應下，涇原路成功擊退了西夏軍的進攻。十一月，宋軍又以輕騎兵“六道分進”夜襲西夏軍事重地——天都山，一戰而勝，生擒了西夏統軍嵬名阿埋、監軍妹勒都逋③，“夏人自平

---

① (宋)李燾：《續資治通鑒長編》，中華書局，2004年，第12000頁。

② 曾瑞龍：《拓邊西北——北宋中後期對夏戰争研究》，中華書局有限公司，2006年，第125-164頁。

③ (宋)李燾：《續資治通鑒長編》，中華書局，2004年，第2017頁。

夏之敗,不復能軍"[①]。在這次戰争中,宋朝西北軍隊凸顯了其强悍的戰鬥力,協同作戰的能力大大提高,尤其是騎兵發揮了巨大的優勢,這與北宋的西北軍事政策分不開,可以説王安石的軍事改革使宋朝西北邊軍的戰鬥力提陞了一級。平夏城之戰使宋夏之間的攻守形勢徹底改變,拉開了此後宋朝步步爲營、逐步蠶食西夏國土的序幕。至宣和元年(1119),宋朝已經徹底奪取了西夏的横山地區,使西夏失去了防禦北宋的最後屏障。

原刊於《西夏研究》2010 年第 4 期

① (宋)王稱:《東都事略》,中華書局,1957 年,卷九六。

定戎寨鹽池與宋夏戰争

——兼論鹽文化

薛正昌

鹽是人們生活的必需品,也是國家税收的重要途徑之一。春秋戰國時期,各地的鹽業生産已經相當發達,其獲取食鹽的途徑也是多種多樣。《周禮·天官·鹽人》記載:"鹽人掌鹽之政令,以共(供)百事之鹽。"當時,已經有負責管理鹽業的機構和官員。秦統一後的二千多年間,歷代政權大都實行鹽業專買政策,由國家統一經營,尤其是遇有戰争的特殊時期。正緣於此,鹽與歷代戰争關係密切,由鹽生成的各種文化現象更爲豐富。有關寧夏鹽池食鹽情况,筆者在《寧夏歷史文化地理》一書中有過簡略論述,但對於寧夏海原縣乾鹽池鹽湖却是一筆帶過。實際上,研究宋夏戰争,乾鹽池食鹽在當時的特殊作用是不能忽略的。海原縣乾鹽池正當絲綢之路東段北道必經之地,與歷史上的鹽茶馬貿易直接發生過關係。這裡所産食鹽,在漢唐時期就有一定影響,宋夏對峙時期,表現得最爲突出。

一、定戎寨鹽池稱謂的變遷

定戎寨,即現在的乾鹽池,位於今寧夏海原縣城西 40 里處。登上定戎堡古城墻俯視,四野所及就是空曠的鹽池盆地中心内陷湖泊。現在的鹽池總面積 950 畝,實際産鹽面積 300 多畝,建有鹽田曬場 630 處,年産鹽 75 至 180 萬斤(劉華編校《明清民國海原史料匯編》第 145 頁,寧夏人民出版社 2007 年)。乾鹽池,也有寫爲甘鹽池的,從地理環境看,乾鹽池可能準確一些,説"甘"是從鹽自身説的,取其清醇之味。乾鹽池的名字,可能是明代以後約定俗成的,《明實録》已以乾鹽池名字相稱,興盛期是漢唐時期的河池,宋元時期的定戎堡鹽池。同時,乾鹽池的名字也反映了明代以後、主要在清代中期以後池鹽的逐漸衰落,與鹽湖的衰落和自然環境的變遷有關。池鹽生産,原本是靠湖水的晾曬來完成的,湖水没有了,鹽的生産自然就無從談起。由"河池"到"乾鹽池"稱謂的變遷,我們就可以看到鹽湖的變遷。

但從清代設置的鹽茶廳看,政府對這塊産鹽地仍很重視。究其原因,這裡原本是天然的畜牧地,明代鹽池周圍大片的草場變成了韓王的馬牧草地,而鹽池處在草地中樞,鹽又歸政府經營,便有了"鹽茶同知"專駐固原州城來負責池鹽茶馬事宜的管理。

由于戰争的緣故,明代乾鹽池已經是一處專門儲備食鹽的倉庫,政府在這裡設有負責管理鹽倉的"倉官",築就了較大的城池。這裡是遊牧民族南下出没的通道,防務尤其重要。宋代爲有效防禦鹽池,在這裡修築周圍 4 里的定戎堡城。明代修筑規模較大的城池,同樣派兵防守,在保護鹽池的同時,還要防禦遊牧民族南下。清朝順治始,已有負責鹽池管理的鹽茶廳設置,縣級建制雛型逐漸形成。

二、與軍事和戰争相關的鹽池

製鹽業分爲海鹽、池鹽、井鹽三大類,海原乾鹽池屬於池鹽,屬自然天成。

戰國以來,乾鹽池池鹽已經引起了人們的關注。漢代,乾鹽池是西北地區有影響的産鹽地。漢武帝時下令收鹽鐵爲國家經營,在中央設鹽鐵丞,在地方設鹽官和鐵官,壟斷食鹽和鐵的産銷。鹽是暴利,很快能改變國家的財政狀况。漢武帝拓地開邊,需要大量的財政經費支持。爲有效反擊匈奴的入侵,漢武帝在寧夏南部固原設安定郡之後,乾鹽池的食鹽生産就納入國家統一管理。反擊匈奴的重大軍事行動及其過程,乾鹽池食鹽同樣爲國家提供了一定的財政支持,尤其是處在邊地的鹽池。

安定郡設置後,政府已在産鹽地設有管理機構和鹽官。在《中國鹽業史・漢代郡國鹽官設置表》中,安定郡三水縣設有鹽官。認爲三水縣,即現在的固原市原州區(曾經的固原縣)。"今固原縣並不産鹽,而漢時於三水縣設鹽官,疑亦係轉運機構"(曾仰豐《中國鹽政史》第 90 頁,上海書店 1984 年)。實際上漢代三水縣爲安定郡所轄,是現在同心縣的地域。同心縣西部與海原縣乾鹽池相依爲鄰,或者在漢代三水縣的隸屬關係中,乾鹽池鹽湖就在三水縣的管轄範圍之内。因此,三水縣設鹽官,與乾鹽池池鹽應該有直接的關係。

唐代開元元年(713),政府派姜師度檢校全國的鹽鐵之課,開始正式征取鹽税。安史之亂後,肅宗乾元元年(758),第五琦任鹽鐵使,開始變更鹽法,對海鹽、池鹽、井鹽一律實行官榷,嚴禁鹽私製私買,鹽户都有生産定額。這樣,朝野對鹽的生産和買賣都非常謹慎。乾鹽池是唐代較爲重要的産鹽地。由唐代産鹽地分布圖看,寧夏鹽池、靈州是著名的産鹽地。之外,會州也是主要産鹽地。《新唐書》卷五十四:"……會州有河池。"這裡的會州,可能就是海原的乾鹽池。研究池鹽的學者也這樣認爲:"定戎寨鹽池很可能就是五代以前的河池。譚其驤主編的《中國歷史地圖集》第五册 35—36 頁所標唐代會州會寧縣(治所在今甘肅靖遠縣)河池與第六册第 20—21 頁所標宋代西安州定戎寨(今海原縣乾鹽池)二者位置基本一致(吉成名《論宋代池鹽産地》,四川理工學院學報 2008 年 6 期)。地方志書記載:"池鹽開採,本縣採鹽歷史悠久,唐時即有'河池',在今鹽池鄉境内。"(《海原縣志》第 298 頁)《中國鹽業史》也認爲:"西安州鹽池,大約在宋代的會州與西安州之間,或許即今靖遠與海原之間的'乾鹽池'。"

漢唐政治中樞在西安，古代北方相對多鹽，國家實施榷鹽政策，是財政和戰爭支撐的重要經濟來源。因而對鹽池之利非常重視，隋唐時期鹽池地名也較前代爲多。《新唐書・食貨志》載"唐有鹽池十八"，關内道鹽池竟有 13 處之多。較著名的大都在寧夏境内，如鹽州五原（鹽池縣附近）的烏、白兩池，靈州回樂温泉鹽池（温池），會州河池（乾鹽池）等。唐代後期，要求靈、鹽、會諸州"輸米以代鹽"，即利用鹽利轉輸糧米以贍邊儲。唐代後期，這些鹽池都相繼陷入吐蕃，直到大中四年（850）才回歸於大唐。

唐代實行榷鹽法以前，對鹽池經營大抵採取兩種形式：一是由國家設置鹽屯，有民屯和軍屯，由屯丁和屯兵從事食鹽生産，由軍隊看守保護鹽池。一種是由個體鹽户"租種"池田並向國家納税。寧夏靈、鹽、會諸州鹽池臨近邊境，利於官府，由軍隊興建鹽屯，這是乾鹽池開發的重要時期之一。《唐六典》卷七記載：會州有"鹽屯七屯"，就是當時乾鹽池鹽業開發興旺的象徵。

安史之亂後，由于籌集軍費的需要，鹽業帶來的財賦又一次被政府所看重。再加上肅宗靈武即位，已説明與主掌關内鹽業的朔方軍有着密切關係。鹽在戰爭之際，對於國家和政府的意義空前突出。第五琦任命爲鹽鐵使，正式頒布鹽法。一度時期，寧夏境内的鹽池成了唐政府與吐蕃争奪的對象。可見，寧夏境内的幾處鹽池與軍事和戰争關係密切。

三、宋夏時期的定戎寨鹽池

宋夏之間的戰争衝突在百餘年間時停時起，除了其中的政治與軍事等主要原因外，鹽池的争奪應該是宋朝與西夏邊界衝突的重要原因；鹽池的生産地，也成爲雙方争奪和起衝突的戰略要地。

食鹽專買收入和鹽税收入，是宋朝的重要財源。因而鹽業生産就受到特殊重視。從事池鹽生産的有了一個專門稱謂——畦户，實行完全的官營。《宋史・食貨志》記載："墾地爲畦，引池水沃之，謂之種鹽，水耗則鹽成……歲二月一日墾畦，四月始種，八月乃至。"乾鹽池的鹽生産，就是利用墾畦的方式。畦户田由附近百姓輪流充當，每年或每三年輪换一次。這裡的池鹽主要用於大量駐軍的開支，具有重要的戰略意義。

《宋史・地理三》載，秦鳳路所轄一府、十九州、五軍、四十八縣，包括其後增加的積石、震武、懷德三軍，西寧、東、廓、西安、洮、會六州，池鹽産地只有西安州定戎寨一處。這實際上把歷史上會州産不産鹽的問題也從另一個層面界定明白了。

西安州，在今寧夏海原縣西。西夏大軍攻占天都山後，西安州所在的乾鹽池爲西夏所有。乾鹽池就在天都山身後，這種現狀持續了近 60 年，這裡的鹽池爲西夏所經營。元符二年（1099 年）七月，宋軍才攻占這裡，並於碱隈川擇地築寨。月餘寨成，宋朝政府將其命名爲"定戎寨"。碱隈川的名字是西夏人叫的，他們稱"鹽"爲

“碱”,稱低窪處爲限。“定戎寨”的名字是宋朝人叫的,他們從傳統的視角看西夏人,以“戎”相稱。《長編》卷五一四有記載,説這裡“有鹽池長十里,産紅鹽、白鹽,如解池可作畦種云”。乾鹽池的規模較大,産鹽的品種較多,生産鹽的方式——畦種,與山西河東鹽的生産方式一樣。宋朝要在這裡築寨防守,除軍事原因外,主要就是爲了這裡的食鹽。西夏駐軍天都山,除了交通等軍事原因而外,利用和占據鹽池也是西夏所依重的。

關於西安州乾鹽池池鹽情況,宋代人方勺在他的《泊宅編》中有一段記載:西安州“西至流沙六日……又二日至西海。水味不甚咸,中有顆鹽,大者三四斤,其色紅瑩,軍中以和食飲”。“西安州有池産顆鹽,周回三十里,四帝旁皆山,上列勁兵屯守。池中役夫三千餘,悉亡命卒也。日支鐵錢四百,每多盗鹽私貿。蓋絶塞難得鹽,自熙河、蘭、鄯以西,仰給予此。初得此地,戎人歲入寇。今則拓地六十里,斥堠尤謹,邊患遂絶”(方勺《泊宅編》卷中,中華書局 1983 年點校本)。

這裡記載的是宋朝取得西安州鹽池的經營情況。這裡所説的西安州鹽池,就是定戎寨鹽池。周圍長達 30 里,“池中役夫三千餘”,可見定戎寨鹽池生産規模之大,正好應了《唐六典》卷七記載:會州有“鹽屯七屯”的記載。宋朝政府對這個産鹽地非常重視,在鹽池的四周派駐了軍隊。

宋夏時期的西安州鹽池,在唐代曾隸屬於鹽州(鹽池縣)所轄。西夏取得鹽池後,曾在這裡築城管理。熙寧開邊以來,宋朝軍隊屢屢試圖奪取鹽池。1099 年取得鹽池後建西安州,以有效管理鹽池。崇寧三年(1104),宋將折可適率軍駐紮渭州,又進一步擴“展西安城,增置定戎寨,廣平夏城,爲懷德、安興、定戎鹽池,歲得鹽七十萬石”(《淮康軍節度使上柱國折公墓志銘》,《中國鹽業史·古代編》第 388 頁,人民出版社 1997 年)。崇寧年間,是西安州鹽池開發的主要時期,但大多在戰争狀態下。

金國占據西安州後,由于各種利益的糾葛,金國於皇統六年(1146)又將西安州賜還給西夏。宋朝政府之所以要奪取西安州鹽池,並且派大量的軍隊防守,是因爲這裡生産的食鹽,解決了熙河、蘭、鄯諸州以西的食鹽供給問題。《中國近代手工業史資料》一書中有“製鹽業”的記載:“凡鹽産最不一……凡池鹽宇内有二,一出寧夏,供食邊鎮。”這裡的寧夏包括海原乾鹽池,歷史上的池鹽就供於邊鎮,主要是軍事方面,大量的食物貯藏技術都是軍人發明的,是用鹽來完成的,尤其是戍守邊地的軍隊。

西夏人經營西安州鹽池與宋朝一樣,西夏非常重視鹽業生産。對於西夏來説,西安州鹽池要比北部鹽池的規模小,但他們同樣經營得很盡心。在管理上也設置鹽鐵使,在鹽户的分配上,“歲調畦夫數千人”來着力經營。青白鹽不但是西夏控制周圍各部族的經濟手段,而且也是西夏人以鹽與臨近蕃漢民族交换所需的穀物及其各種用品的重要實物。

元朝與明朝不一樣,没有北面的戰争,軍事平穩。但元朝同樣加强對鹽業的控制。食鹽實行商運商銷、官運官銷的形式。安西王忙哥剌治理陝西期間,陝西、寧夏等地的鹽池都屬於安西王府所轄,食鹽的經營也屬於王府。乾鹽池鹽亦隨之輸入王府,經營上相對鬆散。安西王府的政治生命結束之後,隨着元朝政權的腐敗,鹽法屢變,弊端逐漸增多。

四、鹽文化的歷史影響

有人研究過,中國古代文字中的"鹽",是由三個部分構成的象形字。下面的部分象徵着器具,左上方的是臣,意爲君主時代的官吏;右上方意爲鹽水。"鹽"這個字的寫法顯示鹽的生產是由國家控制的。

公元前一世紀,古希臘地理學家斯特拉博,就已經描述了位於蓋朗德的鹽場。縱觀中外歷史,每一個地方的歷史都與鹽有關,無論是遷徙民族還是遊牧民族,都與鹽池盡可能地靠近,就連長途行走在人迹罕至或沙漠中的駝隊,也要考慮行走路綫與鹽的供給。遊牧民族的路綫不僅以水源爲依賴,而且是以鹽的資源爲基礎建立起來的。隨季節變化而遷徙的遊牧民族所走的路綫,與鹽道的走向是一樣的[①]。可見,中外鹽文化的背景基本相同。絲綢之路,是文化之路,絲綢之路穿越的千年古道,也與鹽池有着密切關係。寧夏黄河以東古朐衍縣的設立就與境内鹽池有關,北方少數民族南下途經鹽池地,除了地理環境和條件外,鹽的獲取是一個重要方面。

鹽在古代,一直是稀罕、昂貴的商品,被稱之爲"白金",因爲定居民族和遊牧民族對鹽這種營養物質都有基本需求。缺鹽地區,鹽的價格自然就像黄金一樣。人類早期定居的地方,也是與鹽資源有聯繫的地方。歷史上,北方遊牧民族南下,在寧夏境内都要考慮戰馬的鹽用問題。黄河以東有鹽池、靈武的食鹽,賀蘭山、六盤山相間,就是海原的鹽池了。絲綢之路上的駝隊行進在緑洲與沙漠之間,同樣要考慮保持鹽路的暢通。絲綢之路在寧夏,漢唐時期的長安——涼州道,海原境内就是絲綢之路東段北道的必經之地,除了地理意義上的多元價值外,依賴於這裡盛産的食鹽也是一個重要原因。宋夏時期的長安——靈州道,實際上也是如此,交通意義與食鹽的獲得二者皆備。同時,鹽池不僅爲絲綢之路上的商隊運輸工具提供了生存方便,而且通過絲綢之路,出産在這裡的鹽也與其他貨物一樣開始流通。鹽業貿易非常重要,鹽路同樣促進地區間的經濟交流,同樣促進文化交流。直到 20 世紀,食鹽才顯得普通了。

從世界意義上看,考古學家認爲人類最早的定居點在海邊,因爲在那裡只要在陽光下通過簡單的蒸發就可以提取海水中的鹽。後來專門從事鹽業生産的勞動力

---

① [法]皮埃爾・拉斯洛著,吴自選、胡方譯《鹽:生命的糧食》,百花文藝出版社 2004 年

出現以後,最早的定居者移居内陸。如果這個觀點可以立得住脚,那麽海原鹽池——内陸的鹽湖,在人類生存和發展過程中的作用和意義就非常之大了。通常意義上,中國最早發現並利用的自然鹽之一就是鹽池,中國的歷史與文化,從一開始就與鹽有關,"鹽神"與"鹽廟"的出現,很能説明鹽與中國文化的悠久關係。寧夏鹽池縣博物館藏明代鐵香爐,是明代池鹽生産與"鹽神"祀崇的象徵。

鹽與政治的關係非常密切。戰國時期,齊國的"能臣"管子,就把鹽鐵的經營權從私人手中奪了過來,實行禁榷制度,鹽已由國家專買;在國外也是一樣,他們把鹽税作爲國王軍隊的支出,鹽税就相當於王權。有一種説法,黄帝與蚩尤涿鹿之戰的背景,也是爲了争奪鹽池。歷史上的許多戰争,就是爲争奪鹽場、鹽業貿易而發生的。戰争的結果,不斷地使草原文化與中原文化進一步融合。

結 語

元明以降,寧夏以南的固原大片土地都成了草場,當然自古以來海原的大部分原本就是天然牧場,適宜畜牧放養。除了草場以外,鹽池起着重要作用。因爲草場和遷徙牧放的過程中,必須提供牛羊可以舔鹽的條件,哪怕是鹽沼中的土鹽。

明代,西安州乾鹽池仍是草原蒙古軍隊南下擄掠的通道,也是茶馬貿易的通道。這裡的鹽池,實際上仍是由軍隊管理的,不定期有中央政府派遣的巡鹽御史來這裡巡視。與前代不同的是,明代加大了對鹽池的管理,在這裡設置了鹽茶同知(或稱監牧同知),丞署在固原州城内。户部尚書楊鼎撰寫的《乾鹽池碑記》,記載了鹽池的重要與鹽池貿易的情况,是在軍事與戰争背景下生産與貿易的地方。清代中期以後,西北邊境相對平静,吉蘭泰等鹽場的大規模開發,乾鹽池食鹽逐漸淡出重要産鹽場之列。但清代沿襲明代之制,與順治三年(1646)始置鹽茶廳,設鹽茶同知掌理鹽税和茶税事務,仍置官府於固原州城。乾隆十三年(1748)鹽茶同知移駐海喇都(海原縣前身)。由明清時鹽茶廳同知的設置,我們仍能看到政府對乾鹽池鹽場的重視。

清末民國以來,乾鹽池無論産鹽的自然環境、産鹽總量的多少、鹽的質量變化等都已失去了昔日的輝煌,但地理意義上的鹽池依然顯現着它獨具的作用。乾鹽池不但有古老的城堡,而且有林立的店鋪,雲集的商賈,歷史傳承下來的鹽文化的積澱的餘脉仍存。因此,無論如何,海原鹽池在歷史上的作用和意義都是不能低估的。

原刊於《西夏研究》2010 年第 1 期

范仲淹與西夏

薛正昌

范仲淹(989—1052),北宋時期著名的政治家、軍事家和文學家。按《宋史·范仲淹傳》記載:“其先,邠州人,後徙家江南,遂爲江蘇吴縣人。”説明他的祖籍還是西北人。范仲淹是敢於直言的能臣,直言也使自己遭致屢屢貶謫。尤其是宋仁宗親政後,以右司諫官數次得罪於宰相吕夷簡。作爲政治家的范仲淹主持的“慶曆新政”,雖然持續時間不長,但却彰顯了正直士大夫面對國家時弊勇於改革的精神,給後人留下了很多啓示和鼓舞。作爲文學家的范仲淹,留下了膾炙人口、傳頌千古的《岳陽樓記》,“先天下之憂而憂,後天下之樂而樂”的名言成爲後人的學習楷模,這種爲官於政壇的憂患意識,千百年來一直影響着一代代關心國家興亡盛衰、社會治亂、國計民生的有識之士。作爲軍事家的范仲淹,在宋夏戰争的關鍵時期,出任宋夏陝西沿邊軍事統帥,對宋夏戰争及其沿邊軍事防禦,同樣展現出獨到的軍事思想,提出了許多切合時宜的治邊方略。

一、西夏建國初期的軍事背景與范仲淹主邊

西夏自立國至滅亡共計189年(1038—1227),先後與北宋、遼、金、南宋鼎足而立。研究西夏的學者,將西夏近190年的歷史大致分爲三個階段,第一個階段是景宗李元昊建國到崇宗李乾順正德時期。這一時期的政治形勢和特點是,對内國家初建,各項制度在不斷完善之中;對外則以發動侵宋戰争爲主要目的,體現着强烈的擴張意圖①。

李元昊的父親李德明,在西夏立國的過程中起過重要作用。李德明在位近30年,他採用的是“聯遼和宋”的外交策略,一面穩住北宋和遼,一面從宋朝獲取大量的物資,目的在於鞏固和發展自己的實力,尤其是對西部領土的開拓。李元昊即位後,一方面加緊進行立國稱帝的準備,一方面開始廢除自唐朝以來包括宋朝賜予的李、趙姓氏,改爲“嵬名氏”,自號“兀卒”(青天子),下令改變髮式、規定服飾的樣式;一方面創造西夏文字,仿照唐、宋政治制度設立官制和軍制。

李元昊(1003—1048),又名曩霄。《宋史》記載他“多大略,善繪畫”,而且“曉浮

① 《中華文明史》第六卷,遼宋夏金卷,第948頁,河北教育出版社1994年。

圖學,通蕃漢文字”①。他既通曉佛學,又精蕃漢文字,可謂文化素養精深。同時,他又胸懷大志,是一位文武兼備的政治人物。公元1025年,年僅25歲的元昊受命襲攻回鶻夜落隔可汗一舉成功並奪取甘州,已經顯示了他的軍事才能。元昊建國稱帝,宋朝拒不承認,採取了各種制裁的措施,諸如“詔削”宋朝賜給元昊的姓和官爵,與西夏“絶和市”等,試圖以强硬手段制服西夏。實際上,這些做法不但没有使西夏就犯,反而激怒了李元昊。因此,在很短的時間内,元昊就向北宋發動了三次大規模的軍事進攻。范仲淹就是在此背景下出任北宋駐防西北邊帥,面對的正是極具擴張態勢的西夏立國皇帝李元昊。

二、三大戰役與主帥謀略异同

北宋與西夏在西北地區的三大戰役(三川口、好水川、定川砦),都集中在西夏建國之初的李元昊時期。延州(延安),是宋朝西北的邊防重鎮,也是李元昊發動“三大戰役”的第一個戰役。1040年正月,李元昊集結重兵,快速向延州推進,以驕兵之計攻占了延州外圍軍事要鎮——金明鎮,設伏兵於三川口。宋將劉平、石元孫陷於伏擊圈,北宋慘敗。

三川口戰敗的消息傳到宋朝都城時,滿朝文武爲之震驚。同時,開始調整邊防將帥,修築工事,並以户部尚書夏竦爲陝西都部署兼經略安撫使。用人之際,韓琦推薦被貶在越州(今浙江紹興)的范仲淹,朝廷準允。五月,韓琦與范仲淹一同被任命爲陝西經略安撫副使,同時朝廷進范仲淹爲龍圖閣直學士,共同措置陝西的軍事防務。夏竦、范仲淹與韓琦三人主持陝西軍務,他們有比較明確的分工,夏竦負總責,范仲淹知延州,具體負責鄜延路,韓琦負責涇原路。

在對待西夏用兵方略上,他們三人有分歧。范仲淹力主守議,反對冒然進攻,主張持久防禦,在加强軍備的前提下,乘勝擊討,不贊成深入敵境的進攻戰。他到陝西後針對延州的防禦提出先鞏固邊防,然後進取綏、宥,攻占茶山、横山,認爲只要控制這一戰略地帶,就能有效阻止西夏的軍事進攻。韓琦持强硬態度,立主攻策,力主與西夏軍隊决戰。夏竦對韓琦和范仲淹提出的兩種軍事方案無法定奪,就派韓琦等人回京城向皇帝呈上“攻與守”兩種方案。結果,宋仁宗没有採納范仲淹“攻防兼備”的主張,而是採納了韓琦集中優勢兵力,尋找西夏主力决戰的主張。

三川口之戰後,元昊雖然短時期内攻占了宋朝邊境的一些城寨,但韓琦、范仲淹任陝西經略安撫副使後,採取了一系列騷擾西夏邊境和驅逐夏軍出境的戰略行動,使元昊在延州一帶不能得勢。於是元昊又改變了攻擊的綫路,兵鋒指向鎮戎軍(寧夏固原)轄境。

好水川之戰,是三川口之戰的繼續,而且是在宋朝調整邊將之後發生的。1041

---

① 《宋史·夏國傳》,中華書局,1985年。

年二月的好水川之戰，韓琦親往鎮戎軍督戰。他一面組織和指揮鎮戎軍駐軍，一面招募勇士一萬餘人，命大將任福統領迎擊元昊。任福未聽韓琦之言，輕騎冒進。元昊設伏兵於好水川，宋軍中伏擊潰敗，大將任福戰死，將士一萬多人傷亡。

好水川之戰，韓琦指揮的大軍敗給了李元昊。這一年(1041)，范仲淹調知慶州(今甘肅慶陽)。好水川之戰後，朝廷撤去夏竦在陝西的職務，韓琦、范仲淹也被調職另用。韓琦降爲右司諫，知秦州(今甘肅天水)；范仲淹降爲户部員外郎，知耀州(今陝西耀縣)。十月，宋朝廷將陝西分爲秦鳳、涇源、環慶、鄜延四路，范仲淹知慶州，並兼本路馬步軍都部署、經略安撫邊境的招討使。

1042 年九月的定川寨之戰，距好水川之戰僅年餘。元昊於天都山行宫再次集結重兵，大舉入侵鎮戎軍。知渭州王沿命副總管葛懷敏督軍迎擊。元昊在定川寨設圍，以斷葛懷敏後路。葛懷敏没有採納"以奇計制之"的建議，宋軍再次大敗於定川寨，將士九千餘人覆没。

定川寨戰敗，夏兵大掠至潘原，關中震驚，居民多逃匿，范仲淹親率兵前往邠、涇二州救援。范仲淹目睹了宋朝軍隊的連續慘敗，内心充滿焦慮與感嘆，寫下了那首千古絶唱《漁家傲》詞。

經過宋夏三次大的戰役之後，朝廷採納了范仲淹"攻防兼備"的用兵方略，韓琦對范仲淹的軍事主張也開始認同。此後，他們同心協力，互相聲援，共禦西夏。二人名重一時，不但人心歸服，朝廷亦依若長城。緣此，宋夏陝西邊境傳誦着這樣的歌謡："軍中有一韓，西賊聞之心骨寒。軍中有一范，西賊聞之驚破膽。"(《五朝名臣言行録》卷七)

三、禦邊方略與"慶曆新政"

(一) 三大戰役與《慶曆和約》

李元昊時期對宋朝發動的宋夏關係史上的三次大的戰役，均以宋朝失敗告終。軍事方面的屢屢失利，使北宋控制西夏的打算成爲泡影。這樣，政治途徑解決西夏問題便成了可能。一方面，李元昊在發動掠奪性戰争的同時，也加重了百姓的負擔，嚴重影響了西夏經濟社會的發展。西夏對北宋在政治上有着很深的依附性，經濟上有着天然的依賴性。另一方面，戰争的破壞性不斷加重了北宋百姓的負擔，尤以陝西和四川爲重。隨着西夏入侵戰争次數的增多，戰争規模的擴大，宋朝沿邊軍事隨之變化，供需亦隨之增大。連年戰争，使得國庫空虚，民窮財匱，國家元氣大傷，階級矛盾激化。對此，古人也有評説。宋朝"三經大戰，軍覆將死，財用空虚，天下嗷嗷，困於供給"[①]。因此，便有了簽訂於 1044 年的《慶曆和約》。這是宋夏戰争背景下的特殊産物。

---

① (宋)李燾《續資治通鑒長編》卷一三九。

元昊發動三川口戰役時，范仲淹没有在西北前綫。宋夏戰争爆發後，范仲淹臨危受命出鎮陝西。戰争帶來的悲慘景象，給他留下了很深的印象。三川口戰役後，元昊分兵攻打安遠、塞門、承平諸寨。1040 年五月，元昊攻下塞門寨。八月，范仲淹、葛懷敏奉詔，驅逐夏軍出塞門寨。都監周美向范仲淹建議重修金明寨，范仲淹採納周美的建議，結果憑藉金明寨擊敗了來犯的西夏軍隊。

范仲淹向來反對戰争，倡導民族間的和睦相處。宋朝自真宗之後，積貧積弱之勢已經形成，到了仁宗、英宗之際，"天下之勢，譬猶病者"[①]，再加上階級矛盾激化，"群盗蜂起"[②]，内外交困，國防空虚，國家不安定因素增加。范仲淹對當時宋朝的軍事現狀有較準確的評價，"上下之於無事，武備廢而不修，廟堂無謀臣，邊鄙無勇將，將愚不識於戈，兵驕不知戰陣，器械腐朽，城廓隳頹"[③]。對西夏的軍事及特點也有較爲深入的研究，鐵騎飄忽不定，好結集打伏擊戰。

三川口戰役獲勝後，元昊向范仲淹發出和平信號，致書求和以作試探。范仲淹也希望通過和談的形式來解決問題，但和談是有條件的——取消皇帝稱號，稱臣宋朝。在《答趙元昊書》中，他追述了朝廷與元昊父親李德明的關係，也講了朝廷對李元昊父子的高規格的禮遇；包括李德明對宋朝的忠誠表現。同時，也强調自己與元昊"同事於朝廷"[④]。范仲淹强調自己與李元昊"同事於朝廷"，就是要元昊撤銷帝號，以大宋臣子的身份和平相處。

范仲淹未參與好水川之戰，但於此役前曾命韓周持其書信入西夏見元昊約和。韓周尚未出境，范仲淹已得到好水川戰敗的消息，已知道元昊明和暗戰是緩兵之計。好水川戰後，元昊挾勝來書。范仲淹甘冒"人臣無外交"的禁條，將元昊書信中狂悖不敬的話語作了焚燬，把求和通好的内容呈送給朝廷。

就是這封信，給范仲淹帶來了麻煩。元昊借范仲淹給他的信施出詐謀，表面上裝出求和的樣子，暗地却調集軍隊準備進攻。范仲淹不知是計，落入元昊設置的圈套之中。朝廷的大臣也認爲范仲淹不應該私自與元昊通書，甚至有人提出"請斬仲淹"，皇帝没有這樣做，遂降其爲知耀州。定川寨戰敗，夏兵大掠至潘原，關中震驚，居民多逃匿，范仲淹親率軍隊前往邠、涇二州救援。朝廷得知此事後，"帝按圖謂左右曰：若仲淹出援，吾無憂矣"[⑤]。之後進樞密直學士、右諫議大夫。范仲淹以軍功無出爲由，辭而不受。

范仲淹修書於元昊，旨在爲邊境創造相對安寧的環境。雖由此而貶官，但朝廷最終還是以議和結束，這就是 1044 年的《慶曆和約》。客觀上看，《慶曆議和》是宋

---

① 《宋史・蔡襄傳》，中華書局，1985 年。
② 《宋史・余靖傳》，中華書局，1985 年。
③ （宋）李燾《續資治通鑒長編》卷二〇四。
④ 曾棗莊、劉琳《全宋文》第十八册，第 300 頁，上海辭書出版社，2006 年。
⑤ 《宋史・范仲淹傳》，中華書局，1985 年。

夏雙方現狀的理性選擇。但在這個過程中,范仲淹是功不可没的。

(二) 減罷營田

慶曆三年(1043)六月,范仲淹、韓琦擢陞主管軍政的樞密副使。七月,二人聯名上折,奏請罷去陝西近裡州軍營田。詔命爲陝西宣撫使。宋代"屯、營田皆置務,屯田以兵,營田以民,固有異制"①。營田與屯田不一樣,營田一般指由民户耕佃的用於提供軍糧的土地,隸屬於軍政系統的經略安撫司及樞密院。宋代在陝西大力推行屯田與營田,目的在於緩解軍糧的壓力,但隨着時間的推移,地方官員爲了獲取政績和更多的實惠,在多收取糧食的同時,還强制性分派民户耕種營田,浮誇營田數,多有弊端。范仲淹、韓琦上言:營田"本欲助邊,以寬民力。除沿邊有空閑膏腴土地可以開墾外,其近裡州縣官吏,不能體朝廷之意,將遠瘠薄無人請佃逃田,抑勒近鄰人户分種,或令送納租課……致貧户輸納不前,州縣追擾,無時暫暇。緣人户自用兵以來,科率勞弊,至於己業,尚多荒廢,實無餘力更及營田"②。詔罷陝西内地州軍營田。

范仲淹減罷營田的折子,一是打擊了地方貪官,二是減輕了農户的負擔,尤其是安定了邊地社會,有助於宋夏邊境的防禦和鞏固邊防。反映了范仲淹關注民生疾苦、不尚浮華、務實求真的爲政精神。正由于此,范仲淹御邊數年,與邊地百姓尤其是少數民族相處融洽,被稱爲"龍圖老子"。

(三) 攻防兼備,重在守禦

宋夏三大戰役後,宋夏關係如何應對,怎樣扭轉宋夏交鋒宋軍屢屢戰敗失利的局面,成爲宋廷朝野關注的大事,關鍵還是在"攻"與"守"兩大謀略上,即持以武力、主在攻策,還是攻防兼備、重在守御。范仲淹深知宋朝的軍事實力及沿邊防禦現狀,也深知西夏的軍事與戰略進攻的特點,當然,他更明白邊境地區的防禦與長治久安不是通過戰爭的形式來解決的。"宜用守策,來則禦之,去則勿逐"③。歷代邊地軍事經驗也告訴他,攻防兼備,重在守禦的指導思想更符合當時宋夏邊境的實際。反對深入西夏腹地,有力地防禦要比冒然深入穩妥得多。"聞邊臣多請五路入討,臣竊計之,恐未可以輕舉也……緣大軍之行,糧車甲乘,動彌百里,敵騎輕捷,邀擊前後,乘風揚沙,一日數戰,進不可前,退不可息,水泉不得飲,沙漠無所獲。此所謂無功而有患也。况今承平歲久,中原無宿將精兵,一旦興深入之謀,繫難制之敵,臣以爲國之安危,未可知也"④。范仲淹的御邊思想非常明確。

范仲淹主張防禦作戰,但前提是攻防兼備,並不排除有利條件下的軍事進攻。即防禦作戰過程要守中有攻,攻中有守,"用攻則宜取其近而兵勢不危,用守則必困

① 《宋史·食貨上四》,中華書局,1985年。
② (宋)李燾《續資治通鑒長編》,第3402頁。
③ (宋)趙汝愚《宋朝諸臣奏議》第一三三卷,第1477頁,上海古籍出版社,1999年。
④ (宋)李燾《續資治通鑒長編》卷一一七。

其久而民力不匱”(《上攻守二策狀》)。范仲淹是根據戰時具體情况而辯證地對待攻守與防禦,這種軍事思想在防禦西夏的過程中得到了務實運用。攻防兼備,重在守禦的思想,就是范仲淹提出的和、守、戰、備四策的具體體現。好水川戰役後,韓琦也開始信服和推崇范仲淹的軍事防禦思想。這裡説的和、守、戰、備四策,是范仲淹與韓琦的共識。朝廷擬按韓琦、范仲淹的上疏,“精擇兵馬及攻守之策”[①]。他們的防禦思想也得到朝廷的認可。

(四)“嚴邊城”與“實關内”

邊境防禦與腹地虚實之間同樣體現着范仲淹的軍事思想。這種思想的提出不是憑空而來的,與范仲淹在陝西的親歷有關。“今緣邊城寨有五七分之備,而關中之備無二三分。若昊賊知我虚實,必先脅邊城。不出戰,則深入乘關中之虚,小城可破,大城可圍…… 爲今之計,莫若且嚴邊城,使持久可守,實關内,使無虚可乘”[②]。“嚴邊城”,就是要在邊境險要之地廣築城砦,以增强防禦能力。“實關中”,就是要在關中做好屯田,充實後防的儲備。慶州以北大順城、細腰城、胡蘆城的修築,就是范仲淹“嚴邊城”思想的積極體現。

范仲淹在慶州任上相對時間較長,前後四年有餘。期間的主要任務就是防禦和抵抗西夏的擾邊。以上論及的防邊禦敵軍事思想,僅爲其禦邊思想之大略。總體上看,它不但在范仲淹西北禦邊過程中得到了有效的運用,而且對此後宋夏關係、包括沿邊防禦都産生過積極影響。

四、陝西御邊與慶曆新政

宋夏三大戰役最後一戰——定川寨之戰後,由于各種原因,宋夏邊境緊張的局勢逐漸緩和,邊境相對平穩。慶曆三年(1043)四月,韓、範二人被召回京城,同任樞密副使。對此,士大夫們交口稱贊,歐陽修等人也舉薦范仲淹有相才,應當重用,不久拜爲參知政事。

參知政事這個副宰相之職,正迎合了宋仁宗鋭意革新的想法,仁宗想勵精圖治,有所作爲,多次禮遇並問政於范仲淹等人,要他們提出濟世良方。九月,范仲淹在《答手詔條陳十事》中列出十項改革方案,上書朝廷。這十項新政方案是:明黜陟、抑僥幸、精貢舉、擇長官、均公田、厚農桑、修武備、減徭役、覃思信、重命令等,大多爲吏治改革,包括經濟的、軍事的,每項皆切中時弊,大都被宋仁宗所採納。緣此,范仲淹等人在宰相杜衍的支持下推行新政改革運動。這就是由范仲淹主持,韓琦、富弼、歐陽修等人積極參與的政治改革,即歷史上著名的“慶曆新政”。

景祐三年(1036),范仲淹針對時弊曾上《百官圖》對宰相吕夷簡多所指摘,結果范仲淹以“朋黨”的罪名貶爲地方官。時隔七八年後,當慶曆新政得以實施後,反對

---

① (宋)李燾《續資治通鑒長編》卷一五〇。

② (宋)李燾《續資治通鑒長編》卷一二七。

派夏竦等人再次指控范仲淹、歐陽修等人爲朋黨。内侍藍元震復牽連到景祐三年的事,指責范仲淹等“以國家爵禄爲私惠,膠固朋黨”。朋黨,通常指同類人結成的黨派。在異己看來,就是宗派集團。實際上,新政限制了大官僚大地主的特權,因而遇到了强烈反對。不久,范仲淹罷政,慶曆新政夭折。范仲淹自請爲外官,再次回到了陝西,出知邠州兼陝西四路安撫使等。

景祐年以後,宋夏戰争爆發,再加上契丹渝盟,軍費與歲幣增加,更加重了農民的負擔,各地陸續爆發了農民起義。宋夏陝西之戰後,加大了宋朝積貧積弱的程度,也加深了階級矛盾的激化。自慶曆三年十月至慶曆四年五月的“慶曆新政”,之所以出現在宋夏三大戰役剛結束不久,並非偶然,除了當時社會現實的諸多因素之外,它與新政的主持者范仲淹、韓琦等人的陝西經歷有關。范仲淹、韓琦等人,他們或在京爲官,或被貶官於地方,目睹了各種不公的社會腐敗現象,看到了朝野各種弊病,尤其是戰争暴露出來的弊端。范仲淹主持“慶曆新政”改革,與他在陝西較長時間的禦邊經歷有着深層的關聯。

本文未公開發表

從西夏年號看西夏文化的階段性

保宏彪

年號是古代帝王爲記録在位的年數而設立的名號①,是宣示帝王正統性的重要標志。一個政權使用另一個政權的年號被認爲是臣服和成爲藩屬的重要標志,稱爲“奉正朔”。自漢武帝公元前 140 年創立“建元”年號後就一直沿用②,直至 1911 年爲止,共計 2051 年。年號的使用因政治局面的不同而出現差异,統一時期不但每年都對應着固定年號,還會因新皇登基、除舊布新、政局變動等原因而出現一年之中數次改元、年號重疊的情况。此外,分裂時期的各支割據勢力、少數民族政權和農民起義過程中建立的政權通常也會自立年號以示合法。由于年號深具中國傳統文化意味和象徵意義,所以目前的研究主要集中在對其來源、意義的探討及其與當時政治、經濟、社會等因素之間的關係上。李華瑞先生在《宋代建元與政治》一文中指出,“統覽歷朝歷代年號的發展變化,可以説兩宋時期的改元建號與政治發展最爲密切,透過改元建號可以從一個側面折射出兩宋政治發展的運行軌迹”③。在中國古代衆多少數民族政權的年號中,西夏年號雖因黨項兼容並蓄的開明態度與蕃漢並用的文化政策而獨具特色,但相關研究成果却鳳毛麟角。本文試對西夏年號的特點、使用情况、出現背景、象徵意味及其與漢文化的相互關係進行探討,以期揭示西夏文化發展過程的階段性,爲進一步深入、全面認識西夏文化提供一些有益參考。

一、西夏年號的特點與使用情况

西夏自 1038 年李元昊建國開始,至 1227 年末主李晛被蒙古大軍殺害滅國爲止,共傳 10 代帝王,歷時 189 年。根據相關史籍與考古發現可知,西夏年號始於 1032 年,195 年間共用年號 32 個,其中崇宗李乾順 8 個,景宗李元昊和毅宗李諒祚各 5 個,惠宗李秉常和仁宗李仁孝各 4 個,襄宗李安全 2 個,桓宗李純祐、神宗李安全、獻宗李

---

① 大辭典編纂委員會:《大辭典》,三民書局,1985 年,第 1444 頁。

② 其實,漢文帝在公元前 163 年所創立的“前元”、漢景帝在公元前 149 年創立的“中元”和公元前 143 年的“後元”已經具有了年號的性質。漢武帝的“建元”年號只是承襲並發展了這一傳統,將其進一步具體化和豐富化。

③ 李華瑞:《宋代建元與政治》,《中國史研究》,1996 年第 4 期。

德旺和末主李晛各1個。黨項在魏晋南北朝以來民族大融合的基礎上糅合了民族文化與中原文化,以兼容並蓄的開明態度與蕃漢並用的文化政策創造了獨具特色的西夏文化,年號正是這一文化融合過程的智慧結晶,體現出濃郁的中國傳統文化色彩和强烈的民族意識與自我認同。通過與中原王朝年號的對比分析,西夏年號的特點十分鮮明,在雜糅蕃漢文化、彰顯民族個性的基礎上有兩點創新。

首先,西夏年號在中原年號的基礎上實現了字數的突破。"年號的命名多取吉利祥瑞的意思,一般用兩個字,也有用四字"[①],北魏太武帝時期的太平真君、武周時期的天册萬歲、萬歲登封、萬歲通天、北宋時期的太平興國、大中祥符與建中靖國是中國年號史上僅有的幾個四字年號。但是,西夏年號在吸收並融合中原王朝年號集神聖性、權威性、深刻政治寓意和美好政治理想於一體的特點基礎上,逐步擺脱了兩字年號的思維範式,標新立異地將四字甚至六字年號作爲其重要特色,達總量的四分之一,既實現了殊途同歸又迥然不同。這一時期主要集中在李元昊建國至崇宗李乾順執政時期(1038—1139),歷時101年。

其次,西夏年號折射出中原文化與黨項文化、政局變動和社會訴求之間的互動關係,文化意味和象徵意義較中原王朝年號更爲深厚。西夏前期曾有"開運"這樣沿襲自後晋的年號,在一定程度上反映了其對中原昌盛文化的積極向往、謀求民族振興的各種努力和渴望國家强盛的强烈意願。"天授禮法延祚"之後的年號則更加强調君權神授、祈求國泰民安和體現敬天保民色彩,經歷了由神聖威嚴向仁政親民的轉變。在經歷弑君、奪位、政變、篡權等一系列政治事件後出現了"延嗣寧國"、"天祐垂聖"、"應天"、"乾定"等體現維護穩定、祈求上天護佑意願的年號,在面對重大灾害、不祥之兆和民衆疾苦之時則有"人慶"這種悲天憫人意味的年號。爲直觀反映西夏年號使用情況,現依據相關史籍將其匯總如下:

西夏諸帝年號漢蕃對譯表[②]

帝王	年號	起始時間	終止時間	政局
景宗李元昊	顯(明)道	1032	1034	北宋明道元年即位。1038年稱帝,國號大夏,定都興慶府。
	開運	1034	1034	
	廣運	1034	1036	
	大慶	1036	1038	
	天授禮法延祚	1038	1048	

① 大辭典編纂委員會:《大辭典》,三民書局,1985年,第1444頁。

② 參史金波先生主編《西夏文教程》第十三講"專有名稱和親屬稱謂"之二"帝號和年號",社會科學文獻出版社,2013年,第353-354頁。同時,此表漢文部分參照了杜建民編著的《中國歷代帝王世系年表》,齊魯書社,1995年,第178-183頁。

續 表

帝　王	年　號	起始時間	終止時間	政　局
毅宗 李諒祚	延嗣寧國	1049	1049	太子寧令哥刺傷元昊，被没藏訛龐所誅。元昊死後，訛龐力主擁立元昊一歲的私生子諒祚。没藏家族由此長期把持西夏國政。
	天祐垂聖	1050	1052	
	福聖承道	1053	1056	
	奲　都	1057	1062	
	拱　化	1063	1067	
惠宗 李秉常	乾　道	1067	1068	八歲以皇太子身份嗣位，太后梁氏攝政。因崇尚漢禮被梁太后廢黜幽禁，外戚專權現象日趨嚴重。
	天賜禮盛國慶	1069	1074	
	大　安	1075	1085	
	天安禮定	1086	1086	
崇宗 李乾順	天儀治平	1086	1089	四歲以皇太子身份嗣位，母后梁氏攝政。梁太后永安二年被遼國鴆殺後，帝始親政。力主漢禮，推行漢文化，大力發展文教。
	天祐民安	1090	1097	
	永　安	1098	1100	
	貞　觀	1101	1113	
	雍　寧	1114	1118	
	元　德	1119	1127	
	正　德	1127	1134	
	大　德	1135	1139	
仁宗 李仁孝	大　慶	1140	1143	以皇太子身份嗣位，在位期間積極推行漢文化，大力發展文教，修訂法律。在遼的干預下挫敗任得敬裂國陰謀，國勢轉衰。
	人　慶	1144	1148	
	天　盛	1149	1169	
	乾　祐	1170	1193	
桓宗 李純祐	天　慶	1194	1206	以皇太子身份嗣位。天安十三年正月爲李安全和羅太后所廢，三月暴崩。
襄宗 李安全	應　天	1206	1209	與羅太后共廢桓宗，自立爲帝。皇建二年七月被廢。
	皇　建	1210	1211	
神宗 李遵頊	光　定	1211	1223	即位前嗣齊王爵。皇建二年廢襄宗自立，傳位於子德旺，自稱太上皇。

續 表

帝　王	年　號	起始時間	終止時間	政　局
獻宗 李德旺	乾　定	1223	1226	受父禪即位。蒙古進攻興慶府,憂懼而死。
末主 李晛	寶　義	1226	1227	國人擁立。蒙古圍困興慶府,出降被殺,國滅。

二、西夏年號所反映的文化階段性

黨項貴族拓跋思恭利用唐朝内亂與助剿黄巢起義之機迅速崛起,不但獲賜唐朝國姓"李",而且被授予定難軍節度使之職,取得了夏、綏、銀、宥四州之地,鞏固並擴大了自己的勢力範圍。此後,夏州李氏政權相繼接受了唐朝、五代諸朝、遼和北宋所授予的官職、爵位與封號,通過在表奏中使用這些朝代年號的方式體現政治上的藩屬地位。李繼遷與李德明通過巧妙利用宋、遼矛盾和適時的戰争與妥協手段實現了政治、經濟與文化利益最大化,客觀上促進了黨項與漢族的交往和漢化進程。宋夏和平相處爲兩國經貿發展、文化交流的持續開展創造了有利條件,不但開啓了西夏封建化進程,而且引入了大量漢文典籍和佛經等中原文化因素,促進了中原文化在黨項社會的廣爲傳播,爲西夏年號的形成與發展創造了條件。"在中國古代少數民族政權封建化的初期階段,中原封建文明的影響非常積極有效,極大地推動了這些民族政權封建制度的確立和鞏固,爲其統一和發展打下了良好基礎"①。在此背景下,中原文化對黨項社會與文化産生了深遠影響,"逮德明禮文儀節、律度聲音,無不遵依宋制"②。

隨着自身實力的增强與民族自覺意識的抬頭,以李元昊爲代表的黨項上層貴族越來越不能容忍政治上的藩屬地位,要求建立民族國家的願望和呼聲日益强烈。於是,李元昊依靠祖父李繼遷和父親李德明所積累的大量政治、經濟與文化資本,在1038年建立了以黨項爲主體的西夏王國。作爲一個新興的邊疆少數民族政權,西夏自建國後就在諸多方面表現出濃烈的民族色彩與蕃漢雜糅痕迹。李元昊在先輩創業基礎上立官制、定服飾、造文字、製禮樂、辦學校、建宫苑,確立了封建統治制度。以黨項爲主體的西夏之所以能够快步跨入先進民族行列,形成與宋、遼、金長期對峙的局面,關鍵在於黨項上層貴族非常重視中原文明在建立和鞏固民族政權過程中的積極作用。但是建國之後,黨項統治集團内部在是否繼續推行漢化政策的問題上却産生了尖鋭分歧。許多黨項貴族主張進一步推行漢化措施,大力鞏固

① 强文學:《西夏政權的漢化進程對宋夏戰略形勢轉化的影響》,《重慶工學院學報(社會科學版)》,2008年第11期。

② (清)吴廣成撰,龔世俊等校證:《西夏書事校證》,甘肅文化出版社,1995年,第146頁。

封建化成果。而元昊和一部分黨項貴族則主張恢復和保留"蕃性",在大力張揚黨項文化的同時,只吸收中原封建制度中合理有益的因素爲其所用。開國重臣野利仁榮曾向元昊建議:"一王之興,必有一代之制,議者咸謂化民成俗,道在用夏變夷,説殆非也。昔商鞅峻法而國霸,趙武胡服而兵强,國家表裡山河,番漢雜處,好勇喜獵;日以兵馬爲務,非有禮樂詩書之氣也,惟順其性而教之功利,因其俗而嚴以刑賞,則民樂征戰,習尚剛勁,可以制中國,馭戎夷,豈斤斤言禮言義可敵哉。"①因此在體現法統的正朔問題上,李元昊没有遵從沿用北宋年號的傳統,而是標新立異地建立了獨具特色的西夏年號,創立了新的規範與象徵意義,從法理與文化上與中原王朝分庭抗禮。縱觀西夏所使用的32個年號,其出現與使用具有明顯的時代性與階段性,在一定程度上反映了黨項在立足民族文化基礎上接受、學習並改造漢文化的過程,爲進一步研究黨項漢化進程提供了有益參考與豐富信息。結合西夏歷史及西夏文化發展脉絡來看,西夏年號所折射出的文化階段性比較明顯,可按照時間順序分爲前、後兩段,依據内容和性質分爲强調君權神授、希望天佑維穩、祈求國泰民安三種類型。

1. 西夏前期(君權神授——神佑維穩)

從西夏年號所體現的文化階段性來看,可將李元昊至崇宗李乾順執政時期定義爲西夏前期,在類型上屬於從君權神授型向天佑維穩型的過渡。

李元昊建國之前的顯(明)道、開運、廣運、大慶這四個年號,就是積極吸收與學習中原文化的産物,表現出强烈的民族自覺意識與君權神授色彩。首先,將"明道"改爲"顯道"是中原孝道文化與避諱觀念在黨項文化中的體現。"初,宋改元明道,元昊避父諱,稱顯道於國中"②。從唐代的黨項風俗與文化來看,其社會倫理與孝道文化尚未出現。"妻其庶母及伯叔母、嫂、子弟之婦,淫穢烝褻,諸夷中最爲甚,然不婚同姓。老死者以爲盡天年,親戚不哭;少死者則云夭枉,乃悲哭之。死則焚屍,名爲火葬"③。到了宋代,黨項貴族在中原文化的熏陶與影響下逐步接受並學習了相關漢文化因素。"宋興,太祖即西平王加彝興太尉,德明在祥符間已追帝其父於國中"④。正是在中原孝道文化與避諱觀念的影響下,李元昊才會在北宋改元"明道"後自己"稱顯道於國中",以避父親李德明之名諱。李元昊雖然在對宋奏表中仍然使用"明道"年號,但其在國内使用"顯道"年號的行爲正是其自立意識的覺醒與君權思想的體現。其次,將"開運"改爲"廣運"是其渴望擴大統治基礎、廣大霸業宏圖和鞏固割據政權心理的體現。1034年,李元昊襲封西平王、獲授定難軍節度使和夏綏銀宥静等州觀察處置押蕃落使。"景祐元年(1034),遂攻環慶路,殺掠居人,

① (清)吴廣成撰,龔世俊等校證:《西夏書事校證》,甘肅文化出版社,1995年,第186頁。
② (元)脱脱:《宋史》,中華書局,1985年,第13993頁。
③ (後晋)劉昫:《舊唐書》,中華書局,1975年,第5291頁。
④ (元)脱脱:《宋史》,中華書局,1985年,第14030頁。

下詔約束之"[①]。此時的李元昊不但已將北宋詔令視爲一紙空文,而且還將北宋"景祐"年號改爲自己的"開運"年號,與北宋分庭抗禮之意昭然若揭。"是歲(1034),改元開運,逾月,或告以石晋敗亡年號也,乃改廣運"[②]。但是李元昊並不知道"開運"乃後晋出帝石重貴亡國之時所用年號,在得知後改爲"廣運",隨後通過確立統治關係和設置官署等措施鞏固統治基礎。第三,"大慶"年號是李元昊慶賀重大軍事勝利與民族文化建設輝煌成就的産物,彰顯了其對建國事業的巨大信心和强烈渴望。1036 年,李元昊在完成擊敗角斯羅、奪取河西走廊、設置十二監軍司、創製西夏文字等幾件大事後"復改元大慶"[③],以示普天同慶之意,表達自己建國稱帝的殷切願望。

"天授禮法延祚"是李元昊自立爲帝後的第一個年號,君權神授與祈求天佑色彩十分濃厚。1038 年,"遂以十月十一日郊壇備禮,爲世祖始文本武興法建禮仁孝皇帝,國稱大夏,年號天授禮法延祚"[④]。李元昊自稱"始文本武興法建禮仁孝皇帝",自認爲在文治武功方面取得了巨大成效。"臣偶以狂斐,製小蕃文字,改大漢衣冠。衣冠既就,文字既行,禮樂既張,器用既備,吐蕃、塔塔、張掖、交河,莫不從伏。稱王則不喜,朝帝則是從,輻輳屢期,山呼齊舉,伏願一垓之土地,建爲萬乘之邦家。於時再讓靡違,群集又迫,事不得已,顯而行之"[⑤]。李元昊假托"祖宗本出帝胄",在强調其稱帝乃繼承與光大祖先帝業、建國是上天旨意和民衆要求的基礎上,要求宋帝承認其帝位的合法性,享有與之同等的政治地位。"天授禮法延祚"是中國歷史上第一個也是僅有的兩個六字年號之一,象徵意義十分豐富。"天授"强調的是李元昊建國稱帝之舉的神聖性與合法性,"禮法"體現了李元昊對自己文治武功的誇耀與對黨項文化的堅定信心,"延祚"是黨項貴族渴望國家在上天護佑下國祚綿長的表現。從西夏年號所體現的文化階段性來看,李元昊所用年號是其在保持黨項民族文化基礎上積極吸收與學習中原文化的産物,表現出强烈的民族自覺意識與君權神授色彩。

毅宗李諒祚在位 20 年,共有延嗣寧國、天祐垂聖、福聖承道、奲都和拱化 5 個年號。這些年號延續了李元昊時期的發展脉絡,是君權神授型向天佑維穩型過渡的重要階段,蕃漢禮儀之争對其産生了重要影響,經歷了漢禮—蕃禮—漢禮的轉變。天授禮法延祚十一年(1049)正月,李元昊因强奪太子寧令哥之妃没移氏而被其挾憤刺傷,不治身亡,年僅一歲的李諒祚在舅舅没藏訛龐擁立下即位[⑥]。"諒祚

①② (元)脱脱:《宋史》,中華書局,1985 年,第 13994 頁。

③ (元)脱脱:《宋史》,中華書局,1985 年,第 13995 頁。

④⑤ (元)脱脱:《宋史》,中華書局,1985 年,第 13996 頁。

⑥ 關於李諒祚的身世,《續資治通鑒長編》和《東都事略》都記爲没藏氏遺腹子。《宋史・夏國傳》記爲元昊死前出生,此從後説。

幼養於母族訛龐,訛龐因專國政"[①]。在"主少國疑"的背景下,爲鞏固西夏政權和平息政治風波,李諒祚即位後的第一個年號被定爲"延嗣寧國",旨在體現繼承元昊法統、祈求國君安康與國家安寧。次年,改元"天祐垂聖",含有祈求上天保佑國泰民安與仰慕效法聖王行迹之意。1053年,改元"福聖承道",同樣包含對國君的良好祝願和繼承與廣大王道之意。這3個年號都是濃郁漢文化熏陶的產物,具有强烈的中原文化色彩與向往效法之情。

福聖承道四年(嘉祐元年,1056),没藏太后被李守貴所殺。"没藏訛龐在失去皇太后支持後,爲了能够繼續穩固地把持朝政,就將自己的女兒嫁給了年僅9歲的毅宗李諒祚做皇后。没藏訛龐因此獨攬朝綱,任意誅滅異己,滿朝官員對其敢怒不敢言。没藏訛龐還利用手中職權爲自己謀取巨大利益,不斷侵耕宋朝在麟州屈野河一帶的大片肥沃土地,還經常寇擾宋朝邊境,掠奪財物,使宋朝先後斷絶與西夏的和市、私市。這一切使西夏國内財用匱乏,百姓生活困苦,怨聲載道。同時,没藏訛龐的叛逆行爲也加劇了他與以毅宗李諒祚爲首的帝黨之間的矛盾與衝突"[②]。爲打擊專權跋扈、崇尚蕃禮的没藏訛龐,在漢文化不斷熏染下逐漸崇尚漢禮的李諒祚决定通過扶持漢文化、争取漢族地主支持的方法擴大自己的統治基礎。他采取了一系列改革措施在國内全面推行漢文化,核心内容就是改蕃禮爲漢禮。李元昊建國之時大力提倡黨項民族文化傳統是爲了體現民族獨立性,獲得與中原王朝抗衡的資本。但是西夏境内生活着大量漢族民衆,在國家管理、農業生産和社會生活中扮演着重要角色。隨着西夏社會的發展,西夏統治者日益感到漢文化的重要,認識到西夏政權的鞏固和發展與獲得境内漢族地主支持之間的緊密聯繫,促進中原先進文化在國内的傳播成爲當務之急。因此,李諒祚在1057年改元"奲都"。這是一個很有深意的年號,"奲"字同"嚲",有"下垂"之意[③]。根據西夏語多有倒裝結構的特點,"奲都"可能含有"全部(都)向下推行"之意,可見其全面推行漢禮的决心十分堅定。隨着漢文化的日益傳播與影響日增,李諒祚獲得了境内漢族地主的廣泛支持和擁護,在與没藏訛龐的較量中漸據上風。"諒祚忌訛龐專,或告訛龐將叛,諒祚討殺之,夷其族"[④]。隨後,十分喜愛漢文化的李諒祚向北宋廣泛搜求各種文獻典籍,加速了西夏社會全面漢化的歷史進程。"已而請去蕃禮,從漢儀。嘉祐六年(奲都五年,1061),上書自言慕中國衣冠,明年當以此迎使者。詔許之"[⑤]。奲都六年(1062),李諒祚爲擴大與深化宋夏文化交流,"表求太宗御製詩章隸書石本,且進馬五十匹,求《九經》《唐史》《册府元龜》及宋正至朝賀儀,詔賜《九經》,還所獻馬"[⑥]。在

① (元)脱脱:《宋史》,中華書局,1985年,第14001頁。
② 魏淑霞:《湮没的神秘王國——西夏》,寧夏人民出版社,2008年,第50頁。
③ 中國社會科學院語言研究所詞典編輯室:《現代漢語詞典》(第5版),商務印書館,2011年,第352頁。
④⑤ (元)脱脱:《宋史》,中華書局,1985年,第14001頁。
⑥ (元)脱脱:《宋史》,中華書局,1985年,第14002頁。

獲得宋朝賜予的大量漢文典籍後，李諒祚爲表達其思慕漢文化、渴望文化昌盛、國泰民安的强烈願望，於 1063 年改元“拱化”。雖然此後李諒祚曾有入侵秦鳳、涇原和大順城等邊地的舉動，但不可否認的是，中原文化在其執政期間有了長足發展，年號中體現出深厚的漢文化意味與象徵意義，爲惠宗李秉常的進一步漢化奠定了基礎。

惠宗李秉常在位 20 年，共有乾道、天賜禮盛國慶、大安、天安禮定 4 個年號。李秉常是毅宗李諒祚的長子，即位時年僅 7 歲，由母親梁氏肅章憲皇太后輔政，舅舅梁乙埋擔任宰相管理朝政。李秉常的第一個年號爲“乾道”，其背景與毅宗李諒祚的“延嗣寧國”如出一轍，亦爲“主少國疑”背景下祈求上天護佑、政權穩固、國君安康與國家安寧的表現。熙寧二年(1069)，宋神宗“遣河南監牧使劉航等册秉常爲夏國主”[①]，西夏爲示慶賀而改元“天賜禮盛國慶”。這一年號的西夏文對譯意爲“天、賜、禮、盛、國、安”[②]，是西夏年號中第二個也是最後一個六字年號，既反映了黨項文化與中原文化的融合和雜糅，又從一個側面折射出西夏國内黨項文化的反彈。值得注意的是，所謂“禮盛”不再指漢禮的繁盛，而是蕃禮的復蘇。梁太后雖爲黨項化的漢人，但梁氏家族主政後爲鞏固自己的地位而轉向謀求黨項貴族的支持，於是廢除了毅宗李諒祚大力推行的漢禮，重新恢復蕃禮[③]。這一年，西夏因先前誅殺楊定和詐以安遠、塞門二寨交换綏州之事與北宋徹底决裂，國内黨項貴族反應强烈，要求廢除漢禮的呼聲日高。“八月，表請去漢儀，復用蕃禮”[④]。在獲得黨項貴族支持後，梁太后爲轉移民衆視綫，以北宋不肯歸還綏州和斷絶西夏“歲賜”爲由向邊境發動了大規模進攻。梁太后集中兵力分路進攻北宋環、慶等州，宋軍大敗，郭慶等數員大將陣亡。在先後攻占永樂川、賞逋嶺、撫寧、荒堆三泉、吐渾川、開光嶺、葭蘆川等新築堡寨和取得啰兀城大捷後[⑤]，西夏不但挫敗了種諤謀取横山的計劃，還對北宋西北邊境構成了巨大威脅。雖然西夏在對宋戰争中節節勝利，但梁氏希望通過戰争轉移統治階級内部矛盾的目的並没有達到，持續交戰不但嚴重破壞了銀、夏等地的社會生活與農牧業生産，頻繁征兵和大量催糧引起黨項和漢族人們的强烈不滿，階級矛盾進一步激化。爲緩和矛盾和安撫民衆，梁太后於 1075 年改元“大安”，以示息兵偃武、安定國家之意。北宋對於這次西夏改元並不知情，直到次年三月看到其索要越界投宋的蕃漢民衆的書牒後才得知西夏已爲大安二年[⑥]。“乃詔鄜延經略司，令牒宥州問妄稱年號，且牒非其地分邊臣會議，皆違越生事，是必夏主不知，請問之。夏人進奉山陵後期，詔令先至永厚陵設祭後至闕奉慰。帝謂

---

① (元)脱脱:《宋史》，中華書局，1985 年，第 14007 頁。

② 史金波先生主編《西夏文教程》第十三講“專有名稱和親屬稱謂”之二“帝號和年號”，社會科學文獻出版社，2013 年，第 353 頁。

③ 魏淑霞:《湮没的神秘王國——西夏》，寧夏人民出版社，2008 年，第 54 - 55 頁。

④ (元)脱脱:《宋史》，中華書局，1985 年，第 14008 頁。

⑤⑥ (元)脱脱:《宋史》，中華書局，1985 年，第 14009 頁。

輔臣曰:‘元昊昔僭號,遣使上表稱臣,其辭猶遜。朝廷不先詰其所以然而遽絶之,縱邊民蕃部討虜,故元昊嘗自謂爲諸羌所立不得辭,朝廷不得命,不得已而變。西師亟戰輒敗,天下騷然,仁宗悔之。當元昊僭書來,獨諫官吴育謂難以中國叛臣處之,或可稍易以名號,議者皆以爲不然,卒困中原,而後歲賜,封册爲夏國主,良可惜哉!’”[①]對於西夏的桀驁不馴與“妄稱年號”的不禮行爲,宋神宗十分感慨,認爲自真宗以來對西夏的處置方法大有問題,因沒有正確看待而導致久爲邊患。

大安二年(1076),李秉常開始親政,但是梁氏集團仍然把持朝政。“李秉常自幼酷愛中原文化,熟讀經史,喜愛吟誦《詩經》和《楚辭》。他從小就反對戰爭與殺戮,希望自己親政後能爲黎民百姓帶來和平與安定。大安六年(1080),惠宗秉常在皇族支持下下令取消蕃禮,恢復漢禮。這一點爲梁氏所深惡痛疾,斷然拒絶了這一建議”[②]。李秉常並不甘心,因對漢文化的强烈熱愛而對梁氏專權與崇尚蕃禮之舉日益不滿。“有李將軍清者,本秦人,説秉常以河南地歸宋,國母知之,遂誅清而奪秉常政”[③]。梁氏誅殺李清和囚禁李秉常後流言四起,國内大亂。“鄜延總管種諤乃疏秉常遇弑,國内亂,宜興師問罪,此千載一時之會。帝然之,遂遣王中正往鄜延、環慶,稱詔募禁兵,從者將之。詔熙河李憲等,以秉常見囚,大舉征夏;及詔諭夏國嵬名諸部首領,能拔身自歸及相率共誅國仇,當崇其爵賞,敢有違拒者誅九族。八月,中正及諤言涇原、環慶會兵取靈州,復討興州,麟府、鄜延先會夏州,取懷州渡會興州”[④]。面對西夏皇室内亂,宋神宗在朝臣慫恿下於元豐四年發動了聲勢浩大的“元豐西討”,企圖一舉滅亡西夏。但是西夏採取了“禦敵於内”和“堅壁清野”等措施,宋朝諸路大軍紛紛戰敗,最後不得不承認難於短期内消滅西夏的殘酷現實。經過嚴重的皇室内亂和大規模宋夏戰争的衝擊,西夏國内民生凋敝,社會矛盾更加尖鋭。梁太后迫於形勢恢復了李秉常的權力,但舅舅梁乙埋憑借女兒的皇后身份仍控制着西夏國政。大安十一年(1085),李秉常在梁乙埋去世後按照父親李諒祚對其的許諾,任命梁乙埋之子梁乞逋接替國相之職。次年,爲安定人心、穩固政權而改元“天安禮定”。縱觀惠宗李秉常在位期間的4個年號及其所反映出來的蕃漢禮法之争,漢禮在經歷短暫低潮後重新得到西夏君民的認同,再次成爲黨項社會的主流思想,從而爲崇宗李乾順執政時期大興漢學、設置國子學奠定了基礎。

崇宗李乾順在位54年,共有天儀治平、天祐民安、永安、貞觀、雍寧、元德、正德和大德8個年號,爲西夏諸帝中最多。1086年,年僅3歲的李乾順即位,由母后梁乞逋之女梁氏攝政。同樣面對“主少國疑”的不利局面,爲祈求上天護佑、穩固政權和安定人心而改元“天儀治平”。此後,梁氏先後對鎮戎軍、德靖寨、龕谷寨等地發

---

① (元)脱脱:《宋史》,中華書局,1985年,第14009－14010頁。

② 魏淑霞:《湮没的神秘王國——西夏》,寧夏人民出版社,2008年,第56－57頁。

③④ (元)脱脱:《宋史》,中華書局,1985年,第14010頁。

動進攻[①],敗多勝少,損失慘重。爲緩和國内矛盾和戰争醫治創傷,西夏開始有意與宋修好,謀求勘定疆界。元祐四年(1090)二月,“始遣使謝封册。六月,稍歸永樂所獲人,遂以葭蘆、米脂、浮圖、安疆四寨與之,而畫界未定。遣崇儀使董正叟、如京使李玩押賜夏國生日禮物及冬服。七月坤成節、十二月興龍節皆遣使來賀”[②]。在完成恢復與宋友好、收復失地與向宋朝賀等政治舉動後,崇宗李乾順爲祈求上天保佑和國泰民安而改元“天祐民安”。但是,梁氏對外擴張的本性不會改變,隨後幾年先後向綏德城、鄜延、涇原等地大舉進軍[③],對這些地區造成了嚴重破壞。天祐民安九年(元符元年,1098),“彗星見,乾順赦國中”[④]。在兵事不解的窘境下,帶有不祥寓意的彗星的突現給西夏君臣造成了巨大恐慌,遂大赦國中以禳之。雖然史籍中没有西夏改元的記録,但這次“彗星見”應該就是改元“永安”的一個重要原因。

李乾順在遼的幫助下登基,出於對漢文化的熱愛而實行“附遼和宋”的外交政策,努力減少戰争損失,積極擴大對宋交流。在鏟除梁氏一黨後,他對内推行整頓措施,爲西夏社會經濟的發展創造了良好條件。“建中靖國元年(1101),乾順始建國學,設弟子員三百,立養賢務以廩食之”[⑤]。“國學的建立,使儒學在西夏得以全面普及和推廣,從而使西夏的政治、經濟與文化發生了更爲深刻的變化。這與諒祚推行漢禮、向宋朝求賜儒學書籍相比,具有里程碑式的深遠意義,爲西夏的崇宗和仁宗兩朝百年盛世奠定了人才儲備的基礎”[⑥]。雖然“貞觀”年號的西夏文對譯意爲“德、觀”[⑦],但從中仍能看出李乾順對漢文化的大力推崇和對明君聖王豐功偉績的仰慕之情,所以中原王朝才會將這一年號譯爲“貞觀”,效法唐太宗“貞觀之治”的决心溢於言表。李乾順在西夏大興漢學,廣弘佛法,促進了佛教文化在西夏的傳播[⑧]。爲顯示中興的宏大氣象,特改國都興慶府爲中興府。

但是,北宋爲轉移國内日益尖鋭的社會矛盾,在宋夏關係最爲和睦的時期却向西夏大舉進攻。“(政和)五年春(1114),遣熙河經略劉法將步騎十五萬出湟州,秦鳳經略劉仲武將兵五萬出會州,貫以中軍駐蘭州,爲兩路聲援。仲武至清水河,築城屯守而還。法與夏人右厢軍戰於古骨龍,大敗之,斬首三千級”[⑨]。面對北宋的大軍壓境,李乾順爲求國家安寧而改元“雍寧”。這一年號的西夏文對譯意爲“和、

---

①② (元)脱脱:《宋史》,中華書局,1985年,第14016頁。

③ (元)脱脱:《宋史》,中華書局,1985年,第14017－14018頁。

④ (元)脱脱:《宋史》,中華書局,1985年,第14018頁。

⑤ (元)脱脱:《宋史》,中華書局,1985年,第14019頁。

⑥ 魏淑霞:《湮没的神秘王國——西夏》,寧夏人民出版社,2008年,第62頁。

⑦ 史金波先生主編《西夏文教程》第十三講“專有名稱和親屬稱謂”之二“帝號和年號”,社會科學文獻出版社,2013年,第353頁。

⑧ 魏淑霞:《湮没的神秘王國——西夏》,寧夏人民出版社,2008年,第64頁。

⑨ (元)脱脱:《宋史》,中華書局,1985年,第14020頁。

安"[①],祈求國内和平、國泰民安之意十分明顯。宣和元年(1119),李乾順之弟晋王察哥在統安城大敗童貫驍將劉法,將其斬殺於盍朱峗,進圍震武[②]。"是役死者十萬,貫隱其敗而以捷聞。察哥見法首,惻然語其下曰:'劉將軍前敗我於古骨龍、仁多泉,吾常避其鋒,謂天生神將,豈料今爲一小卒梟首哉! 其失在恃勝輕出,不可不戒。'"[③]在大敗宋軍、有感於童貫欺君枉上和劉法輕敵取敗的教訓後,於是年改元"正德",告誡臣民誠心正意、德行爲先的重要意義。1135年,有鑒於北宋因君昏臣暗而亡和金朝背信棄義之舉,改元"大德",爲國内君臣和廣大民衆敲響了警鐘。李乾順執政時期的8個年號皆爲深受漢文化熏染與影響的産物,具有濃厚的中國傳統文化色彩,這是漢文化逐步在西夏國内和黨項社會傳播、發展與深化的必然結果。

自1038年的"天授禮法延祚元年"至1139年的"大德五年",西夏歷史走過了101年風雨歷程,黨項文化與漢文化交替成爲社會主流思想,經歷了蕃禮—漢禮—蕃禮—漢禮的頻繁變换。漢文化在此過程中逐漸得到西夏國君與黨項貴族的普遍認同與充分肯定,被當做維護統治、振興國家、推動發展的理想工具廣爲宣傳與應用,影響力不斷擴大。從西夏年號所體現的文化階段性來看,這是西夏前期積極吸收與學習漢文化的産物,表現出强烈的民族自覺意識與君權神授色彩。從類型來看,是君權神授型向天佑維穩型的過渡階段。

2. 西夏後期(天佑維穩——國泰民安)

從西夏年號所體現的文化階段性來看,可將仁宗李仁孝至末主李晛執政時期定義爲西夏後期,在類型上屬於由天佑維穩型向國泰民安型的過渡階段。仁孝時期的人慶、乾祐,襄宗時期的應天、皇建和獻宗時期的乾定等年號就是渴望獲得神靈庇佑和希望國泰民安的産物,表現出强烈的悲天憫人色彩與敬天保民意識。

仁宗李仁孝在位55年,共有大慶、人慶、天盛和乾祐4個年號,深具漢文化色彩。"紹興九年六月(1139),崇宗殂,(仁宗)即位,時年十六。十月,詔還王樞及夏國之俘百九十人。十一月,仁孝尊其母曹氏爲國母。十二月,納后罔氏。十年,夏改元大慶"[④]。李仁孝16歲即位,因深受父皇李乾順影響而酷愛漢文化,在迎回被俘國人、尊崇兩宫太后、迎娶知書達理並對漢文化頗有造詣的皇后罔氏之後[⑤],毅然改元"大慶",以示慶賀與感謝上天庇佑之意。1141—1143年,西夏國内遭受了

① 史金波先生主編《西夏文教程》第十三講"專有名稱和親屬稱謂"之二"帝號和年號",社會科學文獻出版社,2013年,第353-354頁。

② (元)脱脱:《宋史》,中華書局,1985年,第14020-14021頁。

③ (元)脱脱:《宋史》,中華書局,1985年,第14021頁。

④ (元)脱脱:《宋史》,中華書局,1985年,第14024頁。

⑤ 魏淑霞:《湮没的神秘王國——西夏》,寧夏人民出版社,2008年,第64-65頁。

嚴重的自然灾害。"(紹興)十一年九月,夏國饑。……十三年三月,地震,逾月不止;地裂,泉湧出黑沙。歲大饑,乃立井里以分振之"①。爲祈求上天庇佑和爲民禳灾,1144 年改元"人慶",具有濃厚的悲天憫人色彩。此外,李仁孝深知"建國君民,教育爲先"的道理,有感於"人才乃國家興衰之所係",在政權穩定後便開始了大刀闊斧的改革,核心内容就是推廣漢化②。爲進一步推動漢文化在國内的傳播,人慶元年"始建學校於國中,立小學於禁中,親爲訓道"③。隨着漢文化影響的深入,西夏國内和黨項社會都發生了深刻變化。"(紹興)十四年(1145),彗星見坤宫,五十餘日而滅,占其分在夏國。十五年八月,夏重大漢太學,親釋奠,弟子員賜予有差。十六年,尊孔子爲文宣帝"④。雖然出現了"彗星見於坤宫"的不祥之兆,但並未引起國内混亂,李仁孝繼續致力於設置漢文化人才培養機構和促進人才隊伍的擴大。"乾順建國學,設弟子員三百,立養賢務;仁孝增至三千,尊孔子爲帝,設科取士,又置宫學,自爲訓道"⑤。爲感謝上天庇佑和表達自己對文化昌盛的向往,李仁孝特意改元"天盛"。"(紹興)十七年(1149),改元天盛。策舉人,始立唱名法"⑥。西夏仿效中原王朝建立了自己的科舉制度,爲全面選拔人才創造了條件。隨着西夏漢文化人才隊伍的不斷擴大與漢化水平的大幅提高,社會經濟與文化水平出現了繁盛局面。"李仁孝對西夏人才的培養和漢文化在西夏的傳播做出了重大貢獻。至此,儒學的統治地位在西夏完全確立"⑦。"(紹興)十八年(1148),復建内學,選名儒主之。增修律成,賜名《鼎新》"⑧。天盛二年,西夏不但設置了内學,而且修訂完成了著名的《天盛改舊鼎新律令》,爲西夏教育文化的發展和法律體系的完備奠定了基礎。"(紹興)三十一年(1161),立翰林學士院,以焦景顔、王僉爲學士,俾修實録"⑨。西夏文化的進步促進了社會經濟的蓬勃發展,因貨幣需求量大增而設置國家鑄幣機構。"二十八年(1158),始立通濟監鑄錢"⑩。但是由于李仁孝的軟弱與妥協,西夏陷入任得敬專權狀態。"(紹興)三十年(1160),夏封其相任得敬爲楚王。……乾道三年五月,夏國相任得敬遣間使至四川宣撫司,約共攻西蕃,虞允文報以蠟書。七月,得敬間使再至宣撫司,夏人獲其帛書,傳至金人"⑪。1170 年,在金的干預與支持下,李仁孝挫敗了任得敬裂國自立陰謀。或許是爲了表達對上天護佑的感激之意,"(乾道)四年(應爲六年),夏改元乾祐。得敬以謀簒伏誅"⑫。仁宗仁孝時期是西夏歷史上漢文化最爲昌盛、發展最爲迅

①③ (元)脱脱:《宋史》,中華書局,1985 年,第 14024 頁。
② 魏淑霞:《湮没的神秘王國——西夏》,寧夏人民出版社,2008 年,第 65 頁。
④ (元)脱脱:《宋史》,中華書局,1985 年,第 14024 - 14025 頁。
⑤ (元)脱脱:《宋史》,中華書局,1985 年,第 14030 頁。
⑥⑧⑨⑩ (元)脱脱:《宋史》,中華書局,1985 年,第 14025 頁。
⑦ 魏淑霞:《湮没的神秘王國——西夏》,寧夏人民出版社,2008 年,第 70 頁。
⑪ (元)脱脱:《宋史》,中華書局,1985 年,第 14025 - 14026 頁。
⑫ (元)脱脱:《宋史》,中華書局,1985 年,第 14026 頁。

猛的階段,這既是惠宗李秉常興復漢禮、崇宗李乾順倡導漢學的延續,也是黨項民族漢化最爲普遍、學習和融會漢文化最爲繁盛的時期,更是黨項文化在漢文化影響下創造獨具特色的西夏文化的黄金時期。縱觀仁孝時期的年號,不但有"人慶"這樣深受悲天憫人色彩、帶有"敬天保民"思想的年號,還有"乾祐"這樣在奪權、政變等一系列政治事件中體現維護穩定、祈求上天護佑意願的年號,展現了由神聖威嚴向仁政親民的轉變。

桓宗李純佑在位 14 年,實際執政 12 年,所用年號只有"天慶"一個。"純佑,仁宗長子也,母曰章獻欽慈皇后羅氏。仁宗殂,即位,時年十七。明年改元天慶"①。西夏在經歷任得敬裂國之後,已進入多事之秋。"從外部來看,正在興起的蒙古汗國對西夏造成了嚴重威脅。從内部來看,西夏的國力自仁宗統治後期開始就已開始減弱,隨着國家的安定和封建生産關係的發展,黨項貴族日益驕奢淫逸,走向腐朽没落。到桓宗即位時,黨項貴族的争權奪利已到了無以復加的地步。面對如此國情,桓宗基本上承襲了仁孝時期的内政外交政策,對内安國養民,對外附金和宋"②。因此,李純佑即位後改元"天慶"就是爲了表達其感謝上天眷顧、渴求國泰民安的良好祝願。客觀來説,李純佑作爲守成之主,在仁宗執政基礎上繼續促進漢文化發展,尤其是佛教的蓬勃發展。因爲母親羅太后篤信佛教、熱衷佛事活動的原因,此時西夏佛教的發展和興盛主要表現在佛事活動規模宏大、繕寫西夏文大藏經和編纂漢文佛教典籍三個方面③。這些活動有力豐富了西夏佛教的内容和形式,完善了西夏文大藏經,推動了漢文化在西夏社會的深入發展。但是,李純佑大力推行的繁榮西夏文化、與鄰國和睦相處、恢復榷場貿易等措施並不能扭轉西夏由盛轉衰的趨勢。"純佑仁慈恭儉,在位十四年,四郊鮮兵革之患,國中無水旱之虞。蓋西夏小邦,但能循舊章,安無事,已稱善守矣。即其宫闈間,未聞失德。乃以宗孽擅權,失愛母氏,位遭幽奪,身死廢所,哀哉"④!"作爲個人而言,夏桓宗的仁慈是值得讚揚的美德,但從政治鬥争和一個國家的最高統治者而言,他的這種軟弱却導致了皇位的丢失"⑤。天安十三年(1206),覬覦皇位已久的鎮夷郡王李安全與桓宗母親羅太后合謀發動宫廷政變,廢黜李純佑後自立爲帝,是爲襄宗。

襄宗李安全在位 6 年,共有應天和皇建兩個年號。"開禧二年正月,廢其主純佑自立,明年改元應天"⑥。因爲自己通過政變上臺的特殊背景,所以爲證明自己

---

① (元)脱脱:《宋史》,中華書局,1985 年,第 14026 頁。
② 魏淑霞:《湮没的神秘王國——西夏》,寧夏人民出版社,2008 年,第 93 頁。
③ 魏淑霞:《湮没的神秘王國——西夏》,寧夏人民出版社,2008 年,第 93 - 94 頁。
④ (清)吴廣成撰,龔世俊等校證:《西夏書事校證》,甘肅文化出版社,1995 年,第 464 頁。
⑤ 魏淑霞:《湮没的神秘王國——西夏》,寧夏人民出版社,2008 年,第 94 - 95 頁。
⑥ (元)脱脱:《宋史》,中華書局,1985 年,第 14026 頁。

皇位的合法性而改元“應天”。這一年號的西夏文對譯意爲“天、依”①,即依靠上天之意,表達自己乃“應天而動”,比“順天應人”的湯武革命更富有正義性。由于金朝對李安全的篡位逆行十分不滿,因而在蒙古入侵西夏之時没有按照約定進行援助,導致夏金聯盟破裂並逐步走向敵對。面對迅速崛起的蒙古汗國,西夏本應採取安内守土、“合衆弱以攻一强”的策略聯合金與南宋共同抗擊,謀求生存與發展。但是,自襄宗李安全開始,西夏君主執行了“附蒙侵金”的錯誤政策,國際環境大爲惡化,兵戎相見,内耗不止。1210 年,在經歷成吉思汗數次武力征討後,襄宗爲再次彰顯自己帝位的合理性而改元“皇建”。這一年號的西夏文對譯意爲“皇、立”②,政治寓意與象徵意義十分明顯。西夏此時在蒙古影響下執行了“附蒙侵金”的外交策略,因與金頻繁交戰而兩敗俱傷,蒙古坐收漁人之利。蒙古在此期間兩次征伐西夏並包圍中興府,加速了西夏的衰敗和滅亡的步伐。

神宗李遵頊在位 13 年,只有光定一個年號。在漢文化的持續熏陶和先輩仰慕漢文化心理的影響下,李遵頊的文化修養很高,“始以宗室策試進士及第,爲大都督府主”③。1211 年,49 歲的李遵頊自立爲帝,改元“光定”。這一年號的西夏文對譯意爲“定、顯”④,表達自己希望國家安寧、社會穩定的意願。光定十三年(1223),神宗李遵頊在内外交困的形勢下自號“太上皇”,禪位於其子李德旺,是爲獻宗。

獻宗李德旺在位 4 年,只有“乾定”一個年號。即位後改元“乾定”,宣示自己的地位乃是“上天旨意”。乾定四年(1226),獻宗李德旺發病而死,衆臣擁立其弟清平郡王之子南平王李晛,是爲末主。

末主李晛在位 2 年,只有“寶義”一個年號。此時的西夏已處於國破家亡前夕,在風雨飄摇之中採用了帶有祈求吉祥如意之意的年號。但是,這一切都難以改變西夏亡國的厄運,立國 189 年的西夏王國最終在蒙古鐵騎的衝殺中灰飛煙滅。

仁宗李仁孝大慶元年(1140)至末主李晛寶義二年(1127),西夏年號經歷了 88 年發展演變。漢文化在西夏後期繼續作爲社會主流思想,仁孝時期達到了漢化進程的頂峰。與北魏孝文帝大力推進漢化一樣,黨項雖然提陞了自己的文化水平,但其民族實體和民族文化却在此過程中逐步走向衰落,文化昌盛所帶來的重文輕武傾向在一定程度上削弱了國力,最終爲西夏滅亡埋下了隱患。從西夏年號所體現的文化階段性來看,西夏後期在繼承前期積極吸收與學習漢文化的潮流基礎上,雖然客觀上加速了與黨項文化的融合與創新,但却不可避免地導致了民族和政權的衰落。從類型來看,這是天佑維穩型向國泰民安型的過渡階段。

①②④ 史金波先生主編《西夏文教程》第十三講“專有名稱和親屬稱謂”之二“帝號和年號”,社會科學文獻出版社,2013 年,第 354 頁。

③ (元)脱脱:《宋史》,中華書局,1985 年,第 14027 頁。

三、西夏年號所折射的文化階段性

從西夏年號的使用情況來看，共有年號32個，其中崇宗李乾順就占了8個，而且以四字、六字年號居多，這是西夏年號發展的黄金時期。此時隨着漢文化的持續傳入與統治者對其態度的轉變，西夏文化呈現出彰顯民族特色——蕃漢雜糅——大興漢禮的發展態勢，逐步由强調君權神授向希望天佑維穩的轉變。仁孝時期開始進入西夏文化的後期階段，雖然此時漢文化達到了傳播過程的頂峰，西夏也實行了一系列重大文化舉措，但此時已處於漢文化傳播過程的衰落階段，日漸削弱的國力與頻繁的政局變動動摇了漢文化的社會基礎。此時的西夏文化在蕃漢雜糅與漢文化一枝獨秀中曲折前進，逐步由希望天佑維穩向祈求國泰民安過渡。

原刊於《西夏學》2013年第1期

西夏官吏酬勞

——封爵、俸禄及致仕

魏淑霞

官吏的酬勞是朝廷給予官吏的一種回報，内容不僅僅只有官品、官階，還反映在封爵、俸禄、致仕方面，後者往往在一定程度上依官品、官階而定，而封爵、俸禄、致仕制度往往反映了官品、官階制度在政治生活中的實際應運情況。筆者在《西夏官吏酬勞——官品、官階》[①]中，就西夏官吏的官品、官階的相關問題進行了探討，本文擬在現有的漢文獻、碑刻、黑水城出土文書、律令等史料記載的基礎上，對西夏在其政治機體運轉的過程中，實行的封爵、俸禄、致仕等問題進行探討。不妥之處，還望方家指正。

一、封爵

爵作爲一種古老的位階，具有超常的穩定性，是一種特殊的身份標志和等級標志，我國古代，從商就出現了"爵"的萌芽形態，發展至周形成了五等爵級，即公、侯、伯、子、男，爵位往往是可以世襲的，體現的是一種貴族身份、等級，到戰國時爵開始具有身份制與功績制的二重特點：一封宗室，二授功臣，後各朝都延續此制，"爵"成爲保证政治特權的重要制度，也是强化臣子效忠的機制之一。西夏在政治統治過程中也實行了封爵制，爲了能更完整地梳理西夏封爵制的形成及運行狀況，本文時間的介定選擇從李繼遷反宋自立開始，直至西夏滅亡。目前所見到的反映西夏封爵制的史料主要分三個方面。

(一) 見於漢文文獻史料

至道三年(997)，李繼遷大敗宋軍，向契丹告捷，契丹復李繼遷"西平王爵"[②]。

景德二年(1005)，契丹册封德明爲"西平王"[③]。

景德三年(1006)，宋真宗爲嘉獎德明歸宋，賜德明爵"西平王"。又賜其功臣號[④]。

---

① 魏淑霞：《西夏官吏酬勞一——官品、官階》，《寧夏社會科學》，2012 年第 4 期。

② 吴廣成撰：《西夏書事校證》，龔世俊等校證，甘肅文化出版社，1995 年，第 71 頁。

③ 吴廣成撰：《西夏書事校證》，龔世俊等校證，甘肅文化出版社，1995 年，第 98 頁。

④ (元)脱脱：《宋史》，中華書局，1985 年，第 13989 頁。

大中祥符三年(1010),契丹封德明"夏國王"[①]。

天禧五年(1021),契丹封德明爲"大夏國王"[②]。

明道元年(1032),宋因德明向宋稱臣三十年,仁宗爲奬德明恭順,册封其爲"夏王"[③]。

夏顯道元年(1032),元昊嗣位,宋仁宗封其爵"西平王"。同年,契丹賜夏國公元昊爲"王"[④]。

大中祥符七年(1014),張浦卒,德明贈其"銀州觀察使",後李元昊僭號,追封張浦爲"銀川伯"[⑤]。

宋慶曆二年,夏天授禮法延祚五年(1042)野利仁榮卒,元昊痛哭"何奪我股肱之速也"!命厚葬,並贈其"富平侯"[⑥]。

紹興三十二年(1162),仁孝爲表野利仁榮創蕃字之功,贈其"廣惠王"[⑦]。

夏元德二年(1120)乾順封宗室子仁忠爲濮王,仁禮爲舒王。夏人慶五年(1148),濮王仁忠卒,仁孝贈其"吴王",謚恭顯[⑧]。

夏貞觀三年(1103)乾順封弟察哥爲晋國王[⑨]。乾順弟察哥善戰,有功。

齊王彦忠,善騎射,驍武功,遇事頗有决斷力,任得敬擅權時,貶彦忠守凉州,在凉州政績頗豐,當地的蕃漢民衆對其敬重有佳[⑩]。

遵頊爲齊王彦忠之子,遵頊在純祐時,廷試進士,唱名第一,令嗣齊王爵。金曾册封其爲"夏國王"[⑪]。

仁孝族弟仁友,深沉有器度,曾被封爲郡王、越王[⑫],初封爲郡王時,正是任得敬權傾朝野時,在仁孝誅滅任得敬時,他因功獲越王封號。

李安全,越王仁友之子,此人天資暴狠,心術不正,仁友卒,李安全上表誦先世之功,希望能嗣其父爵位,純祐不許,降封李安全爲鎮夷郡王[⑬]。

西夏末年,獻宗德旺卒,國人立其弟清平郡王南平王晛。可見晛曾被封爲清平

---

① (元)脱脱等,撰:《遼史》,中華書局,1987年,第1525頁。

② (元)脱脱等,撰.《宋史》,中華書局,1985年,第13990頁。

③ (宋)李燾:《續資治通鑒長編》,中華書局,1985年,卷111。

④ (元)脱脱等,撰:《遼史》,中華書局,1987年,第1526頁。

⑤ 吴廣成撰:《西夏書事校證》,龔世俊等校證,甘肅文化出版社,1995年,第112頁。

⑥ 吴廣成撰:《西夏書事校證》,龔世俊等校證,甘肅文化出版社,1995年,第186頁。

⑦ (元)脱脱等,撰:《宋史》,中華書局,1985年,第14025頁。

⑧ 吴廣成撰:《西夏書事校證》,龔世俊等校證,甘肅文化出版社,1995年,第418頁。

⑨ 吴廣成撰:《西夏書事校證》,龔世俊等校證,甘肅文化出版社,1995年,第361頁。

⑩ 吴廣成撰:《西夏書事校證》,龔世俊等校證,甘肅文化出版社,1995年,第461頁。

⑪ (元)脱脱等,撰:《宋史》,中華書局,1985年,第14027頁。吴廣成撰:《西夏書事校證》,龔世俊等校證,甘肅文化出版社,1995年,第461頁。

⑫⑬ 吴廣成撰:《西夏書事校證》,龔世俊等校證,甘肅文化出版社,1995年,第457頁。

郡王、南平王[①]。

夏大慶元年(1140),夏州統軍李合達據城叛亂,仁孝新立無策,任得敬請命平叛成功,仁孝封任得敬爲"西平公",賞賚豐厚。紹興三十年,"夏封其相任得敬爲楚王"[②]。

《續資治通鑒長編》中記載"野利剛浪凌、遇乞兄弟,皆有材謀,僞號大王"[③]。

文獻記載西夏有"梁大王","昌祚既挾兩牌先登,弓弩繼前,與賊統軍國母弟梁大王戰……"[④]

(二) 見於碑刻的封爵記載

1.西夏陵園出土的西夏文殘碑中有"梁國正獻王嵬名安惠墓西夏文殘碑",李範文先生對其進行了釋文,漢文殘碑中有"國忠武王","國公"[⑤]。

(三) 見於黑水城出土文獻中的封爵記載

黑水城出土文獻《天盛改舊新定律令·頒律表》中記有"北王兼中書令嵬名地暴"[⑥]。

律令卷十"司序行文門"中[⑦]:

"皇帝之子位名:

皇帝子長子者,年幼時曰皇子,長成依次陞順:國王、太子等應令取何名,依時節朝廷計行。

皇太子之弟者,長成陞時,國王、三公、諸王等應得何位名,依時節朝廷分别實行。"

黑水城出土的西夏文《官階封號表》5921號上品中有"大國王",4170a號上有"南院王"、"北院王"、"西院王"、"東院王"[⑧]。

黑水城出土漢文《雜字·官位部》中記有:"皇帝、陛下、皇后、皇子、皇母、太后、后妃、正宫、監國、太子、太師、太傅、太保、少師、少傅、小保、[⑨]元帥、國王、尚書、令

---

① 吴廣成撰:《西夏書事校證》,龔世俊等校證,甘肅文化出版社,1995年,第497頁。

② 吴廣成撰:《西夏書事校證》,龔世俊等校證,甘肅文化出版社,1995年,第408頁。脱脱等,撰:《宋史》,中華書局,1985年,第14025頁。

③ (宋)李燾:《續資治通鑒長編》,中華書局,1985年,第3330頁。

④ (宋)李燾:《續資治通鑒長編》,中華書局,1985年,卷三百十七,神宗元豐四年(1081年)十月乙丑條。

⑤ 李範文編釋:《西夏陵墓出土殘碑粹編》,文物出版社,1984年,第76頁。

⑥ 史金波、聶鴻音、白濱譯:《天盛改舊新定律令》,法律出版社,2000年,第107頁。

⑦ 史金波、聶鴻音、白濱譯:《天盛改舊新定律令》,法律出版社,2000年,第365頁。

⑧ 史金波:《西夏社會》,上海人民出版社,2007年,第291頁。

⑨ 黑水城出土文書《漢文雜字》官位部有三公:太師、太傅、太保,有三少:少師、少傅、少保,《天盛改舊新定律令》中只提到了"三公"而未見其名,更没有"三少"。但是,三公:太師、太傅、太保,三少:少師、少傅、少保,都是職事官,而非封爵。《舊唐書》卷四十二記到:"正第一品:太師、太傅、太保、太尉、司徒、司空、(已上職事官)。王(爵)。……從第二品:尚書左右僕射、太子少師、太子少傅、太子少保……(已上職事官)。……柱國(勛官)。"

公、諸侯、太王[①]、三公、大臣、平王、郡王、嗣王、公主、夫人、帝師、國師、法師、禪師、上天、駙馬……"[②]

綜合相關史料,已見的西夏封爵有:西平王、夏國王、大夏國王、夏王、銀川伯、富平侯、廣惠王、濮王、舒王、吴王、晋國王、齊王、郡王、越王、鎮夷郡王、清平郡王、南平王、西平公、野利大王、梁大王、梁國正獻王、國忠武王、國公、北王、國王、諸王、嗣王、大國王、南院王、北院王、西院王、東院王、平王、大王,以中原傳統官僚封爵制的視角來看,西夏的封爵大致可劃分爲:王(國王、王、平王、郡王、嗣王、)/公(國公、開國公、令公、)/侯/伯四級,也就是説西夏的封爵至少有4級10等。唐朝的封爵6級9等:親王、郡王/國公、開國郡公、開國縣公/開國縣侯/開國縣伯/開國縣子/開國縣男。宋朝的爵級曾達到6級12等,《宋史·職官志》記有"王、嗣王、郡王、國公、郡公、開國公、開國郡公、開國縣公、開國侯、開國伯、開國子、開國男共十二等"[③]。比唐朝繁,宋神宗時變成了9等。由此可知,西夏在整體的封爵框架上承襲了中原傳統封爵制實行分級分等的制度,也是按王、公、侯、伯、子、男六等封爵的,只是目前我們還未見到有關封"子"、"男"的爵位名號。但在具體的封爵名號、封爵分等上,西夏與中原有所不同。

因西夏官制多與宋同,胡若飛老師在《西夏軍事家制度研究·《本續》密咒釋考》中參照《宋史·職官志》將西夏的爵級進行了官品歸類[④]:

正一品:(分兩種情況)

第一,來自宋、遼、金的賜封:夏國王(契丹封)、大夏國王(契丹封、金封)、夏王(宋封)、夏國主(宋封、金封)、西平王(契丹封、宋封、西夏自議)、

第二,西夏自議:晋王、吴王、舒王、濮王、楚王、齊王、德王、謨寧令、天都大王、野利王、廣惠王、齊國忠武王、秦晋國王。

從一品:夏國公(契丹封)、清平郡王、鎮夷郡王、南平郡王、開國公。

正三品:西平公。

這一做法是可取的,因爲在黑水城出土文獻西夏文《官階封號表》中上品就列出了"大國王",另外,在4170a號上有"南院王"、"北院王"、"西院王"、"東院王",這説明西夏的爵級與官品一體化了,爵與行政級别建立起了聯繫,一同被納入到官品框架中,體現了西夏官品制在政治運轉中的功用性。

西夏封爵制的授爵對象也是宗室子弟和功臣,以宗室子弟封王爲主。張浦,輔繼遷、德明兩世,其功不可没;野利仁榮卒有造字之功;任得敬,乾順妃任氏之父,有平叛之功,西夏對宗室子弟的封爵也是針對有功、有才者進行,可見其對中原傳統

---

① 應爲大王。

② [俄]Hx2822 雜字(19-16)]

③ (元)脱脱:《宋史》,中華書局,1985年,第14061頁。

④ 胡若飛:《西夏軍事家制度研究·〈本續〉密咒釋考》,内蒙古大學出版社,2003年,第3-4頁。

封爵制的承襲。至此,有個問題很值得我們探討,即在實際的政治運轉中,西夏的封爵制所衍生的特權、利益是如何體現的,其應運功效如何呢?在西夏爵是否構成官資?能不能依爵做官?黑水城出土的西夏法典《天盛改舊新定律令》是一部律、令合一的法律文獻,其中有大量詳細反映西夏職官制度的條款,但在這部法律文獻及其他當前發現的文獻史料中,都還未見西夏官吏依爵占田、授田、依爵減刑、依爵獲取經濟、法律方面的特權的情況,西夏官吏減刑都是依官品而減,這在律令中有明確的規定。另外,官吏禮遇如:朝位、章服、印章等方面也未見依爵位而定的,都是按職事、官品而定。《天盛律令》中規定,在朝位方面,不同民族的官吏在朝座次排位時,其基本原則是職位相當、同職或官品相同的官吏以黨項節親主位最高,其次爲番人,再爲漢人,而當文武官員官位相當時,遵循以文官爲大的原則,並且西夏有專門的"番漢共職法"規定番漢(番化漢人)、降漢(投降西夏人漢人)、西番、回鶻人在朝爲官的座次排名等,不依爵位而定位[①]。從章服來看,西夏對官吏及其家屬着服的限定也是依據職位而定,如對有鎏金、綉金綫服飾等也有規定:允許節親主、夫人、女、媳,宰相本人、夫人,及經略、内宫騎馬、駙馬妻子等穿,其他人不許穿。對冠戴的規定:"其中冠'緬木'者,次等司承旨、中等司正以上嫡妻子、女、媳等冠戴,此外不允冠戴。違律時告賞五緡錢,當由穿戴者出給。穿戴何物皆當交官,當依現賣法給價。若死葬,亦當依前述等次實行。"[②]西夏官吏的印章也是依官品、司品的高低而確定印章的尺寸、材質、重量。西夏封爵與官員的俸禄也没有直接關係,既然西夏封爵制没有給官吏帶來實際意義上的物質、特權、禮遇等方面的利益,那麽西夏封爵制存在的意義何在?只能說明西夏的封爵制應該也是作爲一種精神獎勵而存在,是用以强化臣子效忠的機制,即在西夏不可以依爵起家,爵很大程度上表現爲一種官僚激勵的手段,這與唐宋時期封爵制的特點相符。我國古代的封爵制到唐宋時期,封爵往往都是一種精神獎勵,没有多大的實質意義,官僚封爵的經濟待遇、世襲待遇、叙階待遇在下降、消失。但有一點值得我們注意,西夏的爵位是可以恩蔭繼承的,如:濮王仁忠、舒王仁禮是承先世之功恩蔭而得官、得爵。仁忠、仁禮之父爲景思,因爲秉常在位時,梁氏專權,曾禁秉常於木寨,景思護佑秉常於木寨,罔萌訛等潛使窺伺,欲以鴆毒害秉常,景思左右抗護有功。仁忠、仁禮就是陳先世之功晋爵,仁忠爲濮王,仁禮爲舒王。遵頊也是承襲其父彦忠的齊王爵位。西夏的《天盛改舊新定律令》中也有專門的條款規定大姓官職世襲,職爵世襲制在西夏是一種普遍現象。這與同時期的宋朝爵級不能恩蔭形成了顯明對比。在中原官僚制度中,官僚的爵位世襲特權到唐宋時已大大萎縮,封爵一般都是止於其身,馬端臨"諸侯王與列侯,皆以其嫡子嫡孫世襲。其所受之封爵,自非有罪者與無後者,則爵不奪而國不除,此法漢以來未有改也。至唐,則臣下之封公侯者,

① 史金波、聶鴻音、白濱譯:《天盛改舊新定律令》,法律出版社,2000年,第378-379頁。
② 史金波、聶鴻音、白濱譯:《天盛改舊新定律令》,法律出版社,2000年,第281-282頁。

始止其身，而無以子襲封者，然親王則子孫襲封如故，雖所謂茅土食邑多爲虛名……”[①]宋朝封爵、食邑、食實封，都看不到子孫世襲的正式規定。説明西夏作爲一個少數民族政權，在承襲中原傳統封爵制的同時，也有一定的自我特色，這是西夏爲了維護政治統治而籠絡皇室、功臣、大族的一種手段，也是不同民族間文化交融的結果。

二、俸禄

俸禄又稱爲俸給、禄食、禄養、禄潤。從内容上看大致是錢帛曰俸，米粟曰禄，以歲禄，月俸，職田，養廉銀等形式，用實物，貨幣，土地支付給百官，俸禄制的發展受歷代經濟發展狀況的制約。有關西夏俸禄的研究，李蔚老師在《西夏“建官置兵不用禄食”弁析》[②]中依據《續資治通鑒長編》卷一三四，慶曆元年十一月乙亥條所記，北宋邊將范仲淹向仁宗的呈文〈攻守二策〉中指出“（西夏）建官置兵，不用食禄，每舉衆犯邊，一毫之物，皆出其下，風集雲散，未嘗聚養”。認爲西夏無禄食，這是在當時没有俄藏黑水城文獻、還未爲學界所研究利用之前，基於漢文史料對西夏官吏俸禄作出的判斷。俄藏黑水城文獻公布之後，杜建録老師通過對黑水城文獻中《天盛改舊新定律令》條款的梳理，在《西夏財政支出初探》[③]中認爲西夏有禄食。但是還有幾條條款未被納入，而這些條款可在局部反映西夏官吏的食禄出處、發放程序、俸禄標準等情況，筆者現進行梳理。

《天盛改舊新定律令》卷二十《罪則不同門》中“一諸人因罪受罰馬者，自馴舊馬至有齒好馬當交。倘若不堪罰馬是實，則當令尋擔保者，罰一馬當折交二十緡錢。彼亦不堪，則依司品，有俸禄者當於俸禄中減除，未有俸禄，則罰一馬折算降官一級。不願降官而曰受杖，則因罰一馬受十三杖，罰二馬十五杖，罰三馬十七杖，自罰四馬以上一律二十杖”[④]。説明西夏官是有俸禄的，但並不是所有官都有官俸。有的有俸禄，有的是無俸禄的。

一□檢軍畜偏問磨勘者，大小局分之禄食當依以下所定而成。其中所增一種，由群牧司出，其餘禄食當由三司出。所遣人非迅速起行，尋斷語論文及時者，遣人之司當限日行於前官畜、穀、錢、物管轄處，依次當於所應出予處尋論文，依其法當取之。若因京師遣人急速，而未及時尋使人馬食出予之論文，及經略使人因斂官畜、穀、錢、物，磨勘問公事，他要語有疑等，當奏報京師，依聖旨上論，於彼處遣人推問。有所遣行，經略使局分司所在處三司所屬有罰賄，則當於其中予之。若無，則於所屬地方内三司、群牧司所屬之官畜、穀、錢、物中如數出予，當明之而行登録。

① 馬端龄：《文獻通考》，中華書局，1986 年，第 2202（中欄）頁。
② 李蔚：《西夏“建官置兵不用禄食”弁析》，《寧夏大學學報》，1987 年第 1 期。
③ 杜建録：《西夏財政支出初探》，《寧夏大學學報》，1998 年第 3 期。
④ 史金波、聶鴻音、白濱譯：《天盛改舊新定律令》，法律出版社，2000 年，第 602 頁。

畢時，京師遣處司及官畜、谷、物隸屬之司等之管事處當道送，入注銷中。彼大人偏問軍畜者中，有掌大事，此當明之。有大於原司品之禄食，則當受其高者。其中大人檢畜偏問磨勘者等之燈油、燃料，由所轄處予之，校軍磨勘者□□□□禄食依法當由三司局分中抽予。□緩地少，尋論文及時不及時，穀物抽予次第等，依前述抽予禄食次第，與所示相同。問難者遣行文書所用紙，當由犯罪當事人、分析者均攤而取之，所需時當取，不許一並超額分取[①]。

這則材料則反映了西夏官俸的發放機構和程序。

第一，西夏官俸的發放機構。

西夏官吏的禄食有明確的規定，西夏官員的正常禄食由“三司”出，而額外所增部分則由“群牧司”出。如果説這則材料是一份關於畜牧業機構的史料，我們不能確定西夏其他機構的官吏的額外所增部分也由群牧司出，那麽，俄國西夏學專家克恰諾夫依據《新法》(卷九，俄羅斯科學院東方研究所聖彼德堡分所西夏藏品，館册第 827 號)，證實了西夏官吏俸禄中的供其食肉之用的牲畜也是從國家群牧司的畜群中供應的，西夏也向官吏發餉銀。這印證了《天盛改舊新定律令》中的内容相吻合，西夏的官俸由三司、群牧司兩機構負責的。

第二，西夏官俸的發放程序。

禄食發放人由京師派遣，禄食領取人憑公文於所限定日期内前往禄食管轄處領取禄食，禄食領取者若因走的匆忙而未來得及領取禄食發放公文及禄食，則當地經略使人要審查，若領取人語出有疑，則要上報京師、聖上，等待聖旨而定，杜絶了一些官員利用職務之便充領斂財。若經略使派人查問，確屬奉令領取禄食，則由該經略使司所在地的地方三司從其日常管理的罰賄款項中支取(這也證明了西夏在地方官吏的管理中，將官吏的罰賄交於地方三司進行管理)。若該三司中没有罰賄資金的積存，則由當地三司、群牧司所管的官畜、穀、錢、物中支出，並登記在册，事後，當由京師派遣人所在部門以及專門管理官畜、穀、錢、物的部門的管事處補還給地方，注銷借支憑據。西夏官俸内容應包含畜、穀、錢、物四部分，即西夏官俸分爲實物俸禄和貨幣俸禄兩種，這也與中國古代官俸制度變化歷程中的階段性特點相吻合。

有關西夏官吏禄食發放的依據及標準，我們從《天盛改舊新定律令》卷二十《罪則不同門》、卷十九《校畜磨勘門》的三條材料以及俄藏黑水城出土編號爲 8203 號的文書的内容中可窺一斑。筆者將《天盛改舊新定律令》中的相關内容歸納如下表[②]：

---

① 史金波、聶鴻音、白濱譯：《天盛改舊新定律令》，法律出版社，2000 年，第 612－613 頁。

② 此表依據《天盛改舊新定律令》卷二十《罪則不同門》、卷十九《校畜磨勘門》製成，材料中“屠”應是屠殺牲畜食肉的意思。

所屬司	官職	標準	
問難磨勘司	大人	本人	10日一層,米穀4升/日
		馬2匹	7升/匹/日;5升/匹/日
		童子1人	米1升/日
	□監司寫者等	本人	各自15日一層,米1升/人/日
		馬	5升/匹/日
		童子	米1升/人/日
	案頭、司吏	各自	兩人共20日一層,米1升/人/日
		童子1人	米1升/日
		行杖者1人	米1升/日
大校畜者局分大小	大人	本人	7日一層,米穀4升/日,其中米1昇
		馬4匹	一馬:7升/日;三馬:5升/日
		童子3人	米1升/人/日
	□監司寫者	本人	各自15日一層,米1升/人/日
		馬1匹	5升/日
		童子	米1升/人/日
	案頭、司吏	本人	兩人共15日一層,米1升/人/日
		馬1匹	5升/日
		童子1人	米1升/日
	行杖者	本人	米1升/日
	持器械者	本人	米1升/日
校畜磨勘門	大校	本人	7日一層,米麴4升/日,其中米1昇
		馬2匹	一馬:7升/日;一馬:5升/日
		童子	米1升/人/日
	案頭、司吏	本人	兩人共15日一層,米1升/日
		馬1匹	5升/日
	行杖者	本人	米1升/日
	檢視人	本人	15日一層,米麴1升/日
		馬1匹	5升/日

這些材料只反映了西夏部分官吏的禄食情況,但我們也可得出一些結論。

第一，不同局分司大人的禄食標準不一，如大校畜者局分大人與校畜磨勘局分大校都是 7 日一屠，而問難磨勘局分大人則是 10 日一屠，並且其他禄食的内容也有差别。

第二，不同司的□監司寫者的禄食發放的標準一致。

第三，不同司的案頭、司吏的禄食除屠牲畜的時間規定長短不一外，其他的發放標準一致。

第四，不同司内的行杖者、童子、持器械者，發放禄食標準一致。

第五，檢視人有單獨的發放標準，爲 15 日一屠，米麵 1 升/日，馬 1 匹，5 升/日。待遇較高，這可能與檢視人是皇帝直接派遣的巡視人的身份有關。

另外，黑水城出土的西夏文第 8203 號文書是西夏有關文武官職預備人選制度的第一份具體的史料證物，文書的内容是講一名男子依法律規定以養子身份繼承了他死去的叔叔(此人爲轉運使)的職位和財産。俄國西夏學專家克恰諾夫對該文書的版式、尺寸、字數和内容進行了考證，並將該文書譯成了俄文(並對原文書中的所有人名、官職和計量單位均採用了索夫拉諾夫的標音系進行標注)，崔紅芬老師和文志勇老師又將其譯爲漢文[①]，我們在此處關心的是文書中記録的西夏轉運使的俸禄和財産，現將譯文中有關官俸部分的漢文譯文録如下。

Khin-zi 依照法律可以繼承養父所擁有的牲畜和財産(官俸)如下：

食俸：

新渠澆灌地	糧食	7 斛
Zew-ze 渠澆灌地	糧食	6 斛
·ie-ndzie 渠澆灌地	糧食	7 斛
Sion-khew 坡地	糧食	7 斛

人口：

成年男子 2 名：

·A-wa-ngiu 40 歲	Sie-swi	20 歲

女童 2 名：

Sia-ngwe-mba 5 歲	Sin-ngwe-khwi	3 歲

成年雇工(?)3 名：

Ngiu-ma 40 歲	Ngiu-? 30 歲	San-tsin 25 歲

牲畜：

駱駝 3 峰：2 峰大駱駝、1 頭小駱駝

牛 10 頭：4 頭大牛、6 頭小牛

羊 80 只：包括山羊和綿羊、連小羊羔也計算在内

---

① [俄]克恰諾夫著，崔紅芬、文志勇譯：《黑水城出土西夏文第 8203 號文書譯釋》，《寧夏大學學報》，2005 年第 5 期。

財産：

弓 1張 pei-·ie 2個

這份文書與《天盛改舊新定律令》中有關俸禄的條款可互補，使我們更進一步了解西夏官員的俸禄狀況。從釋譯的文書内容看，原文作者把以上所列的内容全部視爲此轉運使的官俸。從文書可以看出西夏官俸中有口糧田，克恰諾夫認爲這就是西夏所説的“禄食”禄食是從官田中供應的，官吏俸禄中的供其食肉之用的牲畜也是從國家群牧司的畜群中供應的，西夏也向官吏發餉銀①。筆者認同克恰諾夫的觀點，這與前文所引《天盛改舊新定律令》中的内容相吻合，西夏的官俸由三司、群牧司負責，應是三司出錢，群牧司出牲畜，而禄食由分給官吏的口糧田中出。

克恰諾夫對文書中所提西夏官吏的禄食的標準進行了初步分析，認爲在唐、五代時，1斛相當於5.94升，宋時相當於6.64升，西夏用哪個標準作爲計量單位，尚不清楚，如果用唐朝的標準，那麼西夏的這位官吏可得166.52升麥子，如果用宋朝的標準，那麼他可得185.92升，也就是説他可得至少1.5公擔麥子，至於這是一個月的發俸標準，還是一年的發俸標準，目前尚不清楚。西夏倒底以什麼爲標準？有關西夏的計量單位和標準，根據西夏文《光定卯年（1219）借貸文書》中反映的資料，得出西夏的計量單位中斛、斗和中原的一致，都是十進位制。又通過黑水城出土的漢文典當文書可得出，西夏也用“石”作爲計量單位，石與斛相同，一石等於一斛②。我們都知道，唐朝之前，斛爲民間對石的俗稱，1斛＝1石。宋朝開始，改爲1斛＝5斗，而1石＝2斛。這説明西夏在很大程度上是承襲了唐朝時期的計量標準。

文書中所提的人口是奴隸還是依附於官吏的口糧田上的雇工，克恰諾夫認爲在西夏失去人身自由的人是屬於國家或是某些私人所有的，那些爲官吏的俸禄而勞作的人顯然是屬於國家的人口，從名字上看不出這些人的民族，不清楚小孩子的作用是什麼。筆者認爲文書中所提的人分兩種，第一種，成年雇工3名，他們是具有人身自由的，只是受雇於政府或個人在官田上耕作。第二種，成年男子2名和小孩2名，他們應是屬於官吏的奴僕，而小孩子應是奴僕的後代，這些奴僕的來源有兩種可能：一是官吏官俸中的一個部分，是朝廷獎賞給官吏的；一是官吏自己買賣所得。西夏《天盛律令》中有條款規定：“諸人將使軍、奴僕、田地、房舍等典當、出賣於他處時，當爲契約。”③黑水城出土的契約7903號，就是一份關於人口買賣的契約④，説明了奴僕在西夏存在的普遍性，他們處於社會的底層，屬於主人，没有人身自由。這也是西夏政權在封建化的過程中有奴隸制遺留的表現之一。由于此文書

① 克恰諾夫依據《新法》卷九，俄羅斯科學院東方研究所聖彼德堡分所西夏藏品，館册第827號。

② 史金波：《西夏度量衡芻議》，《固原師專學報》，2002年第2期。

③ 《天盛改舊新定律令》，史金波、聶鴻音、白濱譯，法律出版社，2000年，第390頁。

④ 史金波：《西夏社會》，上海人民出版社，2007年，第221頁。

先被譯爲俄文，又依俄文譯爲漢文，鑒於文化背景的差异性，筆者認爲，對此文書的譯釋可能還有進一步探討的空間，到時，有些問題可能會得到更好的理解和説明。

從現有材料來看，西夏的官俸是依職而定，並未依官品定，這也從一個側面反映了西夏官品在政治運轉中的實際情況。

三、致仕

"致仕"即所謂的退休，致仕待遇也是官吏酬勞制度中的一個組成部分，遺憾的是有關西夏官吏致仕制度的史料太少，目前，筆者只在《天盛改舊新定律令》卷十，"官軍敕門"中發現一條："一諸司任職因位得官者，後年高才弱等而爲低位，告老時官不失。"[①]這裡的"因位得官"指的是因職位，還是因品位，不得而知，只知道告老時官的待遇可能不會取消。説明西夏因位得官的人在致仕後，離職不離官，官僚的身份可以脱離職位，而保留到退職以後，這也意味着他們致仕後在生活中仍享有與普通百姓不一樣的待遇，這一點尤其體現在有官人所享有的法律特權。西夏規定有官人犯罪與普通百姓犯罪的處罰是不一樣的，有官人可以依官品抵罪，而且這種官身份可以蔭及家人。如：

"一諸有官人及其人之子、兄弟，另僧人、道士中賜穿黄、黑、緋、紫等人犯罪時，除十惡及雜罪中不論官者以外，犯各種雜罪時與官品當，並按應减數减罪，其法按以下所定實行，勿施一種黥刑。"[②]

"一等有官人犯雜罪時，在庶人獲杖罪、勞役、死罪上衡量，以官品當。"[③]

"一依父、兄弟官品應减時犯罪後，父、兄弟革降官時事發，以及父、兄弟無官時犯罪，後父、兄弟得官成爲應减時事發，皆當依應减法實行。"[④]

按唐宋之制，官吏致仕後，都是給予一定的俸禄，並享有一定的待遇的，唐朝"凡致仕之官，五品已上及解官充侍者，各給半禄"[⑤]。六品以下致仕官，一度也有俸禄[⑥]。宋太宗給致仕官半俸，真宗曾給予全俸。一定品級的官員致仕後，許子弟一人蔭補[⑦]。至於西夏的官吏在致仕之，是否還能享有一定的俸禄，還未見相關史料。

有品級者未必有爵位，有爵位者多有品級，品級、爵位反映了官吏的政治地位和社會地位，俸禄是這種地位在經濟待遇上的體現。"高官厚禄"是官吏酬勞制度的本質概括。西夏的封爵、俸禄、致仕制度在承襲中原舊制的同時，體現出其獨有

---

① 史金波、聶鴻音、白濱譯：《天盛改舊新定律令》，法律出版社，2000 年，第 362 頁。

② 史金波、聶鴻音、白濱譯：《天盛改舊新定律令》，法律出版社，2000 年，第 138－139 頁。

③ 史金波、聶鴻音、白濱譯：《天盛改舊新定律令》，法律出版社，2000 年，第 139 頁。

④ 史金波、聶鴻音、白濱譯：《天盛改舊新定律令》，法律出版社，2000 年，第 146 頁。

⑤ 《舊唐書》卷四三《職官志二》，中華書局。

⑥ 《唐會要》，中華書局，1955 年，第 1174 頁。

⑦ 游彪：《宋代蔭補制度研究》，中國社會科學出版社，2001 年，第 102 頁。

的特點，這是中國傳統職官制度適應民族政權統治需要的表現，是不同民族文化交融的結果，制度本身的運作也體現了西夏對官員階層利益的極大維護。

原刊於《西夏研究》2012 年第 3 期

從《天盛律令》看西夏榷禁制度

張玉海

榷禁制度是中國古代封建國家實行的一項基本經濟制度，内容包括國家以鹽鐵國營、榷酤及對其他重要物資的禁榷爲核心，通過對重要國民經濟部門或行業實行壟斷性經營，以保證國家的需要和國家對經濟領域的控制，維護和促進國家的穩定與發展。其特徵是禁榷物的生産和流通都由國家統一經營或控制，一般不許民間自由參與①。禁榷即專營，至遲在先秦時就已出現。《周禮・地官・人》載“人掌金玉錫石之地，爲之厲禁以守之”，即“人”掌管礦藏，嚴禁私人採冶。商鞅變法亦有所謂“壹山海”之制②。但作爲系統化、制度化的榷禁制則始於漢代筦榷之法，至唐宋已相當完備。從某種意義上講，榷禁制的確立和完善體現了古代國家社會經濟的發展水平和國家組織化程度。

深受唐宋影響的西夏承襲了唐宋榷禁制度的基本原則和主要内容，並根據西夏社會經濟發展的實際情況與歷史傳統，對禁榷的基本内容和各個環節進行了大幅度的修改與充實，從而形成一套系統的具有自身特點的基本經濟制度。從《天盛律令》看，西夏榷禁制伴隨其封建化過程逐步發展完善，至夏仁宗天盛年間已基本形成一個較爲完備的體系。

一、西夏榷禁制度的基本内容

1. 畜牧業中的禁榷

畜牧業是黨項羌的傳統“支柱産業”，在西夏社會經濟中占有舉足輕重的地位。因此，“西夏統治者對畜牧業的組織和管理非常重視”③。早在元昊時，就已設群牧司管理全國的畜牧業，並有飛龍院經營官畜。隨着生産的發展和國家對經濟領域的滲透，西夏對畜牧業生産的禁榷逐步系統化、制度化。僅《天盛律令》卷十九就有 78

---

① 今人多將禁榷歸納爲專賣，似不妥。裴駰《史記集解》引孫吴韋昭語稱“榷者，禁他家，獨王家得爲之”。《唐六典・太府寺・兩京諸市署》注亦云“榷，謂專略其利”。都表明古人眼中的“禁榷”是一種國家專營。從實際看，這種專營囊括了禁榷物從生産到流通的全過程，而非僅爲商品流通中的專賣。當此種禁榷系統化、制度化後，即形成本文所稱的榷禁制。（參見汪聖鐸《兩宋財政史》）

② 此種記載先秦典籍中頗多，如《管子・海王篇》《國語・晋語》等。另見馬端臨《文獻通考・征榷考》、國家税務總局編《中國工商税收史》等。

③ 李蔚：《簡明西夏史》第 265、278、281 頁，人民出版社，1997 年。

條、約 13000 餘字，直接涉及到國家對畜牧業生産的管理和控制。它比唐律在相關條目、字數上分别多 5 倍和 10 倍以上[①]，充分反映了西夏畜牧業的發展水平和國家對畜牧業的重視和控制程度。

《天盛律令》對官私牲畜的生産、管理及使用極爲嚴格。律令《盗殺牛馬駝門》規定，盗、殺自有、他人的牛、駱駝、馬、驢、騾分别按畜數、罪情處以重罰。如殺自屬牛馬駝，“不論大小，殺一個徒四年，殺二個徒五年”[②]。牲畜墮谷、患病死，亦需禀官，“若不告擅自殺時，有官罰馬一，庶人杖十三”。甚至“出葬時以畜做陪喪者當退回”，不允屠殺；諸人殺自屬牛馬駝時，“他人知覺而食用”，徒一年。即使“盗騎他人牲畜”或牧人將官私畜“擅自借與諸人馱、騎、耕作”，也要治罪。西夏本以羊馬立國，今連殺自有牛馬駝都要處以重罪，豈不可怪？但聯繫其龐大的官營畜牧業與對外貿易中的禁榷，可知此爲保證官營畜牧業壟斷利潤的必然之舉。律令卷十九分遣牧頭監納畜册、牲畜分配，減牧人佚事、死畜注銷、供給馱、畜利限等 13 門，從官畜的生産、管理、使用、分配乃至管理機構人員的設置、牧人牧地的管理等方面進行了全面詳盡的規定，體現了西夏榷禁制的嚴密程度。至於西夏官營畜牧業的具體情况，學者已多有論述，此不贅言[③]。須指出的是，西夏官畜已廣泛應用於社會生活的各個方面。除供軍用、對外貿易、官府及宫廷所需外，還出租耕牛和農具[④]。其數目龐大，應用廣泛，已與僅供皇室所用之生産有性質差异。

西夏官營畜牧業的特殊地位，不僅在於上述對官私畜牧業的嚴格控制，更重要的還在於律令對牲畜貿易的特殊政策。律令《敕禁門》規定，人、馬、披、甲、駱駝，“敕禁不允敵界賣”。牛、駱駝、馬不論大小，“到敵人中去賣時，庶人造意斬之，從犯當得無期、長期徒刑”。即使出賣氈墊、糧食、騾、驢、錢、牛駱駝馬皮等雜畜物，也“按本國地方現賣法計價，視其錢量高低”，依强盗不持武器法判斷。境外不許賣，境内同樣不允許賣敕禁物給他國使者及商人。事實上，牛、駱駝、馬又是西夏對外貿易的主要物品，這恰恰説明國家在茶馬貿易中的壟斷地位。由此我們方能悟解西夏對官私畜牧業從生産到使用的嚴格控制與農業社會爲保護畜力而採取的措施是有所區别的。其目的在於既保证了國内畜産品的供應，又使國家獲得官營畜牧業的壟斷利潤，大大增加了國家的經濟實力，從而與普通官營畜牧業區分開來。

2. 榷鹽與榷酒

鹽和酒是榷禁制的傳統内容。西夏“所有鹽池，統統屬於黨項夏國所有”[⑤]。

---

① 史金波:《西夏〈天盛律令〉略論》,《寧夏社會科學》1993 年第 1 期。

② 史金波等譯:《西夏天盛律令》,科學出版社,1994 年。以下凡引此書,均不再一一注明。

③ 杜建録:《西夏的畜牧業》,《寧夏社會科學》1990 年第 1 期;《西夏官牧制度初探》,《寧夏社會科學》1997 年第 3 期;《西夏經濟史研究》第 106 頁,甘肅文化出版社,1998 年。

④ 律令卷十九《牲畜分配門》、《供給馱門》、《租賃者以物錢納出租者門》及卷五《發放鎧甲武器門》、卷六《官披甲馬門》。

⑤ 漆俠、喬幼梅:《遼夏金經濟史》第 233 頁,河北大學出版社,1994 年。

池鹽由政府徵調勞役進行生産，鹽池池鹽“歲調畦夫數千”[①]；西安州鹽池“役夫三千餘”[②]。律令《庫監派遣調换門》規定“分遣鹽池者，池大則派二巡檢，池小則派一巡檢，與池税院局分人共監護之”。即巡檢、小監、出納、掌斗等池税院共同負責池鹽的生産與銷售。禁止私人開採，“倘若閉護池中鹽而盗抽者，依其盗抽多寡，當依所犯地界中已開池納税次第法量之，以偷盗法判斷”。鹽的銷售由國家壟斷批發，寓税於鹽價中。“諸人賣鹽，池中烏池之鹽者，一斗一百五十錢，其餘各池一斗一百錢等，當計税實抽納，不許隨意偷税”。

西夏釀酒業極爲興盛，早在隋唐時黨項人就開始釀酒[③]。律令《酒麴種門》規定，酒麴由官府統一生産榷賣。無論京師、地邊、地中，都設踏麴庫、賣麴庫負責酒麴的生産和銷售。鳴沙軍、官黑山、黑水等邊地踏麴庫，“二小監、二出納、一掌秤、一掌斗、二監庫”，“興中府踏曲庫等二地居、一小監、二出納、一掌鑰匙、四掌斗、六監庫”。踏麴庫若“不好好踏，不細細磨，粗磨以致麴劣，又不依時爲之等時，管事者局分大小小監、庫監、出納、局分人等一律徒二年”。爲保證榷賣，律令嚴禁私造麴、小麴，也不許“買敵之麴自用”，否則處以杖刑及徒刑，最重可判無期徒刑。買私麴者，如“知曉”也要治罪，並不許“轉賣”。釀酒須經官府批準，發給證書。無證釀酒，“至百斤，有官罰馬二，庶人徒三個月。百斤以上一律徒六個月”。因酒麴完全爲官府壟斷，故酒的産量實爲官府所控制。酒的銷售因資料太少，其具體情况不大清楚，有學者推測爲撲買制[④]。則榷酒和榷鹽與宋頗相近。律令嚴禁國内諸人釀飲小麴酒、醲酒、普康酒等，“若違事□□，與釀飲酵酒之罪狀，獲舉賞次第同樣判斷”，側面證明西夏榷酒制亦頗嚴格。

3. 礦冶與禁榷

元昊天授元年（1040），“設鐵冶務於夏州”[⑤]。《宋史·楊告傳》載楊告會見元昊時，“聞屋後有數百人鍛聲”，説明元昊時已有“鐵冶務”及官作坊冶煉、鍛造，並有一定規模。《天盛律令》雖没有明確規定國家對礦冶的禁榷，但從實際來看，恐亦爲官府壟斷。西夏境内金屬礦藏稀少，宋、遼、金又都對西夏實行銅鐵禁賣，尤其“夏人茶山鐵冶既入中國（宋），乏鐵爲器”[⑥]。而銅鐵又廣泛應用於生産生活的各個方面。爲滿足需要，西夏多方搜求，如貢使冒禁私市銅鐵，甚至直接打造爲器，偷運回國或者通過貿易輸入宋錢，其中一部分便“毁錢鑄器”[⑦]。《大金國志》卷十五天德二年條載，陝西鐵錢流入北方，“北方得之，多做軍器”。爲使有限的銅鐵資源首先

① 轉引自白濱：《從西夏文字典〈文海〉看西夏社會》，《西夏史論文集》第171頁。
② 方勺：《泊宅編》卷中，許沛藻、楊立揚點校本，中華書局，1983年。
③ 《舊唐書》卷一九八《黨項傳》。
④ 雲史：《首屆西夏學國際學術討論會綜述》，《寧夏社會科學》1996年第2期。
⑤ 《范文正公集·年譜補遺》，轉引自《西夏書事》卷十四。
⑥ 《宋史》卷一八五《食貨志》。
⑦ 吴天墀：《西夏史稿》第178頁，四川人民出版社，1980年。

保证國家的大量需要,就必須對礦冶和金屬冶煉製造進行壟斷。從律令中知道,西夏設有中等司京師工院,下等司的北院、南院、肅州三邊工院及末等司的冶金司、首飾院、鐵工院等機構[①]。這些機構負責組織、管理官營手工業的生産。《罪則不同門》規定,罪犯爲苦役之遣送法,"若城遣人等城内苦役無所爲,則當遣關城□頭尾之官方採金、熔銀鐵"。即有官營機構"採金、熔銀鐵",並使用苦役犯和徵調民間工匠勞動。從《物離庫門》對金銀銅鐵有詳盡而繁瑣的耗減規定,而且對銅打鑄和鐵器加工分類對待具體規定和有關資料可以看出:西夏官作坊内有較細緻的分工;生産工藝已達相當高度;官營作坊不僅生産軍器,而且大量生産品種多樣的生産工具和生活用品,這就與專供皇室消費的一般官營手工業區别開來,從而具有特殊意義。根據西夏官府出租農具和耙、鐵鍬、钁頭,大量配備輔軍、雜役及西夏廣泛使用鐵製農具等諸多情況,可推斷官作坊的生産規模和産量都相當大,占據着壟斷地位。當然,也不排除一定數量的私營作坊的存在[②],但它們在西夏社會經濟中大概僅起補充作用。

4. 商業中的榷賣

西夏商品經濟發展程度較低,還處在實物交换向貨幣經濟過渡的階段(白振聲:《西夏社會經濟及其在中國經濟史中的地位》,《寧夏社會科學》1984年第3期。牛達生:《從出土西夏窖藏錢幣看西夏貨幣經濟》,《寧夏社會科學》1986年第2期。漆俠、喬幼梅:《論遼夏金經濟的發展及其歷史地位》,《民族研究》1994年第3期。李蔚:《西夏商業初探》,《中國民族史研究》(二)中央民族學院出版社,1989年)。從《文海》、《掌中珠》等西夏字書釋"市"、"巷"爲"此者市井也,買賣人過處之謂"及西夏設場置會等有關記載看,西夏市政還帶有早期古典市制的某些特徵[③]。除劃定專門地點做合法交易場所、征收買賣税外,還出現路旁非法市場。國家對此進行取締。因律令"通過各司於邊中買賣"、"官私買賣"和"與異族首領買賣"等條文已佚,我們只能知道西夏國内對鹽、鐵、酒實行榷賣外,其他已不可考。

對外貿易的禁榷物則相當廣泛。除錢幣、兵器、牛馬駝外,還規定人、披、甲、氈墊、糧食、騾驢馬皮、鐵連枷、馬鞍、裝箭袋、金、銀、鐵、種種鐵柄、編連碎緞等爲敕禁物。既不許在國内向外國人出賣,也不允至敵界賣。違律到敵界賣人者,"按有意殺人"、"傷人法判斷"。牛、馬、駝、鎧、甲、軍披等到敵人中賣時,庶人造意斬,從犯爲無期、長期徒刑。賣雜畜物及戰具,"按本國地方現賣法計價,視其錢量高低,是戰具則以强盗持武器法,此外雜畜物按不持武器法判斷"。向他國使者及商人等已出者出賣敕禁物時,其中屬大食、西州國等爲使者、商人,"是客人給予罰罪,按不等已給價□當還給"。正副統軍以下至司吏大小管事人出賣敕禁物時,"當比其餘人

---

① 陳炳應:《西夏文物研究》第244頁,寧夏人民出版社,1985年。

② 如西夏文《聖立義海》中就有"民庶製器",鐵匠找活幹等記載。

③ 魏天安:《宋代行會制度史》第一章,東方出版社,1997年。

罪加二等，亦可加至死刑”。西州、大食等買賣人若需買賣敕禁物，則要“告局分處”，征得同意方能在重重限制下依律買賣。一方面西夏對外貿易有上述種種嚴格的“敕禁”，另一方面西夏對外貿易又相當興盛。國家不僅想方設法擴大與宋、遼、金的榷場貿易，而且派往宋、遼、金的貢使也帶有大批“官物”，並有“官之賣者”同貢使一起負責官物買賣。尤其是重點敕禁物牛馬駝爲對外貿易中的大宗物品，僅榷場就要每年向宋輸出馬 4000 多匹，所謂“朝聘之使，往來如家，牛馬駝羊之産，金銀繒帛之貨，交受其利，不可勝計”①。説明國家在對外貿易中實行壟斷，尤其是牛馬駝的買賣完全由國家控制。因此，西夏以茶馬貿易爲主體的對外貿易的活躍，“不是商品經濟自身發展規律的反映，而是國家權力超經濟支配的結果”②。

二、西夏榷禁制度的作用與影響

西夏榷禁制度作爲國家對社會經濟生活干預、控制的基本手段，是西夏社會經濟發展及其與西夏國家政權矛盾運動的必然結果。它的確立和發展隨西夏社會經濟發展和國家政權的制度化而演化。從元昊時的群牧司、文思院到天盛年間系統化、制度化的榷禁制的建立與完善，從一個側面反映了西夏社會經濟發展的歷程及其與國家政權之間的複雜關係。

元昊建國前，西夏社會經濟發展水平較低。《隋書・黨項傳》載其“織犛牛尾及羖毛以爲屋……牧養犛牛、羊、猪以供食，不知稼穡”。即使占據河套平原和河西走廊之後，社會經濟由“衣皮毛，事畜牧”③的單一結構向半農半牧轉化，其社會分工水平仍很低。手工業尚未完全從畜牧業中分離出來，民間貿易以物物交换爲主。這種低下的社會生産力顯然遠遠不能滿足黨項貴族日益增長的消費需求。德明“吾族三十年衣錦綺，此宋恩也，不可負”④是有其深刻的歷史背景的。夏宋之間政治上的分權鬥争和經濟文化的交融依賴（尤其是夏對宋的依賴），奠定了西夏社會發展的基調。它决定了西夏國家制度必然不能“化民成俗，道在用夏變夷”，而要根據國情民俗，“順其性而教之功利，因其俗而嚴其刑賞”，才能“制中國、馭戎夷”。這種指導思想落實到具體經濟制度方面，則是兼採唐宋而又突破其藩籬的榷禁制的確立和發展。落後的社會經濟狀況使西夏不能像宋、遼、金一樣靠其雄厚的社會經濟實力而獲得較爲穩定可觀的財政收入。如何解决國家爲維持其正常運轉而日益擴大的物質需求與落後的社會生産力之間的尖鋭矛盾，成爲西夏亟待解决的問題。雖然武裝掠奪也能解决燃眉之急，終究非長久之策。統治者必須在現有社會經濟條件下，首先保證社會財富的分配向國家傾斜，以滿足國家機器運轉及與宋、遼、金抗衡的巨大物質需求。這樣，榷禁制有其不可替代的優勢：在它既能保證産品分配

① 《范文正公文集》，轉引自《西夏書事》。
② 李清凌：《西北經濟史》第 277 頁，人民出版社，1997 年。
③④ 《宋史・夏國傳》（上）。

向國家傾斜，又可以依靠國家整體力量促進社會經濟從原始自然演進狀態中擺脱出來，快速發展。從西夏立國至天盛年間的繁榮爲此做了生動的脚注。因此榷禁制成爲西夏基本經濟制度並不是偶然的，而是有深刻的歷史必然性。

榷禁制的確立，爲西夏社會經濟抹上了濃厚的戰時經濟色彩。它隨着社會經濟的發展和國家對社會經濟領域的滲透與控制不斷强化而在深度、廣度上進一步發展。它的確立和發展對西夏經濟發展和國家政權建設産生了深遠的影響。

首先，它大大促進了社會經濟尤其是畜牧業、金屬冶煉製造業和對外貿易的發展，使西夏在天盛年間出現繁榮景象。由于國家對牛、馬、駝及其副産品的大量需要，直接導致國家對畜牧業生産的重視和强化管理。國家對官私畜牧業的嚴格控制大大促進了畜牧業的發展。規模龐大的官營畜牧業的出現標志着西夏畜牧業生産達到前所未有的高峰。史載宋、遼、金、蒙古伐夏所獲牛、馬、駝、羊，動輒以千、萬計，可見其興盛程度。畜牧業的發展使畜産品加工隨之興盛。馬可・波羅稱興慶府出産的駝毛氈爲"世界最麗之氈"，白氈爲"世界最良之氈"，並"所製甚多，商人以之運售契丹及世界各地"。手工業的發展因"主要是官府掌握"，更是與榷禁制分不開。元昊建國初，手工業還没有從畜牧業中獨立出來，代表西夏手工業最高生産水平的文思院，僅僅"掌造金銀犀玉，金綵繪素，以供輿輦册寶之用"，且工匠缺乏。國家亦無管理手工業的專門機構。但到天盛時，手工業作爲獨立的生産部門從無到有、從小到大發展起來。西夏漢文本《雜字・諸匠部第七》所載 36 種工匠名稱大致反映了西夏手工業的分工和種類。統治者對各族工匠不遺餘力地招攬和對工匠身份、地位、勞役等的特殊規定，大大激發了生産者的積極性，促進了生産技術的提高。如金屬冶煉採用當時較先進的豎式風箱和冷鍛法，其産品"夏人劍"、"神臂弓"都爲宋人稱道。生産技術的進步促進了官營手工業規模的擴大，開始擺脱專爲皇室服務的性質，成爲社會生産部門。其産品也囊括了軍器、生産工具和生活用品，被廣泛應用。手工業的這種飛速發展顯然與榷禁制分不開，尤其是水平較高的冶金、製鹽等均爲嚴格禁榷的行業，這一事實更充分説明榷禁制對手工業發展的促進作用。畜牧業、手工業的發展不僅滿足了西夏國内所需，而且大大促進了對外貿易的發展。宋夏茶馬貿易强化了彼此間的經濟文化交流與聯繫，進一步推動着西夏社會的發展。

其次，榷禁制爲西夏政權提供了大量穩定的財政收入，爲西夏以偏僻弱小之地，却先後與宋、遼、金並對數百年提供了堅實的物質基礎。西夏建國前經濟實力極其薄弱，"繼遷在建立反宋的割據政權而依附契丹時，最初連履行貢納的能力都幾乎没有"[①]。建國初，對宋的經濟依賴仍很强。宋一旦斷絶歲賜和榷場貿易，便會使西夏物價飛漲，社會動蕩。經濟上的依賴嚴重影響着政治的獨立。而榷禁制

① 吴天墀：《西夏史稿》，四川人民出版社，1980 年。

的實施使西夏政權控制了國内經濟命脉，爲其在政治、經濟、軍事上握有主動權打下基礎。官營畜牧業、手工業的發展不僅滿足國内需要，也成爲對外貿易的“拳頭”産品，爲西夏擺脱對宋、遼、金的經濟依賴起了重要作用。西夏後期之所以能在宋夏隔絶、夏金又長期戰争、貿易往來較少的情况下，仍能保持社會基本穩定，與榷禁不無關係。

另外，從國家政治發展角度看，榷禁制的確立和完善也在西夏國家政治發展中占有重要地位。制度化是衡量國家政治發展程度的重要標志。西夏榷禁制是西夏的基本經濟制度，它的發展完善代表西夏經濟制度的發展水平，直接反映着西夏在經濟領域的制度化建設。

但是，作爲短缺經濟下的一種應急措施，榷禁制僅僅是一種經濟控制手段和形式，它與社會經濟的發展之間具有兩重性關係。一方面，它在短時期内可以促進經濟的發展和大大充實國家財政收入，有利於國家政權的穩固和社會安定。另一方面，它畢竟不是生産本身的發展，不能帶來社會物質財富總體上的增長，僅是把財富的分配傾向於政府，不利於生産和擴大再生産，尤其是它對私營經濟的嚴格限制制約着經濟發展的速度、規模和潛力。因此，從長遠看，它又是造成新的政權不穩、社會動蕩的基本因素之一。西夏經濟始終没有突破戰時經濟的藩籬，産生更大飛躍，可以説與榷禁制有極大關係。

綜上所述，西夏通過榷禁制對影響國計民生的重要物資從生産到流通進行了全方位的控制，使官營壟斷經濟在國民經濟中占支配地位，從而保證了國家機器運轉的需要，爲其與宋、遼、金的政治、軍事對抗提供了物質基礎。西夏榷禁制細緻嚴密、錙銖必較，真實反映了西夏生産落後、物資匱乏的現實。同宋比，禁榷範圍更爲廣泛，“鹽酒及其他大部分手工業和産品貿易都被官方壟斷”，實施方式以直接專營爲主，缺乏彈性，帶有明顯的不成熟性。

原刊於《寧夏社會科學》2000 年第 1 期

西夏的軍事立法與軍事制度

李　温

軍隊是國家機器的重要組成部分，軍事制度是國家政治制度的一個重要内容，軍事鬥争是政治鬥争的延續。古今中外，一個國家要生存和發展，必須有足以保衛國家安全的軍事力量，概莫能外。處在宋、遼、金、吐蕃、回紇夾縫中生存的西夏小王朝，其生産力低下，人口不足 200 萬，要生存、發展，必須要有比較强的軍事力量捍衛領土和政權。正是由于這些原因，黨項族從建國伊始就非常重視軍事建設。要統率一支强大的軍隊，必須要有完備的法律和制度。軍法是古代法律的一個重要組成部分，古代法律的産生和發展過程中，最早就是以軍法的形式表現出來的，是謂"刑起於兵"。早期的法律規範中，軍法占了主要地位。西夏承襲唐宋法律，軍事法律在國家法典中也占很大比重，如西夏仁宗天盛年間（1149—1169）修訂的《天盛改舊新定律令》（以下簡稱《天盛律令》）是我國中世紀少數民族政權中唯一留下的以本民族文字刊印的完整的一部綜合性法典。該法典共 20 卷，其中就有 3 卷是軍事法。共 150 門，1463 條，軍事法律就有 16 門，199 條，分别占 10.7％和13.6％。此外，還有單行的軍事法典，如夏崇宗貞觀年間（1101—1113）的《貞觀玉鏡將》。二者各有側重，《天盛律令》主要規定軍隊建設，如兵役制度、軍事體制、武器裝備、後勤保障等内容。《貞觀玉鏡將》則是一部兵書，主要規定軍事指揮員的遴選、任命，職銜授予，戰鬥中殺敵，奪城，俘敵軍民，繳獲戰利品等立功者，予以獎勵；將領、軍卒臨陣脱逃、指揮失誤，戰鬥失利，丢失城堡、輜重予以懲處等内容。

本文即根據這兩部軍事法典，對西夏的軍事立法和軍事制度予以闡述。不妥之處，敬請方家指正。

一

宋史記載，元昊青年時期就熟悉中原王朝的法律制度，"通蕃漢文字，案上置法律"。襲王號後，"明號令，以兵法勒諸部"[①]。其建國的各項措施也多與法律有關，可見他對法律的重視。

---

① 《宋史・夏國傳上》卷四八五。

1032年,其父李德明卒,元昊嗣位,承襲定難軍節度使、西平王之位後,他早有立國稱霸的企圖,以此爲契機,爲建立割據政權,進行了一系列改革,特别是對官制和軍事制度進行了全面的改革和完善。

首先,去掉唐、宋所賜的李、趙姓氏,自號嵬名氏,稱“吾祖”(漢語可汗之意,也就是天子)。次年,宋明道二年(1033)以避父諱爲由,改宋仁宗明道年號爲顯道,開始使用西夏自己的年號。同年三月,下秃髮令,推行黨項式的傳統髮式,禁止用漢人風俗結髮,首先自己秃髮,“然後下令國中,使屬蕃遵此,三日不從,許衆共殺之”①。5月,陞興州(今寧夏回族自治區銀川市)爲府,並改名爲興慶。在興慶府大興土木,營造宫殿。仿照北宋的官制,設立中書省、樞密院、三司、御史臺、開封府、翊衛司、官計司、受納司、農田司、群牧司、磨勘司、飛龍院、文思院等中央行政、軍事官僚機構。爲了確定封建等級關係,李元昊還以法律規定官民的服裝式樣和顔色。規定文官“幞頭,靴,笏,紫衣,緋衣”;武職“冠金帖起雲鏤冠、銀帖間金鏤冠、黑漆冠,衣紫旋襴,金涂銀束帶”,便服則“紫皂地綉盤毬子花旋襴,束帶”。平民只能穿青、緑色衣服②。

創製文字:1037年元昊令謨寧令、野利仁榮仿照漢字的形體結構“六書”搜集整理西夏文字,使之規範化,成十二卷,在全境推廣,用以記事及翻譯經典。後將西夏文定爲國字,凡國中藝文誥牒都换用蕃文。11月又設立蕃字院、漢字院,分别掌管與北宋及吐蕃、回紇、張掖、交河等地的來往文書,設立蕃、漢兩字院,使西夏文的應用得到推廣,進一步擴大了西夏文的使用範圍。

更定禮樂:黨項民族自内遷歸附唐以來,一直沿用唐朝的禮樂制度。李德明臣屬宋後,其禮儀典章完全遵循北宋的封建制度。元昊繼位後,認爲唐、宋的禮樂制度過於繁瑣。爲了立國稱帝的需要,“今國中悉用胡禮”,將唐、宋的九拜改爲三拜,革五音爲一音。

製定法律,改革兵制:稱帝建國必須有一支裝備精良、訓練有素的軍隊做保障。雖然,李德明時黨項已有常備軍十萬餘人,設有“蕃法”。元昊深知當時黨項的部落兵相對於數量和裝備上占優勢的宋軍,顯得組織鬆散,調動不靈,戰鬥力不强。因此,元昊認爲必須建立一支組織嚴密、紀律嚴明、賞罰分明、調動自如的軍隊,他廢除了過去的節度使統軍體制,改用宋王朝的統軍體制,由樞密院掌兵權,並設立翊衛使掌管皇帝衛隊③。他“明號令,以兵法勒諸部”。雖然我們對元昊當年具體的“號令”“兵法”的内容不詳,但從發現的夏崇宗貞觀年間頒布的《貞觀玉鏡將》和夏仁宗天盛年間修訂的《天盛律令》,可以推斷西夏建國初期一定有一套王朝的法典和比較完整的軍事法律。

元昊用了6年時間,爲其建國稱帝做了一系列準備,到宋仁宗景祐四年(夏大

① 《續資治通鑒長編》卷一一五。

②③ 《宋史·夏國傳上》卷四八五。

慶二年)(1037)元昊認爲條件成熟,於當年十月在興慶府南郊築臺受册,即皇帝位,國號大夏國,又稱大白上國或白上大夏國。並改元天授禮法延祚元年。朝中設立中書令、樞密使、侍中和尚書令等職官主管"考百官庶府之事"。改宋制二十四司爲十六司,隸屬尚書省,分理六曹事務①。

西夏中後期的統軍體制又有變化,據《天盛律令》記載:西夏的統軍機構又有經略司、正統司、統軍司、殿前司與樞密院、翊衛司共掌兵權的局面。這與吸取仁宗時外戚任得敬專權分國的教訓有關,其目的是防止樞密院權力過分集中,威脅皇權。

二

根據西夏的軍事法典《貞觀玉鏡將》、西夏國家法典《天盛律令》的四、五、六卷及其他卷中的有關條款和夏仁宗乾祐二十一年(1190)西夏學者骨勒茂才編纂的《番漢合時掌中珠》,我們得知西夏的兵役制度、軍事體制和治軍方略是:

(一) 實行普遍的兵役制度,即全民兵役制

中國的兵役制度起源甚早,早在夏、商、周時代,已有兵役制度,當時規定,每個部落成員在戰争期間都有當兵作戰的義務。軍隊的核心是由"王家"和"貴族子弟"組成的,基幹力量是由平民組成的甲士。到戰國時代,封建經濟逐漸占據主導地位,開始建立郡縣制,兵役制度也發生了變化,各國開始建立常備兵,他們是軍隊的基幹,都是經過考選來的。如魏國選武卒,要求參加考選的人要穿"三層之甲",拿一張用幾百力才能拉開的硬弓和裝有 50 支箭的箭囊,扛着戈,頭戴鐵盔,腰佩劍,携帶三天糧食,在半天之内走完百里路,凡是中選的人,免除全家賦税和徭役。

秦統一中國後,實行中央集權,統一了全國規模的征兵制,以郡縣爲單位實行征兵,郡守有征發一郡壯丁作戰的權力。當時,農民是社會的主要生産者,也是兵員的主要來源。

漢承秦制,規定不論貴賤,男子 20 歲就要在官府登記,根據三年耕一年儲的原則,從 23 歲起,正式服役,直到 56 歲。在服役期間,每年農閑時要訓練,每人一生都要服兩次兵役,每次一年,一次在地方上,稱"正卒",一次在邊疆,稱"戍卒",或在京城稱"衛士"。

東漢後期,由于軍閥割據混戰,大批農民爲軍閥豪强霸占,成爲依附他們的部曲,很多壯丁成了地主的家兵,征兵制度遭到嚴重破壞。

三國時,出現了"世兵制",就是父子世代爲兵,這種兵家户籍不屬郡縣,而由軍府管理,稱爲"士家"、"軍户",他們社會地位低下,只有得到放免,才能獲得平民

---

① 《西夏簡史》,寧夏人民出版社,1979 年 11 月版,第 34 - 37 頁。

身份。

南北朝後期,北朝西魏大統九年(543)宇文泰廣泛招募各地漢族豪强地主從軍,通過他們的從屬關係帶來大量家兵、部曲等私人武裝。這種使地方割據的私人武裝中央化,不但增强了朝廷的軍力,同時使鮮卑部落與漢族封建兵制逐漸結合,創建了"府兵制",全國兵力分爲 24 軍,由六個柱國大將軍統領,每個柱國下設兩個大將軍,一個大將軍下又有兩個開府將軍,開府將軍分統 24 軍,府兵與民籍分開,不屬郡縣管轄,他們只管打仗,不負擔任何賦税。

府兵制到了隋朝有了很大的變化,軍府名稱改爲驃騎府,長官稱爲驃騎將軍,軍士開始編入户籍,從事生産。到隋煬帝時,軍士直接從民間征調,男丁年滿 21 歲即可參加府兵。大業三年(607)改驃騎將軍府爲鷹揚府,長官爲鷹揚郎將,軍人稱"衛士",衛府制度趨於完善,中央集權在軍制上得到加强。全國府兵由 12 衛分領。

唐初,全國有 634 個府,均由 12 衛和東宫六率分領。改隋朝鷹揚府爲折衝府,每府府兵歸折衝都尉管轄,民有充府兵的義務,服役年齡擴大爲 20 歲—60 歲,府兵平日務農,農閑訓練,征發時自備兵器、資糧,實際上是一種兵農合一的兵役制度。服役的軍士定期戍衛京師或戍邊,戰時出征,戰事完畢,即"兵散於府,將歸於朝"。

唐代中期,府兵因負擔過重大量逃亡,折衝府名存實亡,府兵制遭到嚴重破壞。爲了補充兵員,採取招募的辦法。唐玄宗開元十一年(723)招募逃亡的府兵和白丁充當府宿衛,稱"長從宿衛",以代替府兵定期輪流宿衛的舊制度。開元二十五年(737)下令各軍鎮招募長駐邊疆的軍防健兒,其家口願同去的,各給田地屋宅。後來組成邊兵,由方鎮操縱,經歷了 200 多年的府兵制基本結束。

宋承唐制,募兵制成爲宋朝的主要兵制,宋朝有四種不同的軍種,即禁軍(是皇帝的親兵,駐守京師,兼備征伐,是宋朝的正規軍)、廂兵(各州募集的地方軍,不進行軍事訓練,不能作戰,只給地方政府服雜役)、蕃兵(招募的西北邊疆少數民族,充當邊境屯戍守軍)、鄉兵(當地征召的,經過訓練作爲地方的防守部隊)。

黨項民族内遷前過着居無定所的遊牧生活,《隋書・黨項傳》記載:"每姓别爲部落,大者五千餘騎,小者千餘騎。俗尚武力,無法令,各爲生業,有武陣則相屯聚;無徭賦,不相往來。"[①]這説明黨項人正處於由氏族社會向階級社會過渡的階段,部落成員平時"各爲生業,有武陣則相屯聚","無法令","無徭賦",當時還没有正式的常備軍。後隨着掠奪戰争的不斷,氏族部落酋長的權力日益擴大,部落酋長也就逐漸成爲軍事首長,氏族部落組織也就成爲軍事組織。

公元七、八世紀時,黨項人被迫從西藏地區北遷,到達今陝西北部、甘肅東部及寧夏、内蒙古河套地區,受當地中原文化的影響,經濟社會發展迅速,社會逐漸向封

---

① 《隋書・黨項傳》。

建化轉型。又受隋、唐、五代和宋的分封，黨項部族酋長爲節度使、刺史等職，給予一定自治權，並允許世襲，氏族部落酋長的權力日益擴大。打仗時，以部落爲單位組成部落兵，部落酋長也就逐漸成爲軍事首長，氏族部落組織也是軍事組織，二者基本上是一致的。這時，部隊人數增加，組織完備，也就有了較爲穩固的常備兵，主要是牙(衙)兵(是受封的節度使治所的衛戍兵和親兵)、部族兵(原來的部族兵仍然平時生産，戰時出征，還經常"點閲兵馬"訓練，是向常備兵轉化的軍隊)和漢兵(是西夏境内黨項人選拔的漢族人組成的軍隊，與蕃兵分開編隊，並有一定的番號，如"歸順軍"，"歸明軍"等)。

黨項部族規定了丁男的標準和按丁男人數組織正兵和負贍軍的兵役制度，即全民兵役制度。我國丁制，始於漢，但歷代丁年是不同的，成丁是指達到爲國家服兵役和繳納賦税的法定年齡。歷代王朝是根據國家人口多寡和徭役的需求而規定成丁的年齡界限。隋律規定 18 歲爲丁，唐時基本沿用隋制，高祖武德七年(624)丁年改爲 21 歲，玄宗天寶三年(744)將丁年提爲 22 歲，代宗廣德元年(763)又提高丁年爲 23 歲。

宋朝建立後，改唐朝户籍管理部曲"隨主之屬貫，又别無户籍"的狀況，使丁不分主客，均爲賦役的對象，成丁的年齡改爲 20 歲[①]。元昊爲了擴充兵源，規定男子十五皆成丁。據《宋史・夏國傳下》記載："其民一家號一帳，男年登十五爲丁，率二丁取正軍一人，每負贍一人爲一抄。負贍者，隨軍雜役也。四丁爲兩抄，餘號空丁。"[②]《天盛律令》卷六"抄分合除籍門"規定：男子年十歲即行注册，十五歲以上爲及丁，七十歲入老年。丁壯如不注册，詐稱亡故或隱瞞年齡謊稱老弱者要治罪。還規定每年對有軍籍的官吏要進行磨勘。

西夏最基層的軍事組織是由正軍和負贍組成的"抄"。法律規定："年六十以下，十五以上，皆準備甲胄弓矢以行"。

征兵是以黨項的族帳(户)爲單位，凡部族男子十五至六十歲的丁男，每族帳(户)有二丁取體壯健者一人爲正軍，是作戰兵員；另一人爲負贍，擔任隨軍雜役，爲正軍提供後勤服務，組成一"抄"，凡家有四丁組成二"抄"。其餘的壯丁都叫空丁，可不服役，但空丁願在軍中服役的可以頂替别的丁男擔任負贍，也可頂替正軍中之老弱者擔任正軍。特殊兵種爲正軍服務的負贍有多人，如中央擒生軍每名正軍配負贍三名。他們平時生産，戰時出征。接到點集命令，就地組成軍隊，出發作戰，體現了黨項部落組織下全民皆兵的軍事制度特點。《天盛律令》卷六"發兵集校門"規定了西夏軍隊的點集制度。對軍隊點集時，不論將領還是中下級軍官、軍卒遲到或缺員，出征時離隊或滯留及携帶戰具不全者，都要依違律情節予以嚴厲懲處，直至無期徒刑。

---

① 《宋太祖詔全集》。

② 《宋史・夏國傳下》卷四八六。

(二)改革軍事體制

歷史上黨項人"以帳族盛大者爲長官,亦止有蕃落使、防禦使、都押牙、指揮使之職"。軍隊的領導體制仍沿襲唐、宋王朝任命的定難軍節度使府,州刺史府。主官爲節度使或州刺史掌兵權,其助手有行軍司馬,或牙内都指揮使、蕃部指揮使等①。元昊把以前的節度使統軍體制改爲宋帝國式的統軍體制,由樞密院總掌兵權。節度使的衛兵、衛隊改爲皇帝的護衛,如"六班直",元昊駐地興慶府的衛戍兵,由翊衛司統領。這就爲節度使轉變爲一國之君做了正名和輿論上的準備,也擴充了兵員和軍事機構。從《天盛律令》卷十的"司序行文門"中,我們了解到西夏王朝行政機構中,中書省和樞密院分掌朝中文、武二柄,樞密院作爲國家最高的軍事統御機構,它與其下屬機構翊衛司共同統領兵權。西夏中後期統軍機構中,樞密院之下新設置了經略司、正統司和統軍司。同卷的"司序行文門"第三條規定:"經略司者,比中書、樞密低一品,然大於諸司。"《番漢合時掌中珠》所載西夏中央軍事機構的順次是"樞密、經略司、正統司、統軍司、殿前司",這反映了西夏中晚期軍事統御機構的不斷變化與完善。《天盛律令》卷六的"行監、溜、首領、舍監等派遣門"規定了對中下級軍官的選拔、報批和派遣,可以看出中下級指揮官有行監、溜、末驅、小首領、舍監等。

(三)在全國建立軍事與行政性質的地方監軍司制度

西夏地域遼闊,隨着四處征掠,占領各個地區,各部族也隨着分散各地,與其他民族雜居,這樣要維持其統治和經常抽調大批兵員對外作戰,僅靠黨項人自己的力量和原來的指揮系統,就不能勝任了。於是,元昊仿宋朝的"厢"、"軍"建制,將全國劃分爲左、右兩厢,以黄河爲界,河東爲左厢,河西爲右厢,在全國建立了十二個監軍司,也就是將西夏全境分爲十二個軍區,十二監軍司主官分委豪右擔任,主要部隊以部族爲單位編制。因此,監軍司具有部族和地域性的特點,它既是軍事組織,又是政治組織。這是黨項人由部族組織向國家政權組織轉變的又一步。有學者認爲,在這一基礎上發展起來的西夏軍隊是一支組織健全、紀律嚴明,不易被擊潰的隊伍。每個監軍司有軍名和駐地。這十二個監軍司的軍名和駐地是:

左厢神勇軍司,駐夏州彌陀洞;
祥祐軍司,駐石州;
嘉寧軍司,駐宥州;
静塞軍司,駐韋州;
西壽保泰軍司,駐柔狼山北;
卓羅和南軍司,駐蘭州黄河北岸喀羅川側;
右厢朝順軍司,駐興慶府西賀蘭山克夷門;

---

① 《宋史·夏國傳下》卷四八六。

甘州甘肅軍司,駐甘州;

瓜州西平軍司,駐瓜州;

黑水鎮燕軍司,駐黑水城;

白馬强鎮軍司,駐鹽州;

黑山威福軍司,駐河套西北黑山地區。

隨着頻繁的戰事和對外擴張等形勢發展,又有增置,更名,遷移駐地。史載後增爲17個監軍司,即撤掉1個,宥州嘉寧軍司;增置南院、南地中、北地中、沙州、羅龐嶺、年斜6個監軍司,共17個監軍司。在各監軍司"設都統軍、副統軍、監軍使一員,以貴戚豪右領其職,餘指揮使、教練使、左右侍禁官數十,不分蕃漢悉任之"①。

(四)建立不同的軍兵種

西夏軍隊從性質、職責上可分爲三大部分:

1. 皇帝侍衛軍

西夏建國後,元昊選部族兵之精鋭者組成皇家衛隊,由其親自掌握,據《宋史·夏國傳上》記載:元昊"選豪族善弓馬五千人迭直,號六班直,月給米二石。鐵騎三千,分十部"。據宋人田况《儒林公議》記載元昊親信衛隊的情況,元昊"常選部下驍勇自衛,分爲十隊,隊各有長……每出入前後環擁,設備甚嚴"②。就是説在皇帝侍衛軍中,有五千人稱爲"御圍内六班直",擔負宫廷宿衛,日夜分三班值守。皇帝侍衛軍中有三千鐵騎,擔任皇帝外出巡行護衛之責。

2. 中央軍

據《宋史·夏國傳下》記載:"别有擒生十萬。興、靈之兵,精練者又二萬五千。别副以兵七萬爲資贍。""興、靈之兵"當是鎮守首都興慶府和重鎮西平府(即靈州)的衛戍部隊。擒生軍與興、靈鎮守軍是西夏軍中遴選出來的精鋭兵員。這部分軍隊由皇帝和樞密院直接掌握,以備戰爭中由中央隨時調動,他們裝備精良,不同於地方駐軍。

3. 地方駐軍

監軍司是西夏地方軍的駐紮地,具有軍事和地方行政雙重性質的軍區建置。《宋史·夏國傳上》記載:西夏建國初"置十二監軍司,委豪右分統其衆",諸軍兵"總五十餘萬"。地方軍是西夏軍隊的主要部分,根據《天盛律令》所載,中期隨着形勢的變化,監軍司又有所增加和名稱駐地也有更改。

據漢文史書的有關記載,西夏軍隊按其裝備、技能和作戰方式,其兵種有騎兵、步兵、砲兵、水兵、强弩兵、負贍兵。

1. 騎兵

騎兵是西夏的精鋭部隊,《宋史·夏國傳下》記載:西夏的騎兵爲"鐵騎"或稱

---

① 《西夏書事》卷十二。

② 《宋史·夏國傳下》卷四八六。

"鉄鷂子",由黨項豪族子弟親信組成,戰鬥力很强,在戰鬥中"用兵多立虚寨,設伏兵包敵,以鐵騎爲前軍,乘善馬,重甲,刺斫不入,用鈎索絞連,雖死馬上不墜。遇戰則先出鐵騎突陣,陣亂則衝擊之,步兵挾騎以進"①。

2. 步兵

步兵是西夏軍隊的主要組成部分,人數最多,約五十萬,配合騎兵作戰,擒生軍輔助正軍的負瞻兵,以及戰爭中被俘的"漢人勇者"稱作"撞令郎"的都屬於步兵。最精鋭的步兵.多由"山間部落"的黨項羌人組成,特别能喫苦耐戰。西夏還有一種稱爲"步跋子"的步兵,出入山坡溪洞,最能逾高超遠,捷足善走,在同宋朝的作戰中,若於"山谷深險之處遇敵,則多用'步跋子'以爲擊刺掩襲之用"②。

3. 砲兵

《宋史・夏國傳下》記載,西夏軍隊中"有砲手二百人,號'潑喜',陡立旋風砲於橐駝鞍,縱石如拳"。這種砲兵宋、遼軍中都有,宋軍有各種拋石機,將石頭、火球放在甩兜中,用機械力拋出去,可以重創敵方的建築設施。西夏從宋朝學會製造火砲"火蒺藜"的技術,與拋石戰車結合使用,在當時的條件下,可説是重型武器,攻擊威力相當可觀。

4. 水兵

《宋會要輯稿・方域八》等史籍記載,西夏於其境内的黄河沿岸某些地區組建水軍,由善水性士兵組成,配以舟船與輕便的渡河工具"渾脱"。《天盛律令》卷十八,"渡船與舟門"有"銷燬渡河軍舟船,使參戰無反顧"。反映了西夏水軍的活動情況,人數不會太多,但相當活躍,經常過河騷擾宋朝邊境,製造緊張氣氛,牽制宋軍部分兵力。

5. 强弩兵

强弩兵是一支射箭部隊,黨項人善於射箭,西夏又産良弓。《夢溪筆談》卷十九記載:夏惠宗時,"李定(黨項酋長)獻偏架弓,似弓而施於鐙。以鐙距地而張之,射三百步,能洞重紮,謂之'神臂弓',最爲利器"。到夏崇宗乾順時,乾順庶弟察哥建議:"'自古行師,步騎並利。國家用鉄鷂子以馳騁平原,用步跋子以逐山谷,然一遇陌刀法,鐵騎難施;若值神臂弓,步溪自潰,蓋可以守常不可以禦變也。夫兵在審機,法貴善變,羌部弓弱矢短,技射不精,今宜選蕃漢壯勇,教以强弩,兼以標牌,平居則代弓而鋤;臨戎則分蕃而進,以我國之短,易中國之長。如此,無敵於天下矣。'乾順是其策,封晋國王,使掌兵政。"③西夏强弩兵具有很强的戰鬥力,在戰爭中發揮了極大的作用。

---

① 《宋史・夏國傳下》卷四八六。

② 《宋史・兵志四》卷一九〇。

③ 《西夏紀》卷二十二。

6. 負贍兵

《宋史·夏國傳下》記載:"負贍者,隨軍雜役也。"戰争中後勤供應非常重要,中原王朝抽民夫負擔,民夫與官兵個人不發生直接關係。而在遼朝,則是"每正軍一名,馬三匹,打草穀、守營鋪家丁各一人",軍隊所需之物皆自備,"人馬不給糧草,日遣打草穀,騎四出抄掠以供之"①。即每一正軍配給兩個家丁,爲這名正軍和馬匹抄掠糧草守護營鋪,料理日常生活,與正軍同在軍隊,緊密結合,不可分離。西夏的負贍兵,與契丹人的家丁類似。從西夏的兵役制度看,每户兩丁取一正軍、一負贍,爲一抄,四丁爲兩抄。西夏軍隊中,正軍與負贍的配備是一比一。但在一些特殊軍隊中,如興、靈鎮守軍中正軍與負贍的配備是一比三,負贍兵比正軍多。

五、建立軍事後勤制度

後勤即後方勤務,後勤制度就是通過籌劃和運用人力、物力、財力等爲軍隊建設和作戰提供財物、技術、衛生、交通運輸等勤務保障的制度。黨項人内遷前,過着"不知稼穡"、"無法令"、"無徭賦"的原始遊牧生活,生産力極其低下,社會組織是氏族公社制,部落成員平時"各爲生業,有武陣則相屯聚",與低下的生産力相適應。當時,没有常備軍,没有軍事後勤供給,更没有後勤制度。内遷後,社會生産力得到迅速發展,農牧業經濟逐步發展爲半農半牧經濟,氏族公社制度趨於瓦解。社會過渡到部落聯盟,後隨着經濟社會的發展,農奴制又逐步封建化,黨項人受封於唐、宋,逐步建立起節度使的常備軍,特别是元昊承襲西平王後,隨着經濟的發展,人口的繁息,版圖大拓,元昊在其境内,進行了一系列改革,力度最大的是改革官制與軍事制度,在建立軍制的同時也逐步完善了軍隊的後勤保障制度。

在中央設立:

受納司:專掌倉儲保管及供給;

農田司:專掌糧秣委積、平糶及農田水利;

群牧司:專掌馬匹飼養、繁殖和交换;

飛龍院:專掌國王及其本部之馬;

馬院司:專掌養馬業之機構;

租税務:專掌租税收入。

鐵工院、木工院、出車院:製造兵器、輜重、車輛的機構。

在地方設立三邊工院:負責糧草及其他物資的轉運。

到西夏中後期,軍事後勤制度臻於完善。對戰具的配備和兵器注册檢查《天盛律令》都有詳盡的規定,如卷五"軍持兵器供給門"規定:軍隊配備的各種戰具有官馬、甲、披、弓、箭、槍、劍、長矛、杖、撥子手扣等。主要配給正軍、正輔主和負贍。如

---

① 《遼史·兵衛制上》。

正軍配有官馬、甲、披、弓一張，箭三十支，槍一支，劍一把，長矛杖一支，全套撥子手扣。正輔主配有弓一張，箭二十支，長矛杖一支，全套撥子手扣。負贍配有弓一張，箭二十支，劍一把，長矛杖一枝，全套撥子手扣。對這些戰具的大小尺寸，《天盛律令》都法定了具體尺寸。但是，對於西夏社會上層的臣僚、農牧主和下層農牧民、手工業者及具有農奴或奴隸身份的使軍等不同階層的人編入正軍、正輔主和負贍的，配備的戰具是不同的。對官屬披、甲、馬的管理規定，官屬馬、披、甲不得私自出賣；若違律，所得錢數以偷盗論罪；不得以劣易良；不得宰殺所借的官馬；馬、披、甲不得典當，違律以偷盗論罪；披、甲、馬、牛、駝不得賣於敵方，若違律，庶人分别處以長期徒刑、無期徒刑，直至斬。

"修城應用門"規定，對軍器糧食要妥善保管，若損毁或私自借貸、出賣，要依法論罪。

對軍需儲備情况，應定期報告監軍司或經略司，違律處罰。

西夏崇宗貞觀年間製定的《貞觀玉鏡將》雖然是個殘缺本，只有政令、賞功、罰罪和進勝四篇。它主要規定將士們在戰争期間應做什麽、不應做什麽，以及軍隊集結和行進及戰鬥中對將士們賞功、罰罪等有關事項。

第一篇殘缺，只有目録，主要規定軍政制度。從其他篇目中我們知道其内容爲選任將領和印信、符、契的管理。開篇稱"共命將職，有詔旨，行文字；統印信，主律令者"。説明西夏軍隊的將領是經過集體討論，共同任命的，重要的軍職還要經西夏國主同意。任命是非常隆重、嚴肅的事，集體研究後，任命時還要頒發詔旨、授予印信、符牌和任命文書，正式履行一定的儀式。

第二篇爲賞功篇，是有關軍功賞賜的規定。主要有兩大類：

一是在戰鬥中殺死敵軍一人以上的，都可以得賞，殺的敵軍越多，賞賜也越多。但是，若殺敵後，又戰敗，則不能得獎賞。

二是在與敵軍戰鬥中或進軍中，俘獲敵人的人、馬、甲、胄、旗、鼓、金七種總數達一百件以上者，則可得獎賞，俘獲數量越多，獎賞越多，包括俘獲敵人的婦女、兒童。在攻城戰鬥中，先登上敵人城頭、破城者，獎賞。若軍隊打了敗仗時，能殿後抗敵，使全軍安全撤退的，有賞。

獎賞的種類，主要有提陞官職、授予榮譽稱號及物資獎勵，包括獎勵金、銀碗，金、銀腰帶，衣服，茶、絹等生活用品及銀錠。

第三篇爲罰罪篇，是對軍隊中犯罪處罰的規定。主要有正副將軍在戰争中丢失人、馬、甲、胄、旗、鼓、金者，遇戰不敢戰而逃者及戰敗者，在戰争中主將陣亡，其屬下的護衛、首領、押隊、親隨都要處以嚴刑，虚報俘獲量、殺敵量和買賣首級者、戰鬥中察軍擅自離開主將，對戰事不了解的要處罰。察軍、司吏徇私舞弊或檢查不嚴，以致出現虚報者都要處罰。主將在戰争中，無特殊情况，不互相支援要懲處。

懲處的種類，主要有斬首，終身監禁，服苦役，杖刑、刺字，逮捕，奪兵權，減、免官、職、軍、司位，罰馬等。

第四篇爲進勝篇，規定“將軍要挫敵軍鋒，也需向察軍説知而後戰”等内容。可以看出，將軍和察軍的地位似應相若，將軍統兵，指揮作戰；察軍主要起監督作用，互相牽制。在軍中統兵權以將軍爲主，察軍爲副。但是，察軍是最高統治者派來的，將軍們也要敬重他們。從《貞觀玉鏡將》中可以看出西夏軍事首領的軍事職銜名稱有以下多種：將、正將、副將、正副行將、正副佐將、正首領、小首領和帳將、護衛、察軍、游監、教監、應監等。軍卒除正軍和負贍兵外，還有不是軍卒的輔助人員如私人、役人、虞人、刑徒、苦役等，他們是自由人、僕役、罪犯，如立了戰功，就可以逐級補入軍卒，罪犯也可減輕原來的罪刑。

（未公開發表）

參考文獻：

1. （唐）長孫無忌等：《唐律疏議》，中華書局，1983 年。
2. （宋）竇儀：《宋刑統》，法律出版社，1999 年。
3. 史金波、聶鴻音、白濱譯：《西夏天盛律令》，科學出版社，1994 年。
4. 李範文主編：《西夏通史》，人民出版社、寧夏人民出版社，2005 年。
5. 鐘侃、吴鋒雲、李範文著：《西夏簡史》，寧夏人民出版社，1979 年。
6. 戴錫章編撰，羅矛昆校點：《西夏紀》，寧夏人民出版社，1988 年。
7. 陳炳應著：《貞觀玉鏡將研究》，寧夏人民出版社，1995 年。
8. 王天順主編：《西夏天盛律令研究》，甘肅文化出版社，1998 年。
9. 邵方著：《西夏法制研究》，人民出版社，2009 年。

論西夏的起訴制度

姜　歆

中國的訴訟制度起源較早，距今4500年前的堯舜時期就產生了訴訟[①]。在其後歷代王朝的加强下，中國的訴訟制度也逐步形成了完整的體系。本文由于篇幅所限，將重點放在了訴訟制度中的第一個環節即起訴制度，起訴制度是訴訟中的開始階段，也是訴訟的必經程序。

一、西夏的訴訟機關

秦朝統一全國後，設在中央的訴訟機關稱廷尉；漢代承秦制，中央主要訴訟機關仍爲廷尉；魏晋南北朝時期雖屬戰亂頻仍、政權林立的動蕩分裂時期，但各個時期的政權，都作出了加强、健全訴訟機關的努力。如設置在中央的曹魏政權的廷尉、孫吴政權的大理寺，西晋、東晋政權的廷尉。地方大都實行州、郡、縣三級兼管刑獄的制度。

隋唐時期，全國重歸大一統，訴訟制度得以高度發展，並且日臻成熟完善。中央司法機關實行三法司分工制，大理寺、刑部、御史臺爲中央主要訴訟機關。大理寺爲中央專門審判機關。唐朝大理寺主掌審判事宜，一是負責審理中央百官犯罪和京師徒刑以上案件；二是負責審理由刑部移交的地方死刑案件。宋朝在吸取唐五代訴訟經驗基礎上，又結合社會形勢發展的需要，訴訟機關設置呈現一種比較複雜的情况，一般都在中央和地方訴訟機關内設立左右兩司，把審訊與判决定刑分離。中央訴訟機關在沿用唐代三司制度（大理寺、刑部、御史臺）基礎上增設審刑院。與宋同時代的西夏，其訴訟機關的設置在借鑒前朝經驗的基礎上，又結合自身的特點，設立了健全的訴訟機關。

刑事犯罪和民事案件的解决，需要設置訴訟機關。西夏的《天盛律令》中對訴訟機關的規定有："……在京師者，在何職管屬司，及在邊中者，其所屬經略使、監軍司等，何就近處當速告知，若報告稽緩及未告知，謀逆者行爲已得未得，依理使與同謀相等判斷。"[②]"在京師各司問習事中，獲死、無期□□，審刑已審中，與□□不同時，當問有何异同曲枉，令明，則人□□□□□枷，問於其處，問其異枉，爲之轉司□

① 茅彭年：《中國刑事司法制度》，法律出版社，2001年，第17頁。

② 史金波等譯注：《天盛改舊新定律令》，法律出版社，2000年，第114頁。

何應,當奏報於中書,樞密所管事處,賜予論文。""邊中監軍司府、軍、郡、縣問種種習事中,應獲死、無期之人於所屬刺史審刑中,□有罪人謂其不服,則當明其枉□□語爲何□,本人應枷於刺史處問之,報經略職管司等,當待論文。""不繫屬於經略之啰龐嶺監軍司者。自杖罪至六年勞役於其處判斷。獲死罪、長期徒刑、黜官、革職、軍等行文書,應奏報中書、樞密,回文來時方可判斷。官□□□□者當送京師。"①

從以上條文可以看出,京師的訴訟機關爲各職管屬司,中書、樞密爲中央最高訴訟機關;地方訴訟機關設置於府、軍、郡、縣。刺史爲地方最高司法官。

二、對起訴的處理

西夏的訴訟機關對於訴訟案件的處理,主要進行三方面的工作。

(一) 决定是否受理

對於提起訴訟的案件,第一步爲决定是否受理。《天盛律令》中的規定爲:"國境中諸司判斷習事中,有無獲死及勞役、革職、軍、黜官、罰馬等,司體中人當查檢,明其有無失誤。刺史人當察,有疑誤則棄之,無則續一狀單,依季節由邊境刺史、監軍司等報於其處經略。經略人亦再查其有無失誤,核校無失誤則與報狀單接。本處有無判斷及爾後不隸屬於經略之各邊境、京師司等,皆依文武次第分别當報中書、樞密。至來時,所屬案中亦再與律令仔細核校,有失誤則另行查檢,無則增於板薄上,一等等奏聞而告曉之。若諸司人未依季節而報,而中書、樞密局分人未過問等,一律依延誤公文判斷。"②

西夏對於提起訴訟的案件首先是司體中人進行檢查,刺史進行審查,對於不予受理的案件,棄之;對於應予受理的案件,進行歸類與上報程序。其流程爲:

司體中人→刺史人→邊境刺史、監軍司→經略→中書、樞密

(二) 審查訴訟期限

爲了保证訴訟活動的正常進行,及時正確地處理案件,法律上規定了對於一定訴訟行爲所應遵守的時間規定。法律規定的期限,即自某一特定時間起至某一特定時間止的時間段。在此期間進行的起訴,司法機關予以接受,超過期限司法機關不予受理,這也是司法機關對於起訴需要審查的一項内容。西夏的訴訟期限爲:一個月、一百日、六個月、一年和三年,以下加以舉例説明。

一個月期限的如:"前述未識而騎他人畜時,畜未得到以前,追告及他人舉報等,依法實行。畜主人畜已失後,屬者在一個月中告則當問,超過日期及旁人舉報,

① 史金波等譯注:《天盛改舊新定律令》,法律出版社,2000年,第317頁。

② 史金波等譯注:《天盛改舊新定律令》,法律出版社,2000年,第323頁。

不允接狀審問。若違律時,舉報、接狀者一律有官罰馬一,庶人十三杖。"[①]從這裡可以看出民事糾紛案件爲一個月期限,超過一個月無論是誰提起訴訟,皆不審問。

一百日的期限如:"諸人爲婚時已予應允,酒食已飲者,嫁資未轉傳則不算換爲婚。嫁資多少已取,則取多少一律算實在爲婚。其中爲婚非樂意,則不許彼此强令食婚酒食,予大小聘資。若違律時,一百日期間告狀當問。不願爲婚語是實,則非法强制者有官罰馬一,庶人十三杖,所取嫁資如數歸還,婚姻改過。逾期不許取狀尋問。"[②]

六個月期限的如:"諸人出妻子法,婦人有七種惡中與人行淫一種,則父母及丈夫等共議不議一律允許出,不許反告。此外:一,不生子女……六個月期間誰未知者反告訴訟,則不須往樂處。"[③]西夏對於有關婚姻的案件多以六個月和一年爲訴訟期限。再如:"諸人索妻、媳,傳媒者不問父母時,父母六個月期間告,則當改過。……不許逾期告狀及他人舉報。違律告狀,接狀者,有官罰馬一,庶人十三杖。"[④]

一年期限的如"諸人爲婚迎媳,然後曰'我未得嫁妝'者,一年期間可告"。"爲婚嫁妝次第:……一年期間予者,告則罪不治,所予超數當退還。倘若違律,追告不還及愈期告狀尋問者等,一律有官罰馬一,庶人十三杖"[⑤]。

三年期限的如:"枉法屬一種者,及他人等何時告狀一樣皆當審問以外,不枉法受賄者,三年以内物屬者追告,則當依法審問。已還,當給屬者。若以審問得知,則當交官。不允屬者自己未告而他人舉告,以及三年過後物屬者重追究。違律時接狀、告者等,一律有官罰馬一,庶人十三杖。"[⑥]

(三)案件分類

西夏對於在起訴期間應予受理的案件,要進行分類。西夏對於案件的分類比較詳細,分爲了十類案件[⑦]。以下列表記述:

序號	類别	内　　容
1	密案	地邊消息。
2	搜交案	經略等□死　□諸人□。
3	磨勘案	四季判斷　官敕……磨勘

① 史金波等譯注:《天盛改舊新定律令》,法律出版社,2000年,第171頁。
② 史金波等譯注:《天盛改舊新定律令》,法律出版社,2000年,第309-310頁。
③ 史金波等譯注:《天盛改舊新定律令》,法律出版社,2000年,第308頁。
④ 史金波等譯注:《天盛改舊新定律令》,法律出版社,2000年,第309頁。
⑤ 史金波等譯注:《天盛改舊新定律令》,法律出版社,2000年,第311頁。
⑥ 史金波等譯注:《天盛改舊新定律令》,法律出版社,2000年,第149頁。
⑦ 史金波等譯注:《天盛改舊新定律令》,法律出版社,2000年,第318-320頁。

續 表

序號	類别	内 容
4	軍案	軍馬始行,散逃,兵符,將佐大小檢人家院牲畜,軍争及軍馬解悟……回鶻□□投奔者……統軍、軍□、監軍、習判譴……人馬、甲胄,注册注銷,軍雜物□□接轉,賞罰供給,領旗鼓號,罰馬革官,遠軍未來,大小臣僚遣守護,諸人尋軍,營壘……守護者□□堡城,城主、同判、城守譴,地邊遣使人小監,西番、回鶻……諸人尋軍立功,待命未來催促,軍雜物庫監、出納遣轉、防守,内外侍、帳門後宿□内宿、神策,帳門後宿……雜物……
5	官案	諸寺廟塔、閣門、臣僚、下臣、僧人、道士、案頭、司吏、刻字、待牌、住續、印、大典、僧人坐、祭地神、案頭司吏□别、皆子離、□印、遣居京都案、案頭。
6	家案	内宫種種頭項職,舟船□□爲、神猛軍、匠人、金匠、□□□□捕、養羊、諸鹽池、邊上賣路度、空羊食草、城之所用解悟軍堅□、鑄鐵、皇城、三司、地邊散買、鑄錢、邊境堡城斷修造、分賜穀草、城中軍雜物軍糧供給、檢畜者人馬穀糧種種諸雜職攤派、牧場施請火印,梧桐池採納、種麻種波、賀蘭山等護林場、京師界七種郡縣派水種地納税利額、養草灘等護院、抽□税。
7	大廬令案	農田司屬利額、諸邊經略大都督府山内山後□、地界中□地水□地租散等納額、官穀物中□中軍糧以外供應皮□□分用□底地□□捕分用。
8	□案	契丹使承、執飛禽、群牧□、馬院、行宫、官畜、内使、帳門□□、□□棄屍養□、設四季宴、官樂人、陰陽分食者、前宫侍、帳下宫侍、執奉桌漢使承處衣紫黑、門樓主。
9	刑案	敵界往來、諸司判斷、地人入□□敵界敕禁畜物賣過……地邊地中派遣勞役、地人畜……女使、遣監獄小監、溜首領派散飲食食物。
10	諜案	漢、契丹、西番、西州、大食等中使……寫轉傳諜詔……

三、西夏的起訴形式

起訴形式是指案件是通過何種方式成爲司法機關審理的理由和依據,西夏存在的起訴形式有自訴、舉告、自首、官糾舉四種。

(一) 自訴

所謂"自訴",指告訴人因自己和自己的親屬遭受侵害,由被害方本人或其親屬向司法機關提起的訴訟,這是一種古老的起訴方式。《説文解字》釋"訴",告也;"訟"争也,説明訴訟是由原告方告於官府,然後原告、被告(稱"兩造"),雙方進行争訴,由法官最終作出是非曲直、犯罪與否的判決。

從秦至唐代,自訴制度已發展到比較成熟的階段,其最重要的標志是在唐律中設有專篇《門訟篇》"次言告争之事"的起訴規定達 22 項條文之多，並在其他一些條款中還有規定。西夏自訴稱爲"告"或"告訴"，規定遭受侵害的人只有本人可以向司法機關控告，他人不得向司法機關告舉。如"除毆打争鬥相殺以外，傷時，夫婦自不告，則他人告舉，不許取狀問之。若違律取狀問時，有官罰馬一，庶人十三杖"[①]。另一種情況爲，本應自訴，不自訴，比照犯罪者給予處罰。如"僧監、副、判、衆主等，知覺本寺所屬人爲僞僧人、道士，因不告，不禁止，則當比犯罪者判斷減二等"[②]。

從以上兩條我們可以看出，自訴在西夏不僅是一種法律規定的權利，有時也是一種法律規定的義務。也就是由被害人及其有直接的利害關係者向司法機關提起訴訟，追究侵害者的法律責任，自訴始終成爲訴訟審判的重要依據和理由。

(二) 舉告

舉告是指被害人及其親屬以外的其他人向司法機關告發犯罪事實和犯罪人，這也是訴訟提起的一種重要的方式。舉告制度大致在西周以後正式形成。到西夏時期，法律規定了人們舉告犯罪，並把人們舉告犯罪視爲一種法律義務，如不履行控告義務的，還會受到法律制裁。《天盛律令》規定："盗竊畜、物、肉等未參與分持，已知爲盗屠而拿所食殘肉時，……又知盗未受賄不告舉時，犯人應獲死罪、長期徒刑者，未告舉者十三杖，短期徒刑十杖，因杖罪勿治罪。"[③]又規定："謀逆語耳已聽時，確已發不樂語，説此事不應爲也，以勸不助，告舉他人未聽者已發生，有可信見雖是實，而按告處司與告者之地程近遠，依日期時節計量，告舉明顯未稽緩，其内中他人出舉者，罪勿連。告舉稽誤時，不告舉，則謀逆行爲已行，判無期徒刑；尚未行，徒十二年。"[④]在西夏，不僅刑事犯罪，而且民事案件也提倡人們舉告。如："諸人對負債人當催索，不還則告局分處，當已强力搜取問訊。因負債不還給，十緡以下有官罰馬一，庶人十三杖，債依法當索還，其中還不准賴債。"[⑤]

西夏舉告犯罪包括三種方式：一是他人的"自願告發"。如："諸人爲婚嫁女順序：親父母可嫁……若不共議而嫁時，六個月期限可上告，當接狀尋問。"[⑥]又如："諸人爲婚迎媳，然後曰'我未得嫁妝'者，一年期間可告。"[⑦]

二是官府給予告發犯罪人以賞獎的"賞告"。西夏爲了能够及時打擊和處罰犯罪，對於一些犯罪的舉告是給予獎賞的。其規定甚詳，如果按照案件的類型劃分，可以分爲五個方面的賞告。

---

① 史金波等譯注：《天盛改舊新定律令》，法律出版社，2000 年，第 481 頁。
② 史金波等譯注：《天盛改舊新定律令》，法律出版社，2000 年，第 407 頁。
③ 史金波等譯注：《天盛改舊新定律令》，法律出版社，2000 年，第 172 頁。
④ 史金波等譯注：《天盛改舊新定律令》，法律出版社，2000 年，第 114 頁。
⑤ 史金波等譯注：《天盛改舊新定律令》，法律出版社，2000 年，第 188 頁。
⑥ 史金波等譯注：《天盛改舊新定律令》，法律出版社，2000 年，第 309 頁。
⑦ 史金波等譯注：《天盛改舊新定律令》，法律出版社，2000 年，第 311 頁。

1. 刑事類案件的賞告

《天盛律令》對刑事案件的賞告規定:"諸人舉十惡罪是實,應得何舉賞者,視舉人如何、言狀如何、全知不知情狀等,依時節奏量實行。"[①]

2. 軍事類案件的賞告

西夏對軍事案件的賞告規定的十分詳盡,而且對於舉告人不但可以給予金錢的物質獎勵,還可以根據舉告人的個人情况授以軍職。在《天盛律令》中規定:"披、甲、馬三種力能補償而未使補償時,全部賠償多少總合,首領之罪法及舉發者得功法:

得舉告功法:"披、甲、馬三種及各種雜物等力能補償而未使補償,其所屬首領應革官、軍、職,下屬人舉報時,其人勇健剛勁,善戰有戰功,有知識,爲諸司載於典籍,則舉告人應爲首領。若其人不善戰鬥、體弱、求轉院,當在本司院内調轉。其他人舉發者及不求轉院者,所告軍首領應獲日徒刑,當舉告者十緡;應徒一年時,當賞二十緡;應徒二年時,當賞三十緡;應徒三年時,當賞五十緡;應革職、軍時,當賞七十緡。其賞金應按高低由獲罪行監、大小溜首領、舍監、末驅等出給。"[②]再如"諸人屬使軍丁壯隱瞞不注册時,諸人當舉發。……舉發賞:一至五人五緡,六至十人十緡,十人以上一律十五緡,由頭監給予。其新生子男應注册不注册,及丁而詐爲幼小者,比使軍、壯丁不注册院籍各種罪狀之告賞當各減一等"[③]。

3. 經濟類案件的賞告

西夏對於經濟類案件的賞告,如"諸人告舉,謂官畜、穀、錢物種種中有爲虛雜時,三萬緡以内舉實之舉賞依强盗持武器法。三萬緡以上舉實者,其舉人中,人堪遣用,則應得某大小職位。人不堪得職位,則前述舉賞上應如何賞等,依時節,視所舉情狀及人况等,奏量實行"[④]。再如"諸人於敵界轉賣錢及毁錢等,所得勞役總數□舉賞法,依下述實行,犯罪者當出予。若犯者不能出,則當由官方予之"。

獲三個月徒刑,賞四十緡。六個月徒刑,賞五十緡。徒一年,賞六十緡。徒二年,賞七十緡。徒三年,賞八十緡。徒四年,賞九十緡。徒五年,賞一百緡。徒六年,賞一百十緡。

三種長期中,徒八年,賞一百三十緡。徒十年,賞一百五十緡。徒十二年,賞一百七十緡。獲死罪,賞二百緡[⑤]。

4. 雜罪案件的賞告

對於其他類型案件的賞告,西夏的規定有"諸人舉他人,予舉賞法一一分明外,

---

① 史金波等譯注:《天盛改舊新定律令》,法律出版社,2000年,第450頁。
② 史金波等譯注:《天盛改舊新定律令》,法律出版社,2000年,第234頁。
③ 史金波等譯注:《天盛改舊新定律令》,法律出版社,2000年,第263-264頁。
④ 史金波等譯注:《天盛改舊新定律令》,法律出版社,2000年,第450頁。
⑤ 史金波等譯注:《天盛改舊新定律令》,法律出版社,2000年,第453頁。

犯餘種種雜罪時,獲死罪賞五十緡,三種長期、無期等賞四十緡,自徒四年至徒六年賞三十緡;自徒一年至徒三年賞二十緡,月勞役十緡,杖罪五緡,當由犯罪者予之舉賞"①。

5. 補充規定

西夏對於案件的賞告還有一些補充規定,如"……載持畜物多少,追捕者當取,半路上丢棄及家中藏所遺物中,三分之二當交官,一分給告舉者。……若屋舍中男人多,畜物較少,舉告者所取一分不足,則在其所在處就近當用罰贓之官穀物中,分撥給足。若無告者,以問解明,則當交官"②。"諸人議叛逃未行者……畜、穀、寶物、地、人有多少,三分之一留給屬者,一分當送舉告者,一分當交官。若以問解明,則告者一分當交官"③。再如"前述盗、殺牛、駱駝、馬、騾、驢,有他人告舉時,依諸人因告舉雜盗賞法,當由犯罪者出錢給予。其中有盗、殺已有親節及諸人之牛、駱駝、馬、騾、驢者,剥殺罪按第十三卷上告舉雜罪應得告賞,及第三卷上得告舉盗賞所示,當得其高者"④。

三是官府强迫人們對重大犯罪的告發。西夏首先重視的是"三謀"案件的告發,既對謀反、謀大逆、謀叛的告發,如《天盛律令》中規定:"若謀逆語已入耳中時,依告處司地程遠近計量,無論日期時節,已阻未至而未能舉告,已發生,有可知證信見,舉告未稽緩另外報出時,與犯罪者同樣入捕□中,則不列入本犯罪肇始,並亦因舉告未稽緩,莫連罪。"⑤"謀逆語耳已聽時,確已發不樂語,説此事不應爲也,已勸不助,舉告他人未聽者已發生,有可信見雖是實,而按告處司與告者之間地程近遠,依日期時節計量,告舉明顯未稽緩,其内中他人出舉者,罪勿連。告舉稽誤時,不告舉,則逆行爲已行,判無期徒刑;尚未行,徒十二年。"⑥

其次,强迫告發的是軍事類案件,如規定:"諸大小軍首領、未驅、舍監等其下□□□出賣自己輔主及官馬、披、甲知不告者,若未受賄,庶人賣一至三,應徒一年;四至七,徒二年;八至十,徒三年;十一至十三,徒四年;十四至十五,徒五年;十六至十七,徒六年;十八全二十,徒十二年;二十以上一律當絞殺。受賄則計量,以偷盗律以及前述罪,依其重者判斷。"⑦

對於一些刑事案件西夏亦强迫告發,如"相恨放火者,同謀以外之他人知曉而不告舉,受賄者與分盗畜物相當,未受賄則死罪、長期徒刑十三杖,短期徒刑十杖,未知,罪勿治"。

"諸人知實情將舉,他人止之,其後又另人舉實中,除自叛逃以上三種語分明之

① 史金波等譯注:《天盛改舊新定律令》,法律出版社,2000年,第450頁。

② 史金波等譯注:《天盛改舊新定律令》,法律出版社,2000年,第115-116頁。

③ 史金波等譯注:《天盛改舊新定律令》,法律出版社,2000年,第116頁。

④ 史金波等譯注:《天盛改舊新定律令》,法律出版社,2000年,第155頁。

⑤⑥ 史金波等譯注:《天盛改舊新定律令》,法律出版社,2000年,第114頁。

⑦ 史金波等譯注:《天盛改舊新定律令》,法律出版社,2000年,第249頁。

外，其餘大小罪應舉，受賄徇情而塞舉口、隱罪者，塞舉口者及止之者等，與知盗而分物同樣判斷，受賄則與枉法貪贓罪比較，從其重者判斷”①。

另外西夏對於親屬間知覺應舉報而未舉也規定了其法律責任如：“諸人犯十惡及大小他罪等，不同門，自己媳、使軍、奴僕、節親、他人等聞覺時，未明是虚是實，及是門下人等不應告舉者，未告舉而他人舉爲重實時，聞覺者和犯罪者之子或親父母，或他人有親戚，彼此有恩者等，未明熟是，除視彼時罪情重虚而奏量實行以外，不論官獲死亦是重情，因知覺應舉而未告舉，比犯罪者之罪狀當減三等。其餘自杖罪至雜死罪者，一律當減四等。若知覺者與犯罪之人有親及彼此有恩而欲減其罪，對犯罪者説減罪之諫言，則當比前述徑不告舉之罪狀再減一等。”②

（三）自首

自首是指犯罪被發覺前，犯罪人主動向司法機關投案，坦白自己犯罪事實和經過，並表示願接受处罚的行爲。這也是西夏提起訴訟的一種方式。在《天盛律令》中，對於自首有這樣的規定：“盗竊中自共出首以外，盗竊以後一個月之内，各盗人心悔送狀，自首求解罪時，其中殺傷人及侵凌物主家中婦人者，致死者，依命斷毀家宅而不肯償修罪分别判斷，而後依偷盗、强盗等償還物，盗人自己所拿多少數減罪。若告諸司，議和若全還給物主，及半送還半未能回送，催促同盗人全還者，罪當全解。半有半無，則依自己未足部分分等減罪，其法按以下所定而行。若超日期，則不須解罪減辨，而依法判斷。若在日期内將所盗物如數送交物主而議合者，不允諸人舉告。”③

“賣出敕禁品時，單獨一人犯罪而舉告自罪，及多人犯罪皆接狀等，不允解罪，當依法判斷。其中自相互舉告時，告者之罪當全解。舉告賞，他人所屬已賣，則由他人舉告賞應得三分中得一分，二分當交官。”④

“諸人互相檢舉中，獨人舉自罪，及多人爲罪皆接狀，舉自罪等不許赦罪，當依法推問判斷。若多人爲罪中，皆不爲接狀，允許自相舉，一年期間告舉，則當赦罪。其中盗者實無力償盗物，則可入舉人償畜物中。爲雜罪有已受賄者，當交官。逾一年告舉，則當比前罪減二等。其中盗及轉賣敕禁等罪，減罪、償還依赦罪、減半法，及盗而侵凌婦人、傷人、殺人罪不赦法，依第三卷上罪狀實行。”⑤

從以上條文可以看出，上述幾種自首情况有一般意義的自首，是犯罪者“心悔送狀”的自首行爲，但有一個期限，爲一個月。另外，還有可以視爲自首的情况，如在審問中主動交代未被發覺的犯罪，這種行爲可視爲自首。對於犯罪人的自首，西

① 史金波等譯注：《天盛改舊新定律令》，法律出版社，2000年，第452－453頁。
② 史金波等譯注：《天盛改舊新定律令》，法律出版社，2000年，第454頁。
③ 史金波等譯注：《天盛改舊新定律令》，法律出版社，2000年，第175頁。
④ 史金波等譯注：《天盛改舊新定律令》，法律出版社，2000年，第286頁。
⑤ 史金波等譯注：《天盛改舊新定律令》，法律出版社，2000年，第453頁。

夏在刑罰上明確了對其減罪。

(四) 官糾舉

官糾舉是指官吏和官府主動發現犯罪提起的訴訟,這是西夏很重要的一種起訴方式,包括官吏的舉告和官府的糾劾兩種。在《天盛律令》中有:"邊中監軍司五州地諸府、軍、郡、縣等地方中所派捕盜巡檢者,閤門、神策當檢時,臣僚、官吏、獨誘類種種中,當按職門能任、人勇武强健及地方廣狹、盜詐多少計量,管事者當依次轉告,應告樞密遣之。""巡檢人捕强盜、偷盜時,三日以内管事當派都巡檢,令其於十日以内集問之時,當引道於所屬司内。若彼逾所示日期,管事處派遲緩及管事人不令而延誤等時,罪依以下所定判斷。其中有以轉捕相盜者,及爲巡檢、都巡檢、勾管之人依次已遣,未往至於局分,半途送者緩慢等,派者勿論以延誤日期。"①另外還規定:"爲巡檢勾管者捕何盜詐、遣送何司、是何局分等,一個月一番,屬經略當報於經略,不屬於經略者當分别報中書、樞密。有無釋放、推問、判斷,其間當磨勘。"②從這些條文可以看出,西夏對於案件的糾舉是有明確規定的。

四、西夏的起訴原則

(一) 獎勵告發,賞罰分明

西夏統治階級爲了鞏固其統治,維護社會秩序,消融、減少尖鋭的社會矛盾,長期以來奉行的一個起訴原則,就是獎勵告發犯罪。在上文中已經列舉了西夏對於告發犯罪的獎賞規定,這種獎勵告發的條文在《天盛律令》中是很多的。

雖然西夏獎勵告發,但是對於賞告是有明確規定的:

"諸人舉他人中,或舉一人,或舉自二人以上等,原罪輕重,和全實,或有虚有實,或虚實相等,其得功承罪法依以下所定實行。"

"舉一人中:全實者依法當得舉賞。重罪爲實,輕罪爲虚者,得前述全實舉賞之三分之二。罪虚實相等,告舉中功罪相抵。及或一種爲實而甚多爲虚,或一種爲虚而甚多爲實者,因所虚實罪相等,功罪相抵,勿得舉賞。"③

有些告舉,告舉人還要承擔刑罰。"重罪爲需,輕罪爲實時,舉者之罪分别二等中:一種舉杖罪實,勞役罪虚,又舉勞役爲實,長期爲虚,舉長期爲實,死罪爲虚時,判斷已至,則依此等罪名不同次第,與舉虚時重部分相等判斷。以下微言爲實,亦勿得舉賞及功。判斷未至,則因舉辦爲實而減一等"。

"兩種杖罪總數已明時,又舉而加杖數,又短期勞役中暗自舉而加勞役年數,三種長期中依次延長之,同罪名中加之而舉虚等者,當以已實杖罪、勞役等及所虚加等校之,虚實數等則功罪當抵,實甚多者依法當得功,虚數多則所加之杖罪或勞役

① 史金波等譯注:《天盛改舊新定律令》,法律出版社,2000年,第456-457頁。

② 史金波等譯注:《天盛改舊新定律令》,法律出版社,2000年,第460頁。

③ 史金波等譯注:《天盛改舊新定律令》,法律出版社,2000年,第450-451頁。

數由舉者承之”。

“舉自兩人以上數甚多，訴訟次第不同，原罪不共者，其於數人有罪中，或舉實，或舉虛等時，舉實之處依法當得功，舉虛之處當令校承同罪。其中説二人、三人共犯原罪，二種、三種不同供詞，訴訟推問時，舉共犯小罪者爲實，比之重者一人二人爲實而一人二人爲虛時，亦於所舉爲實人處當得功，所舉爲虛人處當承同罪，其下因小罪爲實，勿得功”[①]。

“諸人有應告舉語，他人勸説使告舉時，虛則勸説者罪依舉之從犯法判斷，舉語實則勸説者當入分得舉賞中”[②]。

以上條文反映出西夏法律中對於賞告是非常具體而明確的。

（二）規定必告，懲處不告

在西夏的起訴原則中，重要的一條就是規定必告，懲處不告。西夏有明確的條文規定了必告的範圍，對於不告的懲處也是相當明確的，如：“謀逆語本來已發生，雖未入議計中，然□□□已告别人之耳時，説他人以强力逼迫恐嚇，因畏殺順從而做者，已按語或計議時，在邊上人已知覺、樂不樂意未説、後掩遮聞等，在京師者，在何職管屬司，及在邊中者，其所屬經略使、監軍司等，何就近處當速告知，謀逆者行爲已得未得，依理使與同謀相等判斷。”[③]

（三）反對親屬間相告

西夏的統治者一方面鼓勵舉告犯罪，另一方面又對控告犯罪採取一些限制性措施，其中最重要的就是，反對親屬間的犯罪告發，提倡“親親相隱”。西夏嚴格遵守儒家思想和倫理觀念提倡的尊卑甚嚴、上下有别，對告發犯罪有嚴格的限制。西夏《天盛律令》中明確規定了親屬與尊卑之間允許舉告的犯罪[④]，如下表：

舉告人	被舉告人	舉告犯罪
子女	曾祖、祖父、祖母、父、母、庶母	謀逆，失孝德禮，叛逃，親祖父母、父母、庶母等爲子、孫、媳所殺。
妻子、媳	公公、婆母、丈夫等	謀逆、失孝德禮，叛逃，内宫淫亂，對帝隨意口出惡言，殺及主謀殺親祖父母、父母、庶母等，詆毁國家，撒放毒藥，咒人死，盗中殺人，有意殺人，對親母、岳母、庶母、姑、姐妹、女、媳等行不軌。

① 史金波等譯注：《天盛改舊新定律令》，法律出版社，2000 年，第 451 頁。

② 史金波等譯注：《天盛改舊新定律令》，法律出版社，2000 年，第 454 頁。

③ 史金波等譯注：《天盛改舊新定律令》，法律出版社，2000 年，第 113 頁。

④ 史金波等譯注：《天盛改舊新定律令》，法律出版社，2000 年，第 444 - 445 頁。

續 表

舉告人	被舉告人	舉告犯罪
使軍、奴僕	頭監	十惡中獲死、長期徒刑及他罪中獲不論官死罪。 雜罪中：親手盗取官畜穀物、軍人匿官馬鎧甲而賣之、鑄錢斂錢等種種中獲死罪，盗及變賣敕禁、私製麯等中獲長期徒刑及死罪。正軍年十五歲已納册而未注册，十人以上獲長期徒刑，匿逃人中十人以上獲死罪。

西夏規定對於違律舉告的處罰爲："諸人犯罪中，因要言可相告舉一類，當一一分明。除此之外，犯其餘種種罪時，節上下允許相隱罪，不許告舉。違律告舉時，罪情依條下所定實行。"其一般的處罰爲"一等至九個月以上喪服節上下不許相告舉。若節下舉節上時，犯罪者應得徒二年以内罪，則不論大小，舉者之罪徒二年。如舉情重於彼，則當比有罪人減一等"①。"使軍、奴僕不應舉頭監而告舉者，與前述節下舉節上中九個月以上喪服時推問承罪法相同"②。

(六) 重罰誣告

西夏禁止誣告，在《天盛律令》中規定："諸人自叛逃以上三種舉言虚者，判斷已至，則本人不論主從，不論官，依謀逆法判斷，家門當連，節親親戚者因與謀逆者不同，故勿連。判斷未至，則受未受問杖一樣，舉虚造意當劍斬之，家門當連，從犯不論官，當絞殺，家門勿連。"③

"諸人十惡及餘種種雜罪等舉虚者，被告人已被縛制，則受未受問杖一律與所舉罪相當。舉人爲二三人以上人數衆多，當按狀者承罪法：已舉爲虚，本罪無論主從，則各舉人亦不論主從，家門勿連。若本罪可論主從，則首舉者當爲造意，其餘以從犯論。若已舉之，言告司内，已只關、知證，被告人雖被逼迫然未被縛制，此時舉人自改口認虚，則比前述罪依次當減一等。其減法：謀逆罪、不論官獲死罪連家門，減爲無期徒刑，雜死罪減爲徒十二年。若已告未敢只關，則有官罰馬一，庶人十三杖。"④

從以上條文可以看出，西夏實行典型的誣告反坐原則。另外誣告叛逃以上罪的，對爲首誣告的主犯處斬刑，從犯處絞刑。

五、西夏起訴制度的特點

西夏在起訴制度上，呈現出鮮明的特色。

其一，起訴方式的規範性，又不失靈活性。從總的方面看，西夏的起訴形式大

① 史金波等譯注：《天盛改舊新定律令》，法律出版社，2000 年，第 446 頁。
② 史金波等譯注：《天盛改舊新定律令》，法律出版社，2000 年，第 447 頁。
③ 史金波等譯注：《天盛改舊新定律令》，法律出版社，2000 年，第 449 頁。
④ 史金波等譯注：《天盛改舊新定律令》，法律出版社，2000 年，第 449－450 頁。

致分爲兩種:公訴和私訴。公訴主要指刑事、軍事、經濟等類案件的訴訟;私訴主要指自訴的民事訴訟和部分(輕微的)刑事訴訟。準確地説,私訴是訴訟當事人爲了保護自己的合法利益免受他人侵害,或受到侵害後要求得到補償,或者爲求公平而向司法機關提起的訴訟。公訴是國家官吏爲了維護皇權、國家、社會和人們的利益,以及基於自己的職責和法律義務向司法機關提起的訴訟。嚴格地説,公訴的提起,不僅是一種權利,同時也是一種義務,因爲知而不告有罪,這是公訴的主要特徵,也是不同於私訴的主要區别。私訴主要是民事訴訟和輕微刑事訴訟,對於此類訴訟,一般採取行告而理,不告國家法律不干涉的原則。對於刑事訴訟與民事訴訟的重視程度,顯然重視前者,因這關乎社稷、皇權之大事,而視民事訴訟爲小事。但是實際上,西夏這類所謂的"公訴"與"私訴"不是嚴格的,往往是靈活運作。如有些刑事犯罪以民事訴訟手段解决,又有些民事訴訟則納入刑事審判的範圍。

其二,起訴制度的嚴密性。《天盛律令》所反映出的自訴、賞告等形式,均可證明起訴制度的嚴密性特點。我們對《天盛律令》中的起訴制度稍作分析,就會清楚不過。其規定的自舉,包含自訴和自首兩種形式。"自首"是犯罪被揭發前罪犯主動到司法機關投案,"自訴"是主動提起公訴。共同點都是以自告爲開始,都是經過訴訟程序的第一步。同時明確告賞制度和追告制度,在這幾類起訴形式中,有的還規定了更具體的内容,更是反映出訴訟制度的嚴密性特點。與之特點相對應的有"義務告舉"、"限制告舉"、"聽任告舉"、"告舉不實"的責任制度。

義務告舉,是按法律規定,對於謀反、謀大逆和謀叛等重大犯罪,任何人都有控告的權利,也是一種義務。如果不告即構成犯罪,而且處刑很重,可至死刑。對强盜、强奸、殺人等大罪,被害方或其親屬和鄰居知情者,也必須"告其主司",如果不告將按犯罪予以制裁。

限制告舉,有些告舉對統治不利時,往往不被提倡,反而加以限制,主要體現在身份、尊卑關係和案件性質上。在身份、尊卑關係上除"三謀"犯罪和一些軍事犯罪外,允許相隱,不准告舉,違背者處以刑罰。

聽任告舉,是指西夏法律採取控告聽任的態度。主要表現在對於親屬間的侵奪財物、毆打之類犯罪,受害方可以自己决定是否告舉,其原則是告則受理,不告不理。如律令中的丈夫打傷妻妾,須妻妾告舉,他人告舉無效等。

告舉不實,指在告舉中對不符合或不太符合犯罪事實的現象(行爲)採取一種慎重區分責任的態度。在告舉犯罪時,實踐中出現"誣告"和"疑心未見"(没有確鑿證據)二種告舉現象,這又是兩種性質完全不同的告舉行爲,屬於"造意"(指故意)陷人於罪的誣告是嚴厲禁止的,故誣告的處罰是反坐其罪。"疑心未見"的告舉是屬非故意行爲,則採用寬宥的辦法。

由上可見,西夏確實形成了一種體系比較完整,大而舉要,小而具體,大小相統互補,渾然一體,首尾相銜,彼此照應的起訴制度。也體現了起訴制度本身較强的邏輯性、嚴密性特點。

其三，將軍事案件列爲起訴的重點。在西夏《天盛律令》中，軍事法律是其很重要的内容。西夏法律中規定：配備武器、戰時出征者有臣僚、下臣、農人、牧人、各種匠、主簿、使人、藝人、刻字、向道、醫人、更夫、占算、使軍、商人等等[①]。可以説包括了西夏社會各個層面，也反映出了西夏全民皆兵的特點。西夏軍事體系的龐大與複雜，必然要運用詳盡的法律制度加以調控，這一點也成爲西夏起訴制度的一個特點。對軍事案件的起訴主要有兩種方式，其一是舉告，前文已在軍事案件的舉告中列舉了對軍事案件的起訴。另一種對軍事案件的起訴方式爲官糾舉，如《天盛律令》規定："正統人住邊境軍寨，無指示放棄軍寨，並令所率防守軍馬等擅自解散時，審計有無住滯、語情輕重，依時節等奏計實行。"[②]

其四，嚴格的逐級起訴、特殊的越級起訴相結合的特點。西夏法律規定："諸有公事而未問顯明，此後不許越司另告他處而不告於局分。若違律時，告者、取狀者等有官罰馬一，庶人十三杖。"[③]"前述諸司人已枉，入狀於匭匣司中時，匭匣司人亦枉誤，則當依文武次第報於中書、樞密。只關取文、司局分大小轉承次第等，匭匣司人當依法爲之。中書、樞密人亦枉誤，則可告御前而轉司，另遣細問者奏量實行。其中無故越司而告御前並擊鼓等時，徒三個月，情由當問於局分。"[④]從以上條文可以看出西夏起訴必須逐級進行，一般不准越級起訴，違者處以刑法。但是，法律又規定特殊情形允許越訴，乃至直訴。這都説明越訴、直訴制度的客觀存在，它與逐級起訴的結合，也就顯現出了西夏起訴制度的另一個特色。

原刊於《寧夏社會科學》2015 年第 2 期

---

① 史金波等譯注：《天盛改舊新定律令》，法律出版社，2000 年，第 224 頁。
② 史金波等譯注：《天盛改舊新定律令》，法律出版社，2000 年，第 196 - 197 頁。
③ 史金波等譯注：《天盛改舊新定律令》，法律出版社，2000 年，第 337 頁。
④ 史金波等譯注：《天盛改舊新定律令》，法律出版社，2000 年，第 339 頁。

論西夏的審判制度

姜　歆

審判制度是西夏司法制度中重要的一環，它是在公堂上由訴訟當事人雙方，以及證人、司吏、法醫等參加，求得被告人口供核實證據，用以查明案件事實，依據法律規定做出有罪或無罪，處以何種刑罰的過程。以往對於西夏審判制度的研究，杜建録主要集中在審判管轄與審判期限、證據、刑訊、申訴與終審四點上[①]。邵芳在杜先生的研究基礎之上增加了兩點即司法監察與復審復奏[②]。本文將西夏審判制度中審訊與判決先分開後統合，從中分析出西夏審判制度所遵循的原則、規律及特點，以期對西夏審判制度的研究更進一步的深化，其中有不妥之處，還望學人指出。

一、《天盛律令》中的審訊制度

審訊制度，是西夏審訊案件所遵守的制度與步驟。其目的在於有條不紊、及時、清楚地查明是否犯罪。西夏對於審訊方面的制度主要表現在三個方面。

(一) 審訊期限

西夏對於案件的審理於各司有嚴格期限規定：死刑、長期徒刑等四十日，勞役者二十日，其餘大小公事十日期間問畢判斷。若在此期間審問不畢，都案、案頭、司吏，庶人十三杖，有官罰馬一。但是在當事人不全備的情況下，不計入前述日期中[③]。如遇特殊情況，在規定的期限內不能審結的，要以文書的形式將不能審結的緣由寫清楚，予以上報。

因懈怠造成延誤期限，比較嚴重的依延誤罪判：

延誤一個月，司吏徒二年，案頭徒一年，都案徒六個月，承旨、習判徒三個月，大人罰馬一；

延誤二個月，司吏徒三年、案頭徒二年，都案徒一年，承旨、習判等徒六個月，大人罰馬二；

---

① 杜建録：《〈天盛律令〉與西夏法制研究》，寧夏人民出版社，2005 年，第 235－242 頁。

② 邵芳：《西夏法制研究》，人民出版社，2009 年，第 196－202 頁。

③ 史金波等譯注：《天盛改舊新定律令》，法律出版社，2000 年，第 324 頁。

延誤三個月以上一律司吏徒四年，案頭徒三年，都案徒二年，承旨、習判等徒一年，大人罰馬三①。期限的規定，旨在防止司法官吏延誤案件的審理。

(二) 傳喚制度

傳喚制度首先規定的是司法官吏要規範傳喚，其次是對傳喚人抗拒傳喚的處罰。西夏在傳喚上突出了以下幾點：

1. 差人的選派

差人的派遣在西夏規定爲就近的原則。傳喚被告人時，則所屬軍首領、遷留檢校、交管、巡檢、監軍司等當派遣有職人，被派遣的人要持大人的諭文，隨意派人和胡亂傳喚人時，有官罰馬一，庶人十三杖②。

2. 傳喚延誤

西夏對於行使傳喚權的人員延誤傳喚，一日至五日七杖；六日至十日十三杖；自十一日至二十日十五杖；二十日以上一律十七杖。倘若小監、司吏等逾期延誤不告時，罪當由司内量斷。差人往喚有罪人時，對有罪人及其知情人索賄的按枉法貪贓罪判斷，傳喚人主動賄賂的不以枉法貪贓罪判斷③。

3. 違法傳喚

差人將被告人傳喚來，不許對其拷打逼凌，無理拷打的徒三個月。在飲食等方面不得違律虐待被告人，如若受賄違律，視受賄多少減刑處罰，受賄少者徒六個月，受賄多則與枉法貪贓罪比較，從重者判斷④。

4. 傳喚不來

西夏規定被傳喚的被告人逃匿的，一日至二十日内被抓獲的，按稽緩法判斷，二十日以上被抓獲一律徒二年。如所喚人已染疾病、醉酒等，未能前來的，情況屬實則當分析，勿治罪⑤。

5. 抗拒傳喚

西夏對於抗拒傳喚分不同情況予以不同的處罰。如持上諭、御前傳喚不來又毆打差人的處無期徒州，毆打差人後來喚處的處五年徒刑，未打差人亦不來喚處的處三年徒刑；對於諸司一般的傳喚，不來喚處並毆打差人的徒二年，毆打差人後來喚處的徒一年，未打差人亦不來喚處的徒六個月⑥。

(三) 違法審訊

西夏在案件審訊中的違法主要分兩種情況，一是審訊方式違法，二是審訊程序違法。審訊方式違法的情況，如對於當事人應不應該置枷審訊，是由大人與承旨共

---

① 史金波等譯注：《天盛改舊新定律令》，法律出版社，2000 年，第 320 頁。
② 史金波等譯注：《天盛改舊新定律令》，法律出版社，2000 年，第 465 頁。
③ 史金波等譯注：《天盛改舊新定律令》，法律出版社，2000 年，第 464 頁。
④ 史金波等譯注：《天盛改舊新定律令》，法律出版社，2000 年，第 466 頁。
⑤ 史金波等譯注：《天盛改舊新定律令》，法律出版社，2000 年，第 464、466 頁。
⑥ 史金波等譯注：《天盛改舊新定律令》，法律出版社，2000 年，第 465 頁。

議來決定，若對不應枷繫的當事人用枷，審訊人員要受到處罰；再如因當事人不講實話可以用刑，但拷掠的次數與杖數是有明確規定的，違反此規定就構成違法[①]。在審訊程序上，未傳喚而稱已傳喚，將其他證人證言告知有罪人，或因恐嚇而使當事人上吊、自刎等皆屬違法，對於程序上的違法主要以其産生的後果來處罰，如造成當事人死亡的比照毆打争鬥相殺罪減一等，未造成當事人死亡的徒三年[②]。對司法官吏程序違法的處罰主要有：

1. 違法取證

諸司在審訊過程中，司内大人未命令取證時，不許預先遣人取證據物。違律時，有官罰馬一，庶人十三杖。

2. 泄露案情

諸局在審訊的過程中，所定未明，此時不許預先於他處宣説。違律於他處談論時，預先談論所告語者徒二年，説諸司判斷語者徒六個月，所泄漏的案情不嚴重的處以七杖。

3. 違法擔保

西夏對於可能被判處死罪的不許擔保。自無期徒刑以下者，允許擔保。若局分大小使有死罪人無理擔保時，有罪人未逃走則徒三年。若潛逃則對擔保者限期三個月找回有罪人，限期内找回則徒四年，逾期已判决後找回則徒六年，無法找到犯罪人的，擔保者比有罪人減一等處罰。對於可能處無期徒刑以下的犯罪人，擔保者受賄逸放有罪人，擔保者徒三個月，限期内抓獲則比從犯減一等，未抓獲，當依從犯法判斷放者之罪。

4. 看管失誤

司法官吏已受賄然未放逸犯罪人，因疏忽失誤而使犯罪人脱逃的，限期内抓獲犯罪人則徒六個月，未抓獲則徒五年。如屬未受賄、徇情，無心失誤，限期内抓獲犯罪人則徒三個月，未抓獲徒二年[③]。

另外，西夏对於官员，採用追責制。《天盛律令》中規定："諸人任職時犯罪，已遷轉後，前罪出，或罪已出後遷其任上，非屬故意，是無心失誤，則自長期徒刑以下應獲罪者勿推問。有屬故意，則依法當推問施行。其中有遣行爲正職者，當經局分處過問，乃可實行。"[④]

二、審訊中證據的運用

西夏在審理案件中是不以口供爲唯一定罪標準的。其口供要與各種證據能够

---

① 史金波等譯注：《天盛改舊新定律令》，法律出版社，2000 年，第 325、327 頁。

② 史金波等譯注：《天盛改舊新定律令》，法律出版社，2000 年，第 325 頁。

③ 史金波等譯注：《天盛改舊新定律令》，法律出版社，2000 年，第 341 頁。

④ 史金波等譯注：《天盛改舊新定律令》，法律出版社，2000 年，第 609 頁。

相印證纔可定罪,這就使得證據在案件審訊中顯得很重要。西夏審訊中運用的證據主要有三種。

(一) 證人證言

對於是否能够成爲證人,西夏是有規定的,即對於證人身份的確認。首先,證人應具備作證能力,在年齡、智力有無缺障、與當事人的關係上是有要求的。如節親及使軍、奴僕等中有能力爲知證時,允許相互作證,其中對於不應舉告的情狀,同居中節親親戚至喪服及未至喪服、僕、奴婢及不同門節親親戚中有自九個月以上喪服内等,不許爲知證①。其次,證人要對自己的證言負責,西夏規定證人有意作僞證時,判斷已至則與承罪者相當,判斷未至則當減一等②。再次,西夏對於證人是可以用刑的。《天盛律令》規定“因疑心未見而有告舉者,推問時,謂所訴訟人腹心清净,未曾犯罪,不肯招承者,當三番拷問。受杖畢,無所説詞,則舉者當受拷杖”③。

(二) 法律憑證

法律憑證多用於民事案件的審理中,有諭文、敕卷、醫人檢驗單、注册證明等。如西夏規定:諸人訴訟,索要田地、屋舍當有憑據,當派人查詢問其本人及田地、房舍接邊者,明其界限。若官方諭文憑據丢失,要再次申請給予憑證、諭文④。再如《天盛律令》中有:“大小臣僚由官家予之詔書敕卷者,若有他人持取亡失時,須推尋檢視。此後予之詔書敕卷時,中書内人當與板簿而置言狀,當注册,有已亡失,亦當對其察奏,依所出諭文實行。”⑤

(三) 書證

書證是審訊中應用廣泛而重要的證據之一。西夏的書證有書信、契約、當票等。如在武威出土的一些西夏契約,這些契約均注明了買賣雙方的標的、數量、價格等,同時有見證人、保人等。這些契約在訴訟中均可作爲法官斷案的證據。

三、西夏判决制度

判决是西夏審理案件中的重要程序,是在審訊進行後,對案件的實施經過、被告人的情况、證據鏈條的確認等都已查清的情况下,對於案件性質、被告人是否犯罪、處以何種刑罰等做出裁决的制度規定。

西夏的判决制度主要在於要求司法官吏能够按照法律規定,對於被告人予以公平的處理。所以司法官吏的秉公判斷就成爲了審判制度的核心。

(一) 對司法官吏枉法判斷的處罰

西夏對於司法官吏枉法判斷的認定,主要看主觀意識,以受賄爲區别。首先,

---

①② 史金波等譯注:《天盛改舊新定律令》,法律出版社,2000 年,第 448 頁。

③ 史金波等譯注:《天盛改舊新定律令》,法律出版社,2000 年,第 449 頁。

④ 史金波等譯注:《天盛改舊新定律令》,法律出版社,2000 年,第 602 頁。

⑤ 史金波等譯注:《天盛改舊新定律令》,法律出版社,2000 年,第 603 頁。

主持判决者如受賄未枉法判決,依判決所至罪狀減一等,若受賄多則與枉法貪臟罪比較,從其重者處罰。另一種情况是,雖未受賄,但徇情枉法判斷,是爲與受賄枉法判斷相同。其次,因受賄本無罪而治罪,是杖罪而判勞役,有勞役者爲長期徒刑,獲長期徒刑而令承死罪等,枉法判决者當承全罪。有杖罪而加杖數,應獲勞役而加年數,是三種長期、無期徒刑而依次加重等,枉法判决者當自承所加之罪。若不應革職而革職,不應黥刑而黥刑等,在枉法罪狀再各加一等判斷。再次,受賄後對於被告有重罪者减半處罰,亦所减半多少,由枉法判决者承擔[①]。

(二) 對司法官吏判斷有誤的處罰

司法官吏在審判過程中,未取賄賂,未徇情,審問訴訟人情節充足,然未得實情,無理判斷所承擔的處罰。這裡强調的是不存在主觀過錯,而客觀上確有判斷不公。

1. 在審理案件中,知情人的問訊合法而充足,被告人也已明確表示"服罪",但是審訊人員未進行認真核實而判斷誤者,有官罰馬一,庶人十三杖。

2. 問訊充足,實話已準,律令上對此也規定十分明確時,運用法律有誤而增减罪情時,犯十惡中重者輕判時,局分大小致誤者與枉法罪相同。除此以外,獲死罪、長期徒刑、短期勞刑而加重刑罰的,則比枉法罪减二等,减輕刑法的則减三等,判决尚未執行的則依次再减一等。

3. 問訊充足,所述情况經過核實以明確,然而對於犯罪事實,在律令上没有明確的規定,輕重判罰難以作出時,應奏報。如若判案人員擅自判斷,未受賄徇情而對於犯罪人加重處罰的,比照枉法罪减三等,减輕犯罪人處罰的則减五等[②]。

(三) 判决中對於犯罪人的减免情節

减免處罰是對犯罪人犯罪後,能够主動彌補犯罪後果或在其他方面有立功表現的一種肯定,從而改變原有的刑罰的制度。對於判决的减免有時也基於犯罪人的身份而享有一種特權。西夏判决中的减免情節主要有以功抵罪和法律規定的减免法。

1. 以功抵罪的情節

在西夏《天盛律令》中有明確的抵罪規定,如:"諸人有捕逃人功抵罪者中,自十五人以上逃走已行,引道列隊,同時捕得之,及其數以上有各遷部,諸人告舉是重情,可與有大小雜逆罪相抵。其餘門數非多,拘捕十五人以内時,功罪抵法:犯十惡及犯戰場逃叛軍旅罪,於敵界賣敕禁時,不論有官庶人,造意獲死,又雜罪中造意獲死等,不許抵。犯以下其餘種種罪,當允許功抵罪。則彼亦捕自一人至五人,庶人獲死者爲長期,長期者承徒六年,至六年當减二等,自二年以内當全抵。捕五人以上至十人時,死罪,長期徒刑减二等,短期至六年者當减三等。捕十人以上至十四

① 史金波等譯注:《天盛改舊新定律令》,法律出版社,2000年,第340頁。
② 史金波等譯注:《天盛改舊新定律令》,法律出版社,2000年,第341頁。

人時，死罪，長期徒刑二種當減三等，至六年以下當減四等，所剩勞役當依法承之。其中人數非多，雖是一二，然是朝廷之須用得力之人，此得如何量之，又是有位臣僚，則量其現時等級如何，執何職位，捕返者之罪應全抵，應減半，依時節奏量實行。"①

2. 減免法

減免之法是西夏强調階級等級，基於犯罪人身份地位的一種特權。如在《天盛律令》中有："節親主犯罪時，減免之法當明之。其中應受大杖者當轉受細杖，因受七杖者笞三十，八杖笞四十，十杖笞五十，十三杖笞六十，應受十五杖者笞七十，十七杖者笞八十，二十一杖笞一百。勞役者，屬能贖應贖類，則可依邊等法贖之。若屬不應贖及無力贖等，則節親主提點局分當於房舍週圍設一週而拘管之。應派監者時當派，當阻其門口，□□□當開其門，監時當允其行百步以内，勞役日畢時當放之，不許比之超過。違律時節親主笞四十，監者有官罰馬一，庶人十三杖。"②

3. 對於投歸人員的減免

西夏對於主動投歸西夏的人員，在施以刑罰上給予適當的減輕。這主要是考慮到投歸行爲本身既是一種有功的行爲，是值得肯定的。另外，這種減免是要符合一定條件的。西夏法律規定："諸方不同族之投歸者中有犯罪時，十惡、犯軍令罪、殺人等死罪，罪無減免，除此外自來日起五年内者，初犯一次一律減二等，重犯二次減一等，杖罪一種當全免，勿入抵校論減之中。超過五年及犯三次以上等不須免，當依法判斷。"③

西夏的減刑方法是，判决犯罪人斬、絞二種死刑，及三種長期徒刑、無期徒刑等，死刑減爲十二年長期徒刑；減無期及三種長期徒刑等時一律獲六年勞役；六年勞役以下者，一年當以一等計，獲一年者當爲六個月勞役，六個月者當獲三個月。減刑罰中有主從之分，則依次而減。④

(四) 影響判决的其他因素

在施用刑罰上，法律賦予司法官吏在適用刑罰上要從多方面予以考慮。

1. 區分故意與過失犯罪

故意與過失是犯罪人在實施犯罪行爲時對犯罪後果所持的主觀意識。故意是追求犯罪後果的發生，而過失是犯罪人並無這種主觀意識。故意和過失的認定，直接影響到刑罰的輕重。西夏規定，過失主要是"未受賄，非懈怠"，如《天盛律令》中有"因貯藏失誤而損毁散落之官畜穀物中已超，入於官庫，其餘與此相同，因無貪意而治罪之謂。當依罪情語義次第，雖自己身上已示，然其中當曰與作錯同。一種罪

---

① 史金波等譯注：《天盛改舊新定律令》，法律出版社，2000年，第456頁。

② 史金波等譯注：《天盛改舊新定律令》，法律出版社，2000年，第602頁。

③ 史金波等譯注：《天盛改舊新定律令》，法律出版社，2000年，第603頁。

④ 史金波等譯注：《天盛改舊新定律令》，法律出版社，2000年，第606頁。

情未列數，以物□□，承罪次第依以下所定實行。自一緡至五緡，七杖；五緡以上至七緡，八杖……四十緡以上一律徒三年”[①]。再如，“諸人被遮障及隨手無心失誤，投擲，□射飛禽野獸等時，回手失箭，弦絶箭落著人，於險峻高坡上執重物而失落，投擲鐵棍、兵器等著人而致人死時，因大意而有官罰馬一，庶人十三杖。若被遮障於道中及有人多處如前所示投擲而致人死，則徒一年”；“前述無心失誤而致人傷死時，予命價法當與毆打争鬥中相殺之予命價法相同”[②]。這是按過失犯罪給予的刑罰，比故意犯此類案件的刑罰要輕的多。

2. 官當與八議

官當與八議是法律明確的一種刑罰標準，它有别於減免情節的刑罰，減免情節是司法官可以考慮施用或如何施用的，而官當和八議是法律明文規定，它並不賦予司法官自由裁量的權利。《天盛律令》規定的官當爲：“諸有官人及其人之子、兄弟，另僧人、道士中賜穿黄、緋、紫等人犯罪時，除十惡及雜罪中不論官者以外，犯各種雜罪時與官品當，並按應減數減罪，其法按以下所定實行，勿施一種黥刑。”“有官人犯雜罪時，在庶人獲杖罪、勞役、死罪上衡量，以官品當”。官當不但給予犯罪人本人，同時給予其近親屬。西夏規定：“有官人自‘十乘’官至‘柱趣’官之子、兄弟犯罪時，依庶人法判斷以外，有‘語抵’官以上官之祖父母、父母、伯、叔、姨、子、兄弟、侄、孫、重孫、姑、姊妹、女、妻子、媳、親侄母等犯雜罪時，比庶人罪，‘及授’官當減二等，自‘及御印’官以上當減一等。所剩勞役，子、兄弟等本人有待命官則與待命官品相當而減，此後獲何罪，當依法承受。其中婦人與他人行淫一種，不允依丈夫、公公、侄父官減除。”[③]

八議者爲：議親、故人、智人、善能、有功、尊上、勇勤、賓客這八種人。對於八議的刑罰判決，西夏規定爲：“帝之族、姻親及内外臣民中待命人有大功□□□是賓客等……此外犯諸種種罪時，對與帝同族節親減法以下另示以外，自帝之姻親至八等賓客一樣，犯死罪時，奏議實行。自長期徒刑以下依次當減一等。”[④]

四、審判文書的核查

審判文書的上報核查，是西夏審判制度必經的一個程序，旨在減少冤假錯案的發生和及時查處未秉公審案的司法官吏。西夏的判決審核制度主要包含了八個方面的規定，是比較細緻和全面的。

1. 審案文書當齊備

西夏法律規定諸司在案件審核完畢一個月期間，要將分散的案件材料整理出

---

① 史金波等譯注：《天盛改舊新定律令》，法律出版社，2000年，第603頁。
② 史金波等譯注：《天盛改舊新定律令》，法律出版社，2000年，第484頁。
③ 史金波等譯注：《天盛改舊新定律令》，法律出版社，2000年，第145頁。
④ 史金波等譯注：《天盛改舊新定律令》，法律出版社，2000年，第132頁。

來進行核查。一個月期間未能整理好案件審理材料，一律局分司吏徒一年，相關責任人員徒三個月。因遲緩住滯寄名文書，二三種以上罪集於一人者，諸司當結合各案整理出一個完整的記録①。

2. 法律文書的校核

案頭、司吏等校核文書人員要在所校核的文書上簽名。文書校核人員所校文書格式不符或延誤，則校文書者當承擔法律責任。所校文書上有疑點要及時過問，未過問者比校者減一等處罰。有疑點而未核查出來的，則因未仔細搜尋而再減一等處罰②。

3. 對於判決書的要求

諸司所作出的判決書，承旨、習判、都案等當認真判寫，要注明日期。若違律時，一律徒六個月，受賄則與枉法貪贜罪從重判斷③。

4. 文書審核人員職責

對於文書的審核，西夏法律規定十分明確，《天盛律令》中有："諸司查律令者，二案頭、五司吏等一共設七人，另當設一律案檢。所有判斷公事時，問處案人當告案，應有罪情，罪紙其後留白紙空頭，經大人處判斷□，當載律案檢中，當查律令、罪法，以紅字寫於空頭白紙上，律案檢、案頭、司吏當爲實狀，相接繼，當予局分處，經判斷實行。倘若問公事處局分人核罪情及查律令有誤時，受賄、相惡而增減者，當令與所增減比較，賄多則與枉法貪贜罪比較，從其重者判斷。無意受賄，核檢失誤而致判斷增罪，則減二等。已減罪，則減三等。尚未判斷，則依次當再減一等。"④

5. 上報文書遲緩

中書、樞密、諸司等都案文書住滯時，官大及品亦當入承罪人中，應枷繫亦枷繫，應笞杖者，行杖處所屬大人當計，罰錢若干置案。其中諸司都案應承杖亦承杖⑤。

6. 判寫不明

對於判寫書的基本要求是事實明瞭、運用法律準確。西夏規定上報諸司及京師的判決書要"言情種種，當令一一好好顯明。若不明報時，大人、承旨、習判、都案、局分案頭、司吏等所獲何罪，視其未明之言情及言情輕重，酌量判斷"⑥。

7. 判斷有誤

《天盛律令》規定："諸局分人謂已□種種文書，當求大恒歷律令而出判憑時，若未能推究情節，或推究有誤及述説有誤，報經上司時有誤，一律庶人十杖，有官罰錢五緡。其中受賄者當以枉法貪贜罪論。"⑦

---

①② 史金波等譯注：《天盛改舊新定律令》，法律出版社，2000 年，第 321 頁。

③④⑤ 史金波等譯注：《天盛改舊新定律令》，法律出版社，2000 年，第 322 頁。

⑥⑦ 史金波等譯注：《天盛改舊新定律令》，法律出版社，2000 年，第 383 頁。

8. 誤寫文書

諸人未受賄而誤行文書，增有罪人之罪，則當比有罪人減二等，減之則減三等。判斷未至，則依次當再減一等①。

五、審判的執行

對於案件判決的執行是將法律裁定付諸實施的制度，是施於犯罪人本身的種種制裁。根據判決書的量刑，執行各種刑罰的方法和要求是不同的。西夏對於審判的執行主要有：

1. 拘管

《天盛律令》有："節親主犯種種罪時，除謀逆、失孝德禮、背叛、殺傷父母等依法判斷外，其餘犯十惡及不論官罪時，死命黥杖等當□□地當受，所應持處應持，□□處拘管□依犯雜罪之拘管法當拘管之。"②

2. 罰馬

罰馬是一種財産刑，它的執行不涉及犯罪人的人身。西夏的罰馬要求自訓舊馬至有齒好馬當交；罰馬也可以錢來折算，罰一馬當折交二十緡錢；有俸禄者可從俸禄中減除，未有俸禄，則罰一馬折算降官一級。不願降官而願受杖的，則因罰一馬受十三杖，罰二馬十五杖，罰三馬十七杖，自罰四馬以上一律二十杖③。可見西夏對於財産刑，在執行中採取較爲靈活的方法。

3. 遣送

邊中、京師畿内等諸司人判斷完畢時，犯罪人獲重勞役的判罰，如何派遣，當上報中書、樞密。中書、樞密載量遣送之處，當將犯罪人遣送至所示處。倘若諸司官吏未按照中書、樞密的諭文，擅自遣送他處時，有官罰馬一，庶人十三杖④。

4. 服刑

諸人判决爲種種罪時，依五刑輕重不同次第予以明確。所服杖刑爲大杖七至十三杖；勞役刑爲三個月、六個月、一年；短期徒刑爲一年以上六年以下；八年、十年及十二年三種爲長期徒刑，期滿依舊可回原居住處；十三年以上爲無期徒刑，期滿後犯罪人不許回原居住處依舊要限制在服刑地；死刑用絞殺及劍斬。除杖刑、死刑外，在服其他刑罰之前都要施以杖刑，其中獲勞役自三個月以上至二年者十三杖；獲徒刑三四年十五杖，五六年十七杖；獲三種長期、無期徒刑等當受二十杖⑤。

5. 追逃

犯罪人爲十惡罪或判處長期徒刑以上的刑罰潛逃的，追逃後對逃跑者當絞殺；

---

① 史金波等譯注：《天盛改舊新定律令》，法律出版社，2000年，第387頁。

② 史金波等譯注：《天盛改舊新定律令》，法律出版社，2000年，第601頁。

③ 史金波等譯注：《天盛改舊新定律令》，法律出版社，2000年，第602頁。

④ 史金波等譯注：《天盛改舊新定律令》，法律出版社，2000年，第603頁。

⑤ 史金波等譯注：《天盛改舊新定律令》，法律出版社，2000年，第605頁。

犯十惡者之父兄、親戚連坐的人，故意逃跑者，依舊當送附近有苦役處，爲一年勞役；因爲盗及他雜罪而獲長期徒刑的逃跑者，追逃後當重增黥字，打二十杖，送先住處；其餘獲長期、短期徒刑期間逃跑者，未爲他罪，則當分别受杖，送所住記名處，不另加他罪①。

6. 收監

對於服刑的犯罪人員，西夏規定："服勞役等監管，應好好收監，不許受賄亡失放縱。倘若違律放縱亡失，因受賄而放出等時，亡失放出者依條下所示罪判斷。受賄則與枉法貪贜罪比較，從重者判斷。"②

7. 連坐

連坐是及於犯罪人親屬的刑罰，西夏法律對於連坐的人員有詳細的規定。但對有些應連坐的人員在一定的條件下不使用連坐，包括：男人滿八十，女人滿六十，及男有重病，女有棄病等不使用連坐；祖母、嬸母、嫂娣、姑，次等寡居，及有女妹，或已嫁，或爲他人養女，或有爲僧人、道士等者，不計入連坐人中；妻子、媳婦、使軍、奴僕等有謀逆，犯者當依法承罪，公公、婆母、丈夫、頭監及婦人所有子女等勿連坐③。

8. 存檔

對於案件的審判及執行的文書，皆須收檔注册備案。《天盛律令》規定："偏問、儲典册勾管者當令明之，當行板簿而入册。若殿前司引送一册，殿前司人亦所斂行板簿一卷到來，其板簿上送爲録册，注册處明而行之，當注册爲正册、爲典庫□位之人中間當送殿前司磨勘。若違律應注册而不注册時，當依未録册上，不注册之人數比一一罪狀之舉賞加一等判斷。"④

通過以上對西夏審判制度的分析，我們可以看出西夏的審判制度層次分明、環環緊扣。對於審與判雖有所分，但又交錯聯繫。西夏審判制度中體現出了德與威並重，嚴與寬相濟的理念，其中也不乏許多靈活的規定。西夏嚴謹的審判制度從另一方面也説明了西夏不斷發展的封建統治此時以趨於規範化。

六、西夏審訊制度的承襲

通過以上我們對西夏審判制度的分析，展現出來的西夏審判制度嚴謹細緻。而西夏能够做到這一點，完全得益於中國傳統法律中有關審判的經驗與成就。在西夏建立之前，中國傳統法律就已將審訊與判決這一程序經過的兩個步驟聯繫在了一起，中國古代稱爲鞫讞。鞫在篆文中是形聲字，上部的竹頭爲聲，下部的左邊是表示與刑具、犯罪有關的幸字，右邊是人、言，合起來表示罪犯之言，即供詞，後簡

① 史金波等譯注：《天盛改舊新定律令》，法律出版社，2000 年，第 393－394 頁。
② 史金波等譯注：《天盛改舊新定律令》，法律出版社，2000 年，第 395 頁。
③ 史金波等譯注：《天盛改舊新定律令》，法律出版社，2000 年，第 112－113 頁。
④ 史金波等譯注：《天盛改舊新定律令》，法律出版社，2000 年，第 611 頁。

寫作鞫,釋義爲審問、審訊。司馬遷《史記・酷吏列傳》有"訊鞫論報"之説;讞字,其本定爲"議罪",就是審訊後定罪。

西夏審判制度是在傳承中國古代審訊中不斷積累的經驗而形成的。在中國古代,西周已開始建立審訊的規範化。《尚書・吕刑》有"兩造具備,師聽五辭"的記載,就是規定審訊時,原告、被告必須到庭,司法官按五辭審訊,五辭,即五聽。《周禮・秋官・小司寇》所言:一曰辭聽,二曰色聽,三曰氣聽,四曰耳聽,五曰目聽。司法官至少要從以上五個方面去考察案情。

從秦代發現的《睡虎地秦墓竹簡・封診式》中記載原告、被告到庭受審判的案件多達二十餘件。從這類案件審訊記録看,秦律首先要詢問其姓名、身份、籍貫、住所和歷史,還要詢問曾否犯罪,是否經過赦免等情況。漢代審訊時,訊問的方式有兩種形式,一種形式是一般人成爲訴訟的原告和被告時,不吐犯罪真情,或罪犯供詞與司法官掌握的案情不一致,司法官可以用刑訊拷打,甚至可以連續幾次使用拷打,直至其吐實爲止。另一種審訊的方式是,如屬重臣、高官之間的訴訟,往往由皇帝主持,或由皇帝臨時派員在特别場所主持訊問,訴訟當事人雙方可以進行對辯,這是與一般人成爲訴訟原告、被告完全有异的地方。

在律學確立和發達的魏晋時期,特别重視審訊的作用,據《晋書・刑法志》載"告訊爲之心吾"。充分運用律學理論,利用心理學知識,把審訊訴訟當事人的技巧推至到一個更高的水平。認爲審理案件,不能使用一種一成不變的方法,還要善於"臨時觀釁,使用法執詮者幽於未制之中,採其根芽之微,致之於機格之上……然後乃可以理直刑正"①。這是晋代司法官總結出來的一種新的審判理論,是一種有實踐價值的理論。

唐宋法律規定,訊問先行,訊問不成功再行拷問的二步審訊法,也就是"情審"和"刑審"相結合的方法。唐宋法律規定審問要根據告狀範圍進行,不得追究他罪,所謂"諸鞫獄者,皆須依所告狀鞫之"。不能"本狀之外,另求他罪"②。西夏《天盛律令》的規定與唐律同。亦用二步審訊法。西夏法律也重視狀外之罪不予審查,目的在於爲了防止審訊時的漫無節制,羅織周納,陷人於罪的現象出現。也由此,西夏建立了長官躬親鞫獄制度,就是長官必須親自坐堂問罪。

原刊於《西夏研究》2015 年第 2 期

① 《晋書・刑法志》,群衆出版社,1984 年,第 25 頁。
② 《唐律疏議・斷獄》,劉俊文點校,法律出版社,1999 年,第 596 頁。

西夏的婚姻立法與婚姻制度

李　温

婚姻家庭作爲一種社會現象不是從來就有的,與其他上層建築一樣,都是人類社會發展到一定階段的產物。在人類處於原始群初期,無所謂婚姻,也没有什麼家庭概念。兩性結合,毫無限制,血緣關係無從判明。隨着原始群生產、生活方式的漫長進化,各種社會機制逐步形成,兩性血緣關係才逐漸社會化、規範化,從而產生了一定的婚姻家庭形式。可見,婚姻家庭從無到有,從低級到高級是歷史發展的必然,是社會生產方式要求人類兩性結合的行爲社會化的結果,所以説婚姻家庭的形成和發展與人類社會的形成和發展是緊密聯繫的①。

不同類型社會的不同發展階段有着不同類型的婚姻家庭,它取決於不同類型社會的統治階級的意志,適應不同類型社會的社會制度,並符合統治階級的意志。

剛剛封建化的西夏王朝也不例外,他們在學習中原王朝先進文化時,對唐宋王朝封建的婚姻家庭制度也都承襲借鑒過來,當然在婚姻家庭制度方面也還保留着黨項民族固有的婚姻習俗。西夏仁宗天盛年間(1149—1169)頒布的《天盛改舊新定律令》(以下簡稱《天盛律令》)這部中世紀有影響的以西夏文頒布的法令卷八"爲婚門"以 30 個律條詳細規定了結婚與禁止結婚的條件與程序,以及違律結婚的處罰條款。其他如卷一中的"失孝德禮門"、"惡毒門"、"不孝順門"、"失義門"、"内亂門"和卷八的"行非禮門"、"燒殺傷門"以及卷十的"官軍敕門"和卷十二的"無禮注銷詐言門"等條款也都對維護封建的婚姻家庭秩序作了詳細規定。

本文擬對西夏王朝婚姻立法的指導思想、婚姻制度及其特點作一介紹。

一、西夏婚姻立法的基本指導思想

(一) 引禮入法,禮法結合,使禮成爲法與宗法的重要内容和調整手段

引禮入法,禮法並用,是封建社會統治階級治國理政的一貫思想,在唐律、宋刑和《天盛律令》的具體規定中得到充分體現。禮是立法的指導思想,也是適用法律的重要依據,社會活動中常以禮爲言行的準則,時時處處維護禮的尊嚴,用刑罰嚴厲制裁違法行爲。但法的作用也不能忽視,如《唐律疏議・名例》前言説:"刑罰不

---

① 劉淑媛主編:《婚姻家庭繼承法新論》,寧夏人民出版社,2002 年。

可弛於國，笞捶不得廢於家。”[①]禮、法是兩種不同手段，目的都是爲維護統治階級的統治秩序和階級利益，它們各有自己的獨特作用，審時度勢，相輔相成，結合運用，更能收異曲同工之效。這成爲唐以後歷代王朝維護統治秩序，鎮壓人民交替使用的兩種手段。西夏王朝也不例外，如《天盛律令》把“十惡”定爲最嚴重的犯罪，也是最嚴厲的打擊對象，因爲“十惡”違反了儒家奉爲至尊至上的“三綱五常”（即君爲臣綱、父爲子綱、夫爲妻綱；父子有親、君臣有義、夫婦有别、長幼有序、朋友有信），破壞了尊卑倫理綱常關係，從而動摇和威脅了西夏國家的統治基礎和統治秩序，所以把對“十惡”的處罰放在首卷。另對統治集團内的官員犯罪，仿照《宋刑統》用“折杖法”予以從輕處罰，彰顯其“德政”，這在《天盛律令》卷九“行獄杖門”中有詳細規定。

（二）儒家的禮是婚姻立法的基本指導原則

自漢初確立儒家綱常名教的統治地位後，儒家思想文化也成爲漢以後歷朝歷代立法的基本原則。西夏王朝全面借鑒移植了以儒學思想文化爲主要内容的中原傳統思想文化，儒學思想文化也就成爲西夏的思想文化和法律文化的主流，如《天盛律令》的“頒律表”中就有明確表述：“追緬先祖之豐功；弘揚丕模之遺德，謹遵古訓，欲改大法，爲民取則，爲世除惡。”[②]“弘揚丕模之遺德”就是以宣揚儒家“三綱五常”的倫理道德標準，教育、約束全國臣民。儒家思想的禮，把人們劃分爲貴賤、尊卑、長幼、親疏，由此决定人們的社會地位和權利義務，規範人們的言行，教訓人們要忠君、崇官、孝親、尊夫、護主等，這正是統治階級所希望的。婚姻立法必須也必然要爲這一原則服務，以維護和鞏固封建社會的基礎——家庭。如《天盛律令》就出現了鞏固封建社會、家庭秩序的“失孝德禮、惡毒、不孝順、不睦、内亂”等罪名，據此進行審判，處以絞、斬重刑。

（三）家長專制，漠視子女權益同樣是西夏婚姻立法的一項重要原則

包辦强迫和買賣婚姻是封建婚姻締結的主要形式，結婚是家族的事，目的是爲了“上以事宗廟，下以繼後世”，起决定作用的是這個家庭的尊長，只要雙方家長認爲合適，這樁婚姻就成立了，青年男女是没有婚姻自由的。如《唐律疏議》明文規定，婚姻關係的締結，需要立婚書，即訂立婚契，尊長可爲卑幼包辦婚姻，如不服從，則杖一百。從而决定這種訂婚的契約是强制性的，根本不考慮青年男女的意願。只有當卑幼在外做官或經商自己娶妻，“其尊長後爲定婚，若卑幼所娶妻已成者，婚如法；未成者，從尊長所定。違者，杖一百”。《天盛律令》卷八“爲婚門”第八條同樣規定：“諸人爲婚嫁女順序：親父母可嫁，祖父母、伯叔、姨、兄弟、嫂等其他節親不許嫁。若無親父母，則祖父母及其共居庶母、女之同母兄弟嫂娣及親伯叔姨等共議所願處爲婚。”可見西夏社會中婚姻的主婚權屬於父母，在没有父母的情况下，則由其

---

① （唐）長孫無忌等《唐律疏議》，中華書局，1983 年。

② 《西夏法典》，寧夏人民出版社，1998 年。

祖父母、共居庶母、同母兄弟、嫂娣及親伯叔、姨等共同商議。説明西夏的婚姻屬於父母或其至親包辦婚姻。

(四) 法典體系是諸法合體,刑民有別,是我國封建法制的又一特點

奴隸、封建制國家的法典,雖然主要是鎮壓奴隸、農奴的嚴酷的刑法,但也有調整其他社會關係法律規範的作用,如《唐律疏議》除刑法外,還有職制(國家機構編制、官吏選拔、考核等行政法)、户婚(户籍、土地、賦税和婚姻家庭法)、厩庫(牲畜飼養和倉庫管理法)、擅興(軍事和工程興造法)、鬥訟(鬥毆與訴訟法)、斷獄(司法、審判與監獄法)等法律規範。西夏《天盛律令》同樣包括刑法、軍事法、經濟、厩牧、民事、婚姻、家庭等法律規範。而且詳細規定了以刑罰的强制力來保證其他經濟、民事、婚姻、家庭等法規的實施。其目的都是爲了維護和鞏固西夏王朝的統治秩序。

二、西夏的婚姻制度

(一) 婚姻的締結

婚姻不僅是男女雙方的終身大事,而且關係到家庭和社會的穩定和發展。因此,自古以來,任何國家都對婚姻有明確的規定。我國奴隸、封建社會的婚姻制度主要是爲了家族的傳宗接代,根本不考慮男女雙方當事人的意願,完全由雙方家長包辦進行,"父母之命,媒妁之言"被認爲是天經地義。只要雙方家長同意他們的子女相結合,經過一定的儀式,婚姻便成立了,直系尊親屬有絶對的主婚權,他們可以讓子女與任何人結婚,社會、法律都承認直系尊親屬在這方面的絶對權威,給予强有力的支持,不容子女違抗。如唐律、宋刑都規定:尊長可以爲卑幼包辦婚姻,如不服從則杖一百。從而決定了這種婚姻制度是强制性的,是漠視子女利益的。西夏承襲了唐宋的封建婚姻制度,但也保留了黨項民族的一些習慣。

(二) 結婚的條件

1. 主婚權

西夏《天盛律令》"爲婚門"第八條規定:諸人嫁女的主婚權順序是:親父母;在没有父母的情況下,由祖父母及同居的庶母、親伯叔、姨、同母兄弟、嫂娣等共同商議決定。可見西夏的婚姻屬於父母或其近親屬包辦婚姻。《天盛律令》還規定對違反主婚權的行爲進行處罰,爲婚嫁女時,嫁娶者無父母,"若不共議而嫁時,六個月期間可上告,當接狀尋問。祖父母、伯叔、姨等嫁女者罪不治,兄弟嫂娣嫁則有官罰馬一,庶人十三仗。因未共議,婚姻當改過。"由此可以看出,西夏社會中,父母有絶對的主婚權;其次是祖父母、同居的庶母、親伯叔、姨;再次是同母兄弟、嫂娣等。

2. 結婚的年齡

唐律貞觀元年(627)規定"男二十,女十五",開元二十二年(734)爲了增加人口,將婚齡降爲"男十五,女十三"。宋朝的婚姻立法大體沿襲唐制。西夏《天盛律令》卷八"爲婚門"第二條規定"女十三以上始得爲婚",男子未見規定。然而,同時

代編纂的西夏文類書《聖立義海》則對此有相關記載:“父教子禮:男十五擇偶,令習文業。逾十五迎娶妻眷,令習戰鬥。女年十五,媳儀準備,逾十五,出嫁婚配也。”①從《聖立義海》看,西夏社會一般以十五歲爲男女的法定婚齡,《天盛律令》規定“女十三以上始得爲婚”,可能是對女子結婚的最低年齡限制。或者是在仁宗乾佑年間(1170—1193)將女子成婚年齡提高到十五歲。

(三) 結婚的程序

唐律規定婚姻關係締結的程序,必須經過納彩、問名、納吉、納徵、請期、親迎等六禮儀式,始爲合法。西夏婚姻締結的程序雖然没有那樣繁瑣,但是,也規定了婚姻必須由父母或其親中尊長決定,定婚後三年迎娶,男方家要給女方家“婚價”(即聘禮),女方家也要陪送“嫁妝”,然後才能“迎媳”等程序。

1. 婚價

婚價是西夏婚姻能否成立的一個重要條件。婚價根據雙方的社會地位和經濟情況,分爲幾個等級。《天盛律令》卷八“爲婚門”第十八條規定:“殿上座節親主(相當於親王)、宰相等以自共與其下人等爲婚者,予價一律至三百種以内,其中駱駝、馬、衣服外,金豹、虎皮等勿超百五十種。”“節親主以下臣僚等以自共與諸民庶等爲婚,嫁女索婦時,一律予價至二百種以内,其中駱駝、馬、衣服外,金豹、虎皮等勿超百種。”“自盈能(地位不高的官)等頭領以下至民庶爲婚,嫁女索婦等,予價一律一百種以内,其中駱駝、馬、衣服外,金豹、虎皮等勿超二十種。”《天盛律令》同卷同門第二條規定:“諸人已爲婚後,男父母能給婚價而不給,曰‘吾不願娶媳’,則當罰所予前價,婚姻當改過,女父母當另嫁女。實無力予價,則三年婿當往出勞力,期滿,當予之妻子。若女父母曰‘我反悔’,男父母亦曰‘願放媳’,則依所用前價數償還。雙方情願,當許退婚,男父母不願,則不許退婚。……若(女方)食用畢婚價,逾期不予媳時,女方父母徒一年。”可見婚價在西夏婚姻中起着重要作用。

2. 嫁妝

女方陪送嫁妝在西夏婚姻中已形成制度,嫁妝要與婚價相對應,但比婚價要低,根據兩家的社會地位和家庭經濟情況,也分不同等級。《天盛律令》卷八“爲婚門”第二十條規定:“爲婚價予三百種之嫁妝中蓋帳三具,二百種蓋二具,一百種蓋一具。無力亦允許不蓋,不許比之增蓋。”同卷同門第二十一條規定:“爲婚嫁妝蓋帳者,三具、二具蓋七十木以及六十木以内,不許超出木數。”如果陪送嫁妝是服飾時,第二十二條規定:“嫁妝中送服飾及客□時,服飾等一律予價三百種送七十服,予價二百種送五十服,予價一百種送十服以内。無力允許不服,不許比之超服及衣服全予。”如果女方父母無力陪送嫁妝時,《天盛律令》卷八“爲婚門”第十七條還規定:“女方父母無力,則當以前所取價二分之一爲婚價,另一份爲嫁妝而予之。其中

① [俄]克恰諾夫著,李範文、羅矛昆譯:《聖立義海研究》,寧夏人民出版社,1995年。

無力者，則不許予嫁妝，不情願者，不許强令按價給屋舍、地疇、使軍、奴僕等。”從以上條文中可以看出，西夏女方陪送嫁妝雖然已形成制度，但法律對嫁妝的數量也進行了限制，不能超出法定的最高的限額，也可以婚價的一部分折抵爲嫁妝，甚至規定若女方確實無力陪送嫁妝時，可以不予陪送。

3. 迎媳

迎媳儀式是締結婚姻的最後一項重要儀式。迎娶儀式隆重，程序繁瑣，《天盛律令》卷八“爲婚門”第二條規定，訂婚後三年内必須迎娶，不迎娶要給以處罰：“男父母三年期間未迎娶，罪責自負，當罰婚價。”同門第二十三條還規定：“前述爲婚中，取婚服、索婦食、帳未食、客人來往食、烤房食等時，傳轉物者，勿計入嫁妝。”從服飾和各種各樣的食物可見迎娶儀式的隆重，《聖立義海》還記載成婚要“吉日迎送”，並説這是“男女相敬，擇日求安，送女迎媳。親家翁、親家母相敬，依禮往來”[①]。《番漢合時掌中珠》也記載了西夏結婚的迎娶過程：“室女長大，嫁於他人，送於沉房，親家翁、親家母，並諸親戚，盡皆聚集，兒女了畢，放得心定。”[②]這些描述可以看出西夏結婚迎娶儀式時雙方家長和衆多親戚都要聚集在一起，舉辦婚宴和迎娶儀式。

(四) 禁止結婚的條件

我國古代有許多禁止結婚的習俗，最主要的是等級門第的限制，《唐律疏議》規定了許多禁止結婚的條件，謂“人各有偶，色類須同，良賤既殊何宜配合”。如禁止同姓結婚、同宗結婚、外姻親中尊卑爲婚、良賤爲婚、各色賤人異色相娶，禁止嫁娶曾爲袒免親之妻者，禁止中華人私與化外人爲婚，禁止居父母喪、夫喪、期親之喪而嫁娶，禁止寡婦之祖父母、父母以外之人强迫寡婦在夫喪服除之後改嫁，等等，違律處以不同的刑罰。宋沿襲了唐律關於違律爲婚的規定。西夏雖然也承襲了唐宋的婚姻制度，但對禁止結婚的限制並不嚴格，如《天盛律令》卷十二“無禮注銷詐言門”第四條規定：“使君已問所屬頭監，樂意給予契據，則允許將子女、媳、姑、姐妹婦人等賣予他人，及與他人爲婚。”同門第五條還規定：“官人自身樂意，當允許將姑、姐妹、女等與使君爲婚。”

同姓不婚是一個古老的傳統禁忌，從周朝起就同姓不婚，姓的起源原來是血統的一種標志，在最初同姓的都有血緣關係，所以在同姓之間，禁止結婚。《禮記・曲禮》云：“娶妻不娶同姓，買妾不知其姓則卜之。”除了倫理上的理由，還有生理上的科學道理。《左傳・晋語》云：“同姓不婚，不殖也。”同姓不婚這一禁忌，一直延續到封建社會末期。西夏同樣規定了禁止同姓爲婚。《天盛律令》卷八“行非禮門”規定：同姓結婚，處徒刑三年。媒人爲同姓爲婚者傳語，處徒刑一年，這是西夏王朝的特殊規定。唐宋律只規定：“諸同姓爲婚，各徒二年。”没有對媒人處罰的規定。

---

① [俄]克恰諾夫著，李範文、羅矛昆譯：《聖立義海研究》，寧夏人民出版社，1995 年。

② 骨勒茂才著，黄振華，聶鴻音等整理：《蕃漢合時掌中珠》，寧夏人民出版社，1989 年。

(五) 婚姻的解除

西夏的婚姻制度借鑒、吸收了中原王朝的“七出”制度,《天盛律令》卷八“行非禮門”第七條規定:“諸人出妻之法,婦人有七種惡中與人行淫一種,則父母及丈夫等共議不議一律允許出,不許反告。此外:一、不生子女;二、不侍奉公婆;三、有主多言;四、盗竊;五、嫉妒;六、惡疾。有此六種錯,丈夫及公婆等共議出之,則可往樂處。父母不知,丈夫出之,予憑據,若曰‘當出’,剪頭,遷往所願處,及丈夫不知而父母出之等,六個月期間誰未知者反告訴訟,則不許往樂處,父母出之則不治罪。丈夫出之而未問父母之意,則有官罰馬一,庶人十三杖。”同時也規定了“三不去”制度,即:“被有六種錯,然一者能行孝禮於公婆;二者娶時貧苦低微後富貴威上;三者迎娶時送者迎人根斷而無住處等;三種所不出及無罪錯婦人等,妻丈夫有出婦之心,女父母亦曰‘我贖出’,則當出,婦當還回。女父母不欲贖,妻丈夫曰‘出妻子媳等’,則當罰聘價,退還嫁妝,隨其願往。”《唐律疏議·户婚》還規定了“義絶”:“毆妻之祖父母、父母及殺妻外祖父母、伯叔父母、兄弟、姑、姊妹,若夫妻祖父母、父母、外祖父母、伯叔父母、兄弟、姑、姊妹自相殺及妻毆罵夫之祖父母、父母、殺傷夫外祖父母、伯叔父母、兄弟、姑、姊妹及與夫緦麻以上親、若妻母奸,及欲害夫者,雖會赦,皆爲義絶。”[①]西夏婚姻制度中則未見有義絶的規定。

三、西夏婚姻制度的特點

西夏建國後,雖然在政治制度和社會生活方面受中原王朝很大影響,也借鑒、吸收了唐宋王朝的一些規章制度,但是,由于它是一個以黨項民族爲主體建立的民族政權,所以在社會生活的各個領域依然保留着本民族的一些習俗,婚姻制度同樣有自己的特點。

(一) 西夏人的擇偶觀念

《新集錦成對諺語》、《聖立義海》、《碎金》等西夏文獻都有反映西夏人的擇偶觀念。《聖立義海》“美婦名義”中認爲“世間人之最上者,乃色美,其次益智、言語也”,“醜婦名義”又云:“外醜内聰,女人要有才藝内聰,如僅具外美,多招灾祟。詩中云:‘男智察婦行,愚人重外表。’”[②]説明婦女姿容固然重要,但是内在的美,對丈夫的忠貞更重要。黨項民族崇尚武勇,勇敢者也能獲得美滿婚姻。如西夏諺語有“勇(年年),美姻連”,“勇禽美禽擇愛”[③]。同時婚姻還依靠經濟實力來決定。如《天盛律令》卷八“爲婚門”對婚價的規定,以及《文海》中對婚價的解釋:“婚價也,結婚取女價,向親戚叔、舅等饋物之謂。”這種“饋物”實際上是男方向女方支付的婚價。這些都反映了西夏婚姻觀念中對於經濟實力的重視。

---

① (唐)長孫無忌等《唐律疏議》,中華書局,1983年。

② [俄]克恰諾夫著,李範文、羅矛昆譯:《聖立義海研究》,寧夏人民出版社,1995年。

③ 陳炳應:《西夏諺語·新集錦諺語》,山西人民出版社,1993年。

(二) 婦女地位較高

西夏黨項民族因自原始社會末期發展到封建社會時期較短,只有幾百年,一些反映原始社會的習俗還有所保留。在婚姻方面婦女地位較高就是原來傳統習俗的遺存。

西夏婚姻中也有妻妾之分,子輩中也有嫡庶之别,但不像中原王朝那樣嚴格。《唐律疏議・户婚》規定:"諸以妻爲妾,以婢爲妻者徒二年。以妾及客女爲妻,以婢爲妾者,徒一年半。各還正之。"[①]宋代法律對妻、妾、婢女的地位在法律上規定的也非常嚴格,如若違反都要受到刑罰的懲處。西夏的法律則没有對於妻、妾、婢女地位的嚴格規定。

西夏婦女地位爲什麽較高?有的學者認爲:一是因爲西夏脱離原始社會較晚,還保留原始社會女權的一些習俗;二是婦女參軍,對西夏拓疆衛國有功,據《遼史》記載:西夏習俗"喜報仇……有力小不能報仇者,集壯婦,享以牛羊酒食,趨讎家縱火,焚其廬舍。俗曰敵女兵不祥,輒避去"[②]。女兵報仇,敵人躲避不戰,是古代女權的一種表現,是對婦女的尊重。西夏有女兵參加作戰,這也是婦女具有一定地位的體現。

(三) 相對自由的婚戀觀念

西夏黨項民族的婚戀觀念比較自由,這是黨項民族早期的婚戀習俗的延續。在西夏婚姻中,婦女在婚權上比唐宋王朝婦女有較多的自由,《天盛律令》卷八"爲婚門"第三十條規定:"諸人已爲婚,婿未往,或男死或女死等,一律當罰有主婚價,女當嫁情願處。""人已爲婚……男死,女當嫁情願處。"這表明西夏婦女在婚姻上相對有較多的選擇,寡婦可以改嫁,當時唐宋王朝婦女則没有這樣的自由。

(四) 女嫁不從夫姓

西夏文獻《天盛二十二年賣地文契》反映了西夏婚姻家庭制度中的一個特點,即女子出嫁不從夫姓。這份買賣土地的文契記載了一位寡婦賣地 22 畝,值駱駝四匹:全齒駱駝二匹,雙峰駱駝一匹,代步駱駝一匹。文契末尾詳細記載了所賣地的四至。立約人寡婦"耶酥氏寶引"和她的兩個兒子"其商約者子没羅哥獐,共商約者(子)没羅口鞭"。契文寫着賣主寡婦姓耶酥氏,其兩個兒子姓没羅氏,可以看出西夏婚姻中女子出嫁是不從夫姓的。

(五) 對非婚生子女相對寬容

封建社會對非婚生子女都採取歧視的態度,西夏雖然也有類似的規定,如《天盛律令》卷十"官軍敕門"第二條規定:"諸人與大小侄婦混房生子時,不許襲抄、官、軍,當以自親子襲。"第五條規定:"諸人之妻子與他人通而生雜子者,不許襲丈夫之抄、官、軍,勿得畜穀寶物。"但相比之下,西夏法律規定的對待非婚生子女比中原王

---

① (唐)長孫無忌等:《唐律疏議》,中華書局,1983 年。

② (元)脱脱等:《遼史・西夏傳》,中華書局點校本,2003 年。

朝要寬容的多。《天盛律令》卷八"燒傷殺門"第十三條規定:"諸人娶妻子,後與他人行淫亂而懷有雜子女者,不許取狀尋問。已產出而爲父母所殺時,爲母所殺與殺己子罪相同,爲父所殺則殺一人徒六年,自二人以上一律徒八年。"這一規定保護了非婚生子女的生存權。

(六) 女子以身先薦國師

西夏受唐宋宗教文化的影響,佛道教盛行,寺廟擁有大量土地和經濟實力,僧人有較高的社會地位,有的被授予國師、法師、禪師、定師、功德司(包括僧人功德司、出家功德司、在家功德司)大人、承旨等官職,可見僧人是得到社會尊重的。元人馬祖常所著《河西歌》云:"賀蘭山下河西地,女郎十八梳高髻,茜根染衣光如霞,却召瞿曇作夫婿。"[①]"瞿曇"即"喇嘛",這應是喇嘛教傳入西夏后,在黨項民族中形成的習俗。由于僧人在西夏境内享有盛譽,國師又是西夏僧人中地位極高的特權階層,黨項女子以身先薦國師,就成爲一種社會習俗。

(七) 姑舅表婚盛行

中國古代稱姑母的子女爲外兄弟姐妹,稱舅父、姨母的子女爲内兄弟姐妹。外爲表,内爲中,外兄弟姐妹與内兄弟姐妹之間互稱表兄弟姐妹,他們之間的婚姻爲中表婚,亦即所謂姑、舅、姨表兄弟姐妹婚。中表婚到唐宋時已被法律所禁止。《宋刑統》規定:"中表爲婚,各杖一百,離之。"[②]事實上,中原地區對這種兄弟姐妹間的"親上加親"的婚姻並不排斥,政府也聽之任之。在中華人民共和國成立前,在我國尤其是少數民族地區這種婚姻還在流行着。直到《中華人民共和國婚姻法》頒布,才正式禁止"直系血親和三代以内旁系血親"結婚。當時西夏法律並没有限制或禁止中表婚的規定,所以表兄弟姐妹間的婚姻盛行。

(八)西夏民族通婚盛行

西夏是一個以黨項民族爲主體,由漢、回鶻、吐蕃、契丹等多民族組成的封建王朝,黨項族除本民族内部通婚外,也允許黨項族與其他民族通婚,不像宋朝嚴格禁止漢族與其他民族通婚。據《宋史·太宗本紀》記載:"禁止西北緣邊諸州民與内屬戎人昏(婚)娶。"西夏由于各民族雜居相處,生産生活互助交流交融,彼此通婚也就不足爲奇了,特别是上層皇室貴族出於政治軍事目的,西夏王室的公主與鄰國和親,西夏建國前後,王室皇族曾與契丹王朝和親三次,遼也三次將公主嫁於黨項首領和西夏國君,與吐蕃和親兩次,與蒙古和親一次,西夏皇室娶漢族女子爲后妃的就更多了。這也帶動了民間黨項民族與其他民族之間的通婚,族際通婚盛行成爲西夏婚姻制度的一個特點。

---

① (元)馬祖常:《石田文集》第五卷,《河西歌〈效李長吉體〉》。

② 薛梅卿點校:《宋刑統》,法律出版社,1998年。

參考文獻:

1.《天盛改舊新定律令》,科學出版社,1994 年。

2.(唐)長孫無忌等:《唐律疏議》,中華書局,1983 年。

3.薛梅卿點校:《宋刑統》,法律出版社,1998 年。

4.骨勒茂才著,黄振華、聶鴻音等整理:《蕃漢合時掌中珠》,寧夏人民出版社,1989 年。

5.邵方著:《西夏法制研究》,人民出版社,2009 年。

6.劉淑媛主編:《婚姻家庭繼承法新論》,寧夏人民教育出版社,2002 年。

本文未公開發表

黑水城出土元代文書押印制度初探

陳朝輝

璽印制度濫觴於先秦,自秦漢以後,歷朝都製定了官印制度。先秦時期的印文稱璽,由玉、金、銀、銅、牛角、象牙等材料製成,以銅居多,大小多在方寸之間,並没有太多的限制,適用於國王及平民。秦漢時期出臺了一整套官印制度,從印文的名稱爲璽、印、章,印章的材料有玉、金、銀、銅、鐵,鈕制的紋飾爲螭虎、駱駝、龜、蛇,到尺寸的大小,以至於璽印有關的綬帶用多少根絲、長短、顏色等都有明確的規定。到了隋唐時期,我國官印發生重大變化,形態完全改觀,唐代官員隨身佩戴魚符,而不是印章,名稱、形制等方面也有很大的不同。由原來的官名印,改爲官署印,如原來的"中書令印",唐代改稱"中書省印",出現了"記"和"戳",改"璽"爲"寶",形制上由秦漢的陰文改爲陽文,印文採用小篆,多用曲筆。宋代印制基本承襲唐制,與宋同時期的遼、金、西夏也都頒行官印,遼用契丹文,西夏用西夏文,金用漢文疊篆,對元朝的官印産生了深遠影響。

元代在入主中原以前使用畏兀兒人塔塔統阿傳授的畏兀兒字官印。塔塔統阿本在乃蠻國被尊爲傅,掌金印及錢穀,在蒙古人征乃蠻後懷印被擒,太祖問他,疆土人民都歸我了,你帶着印有何用,塔塔統阿説:"出納錢穀,委任人材,一切事皆用之,以爲信驗耳。"太祖聽後啓用塔塔統阿,"是後,凡有制旨,始用印章,仍命掌之"①。元朝建立後,官印有漢字官印和八思巴字官印兩類。

中國藏黑水城出土文書上鈐蓋的押印時間集中在元代,官印多爲八思巴字。八思巴是元代第一任帝師,奉元世祖忽必烈之命,仿照藏文字母創立了蒙古新字,也就是八思巴文,至元六年(1269)元世祖下詔頒行八思巴文,譯寫一切文字,"朕惟字以書言,言以紀事,此古今之通制。我國家肇基朔方,俗尚簡古,未遑製作,凡施用文字,因用漢楷及畏吾字,以達本朝之言。考諸遼、金,以及遐方諸國,例各有字,今文治寖興,而字書有闕,於一代制度,實爲未備。故特命國師八思巴創爲蒙古新字,譯寫一切文字,期於順言達事而已。自今以往,凡有璽書頒降者,並用蒙古新字,仍各以其國字副之"②。在已經發現的八思巴文官印中,最早的實物資料是現藏於故宫博物院的"和衆縣印",其印爲銅質,方形,邊長 6 厘米,印背右款蝕泐較

① (明)宋濂等:《元史》,中華書局,1983 年,第 3048 頁。
② (明)宋濂等:《元史》,中華書局,1983 年,第 4518 頁。

重,從殘存筆迹看係"和衆縣印",印背左款爲"中書禮部造"和"至元九年八月日"[①],距離元世祖頒行八思巴文的至元六年僅有三年,説明作爲國家推崇的國書,在推行之初就應用於印章之上,並且,八思巴字用於官印似乎是一種定制,"元朝一品衙門用三臺金印。二品三品用二臺銀印。其餘大小衙門印,雖大小不同,皆用銅。其印文皆用八思麻帝師所製蒙古字書"[②]。

元代官印統一由中書禮部的鑄印局鑄造,其質地、尺寸等都有明確的規定,《元典章》載:

諸王	印:三寸二分,赤金二百一十三兩九錢,物料錢六兩三錢七分;金印:三寸一分五厘,赤金三定六兩,物料錢五兩三錢四分;金鍍銀印:準上,白銀八十三兩,鍍金赤金八錢,物料錢五錢
駙馬	印:正二,三臺,銀五十六兩四錢,物料錢八錢
正一	三寸,三臺,銀八十兩五錢,物料錢八錢
從	二寸八分,三臺,銀八十兩,物料錢八錢
正二	二寸六分,兩臺,銀七十兩,物料錢七錢
從	二寸五分,兩臺,銀六十五兩,物料錢七錢
正三	二寸四分,銀五十五兩,物料錢六錢,銅四斤,物料錢一錢一分九厘
從	二寸三分,銅三斤十二兩,物料錢一錢一分三厘
正四	二寸二分,銅三斤八兩,物料錢一錢八厘
從	二寸一分,銅三斤四兩,物料錢一錢一厘
正五	二寸五厘,銅三斤,物料錢九分三厘
從	二寸,銅二斤十四兩,物料錢九分二厘
正六	一寸九分五厘,銅二斤十一兩,物料錢九分二厘
從	一寸九分,銅二斤十兩,物料錢八分九厘
正七	一寸八分五厘,銅二斤八兩,物料錢八分六厘
從	一寸八分,銅二斤六兩,物料錢八分五厘
正八	一寸七分五厘,銅二斤四兩,物料錢八分九厘
從	一寸七分,銅二斤二兩,物料錢七分九厘
正九	一寸六分五厘,銅二斤,物料錢七分五厘
從	一寸六分,銅一斤十四兩,物料錢七分二厘[③]

① 照那斯圖、薛磊:《元國書官印匯釋》,遼寧民族出版社,2011 年,第 216 頁。
② (明)葉子奇:《草木子(元明史料筆迹叢刊)》,中華書局,1959 年,第 216 頁。
③ 陳高華等點校:《元典章》,中華書局,2011 年,第 1039 頁。

從史料可知，元印的大小與官品成正比，官品越大，官印越大，其中一、二品官印有臺，三品以下無臺，現存的實物與上述記載大致相近。現存西藏的“大司徒印”，銅質，印背三臺，印背右鐫“大司徒印”、左鐫“皇慶元年七月　日”、“中書禮部造”，印文爲八思巴篆字“大司徒印”[①]，大司徒在元朝爲從一品官，《元典章・職品》載：

從一品

中書右丞相　中書左丞相　録軍國終事

中書平章政事[行省同]　平章政事　樞密院使

宣政院使　徽政院使　宣徽院使　大司徒　札魯忽赤[②]

從一品官應爲三臺銀印，此“大司徒印”爲三臺銅印，略有不同。

另一枚“太尉之印”，爲銅質，印背三臺，直鈕，印面正方，邊長 10.4 厘米。背鑿款右行“太尉之印”，次行“宣光五年十二月　日”，三行“中書禮部造”。印文兩行八思巴篆字“太尉/之印”[③]，太尉爲正一品，《元史・百官志》載：“三公、太師、太傅、太保各一員，正一品，銀印。”[④]按《元典章》記載，太尉當爲三臺，銀印，實物爲三臺銅印，與上述“大司徒印”情況相似。

黑水城遺址中也保存有一枚珍貴的印章實物，即“永昌等處行樞密院斷事官府印”，現存内蒙古考古研究所。該印爲銅質，方形，邊長 8.2 厘米。方長梯形柄。印背右側刻“永昌等處行樞密院斷事官府印”，左側刻“天元元年二月　日”和“中書禮部造”，印文爲四行八思巴篆字“永昌等/處行樞/密院斷/事官府印”[⑤]。值得一提的是，這枚官印和“太尉之印”均爲北元時期的官印，因爲北元時期史料記載不多，實物不僅有文物價值更具重要的學術價值。

除了這枚實物印，黑水城遺址中的印章，大量的是保存在出土文書上的印文，有官、私之分，官印即官方用於公務的印章，分爲官印、戳印等，私印有押印、畫押等。公文上加蓋官印、戳印，有的文書有多方官印，如編號爲 M1・0140[HF193A 正]的《廣積倉支黄米文書》[⑥]爲廣積倉官滿殊失厘准許支黄米五石四斗的正式公文，文書前部有十個人名，應爲黄米的領取人，“實支黄米伍碩肆斗整”的上方有硃筆批注的“照過”二字，説明官員已經審核通過，“實支黄米伍碩肆斗整”上鈐蓋兩方正方形朱色官印，另有一方長方形朱色官印斜蓋在上，其後的一行是八思巴字、千

① 照那斯圖、薛磊：《元國書官印匯釋》，遼寧民族出版社，2011 年，第 21 頁。
② 陳高華等點校：《元典章》，中華書局，2011 年，第 192 年。
③ 照那斯圖、薛磊：《元國書官印匯釋》，遼寧民族出版社，2011 年，第 23 頁。
④ (明)宋濂等：《元史》，中華書局，1983 年，第 2021 頁。
⑤ 照那斯圖、薛磊：《元國書官印匯釋》，遼寧民族出版社，2011 年，第 33 頁。
⑥ 塔拉、杜建録：《中國藏黑水城漢文文獻》，國家圖書館出版社，2008 年，第 231 頁。

字文編號“洪字玖拾貳號”，均爲左半邊，二者上方各鈐蓋一方朱色官印，同樣僅有左半邊，官印邊欄爲寬邊，印文爲疊字篆刻。編號爲 M1・0201[F116：W549]的《大德十一年税糧文書》①爲司吏趙震呈文，僅於末尾“初一日”上鈐蓋官印一方，印章爲寬邊，疊字篆刻。戳印大致有兩種，年款戳印和河西隴北道肅政廉訪司戳印。編號爲 M1・0267[F116：W561]的《軍用錢糧文卷》②爲甘肅等處行中書省札付亦集乃路總管府，關於只應暖忽里幽王入川炒米麵事宜，末尾有朱色官印、墨色年款戳印夾雜八思巴字各一處。M1・0295 [F116：W552]的《大德四年軍用錢糧文卷》③共有官印三方，另外，在文書的末尾處，有“創行未絶一件爲計置軍糧……”等文字，其後有硃筆批注，最末端鈐蓋有“河西隴北道肅政廉訪司刷訖”的長方形墨色戳印，且戳印與朱色官印疊加，朱色官印爲寬邊、八思巴字疊字篆刻，印文爲“河西隴北道肅政廉訪司分司印”④，參與照刷工作的書吏王信、石泉也在戳印後鈐蓋墨色無邊框印章。《元典章》中關於照刷印有明確規定“刷印並司印，須要圓正分明”⑤。“河西隴北道肅政廉訪司刷訖”爲刷印，疊加的朱色官印爲司印，印證了典章中的記載，説明照刷工作已經完成。

私印有押印和畫押兩種，元押是元代印章中富有特色的一類，據文獻記載宋初期已有押的出現，宋人周密《癸辛雜識・别録》一書就有宋押的記載，在宋代的書畫中，常常可以看見畫家、文人的印鑒，遼金時期，也有私印，字體多爲小篆，也有以少數民族文字入印的。黑水城出土文書上押印的基本形態是上部一横，下部爲更粗一横，兩劃中間爲變化的圖案，如編號爲 M1・0323[F97：W4]的《馬牛羊駝賬》⑥爲滿哥帖木兒等十餘人牲畜登記賬，末尾有一處常見的却最爲簡單的押印（見圖一），形似“工”字。編號爲 M1・0205[F116：W465]的《大德十一年税糧文卷》⑦殘存“大麥捌拾陸伍斗捌升式勺八抄六撮”等文字，末尾有墨色押印兩方（見圖二、三），其中第一個似字非字。編號爲 M1・0298[F116：W565]的《大德四件軍糧文卷》⑧記載的是大德四年元軍北征路經亦集乃路籌集軍糧的事，末尾有“亦集乃路總管府准此”的字樣，以及八思巴字和亦思替非文各一處，末端鈐蓋墨色押印兩方（見圖四、五）。

畫押主要是司屬負責官員以及案件、契約文書中相關人員所畫的，與押印的作用一樣，形態類似，有“工”字押，也有上、下各有一横，中間部分另有變化的畫押方

---

① 塔拉、杜建録：《中國藏黑水城漢文文獻》，國家圖書館出版社，2008 年，第 288 頁。
② 塔拉、杜建録：《中國藏黑水城漢文文獻》，國家圖書館出版社，2008 年，第 369 頁。
③ 塔拉、杜建録：《中國藏黑水城漢文文獻》，國家圖書館出版社，2008 年，第 397 頁。
④ 照那斯圖、薛磊：《元國書官印匯釋》，遼寧民族出版社，2011 年，第 66 頁。
⑤ 陳高華等點校：《元典章》，中華書局，2011 年，第 177 頁。
⑥ 塔拉、杜建録：《中國藏黑水城漢文文獻》，國家圖書館出版社，2008 年，第 429 頁。
⑦ 塔拉、杜建録：《中國藏黑水城漢文文獻》，國家圖書館出版社，2008 年，第 292 頁。
⑧ 塔拉、杜建録：《中國藏黑水城漢文文獻》，國家圖書館出版社，2008 年，第 408 頁。

式，如編號爲 M1・0972[F62:W28]的《至元四年十月二十九日陳山和借錢契》①末尾有立借錢人陳山和、同取錢人陳拜住、同取代保人瞿敬甫、代保人董德先、知見人程二、知見人瞿典等多人的畫押略有不同、基本類似，編號爲 M1・0212[F116:W554]的《至正十一年考較錢糧文卷》②末尾有兩處畫押，司吏張世雄及其後空白處各一墨押，第二處的畫押相比之下就稍顯複雜(見圖六)，許多官員畫押都是名字的字體略小於姓，且名下與押相連，如編號爲 M3・0002[AE192 ZHi31]的《泰定四年七月提調錢糧文書》③，末尾有司吏吴友直的畫押(見圖七)，另外畫押中還有一些有特點的，如編號爲 M1・0982[F13:W130]的《至正二十五年十一月初七日大吉合同婚書》末尾有正主婚人脱歡、付主婚人巴都麻、同主婚人塔義兒、同主婚人帖木兒的畫押，分別是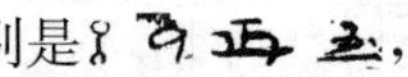，特別是脱歡與巴都麻的畫押尤其有特色。

黑水城出土文書中押印的位置，常見在文書末尾，文書中，末尾的是日期印和簽署印，文書中的多爲騎縫印以及重要數字上加的印。無論是官印、戳印、押印還是畫押，在文書末尾出現的頻率是最高的，末尾的押印大致有兩種，一是鈐蓋在日期上的官印，另一個是簽署印，官員的押印、畫押等，黑水城出土文書中，這點在成卷的文書中體現的最爲明顯，如《卜魯罕妃子分例米麵文卷》,《桑哥失里大王分例羊酒文卷》,《大德十一年税糧文卷》,《至正十一年考較錢糧文卷》,《大德四年軍糧文卷》，從這些成卷的文書中可以看出，作爲正式公文，末尾的日期上基本都會鈐蓋官印。簽署印，是文書涉及到的相關人員，如衙署的官員、契約的製定者和關聯人、案件的取狀人等，本着負責的態度畫的押、簽的印，如編號爲 M1・0296 [F116:W553]的《大德四年軍糧文卷》④末尾簽署處"大德四年六月　日府吏徐文貴"後，有徐文貴的畫押，正如上文所説，姓大名小，名下接押，排在府吏後面的依次是提控案牘、經歷、知事，可惜官名後面的部分殘損，如若完整，應該各自有官員的姓名和畫押，緊接着在另起一行的空白處有墨色押印一方，最末端的日期"十八日"上鈐蓋官印一方。

押印出現在文書中常見的是騎縫印。騎縫，顧名思義，就是兩紙交接或訂合處的中縫處，由于一件文書一張紙寫不下，所以需要有兩張紙黏合，加蓋在其騎縫處的印，被稱作"騎縫印"，騎縫印最初是爲了防止公文被篡改、僞造，《隋書》中載，北齊時國家户口簿上都嵌有"印籍縫"，就是在兩紙連接的地方蓋印，以防抽换和散落。編號爲 M1.0197 [F116:W616]的《大德十一年税糧文卷》⑤斷裂成四部分，第二、三部分之間是由兩張紙黏合而成的鈐蓋官印一方。但並不是所有兩紙的黏合

---

① 塔拉、杜建録:《中國藏黑水城漢文文獻》,國家圖書館出版社,2008 年,第 1241 頁。
② 塔拉、杜建録:《中國藏黑水城漢文文獻》,國家圖書館出版社,2008 年,第 307 頁。
③ 塔拉、杜建録:《中國藏黑水城漢文文獻》,國家圖書館出版社,2008 年,第 213 頁。
④ 塔拉、杜建録:《中國藏黑水城漢文文獻》,國家圖書館出版社,2008 年,第 406 頁。
⑤ 塔拉、杜建録:《中國藏黑水城漢文文獻》,國家圖書館出版社,2008 年,第 278 頁。

處都有加蓋印信的，從這件文書就可以看到，第一部分也有一處連接，上面就没有官印，這是因爲有時會把同一類文書黏合在一起，成爲一個大卷子，不是同一件文書連接在一起是不需要蓋章的，如 M1.0198［F116：W617］①，以加蓋官印的“初七日”爲界，由兩件文書黏合而成就没有加印。另外，文書中重要的數字上往往會加蓋官印，以防篡改，如 M1.0426［F26：W101 正］②的《至大四年七月阿黑不花寧肅王分例文卷》共有朱色官印五方，其中末尾日期印一方，另外四方在“實支白米壹拾弍碩”、“實支中統鈔□拾肆定貳拾兩”上各兩處。

帶有印文的黑水城文書數量很多，雖然不是印章，但仍保存了大量珍貴的實物資料，而且很多印文少見於以往成果，因此對研究黑水城文書以及元代用印制度具有重要意義。

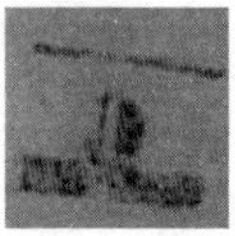
圖一

圖二

圖三

圖四

圖五

圖六

圖七

原刊於《西夏研究》2013 年第 4 期

① 塔拉、杜建録：《中國藏黑水城漢文文獻》，國家圖書館出版社，2008 年，第 282 頁。
② 塔拉、杜建録：《中國藏黑水城漢文文獻》，國家圖書館出版社，2008 年，第 523 頁。

日本藏西夏文刊本《大方廣佛華嚴經》考略

許生根

一

日本共有6家圖書館和1家博物館收藏有西夏文獻,西夏文刊本《大方廣佛華嚴經》分别收藏在京都大學文學研究院圖書館和人文科學研究所附屬漢字情報研究中心、大阪外國語大學附屬圖書館、天理大學附屬天理圖書館。其中京都大學是西夏文《大方廣佛華嚴經》最集中的收藏地,京都大學文學研究院圖書館收藏有西夏文《大方廣佛華嚴經》第1—5卷、第41卷,人文科學研究所附屬漢字情報研究中心收藏有西夏文《大方廣佛華嚴經》第6—10卷、第36卷。這批文獻資料保存得都相當完整。

另外收藏西夏文《大方廣佛華嚴經》的圖書館是日本天理大學和大阪大學。天理大學附屬天理圖書館收藏有一批宋版本的漢書,也收藏有西夏文獻,其中就有西夏文刊本《大方廣佛華嚴經》第41卷。大阪大學附屬圖書館箕面分館也藏有西夏文刊本《大方廣佛華嚴經》第41卷。

日本的西夏研究學者一直對日本藏的西夏文獻進行語言學方面的整理研究。京都大學人文科學研究所附屬漢字情報研究中心對所藏的西夏文獻目録進行過系統整理。日本著名的西夏學學者西田龍雄博士重點研究整理過西夏文刊本《大方廣佛華嚴經》的西夏文字和語法,取得了豐碩成果,1975年出版《西夏文華嚴經》第一册,對西夏文《大方廣佛華嚴經》翻譯並注釋研究;1976年出版的《西夏文華嚴經》第二册,登載有文獻原文圖版、西夏文與漢文的對照表;1977年出版的《西夏文華嚴經》第三册,他根據西夏文《大方廣佛華嚴經》的内容,編寫出西夏語與漢語對照詞匯集。

整理日本藏西夏文刊本《大方廣佛華嚴經》應該注意到第41卷的問題。在日本,有3家機構都收藏有西夏文刊本《大方廣佛華嚴經》第41卷。在中國國家圖書館和法國國家圖書館藏的西夏文刊本《大方廣佛華嚴經》中,也發現有第41卷經。對日本藏的第41卷版本上今後還需要進一步認定。

二

寧夏靈武出土的西夏文刊本《大方廣佛華嚴經》數量較大,目前海内外的各種版本共有近八十册。國内收藏的機構有中國國家圖書館和寧夏博物館等單位。在海外,收藏西夏文刊本《大方廣佛華嚴經》的除日本外,法國國家圖書館和美國普林斯頓大學葛思德東方圖書館也有部分收藏。

中國國家圖書館收藏的寧夏靈武出土的西夏文刊本《大方廣佛華嚴經》最多,共有 58 卷之多,包括卷 11—12、14—16、21—23、27—35、37、39—46、48、51、54、57、59—75、79—80,其中卷 33、35、45、66、67、69、70、71、80 有複本。對中國國家圖書館藏寧夏靈武出土西夏文獻,有關專家進行過整理編目,系統編輯,中國社會科學院西夏文化研究中心、寧夏大學西夏學研究中心共同整理、編輯的大型系列文獻叢書《中國藏西夏文獻》開始陸續出版,寧夏社會科學院編輯出版了《中國國家圖書館藏西夏文獻》(1—4 册)。這兩套大型文獻叢書中,收録了國家圖書館收藏的寧夏靈武出土西夏文刊本《大方廣佛華嚴經》影印件,爲進一步研究整理提供了方便。

在西夏文刊本《大方廣佛華嚴經》出土的故地寧夏,目前只有寧夏博物館收藏有寧夏靈武出土西夏文刊本《大方廣佛華嚴經》第 76 卷。寧夏早期收藏這部西夏文佛經文獻的是羅雪樵先生,最初羅先生個人藏有 3 卷西夏文刊本《大方廣佛華嚴經》,他在 1947 年從私人手中收購了第 26、57、76 卷,但後來遺失了一部分文獻,現在僅剩第 76 卷,收藏在寧夏博物館①。

法國國家圖書館藏西夏文文獻共著録有 246 件西夏文獻。2006 年,北方民族大學與上海古籍出版社共同合作,整理結集、編纂出版《法藏敦煌西夏文獻》。法國國家圖書館收藏的西夏文文獻是法國著名學者伯希和於 1908 年從敦煌莫高窟第 181 窟和第 182 窟(敦煌研究院編號第 464、465 窟)發掘獲取的,也有他在中國收購的部分西夏文佛經文獻,其中就包括西夏文刊本《大方廣佛華嚴經》第 40、41 卷。根據記載,編號 PelliotChinois10065《大方廣佛經嚴華》第 41 卷,是伯希和於 1938 年購自中國,保持完整,首尾有題字,和中國國家圖書館及日本收藏的《大方廣佛華嚴經》經卷屬於同源文獻,即都出自寧夏靈武。法國國家圖書館還收藏有西夏文刊本《大方廣佛華嚴經》第 40 卷。伯希和在文獻原始考古編號中,注明是發掘於敦煌第 181 窟,伯希和在敦煌第 181 窟發現有西夏文獻 137 件,故還不能證明法藏西夏文刊本《大方廣佛華嚴經》第 40 卷屬於寧夏靈武出土的文獻。

在美國普林斯頓大學葛思德東方圖書館藏有西夏文《華嚴經》第 77 卷。這是 20 世紀 20—40 年代從中國購入的。白濱先生認爲,美國藏西夏文《大方廣佛華嚴經》是寧夏靈武出土的西夏文獻,“在 1936 年義理壽寄給葛思德圖書館的書單中,提到西夏佛經 2 册,其中之一,當是《大方廣佛華嚴經》第 77 卷。據作者考證,美國所藏《華嚴經》與上述諸家所藏《華嚴經》在封面裝裱、題籤、版式規格、用紙、函號及毁損特徵等完全一致,故其來源是一致的”②。目前,美國普林斯頓大學葛思德東

① 羅雪樵:《我所知寧夏出土發現的西夏文物》,《寧夏文史選編》,寧夏人民出版社,1983 年。

② 白濱:《寧夏靈武出土西夏文文獻探考》,《寧夏社會科學》,2006 年第 1 期。

方圖書館藏西夏文《華嚴經》第 77 卷還没有公布出來。在海内外所有收藏寧夏靈武出土西夏文刊本《大方廣佛華嚴經》的機構中，只有美國藏品還没有刊布。

另外，在俄羅斯藏黑水城文獻和英國藏黑水城文獻中都發現藏有西夏文刊本《大方廣佛華嚴經》的殘頁。俄藏編號 Cat350、380，英藏編號 OR12380—2967 下的西夏文獻是《大方廣佛華嚴經》第四十人不思議解脱境界普賢行願品。俄藏編號 Cat349，英藏編號 OR12380—1996 下的西夏文獻也是西夏文刊本《大方廣佛華嚴經》殘頁。俄羅斯藏、英國藏西夏文刊本《大方廣佛華嚴經》殘頁和寧夏靈武出土西夏文刊本《大方廣佛華嚴經》並不同源，俄羅斯藏和英國藏文獻均出土於黑水城，且是西夏時期的版本，寧夏靈武出土的西夏佛經文獻晚於黑水城文獻，全部是元代的版本。

三

關於西夏文刊本《大方廣佛華嚴經》流失到日本的過程，現在還没有準確的資料記載，但其屬於寧夏靈武出土的西夏文獻是學術界的共識。史金波先生在 20 世紀 80 年代整理北京圖書館藏西夏佛經時就確定，日本藏西夏文佛經是寧夏靈武出土的，"與此同時出土的《華嚴經》部分流失到日本，在日本京都大學所藏此經卷第五有西夏文題記兩行"[①]。西田龍雄博士也認爲西夏文刊本《大方廣佛華嚴經》是靈武出土的西夏文佛經文獻，指出日本所藏八十華嚴之第 1—10 卷、第 36 卷正是北京圖書館所藏《大方廣佛華嚴經》所缺部分。

根據現有的資料看，西夏文刊本《大方廣佛華嚴經》流失到日本的時間是 20 世紀二三十年代，西田龍雄多次談到，"京都大學在 1931 年得到邵氏舊藏十卷，前五卷入東洋史研究室，後五卷入人文科學研究所"。還引用日本早期西夏學者石濱純太郎的記載，西夏文刊本《大方廣佛華嚴經》是"昭和初期"在肅州收集的，時間就在 20 世紀二三十年代[②]。石濱純太郎是 1943 年發表的這個論述，距離寧夏靈武出土西夏文獻比較近，可信度是比較高的。

西夏文刊本《大方廣佛華嚴經》流失到日本的可查途徑有兩個，大部分是日本人從浙江仁和邵氏購得，還有一部分是從著名畫家張大千手中購得。這裡的仁和邵氏指邵章，中國清末民國年間南方藏書家，浙江仁和人，字伯絅。邵章在中國文獻整理方面有很深的造詣，是著名的版本目録書《增訂四庫簡明目録標注》作者之一，該書共收録 3400 多種古籍，後來，邵章又作續録，側重收録清朝咸豐以後版本，增補了不少資料。據史料記載，邵章收藏有西夏文獻。國學大師王國維在《觀堂集林元刊本西夏文華嚴經殘卷跋云》中説"上虞羅氏，仁和邵氏並藏西夏字經摺本，每半番六行，行十七字。首行題大方廣佛華嚴經卷，次行題唐于闐三藏實叉難陀譯，

---

① 史金波：《北京圖書館藏西夏文佛經整理記》，《文獻》，1985 年第 4 期。

② 西田龍雄：《西夏語研究，第一册序》，東京座右寶刊行會，1964 年。

又次行題奉天顯道耀武宣文神謀睿智制義去邪惇睦懿恭天子神校”①,明確提到仁和邵氏藏有西夏文獻。另一位著名學者羅福成在1933年出版的《國立北平圖書館館刊》寫道:“大方廣佛華嚴經。杭縣邵氏藏,首尾完全無缺。存第一卷至第十卷,共十册。……存第二十一卷,首缺一頁半,尾全。按此卷與館藏(三十二號)同。”②進一步説明邵章藏的西夏文獻是《大方廣佛華嚴經》,與北京圖書館藏的寧夏靈武出土的西夏佛經是同一出土文獻。後邵章收藏的西夏文刊本《大方廣佛華嚴經》不知去向。邵章本人和日本學術界有較密切的關係,他1897年赴日本學習,而流入日本的卷册第1—10卷大致和邵章收藏的一致。由此,我們可以推定,流失日本的西夏文刊本《大方廣佛華嚴經》1—10卷應該就是仁和邵氏藏的部分西夏文獻。

天理大學藏西夏文刊本《大方廣佛華嚴經》第41卷上有張大千的題字,説明是張大千的藏品。張大千收藏品應來自敦煌莫高窟北區石窟,其中一批西夏文獻後收藏在日本天理圖書館和美國普林斯頓大學的葛斯德圖書館。但第41卷的版本明顯並不是出自莫高窟北區石窟,大概是他收購的。邵章對張大千畫藝多有稱贊,張大千名畫《秋湖行舟》背面有邵章行書題文。張大千的第41卷有可能是從邵章處購得,但這僅是推測。總之,日本天理大學藏西夏文刊本《大方廣佛華嚴經》第41卷的來源至今不明。

四

《大方廣佛華嚴經》是大乘佛教的重要典籍,又稱《華嚴經》、《雜華經》。《華嚴經》譯本兩種:一是六十華嚴60卷本,東晋佛馱跋陀羅譯;二是八十華嚴80卷本,唐代實叉難陀譯,文辭流暢,義理更周,流通較盛。西夏文刊本《大方廣佛華嚴經》印製精美,佛經封面用黄羅裝裱,採用傳統的經折裝,長31.6厘米、寬12.2厘米,裝幀考究,經文用白細綿紙印刷,由于年代久呈淡黄色,墨書小楷,書法婉麗遒逸、工整秀美,字體俏勁有力,剛柔相濟,是西夏文書法的精品,是具有歷史、學術、藝術價值的代表性古籍。據西田龍雄博士考證,西夏文刊本《大方廣佛華嚴經》譯自漢文八十華嚴③。

寧夏靈武出土的西夏文刊本《大方廣佛華嚴經》是我國現存最早的木活字印刷品之一,版本學價值很高。印刷術是中國古代四大發明之一,早期的活字印刷實物在中原地區都很少保存下來。西夏木活字印刷較發達,黑水城出土文獻中的西夏文佛經《勝慧到彼岸要語學禁現前解莊嚴論顯頌》,在經末題款中兩個人的稱謂有“御前注補印活字都案頭監”頭銜,可知活字印刷在西夏王朝中還有專門機構和官員進行管理。日本藏、國家圖書館藏和寧夏博物館藏西夏文刊本《大方廣佛華嚴經》爲同期同地出土,史金波在探討國家圖書館藏西夏文獻版本價值時寫道:“特别可貴的是其中幾十

---

① 王國維:《觀堂集林》(卷二十一),《元刊本西夏文華嚴經殘卷跋》,中華書局,1959年。

② 羅福成:《附各家藏西夏文書籍略記》,《國立北平圖書館館刊》,第四卷第三號·西夏文專號,1932年。

③ 西田龍雄:《西夏文華嚴經,第三册附録》,日本京都文學部印,1977年。

卷西夏文《大方廣佛華嚴經》都是活字印本，具有明顯的活字印刷的特點。該經不少頁面中一行之内有字形歪斜現象，這是初期活字印刷時活字不規範或聚版技術不精而造成的特殊現象，這種現象在木雕版印刷時是不會出現的。該經有不少常用字與上下左右墨痕深淺差别明顯，這可能是因爲在排字過程中常用的活字用量很大，但備用不多，不够用時只好暫時空缺，後來再個别補印。在經紙背面可以看到一些印字透墨深淺不一，這也是初期活字印刷時的一種特有現象，與木雕版印刷時背面透墨比較均匀的情况迥然不同。”①特别要指出的是，日本藏寧夏靈武出土的西夏文刊本《大方廣佛華嚴經》留下木活字印刷品的直接證據，在日本京都大學所藏此經卷卷五有西夏文題記兩行，譯成漢文是：“都發願令雕碎字勾管爲印者都羅慧性，復共一切發願助隨喜者，皆當共成佛道”，這裡所説的“碎字”就是印刷中使用的活字。

通過研究西夏文佛經《大方廣佛華嚴經》的字體、墨色和修補這三方面，我們也可以判斷出木活字印刷的特徵。該佛經的字體在經書中有大有小，鈍鋭有差，筆畫的粗細也不一致，經書墨色不均、深淺不一，這些印刷中的現象和雕版有很大的差别。寧夏考古所的牛達生注意到寧夏藏的西夏文佛經《大方廣佛華嚴經》中個别文字的修補情况：“談到修補，有兩種情況：一種是捺印補字，即個别字不是活字排印上的，而是在預留位置上捺印的。其表現爲同一字墨色很淡，但字形筆鋒完全一樣。這種現象的産生，或許是計劃不周，造成缺字，只好印好後再補所致。”②這些特點同樣對認定日本藏西夏文刊本《大方廣佛華嚴經》的活字印刷起到旁證作用。

日本藏西夏文刊本《大方廣佛華嚴經》卷首有一幅版刻佛畫釋迦牟尼説法圖。西夏寺院和佛教徒們很早就利用民間新興的刻版印刷術，作爲宣傳佛教的工具。版畫是中國美術的一個重要門類。古代版畫主要是指木刻，獨特的刀味與木味使她在中國文化藝術史上具有獨立的藝術價值與地位。宋元時期的版畫以佛教題材爲主，是中國古代佛教版畫史的一個高峰。西夏文刊本《大方廣佛華嚴經》版刻佛畫刀法遒勁，章法完善，神態肅穆，佛像面部綫條之細緻生動、服飾之莊嚴華麗、四周景物之逼真、人物形象之鮮明，令人擊節不已，是一幅接近版畫成熟期的作品。但日本和法國藏的第 41 卷卷首的刻佛畫釋迦牟尼説法圖有所不同，畫面略顯粗糙，與其他卷相比，存在一定的差異。元代官刻佛經存世極少，目前所知全世界有幾十件。經首有扉畫者更少，目前全世界大約有 10 餘件。西夏文刊本《大方廣佛華嚴經》屬於元代佛教版畫的珍品，在佛教文獻和版本研究上都有極其重要的價值，在中國版畫史上也有重要地位。

原刊於《寧夏社會科學》2009 年第 4 期

① 史金波：《北京圖書館藏西夏文佛經整理記》，《文獻》，1985 年第 4 期。

② 牛達生：《木活字考證——元刊木活字西夏文佛經〈大方廣佛華嚴經〉的發現、研究及版本價值》，《中國印刷史學術研討會文集》，印刷工業出版社，1996 年。

英藏黑水城出土軍糧文書初探

許生根

一

英藏黑水城出土軍政文書中有三件直接涉及元代初黑水城駐軍和糧食供應研究,保存的較完整。

"黑水城屯戍支用官糧册",存一頁,反映的時間從元大德十一年到至大四年,即公元1307—1311年,文書寬24.1厘米,高16.2厘米,共有17行文字,寫本,行書體,前後部分殘缺。

前缺

1. 柒佰柒拾伍石肆斗捌升
2. 石捌斗玖升捌合
3. 二年黄米玖佰捌拾捌石伍斗一升貳(合)
4. □大三年黄米壹阡壹佰玖拾肆石(斗捌)□
5. □(大)四年寧夏運糧萬户府推送到(屯)糧黄米貳阡
6. 大德十一年黄米壹阡柒佰柒拾伍石肆斗捌升
7. 至大三年黄米玖佰捌拾捌石伍斗壹升貳合
8. □一(項)至大二年七月□亦老合兒翼指除還官
9. 合行作數計合中至大三年
10. 貳石捌斗貳升
11. 合中至大□□黄米陸佰捌拾壹石伍斗貳升
12. 屯糧至大貳年大麥肆拾壹石捌斗玖升捌合
13. □(大)四年十一月内蒙
14. 省府差來官乞答
15. 大二年已支口糧
16. 册内作至
17. 計黄米
18. 十二月内蒙

“亦集乃路廣積倉具申季報糧斛並放支軍人季糧事呈文”存一頁，反映的時間是元代至正十九年，即公元 1359 年，文書寬 13.6 厘米，高 20.8 厘米，共有 11 行文字，寫本，行書體，後部分殘缺。收藏編號 OR8212—754，發掘編號 K.K.0150(b)。

1. 呈□□□禀亦集乃路廣積倉照得至正十九年正月至三月終春季三個月季報現糧斛已行
2. 呈了當外據四月至六月終夏季三個月季報現糧斛未曾具申
3. 實有見在糧斛取八年保結開坐令行具申伏乞
4. 舊(營)糧壹阡陸佰壹拾石令二斗柒合玖勺叁抄
5. 小麥玖佰肆拾石壹斗
   叁升捌合陸勺貳抄
   五二七六
   令陸升九合三勺一抄
6. 大麥肆佰柒拾石令陸
   升玖合叁勺壹抄
7. 已支陸佰六拾柒石五斗柒升柒合六勺
   一抄□作大麥
8. 麥柒拾石玖拾捌升陸合陸勺陸抄伍作
9. 一帖寒字柒拾壹號放支蒙古元帥府
10. 軍人春季三月雜色大
    麥壹拾柒石令壹升叁合

後缺

嶺北行省打造軍器用糧事呈文，存半頁，反映的時間是至正二十七年正月十九，即公元 1367 年，文書寬 9.6 厘米，高 15.6 厘米，共有 6 行文字，寫本，行書體，前後部分殘缺。收藏編號 OR8212—755，發掘編號 K.K.0119(1)軍事文書影印件(上圖)3 官府文書影印件 9(下圖)

1. □□(伍)拾碩
2. 大麥伍拾碩
3. 一帖元字二十一號放支至正二十柒年正月十九
4. 放支潛運嶺北行省打造軍器
5. □□(伯石)
6. (小麥)伍

二

英藏黑水城出土兩件軍糧呈文，一件官糧册，都是記載軍隊糧食供應和保存情況的重要文書。黑水城當地軍隊的糧食消耗量是相當大的，這些文書直接反映出元代初黑水城駐軍和糧食供應狀況，對研究額濟納緑洲穀物來源具有重要意義。

黑水城是河西走廊通往漠北的必經之路和交通樞紐，戰略地位極爲重要，是西夏和元朝時期設在北部邊境的重要軍事城堡。元朝建立後，黑水城一度空前繁榮，稱"亦集乃路"，設置了亦集乃路總管府，管轄這一地區及西寧、山丹兩州。元朝派遣了大量軍隊來黑水城駐防，還從各地遷來許多漢族和蒙古族人，來這裡與當地人共同發展農牧業生産，元朝時期的黑水城成为元朝西北地區的軍事、政治、文化中心。元代黑水城軍民的糧食需要由外地輸入，元代黑水城屬於甘肅行省管轄，所缺糧食由甘肅行省供應，後改由寧夏調運。史料記載，至治二年(1322)"乃蠻臺任甘肅行省平章事，鑒於甘肅歲糧於蘭州，多至二萬石，距寧夏各千餘里至甘州，自甘州又千餘里始達亦集乃路(路治在黑水城)。而寧夏距亦集乃僅千餘里。乃蠻臺下諭，令挽者自寧夏徑趨亦集乃，歲省費六十萬"①。

俄藏黑水城文書"黑水守將告近稟帖"對西夏時期寧夏調運糧食入黑水城有記載，俄國西夏學者克恰諾夫最早對"黑水守將告近稟帖"文書做了整理研究，"黑水守城管色持銀牌賜都平宫走馬波年仁勇禀。兹(有)仁勇有少出身學途，原籍鳴沙鄉里人氏，因有七十七高齡老母在堂守畜産，今母病重，而妻兒子女向居故里，天各一方，迄不得見，故送次呈請轉任，迄放歸老母近處。彼時因在學與老弓都統相處情感不洽，未蒙見重，而原籍司院亦不獲准，遂致離家多年。此後弓首(?)亦未呈報。今國基已正，對上之德暨諸大人父母之功已顯，卑職亦得脱死難，當銘記恩德。惟仁勇原籍司院不准調運鳴沙窖糧，遠邊之人，貧而無靠，唯恃食禄各一，所不足當得之糧無着，今食糧將斷，恐致羸瘦而死，仁勇不辭冒犯，以憐念萱堂等，迄加恩免除守城事，別遣軍將□□□□□來此……仁勇則請遣往老母近處司(院)任大小職事，當盡心供職。是否允當，專此祈請議司大人慈鑒。乾定申年七月，仁勇"②。文書中的鳴沙鄉就是現寧夏的中寧縣。這件文書也證明從寧夏調運粮食入黑水城。西夏學專家陳炳應做出這樣的結論："元初，由于黑水城地區(亦集乃路)劃歸甘肅行省管轄，因此，所缺糧食改由甘肅行省供應。但甘、肅二地糧食不够，糧食來源仍靠寧夏、輾轉運輸，路程和費用都比從寧夏直接運去要多得多。乃蠻臺恢復了西夏暑期的供應路綫，大大節省國家的費用。"③黑水城還從其他地區調入糧食嗎？對這個問題史書中没有直接的史料。在黑水城文獻的社會文書中，我們可以找到確

① 《元史·乃蠻臺傳》。

② [俄]克恰諾夫：《黑水守將告近稟帖研究》，《匈牙利東方學報》1971年第24卷第2期。

③ 陳炳應：《西夏文物研究》第六章，寧夏人民出版社，1985年。

切的結果。"黑水城屯戍支用官糧册",共223字,記載當時黑水城屯戍部隊食用糧食的官府帳目,原文獻的全文如下:

前缺
1. 柒佰柒拾伍石肆斗捌升
2. 石捌斗玖升捌合
3. 二年黄米玖佰捌拾捌石伍斗一升貳(合)
4. □大三年黄米壹阡壹佰玖拾肆石(斗捌)□
5. □(大)四年寧夏運糧萬户府推送到(屯)糧黄米貳阡
6. 大德十一年黄米壹阡柒佰柒拾伍石肆斗捌升
7. 至大三年黄米玖佰捌拾捌石伍斗壹升貳合
8. □一(項)至大三年七月□亦老合兒翼指除還官
9. 合行作數計合中至大三年
10. 貳石捌斗貳升
11. 合中至大□□黄米陸佰捌拾壹石伍斗貳升
12. 屯糧至大貳年大麥肆拾壹石捌斗玖升捌合
13. □(大)四年十一月内蒙
14. 省府差來官乞答
15. 大二年已支口糧
16. 册内作至
17. 計黄米
18. 十二月内蒙

我們注意到,宋元時期的黑水城是西北經濟發達的地區,李新貴在《西夏牧業經濟若干要素的考察與分析》中寫道:"西夏時,除弱水流人居延海形成緑洲外,河水兩岸的牧場亦十分遼闊。……這是元末明初之事,距西夏已近百餘年。可見西夏時額濟納農牧兼營之盛。"①黄文弼在黑城附近的河道做過調查,記載道:"老人傳説,此河初時水極大,居民亦衆,故在此建城.爲一蒙古王子所居,稱西王。"②我們可以認定,元代初黑水城一帶的生態環境比較適合人們居住,經過西夏時期修建灌溉渠道和遷來熟練勞動人口的開墾,這裡的農牧業應該比較發達,具有滿足一定數量人群生存需要的糧食生産能力。那麽,爲何黑水城還要依靠其他地區來供應糧食?我們分析主要有兩方面的原因,一是元代初期黑水城居住的軍民數量龐大,常駐人口超過萬人,即便黑水城地區農牧業經濟相當繁榮,仍然不足達到糧食自給自足的的程

① 李新貴:《西夏牧業經濟若干要素的考察與分析》,《青海民族研究》(西寧),2004年,第3頁。
② 黄文弼:《西北史地論叢》,上海人民出版社,1981年,第101頁。

度。二是當地馬匹消耗的糧食所占比例較大。元代黑水城是重要的驛站,牧養了大批的馬匹,爲驛站交通服務,這就需要提供大量的飼料用來餵養馬匹,"廣積倉所收大麥的絶大多數都用於充做馬料,用來做粥的所剩無幾。由本文書的納糧數已經看出亦集乃路的稅糧數很少,再除去三分之一的大麥充做馬料,則本地的糧食就更少了"①。這種情況下,軍隊人員的糧食則需要從周邊地區調撥,以維持黑水城龐大的軍政開支。

三

黑水城文書中經常提到亦集乃路和廣積倉的問題,但元代史書中均不見有對亦集乃路府倉的記載,我們對其情況了解不多。俄藏文獻中保存一件有關"申亦集乃路總管府驗糧文"的元代經濟文書元寫本,見《俄藏黑水城文獻》第六册第 15 頁,未染蔴紙,高 21.5 厘米,寬 33 厘米,共九行,行 15 字,楷書,墨色淡,文書内容如下:

前缺
1. 六門
2. 前申收糧一十五石□□
3. 小麥一十石□□
4. 大麥五石二斗
5. 今申二十九日實收糧三十二石七斗
6. 小麥二十一石八斗
7. 大麥一十石令九斗
8. 右具如前伏乞
9. 亦集乃路總管府
10. 照驗謹具

根據文書的内容,初步判斷應爲一個收糧機構的驗糧文書,馬彩霞在《關於黑水城所出一件元代經濟文書的考釋》一文中,考證了這件文書,推斷出廣積倉是亦集乃路總管府的下屬機構,"但《黑水城出土文書》中屬,F1:W32 及後面的多個倉票均有廣積倉副使、大使、監支納的簽名,都能説明廣積倉爲亦集乃路的府倉。因此,可以斷定本文書爲廣積倉的申驗糧文。這也證明了廣積倉和亦集乃路總管府之間確實存在收糧、驗糧的職能分工"②。本文中的"亦集乃路廣積倉具申季報糧斛並放支軍人季糧事呈文"則明文記載了"亦集乃路廣積倉"的字樣,從而直接證明廣積倉屬於亦集乃路,從文書内容看,"申亦集乃路總管府驗糧文"是

① 馬彩霞:《關於黑水城所出一件元代經濟文書的考釋》,《西城研究》2004 年第 4 期。
② 馬彩霞:《關於黑水城所出一件元代經濟文書的考釋》,《西城研究》2004 年第 4 期。

亦集乃路廣積倉征收税收時候的申驗糧文書，本文中的"亦集乃路廣積倉具申季報糧斛並放支軍人季糧事呈文"是亦集乃路廣積倉向軍隊發放糧食的文書，"呈稟亦集乃路廣積倉照得至正十九年正月至三月終春季三個月季報現糧斛已行"，説明廣積倉和亦集乃路總管府之間不但存在收糧、驗糧的職能分工，還存在發放糧食的功能，從中進一步看出亦集乃路廣積倉的重要性。

文書斷代是整理研究文書的關鍵環節，馬彩霞"申亦集乃路總管府驗糧文"由于殘破，文書本身没有紀年，馬彩霞根據黑水城文書《元史·地理志》和《至正廿四年司吏劉融買肉面等物呈文》推定，"申亦集乃路總管府驗糧文"的年代是至正廿四年(1364)前後的文書，"文書中提到了亦集乃路總管府據《元史·地理志》:'亦集乃路……至元二十三年，立總管府。'因此，該文書的上限應爲至元二十三年(1286)。關於文書的下限可從其背面的紀年文書略作推定。本文書爲正反兩面書寫，背面爲宣光二年(1372)正月的文書。據圖版可以看出:正面文書書寫較工整，且没有字洇到背面;宣光二年的文書字迹較潦草，且有多個字洇到文書正面。可見，正面文書應爲宣光二年以前的文書。另《俄藏黑水城文獻》第六册第135頁收録的《至正廿四年司吏劉融買肉面等物呈文》文書，文書背面亦爲宣光二年的文書，具體時間爲宣光二年(1372)二月。兩件文書的背面均有'知事、經歷李'的簽名。兩件文書的字體也極爲相近，疑爲一人所書，據此似可推斷本文書很可能爲至正廿四年前後的文書"[①]。元代設立亦集乃路總管府是在至元二十三年，即公元1286年。英藏黑水城文獻中涉及亦集乃路總管府的文書保存相對完整，特別重要的是還有文書日期的記載，"亦集乃路廣積倉具申季報糧斛並放支軍人季糧事呈文"的第一行"呈□□□稟亦集乃路廣積倉照得至正十九年正月至三月終春季三個月季報現糧斛已行"，明確記載文書的日期是至正十九年正月至三月，即公元1359年。這證明，亦集乃路廣積倉早在亦集乃路總管府設立之前就存在，並開始承擔向駐軍發放糧食的職能。

我們對照俄藏"申亦集乃路總管府驗糧文"和英藏"亦集乃路廣積倉具申季報糧斛並放支軍人季糧事呈文"，均是亦集乃路涉及糧食的官方文件，這兩件文書合起來，較完整地反映出亦集乃路廣積倉的情況，給黑水城文書中長期以來懸而未决的糧食供應問題一個準確的答案，也讓我們對元代亦集乃路府倉的設置和運行情況有了更深入的了解。

本文未公開發表

---

① 馬彩霞:《關於黑水城所出一件元代經濟文書的考釋》,《西城研究》2004年第4期。

《打剌赤碑記》考釋

張玉海

《打剌赤碑記》又名《建懷戎堡碑記》，宋人張安泰書，所記内容涉及宋夏關係、宋邊防軍制及當時地理環境、西夏西壽監軍司位置等諸多信息。原碑已湮没失考，唯明《嘉靖萬曆固原州志》[①]、清康熙年間《重修靖遠衛志》[②]和清光緒三十四年手鈔本《打拉池縣志》有録。今學者多利用《嘉靖固原州志》卷二所輯録碑文來考證西夏西壽監軍司位置[③]，但對其他記載利用不多。而《嘉靖固原州志》《重修靖遠衛志》兩志所録碑文略有差異，似也未引起學者注意。故筆者不揣簡陋，結合相關文獻，略做考釋如下。

爲方便起見，先將《嘉靖固原州志》卷二所載《打剌赤碑記》全文轉録如下：

崇寧元年壬午歲，承朝旨築打繩川。熙河帥姚雄駐兵會州，應副錢糧運使吴安憲，統制官熙河郭祖德、劉戒，涇原喬松，秦鳳劉德，西築水泉、正川二堡，通古會州。三月初，皆畢功。行打繩川，賜名懷戎堡，隸會州熙河第八將。後三年乙酉歲正月，割隸涇原改第十五將。將官張普統人馬東築通懷堡，接涇原、定戎，開護道壕。當年八月，却隸熙河，復第八將。

懷戎東南曰屈吴山、大神山、小神山，皆林木森茂，峰巒聳秀，山間泉流，數派以法泉禪寺爲額，給田五十頃，歲賜撥放紫衣。西南白草原，通會州。北有寶積山，産石碳、甘鉄。東北去西壽監軍一百五十里。西北去馬練城八十里。堡之西南百餘步，有泉眼湧出，泓澄甘冽，止而爲湖，不徒有玩賞之景，民田灌溉實賴其利。

大觀三年己丑春，廢寨，主將兼領之。安泰自是年仲冬到官，布耳目，備戰守。庚寅春，創瞻軍園，補烽臺，完城堞，更寨宇爲懷戎堂，以延使節。置衙校場，建利威堂，閲武習射。秋潤八月，與夏人分畫界。辛卯春，展將廳便於管犒。孟夏創寶積堂，因山名之。仲夏，就堂之北葺書室，曰鎮静

---

① 楊經纂輯，劉敏寬纂次：《嘉靖萬曆固原州志》，牛達生、牛春生校勘，寧夏人民出版社，1993年。

② 石一焯、李一鵬等纂：《重修靖遠衛志》，臺灣學生書局，1968年。

③ 魯人勇、吴忠禮、徐莊：《寧夏歷史地理考》，寧夏人民出版社，1993年，第155頁。

齋。蓋新制,擇將深沉鎮静、果敢有勇者,爲將副,就而名焉。

創堡將已十年,殊無銘記。慮其歲久莫知始末,安泰昔任運司日,嘗董築事,今復官此,直叙其詳,使後來者有所考實。政和元年辛卯歲六月壬辰八日己亥,巡檢柳世雄、馮進、監押杜謂、唐昱,部隊將假遇、趙普、崔恩,供備庫副使第八將兼堡事武騎尉張安泰書。

《嘉靖固原州志》爲明代楊經纂修、三邊總制王瓊裁正、陝西三邊總制唐龍撰寫序言並刊印,是現存固原地區最早的古代方志。該書卷二收《打剌赤碑記》,其後有楊勉所撰《重建靖虜衛打剌赤城記》稱"打剌赤古城,按舊志不載興廢之由,或者以爲宋禦夏人之患所築歟!是城東距西安州八十里,西去靖虜衛八十里,北臨魯寇衝突之地,南控居民耕牧之場"。其時城已廢毁,其興廢之緣由已不甚清楚。清康熙年間所修《重修靖遠衛志》則定名爲《建懷戎堡碑記》,下注"即打剌赤"。按,打剌赤,即今甘肅省白銀市平川區境内屈吴山正北山脚下打拉池。宋代先後有啰逋川、打啰城川、打繩川等名稱。宋景祐三年(1036 年)元昊在啰逋川築打啰城。《宋史・神宗本紀第十六》載,元豐四年(1081 年),宋五路大軍攻夏,李憲統軍出熙河,9 月敗夏人於屈吴山,11 月敗夏人於啰逋川[①]。而《宋史・李憲傳》中則記"元豐中,五路出師討夏國,憲領熙、秦軍至西市新城。復蘭州,城之,請建爲帥府。帝又詔憲領兵直趣興、靈,董氈亦稱欲往,宜乘機協助,入掃巢穴,若興、靈道阻,即過河取凉州。乃總兵東上,平夏人於高川石峽。進至屈吴山,營打啰城,趨天都,燒南牟府庫,次葫蘆河還"[②]。結合兩處記載,知宋軍當時即曾到啰逋川,築打啰城。《潮音觀碑記》載"貞觀大治,置打繩州府,啰逋川易名打繩川"[③],"一説當地産芨芨草,可結繩索,故名打繩川"[④]。前引碑文有"崇寧元年壬午歲,承朝旨築打繩川。熙河帥姚雄駐兵會州,應錢糧運使吴安憲,統制官熙河郭祖德、劉戒,涇原喬鬆,秦鳳劉德,西築水泉、正川二堡通古會州。三月初,皆畢功。行打繩川,賜名懷戎堡,隸會州熙河第八將"。另《宋史・地理志三》"會州"條"懷戎堡,崇寧二年築,屬秦鳳路"。則知,宋代此地在立碑之時,先後有打啰城、啰逋川、打繩川、懷戎堡之稱,又以懷戎堡爲其最後正式名稱。因此,原碑名當依《重修靖遠衛志》所載,爲《建懷戎堡碑記》。那麽,"打剌赤"之稱又從何而來呢? 有説在蒙語裏"達喇赤"意爲牧場。1227 年,成吉思汗滅西夏,懷戎堡爲蒙古所占。此地爲蒙人牧場,稱爲"達喇赤"。至遲

---

① (元)脱脱:《宋史》本紀第十六,中華書局,1977 年,第 306 頁。

② (元)脱脱:《宋史》列傳第二百二十六,中華書局,1977 年,第 13639 頁。

③ 轉引馬全漢:《打拉池古城堡歷史沿革考述》,[J]. http://hi. baidu. com/maquanhan/blog/item/2bd0e413ee43220a5baf5333.html

④ 李昭輝:《打拉池:古城新鎮的幾重解讀》,http://www.tongzhuo168.com/Article/ShowInfo.asp? ID=231

在明嘉靖時即已音訛爲“打剌赤”[①]。則“打剌赤”爲元明時的稱呼，宋代還無此説。

碑文首句“崇寧元年壬午歲，承朝旨築打繩川”。標明宋人眼中的築城之始與原因。崇寧元年壬午歲即公元1102年。崇寧是宋徽宗在位時的第二個年號，爲公元1102年—1106年，共5年，取繼承神宗，常法熙寧之意。宋哲宗初期，高太後主持朝政，重用司馬光等人，對西夏採用“棄地弭兵”的消極防禦政策。宋夏之間暫時相對和平。元祐八年九月，哲宗親政，改元紹聖，“有復熙寧、元豐之意”。宋對西夏開始逐漸强硬，罷諸邊劃界，漸絶歲賜。與此同時，哲宗採納章楶等人“擇地築壘”，“據形勝以逼夏”的建議，在宋夏沿邊積極修築堡寨，開邊西北。經平夏城等一系列戰役，至徽宗時，已經是“聞朝廷熙、秦、延、慶、涇原、河東六路進築，五七年間，建置城若砦壘數十”[②]。“朝廷自近歲以來經營邊事，無不如意”[③]。據吕卓民先生《宋夏陝北争戰與北宋築城》統計，宋新築堡寨80餘，且絶大多數越宋夏分界而深入西夏境内[④]。但徽宗即位之初，皇太后權知朝政，拓邊活動暫時告寂，兩國處於和平期。至徽宗親政，一方面改元崇寧，重用變法派諸人，變革朝政，已有重啓邊事之兆，如蔡京入相，貶章惇爲武昌軍節度副使，並以曾布爲尚書右僕射兼中書侍郎，詔樞密院具曾任管軍及堪充管軍人姓名以聞[⑤]等等。另一方面，其時“對外形勢”有了變化，青唐羌内亂，爲宋新的開邊活動提供了新的契機。

前述宋哲宗時積極築堡開邊，深入西夏境内，從而使得會州打繩川成爲據宋涇原路與熙河路溝通交匯的戰略要地。故元符元年(1098)九月，宋樞密院即籌劃在熙河路會州打繩川等地“各進築堡城寨，以期連通兩路”[⑥]。次年六月，熙河蘭會路經略使孫路奏報稱“近據苗履踏逐到古會州、巴寧會中間地形寬廣，北控黄河，可以置州。已依朝旨計置合用樓櫓材植等赴新城，欲候今秋先築會州，畢工即移兵了當打繩川東、北楞摩之間兩寨。”提出先築會州，再築打繩川的施行步驟[⑦]。八月，詔“以打繩川係熙河路合進築處，令熙河管認地分進築”[⑧]。“詔熙河速相度築打繩川”[⑨]。但其時會州新築，尚未穩固，建置不全，幾次興廢，主事者多着眼於城周諸寨的修築，且熙河蘭會路經略司指揮王贍等人領軍進逼青唐，無暇顧及打繩川。九月，熙河蘭會路經略司稱“打繩川實係涇原、熙河兩路要害之地，合行進築”。宋廷

---

① 李昭輝:《打拉池:古城新鎮的幾重解讀》,http://www.tongzhuo168.com/Article/ShowInfo.asp? ID=231

② 韓忠彦:《韓儀公丞相忠彦行狀》,《琬琰集》,第1143頁,轉引韓蔭晟:《黨項與西夏資料匯編》,第5674頁。

③ (宋)李燾:《續資治通鑒長編》,中華書局,1979年,卷五二〇,第18頁。

④ 吕卓民:《宋夏陝北争戰與北宋築城》,西北大學出版社,1991年,第177頁。

⑤ 《宋史》徽宗本紀一、《續資治通鑒長編》卷五二〇第21頁下、《宋會要輯稿》第6907頁。

⑥ (宋)李燾:《續資治通鑒長編》,中華書局,1979年,卷五〇二,第13頁下。

⑦ (宋)李燾:《續資治通鑒長編》,中華書局,1979年,卷五一一,第9頁下。

⑧ (宋)李燾:《續資治通鑒長編》,中華書局,1979年,卷五一四,第8頁上。

⑨ (宋)李燾:《續資治通鑒長編》,中華書局,1979年,卷五一四,第17頁下。

下詔“候青唐事宜就緒，抽本路兵馬應副進築”[①]。該年青唐内附，而其主事者熙河蘭會路都監兼本路鈐轄王贍又與孫路、王愍等内鬥，築城之事一拖再拖。後孫路被貶，胡宗回接任熙河蘭會路經略使，認爲等青唐事了，要“先將河北邊衝要城壁修備，候明年相度河南，漸次修繕”[②]。打繩川築城之事就此擱置。1100 年，因青唐叛服不定，宋終於棄守青唐，王贍歸湟州。韓忠彦等人又建議息邊事，罷築城[③]。建中靖國元年(1101)，任伯雨又上書言駐守湟、鄯二州及陝西五路進築堡寨之弊。其他諸人也有議棄二州者[④]。宋詔訪姚雄言利弊，姚雄認爲可以棄守。三月十六日，遂賜二州與青唐趙懷德，徙雄知熙州[⑤]。姚雄以雷秀爲東路統制，將湟州兵馬由京玉關以歸；以蕃兵總領劉玠爲西路統制，將兵護湟州居民商旅由安鄉關以歸[⑥]。這是宋議築打繩川之背景與始末。

下句“熙河帥姚雄駐兵會州，應副錢糧運使吴安憲，統制官熙河郭祖德、劉戒，涇原喬松，秦鳳劉德，西築水泉、正川二堡通古會州。三月初，皆畢功”。言姚雄領築水泉、正川二堡事。其中“應副錢糧運使吴安憲”句，《嘉靖固原州志》所録少“副”字，至語義不通，今據《重修靖遠衛志》改。熙河路，其時全稱熙河蘭會路。《宋史・神宗本紀》稱“置熙河路在五年十月”。《宋史・地理志三》“陝西路”條載，“慶曆元年，分陝西沿邊爲秦鳳、涇原、環慶、鄜延四路。熙寧五年，以熙、河、洮岷州、通遠軍爲一路，置馬步軍都總管、經略安撫使。又以熙、河等五州軍爲一路，通舊鄜延等五路，共三十四州軍，後分永興、保安軍、河中、陝府、商、解、同、華、耀、虢、鄜、延、丹、坊、環、慶、邠寧州爲永興軍等路，轉運使於永興軍、提點刑獄於河中府置司；鳳翔府、秦、階、隴、鳳、成、涇、原、渭、熙、河、洮、岷、州、鎮戎、德順、通遠軍爲秦鳳等路，轉運使於秦州、提點刑獄於鳳翔府置司；仍以永興、鄜延、環慶、秦鳳、涇原、熙河分六路，各置經略、安撫司”。在熙寧五年始分陝西路沿邊熙、河等五州軍爲熙河路。因所轄有蘭州、岷州，故又稱熙河蘭岷路。直到“元豐五年，熙河路加‘蘭會’二字，時未得會州。元符二年，始建築，割安西城以北六砦隸州”。《宋史・地理志三》“會州條”才開始稱熙河蘭會路。

“熙河帥”爲宋對熙河路統軍長官的稱呼。一般而言，宋代經略使、安撫使均可稱該路之“帥”。如 1099 年 8 月 16 日，熙河蘭岷路經略使，寶文閣待制、知熙州孫路改河南府，以寶文閣待制、知慶州胡宗回知熙州。《曾布日録》記其事則稱“孫路

---

① (宋)李燾:《續資治通鑒長編》,中華書局,1979 年,卷五一五,第 12 頁上。

② (宋)李燾:《續資治通鑒長編》,中華書局,1979 年,卷五一六,第 1 頁上。

③ (元)脱脱:《宋史》,中華書局,1977 年,第 358 頁及卷三一二《韓忠彦傳》、《琬琰集》卷五《韓儀公丞相忠彦行狀》第 1143 頁。

④ (宋)趙汝愚:《宋朝名臣奏議》,北京大學中國中古史研究中心點校整理,上海古籍出版社,1999 年,第 1669 頁、2386 頁、4872 頁。

⑤ (元)脱脱:《宋史》,中華書局,1977 年,第 1106 頁。

⑥ (清)徐松:《宋會要輯稿》,中華書局,1957 年,第 6907 頁。

知西京，胡宗回帥熙州"[①]。孫路、胡宗回在《宋史》中均被稱爲熙河帥，兩人都有熙河路經略使的頭銜。有意思的是此時姚雄雖然因入援青唐王贍，"四戰，獲二千餘級，而亡失止三十八人"的戰績由秦州刺史、熙河蘭會路兵馬都監兼知河州、管洮西沿邊安撫司公事，兼第三將陞本路鈐轄依前知河州兼洮西沿邊安撫使，後又知熙州，特除正防禦使臣等，仍非本路經略使或經略使一級的官員，其安撫使頭銜也是"兼洮西沿邊安撫使"[②]。而《宋史》姚雄本傳稱"熙河十八年間更十六帥，唯雄三至，凡六年"。也將其稱爲熙河帥。則可推知不僅熙河路經略使、安撫使可稱"熙河帥"，知熙州，任本路鈐轄者似亦可稱"熙河帥"。尤其是如上文提及的姚雄本身已至安撫使之位，而實任本路鈐轄，被稱"帥"自是情理中事。

姚雄，字毅夫，五原人，《宋史》有《姚兕附子雄傳》，但略嫌簡略。雄出身軍人世家。父姚兕、叔父姚麟、弟姚古均以邊功著稱。他十八歲即隨父征伐，曾爲涇原、秦鳳將，駐甘谷城，知通遠鎮戎軍、岷州，官累左騏驥使[③]。元符二年(1099)"(八月)丁亥，詔'修復會州，就差四方館使、秦州刺史、知鎮戎軍姚雄知會州兼管勾沿邊安撫使，充熙河蘭會路兵馬都監'"[④]。紹聖中(1098—1099)，兩次平夏城之戰，姚雄均率熙河軍團參戰，以軍功先後擢東上閤門使、秦州刺史，徙知會州，領熙河鈐轄。元符三年(1100)熙河蘭會路兵馬都監兼知河州姚雄統軍援青唐王贍部，與王贍屢敗叛羌[⑤]。由秦州刺史、熙河蘭會路兵馬都監兼知河州、管洮西沿邊安撫司公事，兼第三將陞本路鈐轄，知河州兼洮西沿邊安撫使。建中靖國初，宋議棄湟州，詔訪雄利害。雄以爲可棄，遂以賜趙懷德，徙雄知熙州，進華州觀察使[⑥]。三年四月二日，宋棄青唐，自湟州撤軍。姚雄又"四戰皆捷"，"獲(首)二千餘級，而亡失止三十八人"。"遂築安鄉關，夾河立堡，以護浮梁，通湟水漕運，商旅負販入湟者，始絡繹於道"。特除正防禦使臣，陞本路鈐轄依前知河州兼洮西沿邊安撫使及加復州防禦使[⑦]。隨後姚雄復知熙州[⑧]。而碑文所記，正是姚雄自湟州回撤熙河後這一段時間做得事情。崇寧元年(1102)五月，宋徽宗罷韓忠彦相，降復太子太保司馬光爲正議大夫，太師文彦博爲太子太保，削元祐諸臣之秩，以翰林學士承旨蔡京爲尚書左

---

① 《續資治通鑒長編》，中華書局，1979年，第8頁下；《宋會要輯稿》，中華書局，1957年，第3775頁；"姚雄授正任防禦使制"，《宋大詔令集》，中華書局，1962年，第789頁。

② 《宋會要輯稿》，中華書局，1957年，第6907頁、7002頁；《宋大詔令集》，中華書局，1962年，第343頁。

③ 《宋史》，中華書局，1977年，第11060頁。

④ 《續資治通鑒長編》，中華書局，1979年，卷五一四，頁11上；《皇宋十朝綱要》會州條"以知鎮戎軍姚雄爲知州"卷一四，第6頁上。

⑤ 《宋會要輯稿》，中華書局，1957年，第6907頁。

⑥ 《宋會要輯稿》，中華書局，1957年，第6907頁、7002頁。

⑦ 《宋史》，中華書局，1977年，第11060頁；《宋會要輯稿》，中華書局，1957年，第6907頁、7002頁；《宋大詔令集》，中華書局，1962年，第343頁"姚雄授正任防禦使制"。

⑧ 《宋史》，中華書局，1977年，第11060頁；徐松：《宋會要輯稿》，中華書局，1957年，第6907頁。

丞[①]。蔡京用王厚復河湟，追究議棄青唐罪責，姚雄因此丟官[②]。

另外，還可注意者爲其時姚雄所轄部隊爲“統制官熙河郭祖德、劉戒，涇原喬松，秦鳳劉德”。自宋改太祖更戍之法爲將兵法，熙河帥領熙河兵自無疑義，但爲何還有涇原、秦鳳兵馬？這是因爲熙河與西夏、青唐接壤，而熙河路一面派王贍等部入青唐，謀奪鄯、湟，一面又因築會州及其周邊堡寨而與西夏交惡，自然倍感兵力不足。因此，宋頻頻抽調與熙河相鄰的涇原、秦鳳兩路兵馬入戍熙河。《續資治通鑒長編》載，1099 年，遣秦鳳戍兵十指揮應副熙河新邊戍守[③]。“（十月）乙卯，遣慕化、李忠傑將部落子及盡發秦鳳戰士赴熙河，討定新邊”[④]。“又詔涇原、環慶各選步兵三千、騎兵兩千赴熙河路”[⑤]。《宋史》卷一九六兵志十“屯戍之制”條也有：“（元符）三年八月，詔遣虎翼軍六千戍熙河路，令代蕃兵及弓箭手還家休息。”可知當時駐守熙河的部隊除本路廂兵、駐守禁軍及部落兵、蕃漢弓箭手以外，還有自涇原、秦鳳抽調的“友軍”。實際上，據《長編》卷五一七記載，苗履、姚雄入援青唐時所率部隊也非本路軍馬，而是秦鳳兵[⑥]。所以，此時姚雄率熙河、涇原、秦鳳三路兵馬，恰恰反映了此時熙河路所面臨的複雜形勢和其邊防駐軍的真實狀況。

至於其所築水泉、正川二堡，《宋史・地理志三》“會州”條載，“水泉堡，係懷戎堡管下，距本堡二十里，不係守御處”。“正川堡。係德威城管下，啰迷谷口新移正川堡距本處二十五里，不係守御處”。二堡均無駐兵。

第三句“行打繩川，賜名懷戎堡，隸會州熙河第八將”。《重修靖遠衛志》少“行”字。另後句少録“三”字。説明懷戎堡築堡時間約爲崇寧元年（1102）三月。“隸會州熙河第八將”則説明其時熙河路第八將駐會州。但是，根據《續資治通鑒長編》元符二年（1099）條，熙河蘭會路經略使胡宗回言：“今相度鄯州合置知州、通判、簽判、司理、司户參軍兼録事、司法各一員，兵馬監押、巡檢各二員，置保寧一指揮廂軍，湟州、寧塞城共置一將，正將於湟州、副將於寧塞城駐紮，馬軍兩指揮、步軍三指揮，湟州北城一指揮廂軍，本城一指揮。鄯州置一將，充熙河蘭會路第八將；湟州、寧塞城共置一將，充第九將，所有將副，令經略司選官聞奏。”[⑦]則宋始置熙河第八將爲1099 年，原駐地爲鄯州。碑文稱“賜名懷戎堡，隸會州熙河第八將”，即熙河第八將此時駐於會州。説明，隨着宋棄青唐，王贍等回撤，並未取消熙河路第八將的設置，而是自駐守鄯州移到會州駐守。

懷戎堡。《宋史・地理志三》“會州”條載，“懷戎堡，崇寧二年築，屬秦鳳路。東

---

① 《宋史》，中華書局，1977 年，第 363－364 頁。
② 《宋史》，中華書局，1977 年，第 11060 頁。
③ 《續資治通鑒長編》，中華書局，1979 年，卷五一六，第 7 頁上。
④ 《續資治通鑒長編》，中華書局，1979 年，卷五一七，第 1 頁下。
⑤ 《續資治通鑒長編》，中華書局，1979 年，卷五一七，第 15 頁下。
⑥ 《續資治通鑒長編》，中華書局，1979 年，卷五一七，第 4 頁上。
⑦ 《續資治通鑒長編》，中華書局，1979 年，卷五一六，第 9 頁下。

至涇原路分界定戎砦地分二十二里半，西至本堡管下水泉堡二十里，由香谷至會州共六十里，南至會川城分界三十五里，北至柔狼山界堠四十里，係與夏國西壽監軍地對境，經由枯柴谷至柔狼山，有險隘去處”。則言懷戎堡，屬秦鳳路管轄。結合碑文下文記載，我們似可推知，懷戎堡的隸屬關係，可能爲熙河路第八將—涇原路第十五將—熙河第八將—秦鳳路，最終隸屬秦鳳路。

碑文第二段講懷戎堡的地理位置與環境、物產。其中“西北去馬練城八十里”，少“西”字，今據《重修靖遠衛志》《宋史・地理志》改。就目前所見，《打剌赤碑記》是記載西夏西壽監軍司確切地望的最早資料。學者一般多利用碑文此段中“東北去西壽監軍一百五十里”之記載，來考證、確定西夏西壽監軍司的位置，認爲“對於西夏的西壽保泰軍，連《西夏紀事本末》卷首的《西夏地形圖》也未標出位置來。歷來史籍也未叙述倒底在何處。而《打剌赤碑記》，是考證其詳址的最好依據”①。另外，筆者前引《宋史・地理志三》“會州”條載懷戎堡地理方位時也有“西至本堡管下水泉堡二十里，由香谷至會州共六十里，南至會川城分界三十五里，北至柔狼山界堠四十里，係與夏國西壽監軍地對境”的記載。此二者可爲確定西夏西壽監軍司的確切地點提供有力的證據。

碑文第三段講大觀三年(1109)，懷戎堡廢與安泰重修事，其中《嘉靖固原州志》“己丑春，廢塞”，“與夏人分畫界”，“擇將深沉鎮静、果敢有勇者”三句，《重修靖遠衛志》分作“己丑春，廢寨”，“塞”爲“寨”字；“與夏人分畫地界”，多“地”字；“擇將深沉鎮静、果敢有爲者”，“勇”爲“爲”字。據彭向前先生推測，“政和元年辛卯歲六月壬辰八日己亥”句，當在“六月壬辰”後脱落“朔”字。此處存疑待考。

碑文最後講立碑緣由和落款。《嘉靖固原州志》僅存立碑緣由，在碑名後有“巡檢柳世雄立石”，無落款。《重修靖遠衛志》則有“政和元年辛卯歲六月壬辰八日巳亥，巡檢柳世雄、馮進，監押杜謂、唐昱，部隊將假遇、趙普、崔恩，供備庫副使第八將兼堡事武騎尉張安泰書”。但無“巡檢柳世雄立石”字樣。《重修靖遠衛志》落款按照官職，從低到高排列，以其時最高長官張安泰收尾，符合宋代碑銘的一般格式，當爲原碑落款，故從之。

結合上段，我們可以推知，懷戎堡的建制如下：堡早期設有專門官員，後由熙河第八將兼領，設有“將副”；設有巡檢司衙門，有管捕盗事務的巡檢和駐軍官員如監押、隊將等軍職。按《長編》元符二年(1099)載“(八月)丁亥，詔‘修復會州，就差四方館使、秦州刺史、知鎮戎軍姚雄知會州兼管勾沿邊安撫使，充熙河蘭會路兵馬都監……其會州合置通判、職官、曹官、都監、監押、巡檢等並依西安州例施行。除會州通判堂外，其餘員闕令經略司一面選差官權管勾’”②。説明會州設有通判、職官、曹官、都監、監押、巡檢等官員，由本路經略司“選差官權管勾”。懷戎堡隸屬會

① 魯人勇、吴忠禮、徐莊:《寧夏歷史地理考》，寧夏人民出版社，1993 年，第 155 頁。

② (宋)李燾:《續資治通鑒長編》，中華書局，1979 年，卷五一四，第 11 頁上。

州,其官員當亦爲本路經略司派遣[①]。在這裡還需要指出的是,據陳瑞青先生指出,該碑也是較早記載有巡檢的實貴資料。碑文落款出現的巡檢,是宋沿襲唐、五代之制而廣泛設置,是其社會治安網絡中不可或缺的組成部分。這裡的巡檢,當是其在邊疆所設,除一般防盜職能外,還當兼有國防之職責。宋代巡檢制度不僅被宋人稱之爲"萬世之良法",而且影響後世,元明清均有承襲[②]。

綜上所述,《打剌赤碑記》所包含的信息,不僅真實反應了1098年至1102年宋與西夏、青唐之間在熙河地區的複雜關係及其宋沿邊政策的變化與邊防形勢,爲我們研究這一時期宋、夏、青唐之間的複雜多變的關係提供了彌足珍貴的第一手資料,同時也爲我們了解宋代邊防的實際情況乃至軍隊建制、邊防官職等提供了足够詳細的信息。可以説,《打剌赤碑記》所包含的信息爲我們細緻地勾勒出這一時期宋與西夏、青唐三方在熙河路角逐的輪廓圖。另外《打剌赤碑記》所記載懷戎堡周邊地理環境,"林木森茂,峰巒聳秀,山間泉流數派……堡之西南百餘步,有泉眼湧出,泓澄甘洌,止而爲湖,不徒有賞玩之景,民田灌溉實賴其利"。與今日現實相對照,除了解懷戎堡古今自然環境的變遷外,也深切感受到保護自然環境的必要與急迫。

原刊於《西夏學》第八輯

---

① (清)徐松:《宋會要輯稿》,中華書局,1957年,第4692頁。

② 胡旭寧:《宋代巡檢制度研究》,河南大學2006年碩士論文。

論黨項西夏家族關係

孫廣文

家族,《辭海》:“以婚姻和血緣關係結成的社會單位。”宗族:“謂同宗同族之人。”《爾雅·釋親》:“父之黨爲宗族。”很明顯,宗族這個概念的外延要大於家族概念的外延,諸古代典籍,宗族出現的次數遠比家族出現的次數要多,可指同一始祖的父系血緣群體。而典籍中所謂家族,則多指五服以内之宗族,比如歐陽修《論光化軍叛兵家口不可赦札子》:“既敗之後,不誅家族。”[①]黨項西夏社會關係中也特別重視五服以内的家族關係,《聖立義海·美婦名義》中記載:“婦妖媚,害九親;男輕佻,族不和。”[②]爲便於討論,本文將五服以内的家族群體都統稱爲“家族”,而“宗族”則特指五服以外的家族群體。

一、黨項時期的家族關係

早期黨項主要分布在今青海省東南部、四川省西北部的草原和山地間,據《舊唐書·黨項羌傳》記載:自南北朝末期北周滅宕昌、鄧至後,黨項開始强大,“其種每姓别自爲部落,一姓之中復分爲小部落,大者萬餘騎,小者數千騎,不相統一。有細封氏、費聽氏、往利氏、頗超氏、野辭氏、房當氏、米擒氏、拓跋氏,而以拓跋氏爲最强”。這裡所提到的八大宗族部落,都是以男姓部落首領的姓氏爲名,所以可以肯定,至此黨項社會已經發展到以父系血緣關係爲紐帶的氏族社會階段,宗族組織也已經成爲黨項社會的一種基本社會政治組織。他們將這樣的宗族組織稱爲“氏”或“族”,如“野利氏”也稱“野利族”,而“每姓别自爲部落,一姓之中復分爲小部落”則表明一個部落便是一個宗族,一些大的宗族又分出一些小的宗族,稱門族或支族,如慶州大族野鷄族,《册府元龜》“其野鷄第七門族首領李萬全及樹夥等族受敕書領袍帶”[③],門族或支族之下又有族帳,族帳是黨項最基層的社會政治組織單位。這樣在黨項社會中就形成了“族—門族(支族)—族帳”或“族—族帳”這樣的社會政治組織結構,“門族”是“族”的子組織,而“族帳”可爲“門族”的子組織也可爲“族”的子組織。黨項人生活在這個組織當中,聚族而居,一家或一個家族爲一帳,小族數百

---

① (宋)李燾:《續資治通鑒長編》,中華書局,1985年,第3497頁。

② [俄]克恰諾夫著,李範文、羅矛昆譯:《聖立義海研究》,寧夏人民出版社,1995年,第89頁。

③ (宋)王欽若:《册府元龜》,中華書局,1960年。

帳,大族千餘帳,兵民合一,無事時各爲生業,有事時迅速聚集。

黨項各宗族和家族都有自己的首領,“其大首領爲都軍主,司帳已上者爲軍主,其次爲副軍主,又有以功次補者,其官職俸給有差。……涇原路熟户萬四百七十餘帳,帳之首領,各有職名”①。同時黨項人的正式職銜上還可以冠以“節親主”,即家族或宗族首領②。由此可見,黨項首領具崇高的政治地位和社會地位,是黨項社會關係中的貴族,但問題在於,在黨項社會中,貴族身份是繼承的,首領有世襲的權力,“爲首領者父死子繼,兄死弟襲,家無正親,則又推其旁屬之强者以爲族首”③。這樣看來,黨項社會中同一部落或宗族中貴族和平民其實是分離的,平民游離於貴族宗族組織之外,却又依存於貴族組織,也就是説“平民”是貴族組織中排斥出來的失去貴族身分的群衆。平民的社會身份是農夫或牧民,是社會的基本勞動者,不但種田放牧,而且可能還要爲貴族服雜役;平民是黨項西夏社會的基層群衆,他們的人身既不完全自由,也並非毫無保障,貴族首領保障他們不受外族攻擊;平民對貴族有一定人身隸屬關係,這種隸屬關係是與血緣關係有關的,是貴族宗族組織的附屬物,在一定程度上具有貴族宗族組織所具有的屬性,即平民組織本身也具有一定程度的血緣特徵。平民雖被排斥在貴族組織之外,成爲社會的基層群衆,但並不能擺脱貴族宗族組織的控制。正是由于這個原因,在整個黨項和西夏幾百年的歷史當中,有很大一部分黨項部落宗族不受黨項政權的領導和控制,相反他們在本族首領的帶領之下,可以爲其他——比如説漢族、吐蕃、女真——等民族的政權出生入死④。同時也説明另一個問題,在黨項人的觀念中,相對於國家和政府,他們有更强的宗族和家族觀念。

維係黨項人宗族家族觀念的基礎是什麽?如前文所述,早期黨項部落宗族中的平民不能擺脱黨項貴族的控制,那麽宗族首領控制黨項族帳的基礎是什麽?如何禁絶或減少弱小部落向强大部落的人口流動?可以確定的是這個基礎不是武力,因爲在黨項社會組織結構中,兵民合一,無事時各爲生業,有事時迅速聚集,這表明早期黨項貴族並没有自己的私人武裝,貴族不能以武力干預本族平民脱離本本族部落,而且直到北宋太宗時期黨項拓拔族首領李繼捧率族入宋後對太宗也説“戎人狡狠,臣但羈縻而已,非能制也⑤”。這説明,黨項人都是自願接受部落貴族控制的而部署貴族則是部落宗族的代表,所以維係早期黨項宗族關係的就是黨項人的宗族觀念,那么這個宗族觀念的基礎是什麽?

社會學家弗里德曼認爲,宗族是與地方社會相結合,以族産爲基礎的繼嗣團

---

① (元)脱脱:《宋史》,中華書局,1977年,第4750-4751頁。

② 聶鴻音:《新集慈孝傳研究》,寧夏人民出版社,2009年,第30頁。

③ (元)脱脱:《宋史》,中華書局,1977年,第4755-4756頁。

④ 宋人稱這些歸服北宋的黨項族帳爲熟户,他們是宋夏邊境上防禦西夏軍事進攻的重要力量,《續資治通鑒長編》載北宋康定二年,僅涇原路熟户就有一萬四百七十餘帳。

⑤ (宋)李燾:《續資治通鑒長編》,中華書局,1995年,第575頁。

體,是宗族關係的紐帶[①]。漢以後的黨項人“不事産業,好爲盗竊,互相凌劫……畜牛、馬、驢、羊,以供其食”[②]。説明他們仍然不從事農業生産,但在同一部族内已經有了私有財産以及基於財産多寡等級關係,但是共同財産仍然存在,這就是土地及土地上所附着的自然資源。記載在《聖立義海》中黨項人對大地的概念中,認爲大地是一切有生物的支柱,認爲大地是四四方方的,四面有四個海,有八座山,“蔚藍色天空的支柱,壓在紅色的大地上”[③]。隨着部落宗族的發展,黨項人對屬於自己部族的土地非常重視,《讀史方輿紀要》記載:唐時黨項内遷後其“在慶州者,號東山部;在夏州者,號平夏部;在靈、鹽以南山谷中者,號南山部”。各部族族帳謹守其地,唯宗族首領馬首是瞻,只認首領,不認官府[④],個人所生活之地域就成爲區别其族屬的重要標志。所以從這個角度來分析,共同財産是維係早期黨項宗族觀念的基礎。

另一個方面是宗族譜系認同。在此首先要注意一個問題:黨項社會甚至建國後的西夏社會有一個特别的現象,那就是舅舅在家族關係中占有很重要的地位,在黨項傳説中,正是舅舅從嘌神手中救出了殺死嘌神兒子的白高國九兄弟[⑤],所以在《聖立義海》中西夏人引用格言:“即使你快被淹死,也不要去抓舅舅的肩膀,即使你惱恨到極點,也不要對舅舅發泄。”這是黨項人母系氏族階段的深刻記憶,這也可能是西夏建國後的相當一段時間,后族專權的重要原因。但如前所述,黨項社會在南北朝末期已進入父系氏族階段,同時以父系血緣爲基礎的家族觀念開始確立並逐漸變得根深蒂固,“兄弟們繼承祖輩的土地,父輩的房舍”,其時最理想的家族關係是兄弟們“不分你我”“三代同堂”,這些都是向土神崇祀的基礎[⑥]。在這樣的宗族觀念的主導下,黨項人很重視其譜系來源,如近代榆林地區出土的唐初拓跋守寂和五代後晋李仁寶墓志都用一定的篇幅來追本溯源[⑦],其目的就在於譜系認同。

基於譜系認同的家族意識還表現在黨項人復仇與婚喪習俗中。同古代很多民族一樣,黨項人有其傳統的復仇習俗,《舊唐書·黨項羌傳》記載“尤重復仇,若讎人未得,必蓬頭垢面跣足蔬食,要斬讎人而後復常”,而黨項人“俗尚武力,無法令,各爲生業,有戰陣則相屯聚”[⑧]。這表明黨項社會中同一氏族人必須相互援助、保護,特别是在受到外族人傷害時,要幫助復仇,可見這種復仇習俗還保留着濃厚的原始

---

① [英]弗里德曼著、劉曉春譯:《中國東南的宗族組織》,上海人民出版社,2000年,第175頁。

② (後晋)劉昫等《舊唐書》,中華書局,1977年,第5290頁。

③ [俄]克恰諾夫著,李範文、羅矛昆譯:《聖立義海研究》,寧夏人民出版社,1995年,第8頁。

④ 杜建録:《論黨項宗族》,《民族研究》,2001年第4期。

⑤⑥ [俄]克恰諾夫著,李範文、羅矛昆譯:《聖立義海研究》,寧夏人民出版社,1995年,第20頁。

⑦ 周偉洲:《陝北出土三方唐五代黨項拓跋氏墓志考釋——兼論黨項拓跋氏之族源問題》,《民族研究》,2004年第6期。

⑧ (唐)魏徵:《隋書》,中華書局,1973年,第1845頁。

時期“血族復仇”[①]的傳統。《遼史·西夏外紀》載:“喜報仇,有喪則不伐人,負甲葉於背識之。仇解,用鷄豕犬血和酒於髑髏中飲之,乃誓曰:‘若復報仇,則穀麥不收,男女禿癩,六畜死,蛇入帳。’有力小不能復仇者,集壯婦,享以牛羊酒食,趨讎家縱火,焚其廬舍,俗曰敵女兵不祥,輒避去。訴於官,官擇舌辯氣直之人爲和斷官,聽其典直,殺人者,納命價錢百二十千。”[②]

在婚姻制度上,爲保持本氏族或家族生産力量的强大以及防止本族財産的流失而“妻其庶母及伯叔母、嫂、子弟之婦”,但同姓不娶。這與漢代西羌“氏族無定,或以父名母姓爲種號”相比有所變化。黨項的這種婚俗是黨項社會從母系氏族階段向父系氏族階段過渡的一個標志,表現了黨項社會隨着經濟的發展,社會風俗文化有了一定的演進。

二、黨項西夏的社會變革及社會變革下的家族關係

黨項社會緩慢發展,隨着吐蕃等相鄰民族政權的强大,黨項相對落後的生産方式和鬆散的社會關係無可與抗,危機促使變革。黨項西夏的社會變革,始於黨項内遷。黨項“自周氏滅宕昌、鄧至之後,黨項始强”[③]。至隋代“開皇四年(584),有千餘家歸化”,此後的一百多年時間,不斷内遷,至廣德二年(764)唐王朝西北邊帥郭子儀認爲黨項部落散處鹽州(今陝西定邊縣)、慶州一帶,“其地與吐蕃濱近,易相脅,即表徙静邊州都督、夏州、樂容等六府黨項於銀州之北、夏州之東,寧朔州吐谷渾住夏西,以離沮之”。内遷後,黨項部族散居慶、銀、夏、鹽等地,在經濟上屬於半農半牧區,而銀、夏等地處在鄂爾多斯高原東南緣,自古以來是農耕民族與遊牧民族争奪的焦點。以其自然環境而論,銀夏地區的一些地域如夏州的烏水、銀州的無定河、勝州的窟野河以及黄河界岸地區,因爲有河流以資灌溉,有利於農業發展,另一些地域有水草豐饒的草原,則利於畜牧。因此内遷後的黨項,其生存條件和發展條件得到了很大的改善,特别是最早内遷的黨項羌,在唐政府的幫助下學會了農耕[④],其所居住的綏德、横山、葭蘆、米脂等地區都是農業發達的地區,而黨項拓跋氏後來以武力所據的靈、興二州,更是歷代墾辟的沃野。農業的發展促進黨項社會

① 血族復仇(bloodrevenge,又譯血親復仇、血屬復仇),是指當氏族或部落成員被其他氏族或者部落成員傷害時,受害方所屬的氏族或部落認爲是對其整體的侵犯與傷害,並對肇事者所在的氏族或部落進行集體性的報復行動,以獲得相應的報償。最早提出“血族復仇”一詞的是美國民族學家摩爾根(1818—1881)。這裡的“血族”,本義是指氏族,擴大到包括存在血緣關係的胞族、部落,同時包括氏族、胞族聚居的村落,所以既不包括比氏族更早的血緣家庭,也基本上不包括階級社會中的家族和個體家庭。如受害者是被殺的,報復者則以殺死肇事者作爲了結。肇事者一方不得再憤憤不平。這種以一命償一命的報復方式稱爲“同態復仇”。當時人們把以命償命、以牙還牙,以眼還眼的“同態復仇”看作一個可以普遍接受的原則,因此漸漸成爲一種習俗。見摩爾根:《古代社會》,江蘇教育出版社2005年,第75頁。

② (元)脱脱:《宋史》,中華書局,1977年,卷一一五,第1524頁。

③ (唐)魏徵:《隋書·黨項傳》,中華書局,1973年,卷八三,第1845頁。

④ 杜建録:《西夏經濟史》,中國社會科學出版社,2001年,第10頁。

經濟的快速發展,同時也加快了黨項與中原農耕文明的融合,這是黨項社會變革的重要條件。

政治上,内遷後黨項與中原王朝建立起更爲牢固的隸屬關係,黨項各部落中的大姓宗族勢力得到空前發展。其内遷前黨項"每姓别自爲部落,一姓之中復分爲小部落,大者萬餘騎,小者數千騎,不相統一"。内遷後唐王朝對黨項部族内遷雖分地安置,但與秦漢時期不同,唐朝對邊地異族除那些侵擾邊境,採用"全其部落,順其土俗"的政策,所以黨項大族首領如拓跋氏、折氏都是以唐王朝節度使的身份統治其部落,而其下族帳首領也被授予蕃落使、防禦使、團練使、都押牙、指揮使、刺史等職,實際上仍行使其族帳首領之職,而且可以世襲。唐末至五代時期,黨項勢力割據一方,在亂世中縱横捭闔,勢力迅速發展。其中最爲關鍵的是拓跋氏家族勢力的壯大。唐天寶末年拓跋氏因"平夏部有戰功,擢容州刺史天柱軍使,其裔孫拓跋思恭,咸通末竊據宥州,稱刺使"[①]。唐僖宗時,平夏部夏州節度使拓跋思恭因平黄巢起義有功,被唐王朝封爲夏、綏、銀節度使、夏國公。到唐朝滅亡時,拓跋氏占有銀、夏、綏、鹽、宥、延六州之地,"雖未稱國,而自其王久矣"。在拓跋氏崛起並與中原王朝抗衡過程中,主動學習和吸收中原王朝及各周過民族政權的先進文化和制度,推動了黨項社會變革,也正是這個原因,黨項社會變革首先是從政治文明的變革開始,進一步打破了氏族社會,進入政治社會。

"政治社會必須奠基於地域和財産兩者之上,它必須通過人們的地域關係來和個人打交道"[②]。《新五代史·四夷附録第三》載:黨項"部有大姓而無君長,不相統一,散處邠寧、鄜延、靈武、河西、東至麟、附之間"。五代時期黨項依舊處於各自爲政的狀態,而且仍然是以血緣關係爲基礎的氏族關係爲主,但以地域關係爲基礎的統治集團已具雛形,如形成自唐末以來占據銀、夏、綏、宥四州的定難軍黨項拓跋氏集團,五代初興起於府、麟二州的黨項折氏集團,另外如白馬族,以慶州北白馬川命名,延州金明縣的金明族,慶州野鷄塞的野鷄族、涇州西北大蟲前後巉的大蟲族等其地域特征也很明顯。可見五代時黨項諸部内血緣關係進一步鬆懈,而地域因素開始加强,與此同時其政治形態也開始從以血緣關係爲基礎的部落政治向以地域關係爲基礎的官僚政治過渡。

黨項西夏以地域名稱命名的部分部族(根據劉建麗《北宋西北沿邊黨項部族》整理)[③]

① (宋)歐陽修:《新唐書·黨項傳》卷二二一,中華書局,1975年,第6218頁。

② [美]路易斯·亨利·摩爾根,楊東莼,馬雍,馬巨譯:《古代社會》,江蘇教育出版社,2005年,第214頁。

③ 劉建麗:《北宋西北沿邊黨項部族》,《西夏研究》,2012第2期。

年　代	部族名稱	居住地和命名原因	材料來源
大中祥符七年(1004)	野家族	居地延州，近側有野家店	《長編》卷八二 《宋史・周美傳》
宋咸平二年(1002)	茭村族(東茭族)	居地永平寨在綏、延界，因居延州東，故稱	《長編》卷四五 《宋史・趙振傳》 《蘇魏公文集》卷二九《茭村族軍主李懷德可本族都軍主》制文
五代後周廣順二年(952)	野鷄族	世居慶州，以野鷄峰而名族	《資治通鑒》卷二九一 《宋史・黨項傳》卷四九一 《武經總要前集》卷一八上
五代後唐長興三年(932)	牛兒族	居環州(治今甘肅環縣)界，以牛兒谷名族	《新五代史・藥彦稠傳》卷二七 《册符元龜》卷三九八
五代後唐長興三年(932)	白馬族	居環州洪德寨(今甘肅環縣北 60 里洪德鄉)，以州北境白馬川名族。	《册符元龜》卷三九八 《長編》卷九九 《宋元憲公集》有"環州洪德寨熟户白馬族勃拶"
五代後唐天成四年(929)	大蟲族	居環州方渠(今甘肅環縣南方渠鎮)、青岡峽(亦作青岡嶺，今甘肅環縣西北)及原州(今甘肅鎮原縣)北部邊境，以大蟲巉名族。	《資治通鑒》卷二七六 《舊五代史・唐明宗紀六》卷四〇 《宋會要輯稿・兵》二七一二一。
太平興國七年(982)	獨家族	居環州(治今甘肅環縣)東南，以獨家名族	《宋史・鄭文寶傳》卷二七七 《太平寰宇記》卷三七"通遠軍東南至蕃部獨家族十五里"
大中祥符九年(1016)	小力族	居地綏州(治今陝西綏德縣)有小力山，故名族。	《宋史・黨項傳》卷四九一 《太平寰宇記》卷三八
宋淳化四年(993)	楊家族	世居麟州(治今陝西神木縣西北楊家城)。麟州城，一名楊家城，故名族	《宋史・黨項傳》卷四九一 《神木鄉土志》卷四 《乖崖集》卷八《麟州通判廳壁記》 《資治通鑒》卷二九一
宋元豐六年(1083)	麻乜族	居府州靖化堡(今陝西府谷縣西北)，以麻乜乞寨與麻乜吃多訛寨名族	《府谷縣志》卷二《宋折國公碑陰字迹》 《長編》卷五一〇、卷三一八 《宋會要輯稿》兵二七
宋咸平六年(1003)	府州八族	居府州(治今陝西神木縣西北楊家城)，有八部	《宋史・夏國傳》卷四九一

續 表

年　代	部族名稱	居住地和命名原因	材料來源
宋慶曆二年(1042)	娘嶺族	居保安軍順寧寨(今陝西志丹縣西北40里順寧)北五里及延州(治今陝西延安市)界。以順寧寨北三十里歸娘嶺名族	《宋史・夏國傳》卷四八五 《武經總要前集》卷一八上。 《長編》卷一三七慶曆二年(1042)六月
宋景德三年(1006)	妙娥族	居鎮戎軍(治今寧夏固原市)西界,三川寨(今寧夏固原縣西北30里彭堡鄉隔城子古城)西有妙娥山,故名族	《長編》卷六三景德三年五月 《武經總要前集》卷一八上 《臨川集》卷九〇《曹穆公行狀》

宋景祐四年,"元昊既悉有夏、銀、綏、宥、静、靈、鹽、會、勝、甘、凉、瓜、沙、肅……置十二監軍司,委豪右分統其衆"。同年,元昊稱帝,正式建立起類似中原王朝的以地域關係爲基礎、以中央集權爲主要特徵的官僚政治體制。儘管元昊爲别番漢,襲封後"始衣白窄衫,氈冠紅裏,冠頂後垂紅結綬,自號嵬名吾祖"[①],同時突出黨項民族特徵,稱帝後更下"禿髮令",然而隨着西夏社會經濟的發展,中央集權逐步加强,官僚體制也盡一步完善導致氏族社會關系加速解體。爲適應這種政治體制,自元昊起就重視法律對西夏社會的規範作用,元昊稱帝後號爲"世祖始文本武興法建禮仁孝皇帝",改元"天授禮法延祚"。元昊之後的各朝皇帝不斷修律,至少在崇宗貞觀年間(1101—1113)就已有了稱作"律令"的王朝法典:《貞觀玉鏡統》卷三規定對隱藏繳獲財物者按"律令"中受賄從犯審斷,這裡所説的"律令"或許就是《天盛改舊新定律令》的前身[②]。西夏法律的修訂至仁宗仁孝年間(1149—1169)的《天盛改舊新定律令》可稱完備。

官僚政治的確立與一系列法律的製定,改變了黨項傳統的社會關係,在宗族家族關係方面,其變化尤劇,主要表現在宗族的社會基礎功能減弱而家族和家庭的獨立性增强。其原因有三:

一是西夏經濟的發展,使家族和家庭在經濟上逐漸獨立從而取得社會關係上的獨立。關於西夏經濟特點,杜建録先生《西夏經濟史》言:"就全國整體而言是農牧並重,一方面農業在整個社會經濟生活中占有非常重要的地位,推動着封建文明的進步維繫着西夏社會的穩定;另一方面,畜牧業的地位並不亞於農業,它在整個社會經濟中舉足輕重,馬牛羊駝的肉、乳、酥是黨項和其他少數民族牧民的主要食

① (元)脱脱:《宋史・夏國傳》,卷四八五,第13993頁。
② 史金波、聶鴻音、白濱:《天盛改舊新定律令・前言》,法律出版社,1999年。

品,皮、毛、絨則是民族手工業最豐富的原料,在對外貿易中又是大宗的出口商品"[①]。隨着西夏農業經濟的發展,西夏人在農耕區的社會生活方式上也逐漸由遊牧方式轉變爲定居方式,家庭經濟和家族經濟更加獨立,如《天盛律令》中規定"諸人父母不情願,不許强謂而往别住,若違律時徒一年。父母情願,則罪勿治"[②]。爲適應這種新的生産生活方式,西夏統治者創製農遷溜的基層社會組織制度,農遷溜借鑒了中原地區鄉里制,但仍然保留着濃重的部落傳統[③],即使如此,這種基層社會組織制度還是改變了西夏人的宗族觀念傳統,其人民也逐漸成爲服從國家而非宗族部族的、向國家繳納租税的國家編户,其結果是黨項時期宗族的社會基礎功能減弱而家族和家庭的獨立性增强,而另外一個結果是以家族和家庭爲經營單位的商業、手工業迅速發展起來,如俄藏黑水城文書中有一件相當完整的文書——《西夏光定十二年正月李春狗等撲買餅房契》[④],充分反映了這一事實。

二是西夏統治者尊儒重禮,使宗法關係代替部落宗族關係成爲維繫家族關係的重要紐帶。相對於黨項時期,建國後的西夏更加重視儒家學説在中原王朝中治國方面的有益經驗和維繫社會關係的指導作用,元昊"自製蕃書……譯《孝經》、《爾推》、《四言雜字》爲蕃語",諒祚"求《九經》、《唐史》、《册府元龜》及宋正至朝賀儀",仁孝"重大漢太學,親釋奠","封孔子爲文宣帝","建内學,選名儒主之"。"其設官之制,多與宋同。朝賀之儀,雜用唐、宋,而樂之器與曲則唐也"等等不一而足。雖然在元昊之後,番禮和漢禮曾有過一段時間的鬥争,但結果是漢禮最終取得了統治地位。大致到仁宗仁孝時期,在西夏主流社會中最終確立以加强中央集權爲目的、以家庭倫理爲基礎的等級制度,雖然其部落宗族傳統仍然有一定保留,但其宗族部落的社會基礎功能已大爲轉變,這一轉變使在同一宗族内的貧富差距和道德差異更爲明顯,"族—門族(支族)—族帳"或"族—族帳"這樣的社會政治組織結構逐漸解體,《宋史》載:"其大首領,上自刺史,下至殿侍,並補本族巡檢,次首領補軍主、指揮使,下至十將,第受廩給。歲久,主客族帳,混淆莫紀。"[⑤]其結果是黨項時期宗族的社會基礎功能減弱而家族和家庭的獨立性增强。

三是引禮入法,使禮和法逐漸成爲約束社會和家族行爲的基本要素。隨着家庭關係在西夏社會關係中的獨立性增强,以傳統道德和社會習慣來治國理政已不

① 杜建録:《西夏經濟史》,中國社會科學出版社,2001 年,第 151 頁。

② 史金波、白濱、聶鴻音:《天盛改舊新定律令·出典工門》,法律出版社,1999 年,第 390 頁。

③ 楊蕤先生在其文章《論西夏的基層組織與社會》中認爲:西夏境内的陝北地區、河西走廊、寧夏平原、六盤山以東的宋夏沿邊地區基層社會組織爲鄉里制度,並引用史金波《西夏户籍初探——4 件西夏文草書户籍文書譯釋研究》通過翻譯西夏文草書户籍文書,證實了農遷溜是西夏社會基層組織的結論,認爲西夏鄉里制度與中原地區的保甲法相似,只是西夏的農遷溜制度保留了明顯的部落制以及其規模相對保甲法爲小。

④ 黑水城出土大量西夏社會文書,其中就包括一百多號户籍和人口文書,雖多爲殘件,但在保存西夏户籍的第一手資料的意義上則顯的彌足珍貴。見杜建録、史金波著《西夏社會文書研究》之西夏户籍初探。

⑤ (元)脱脱:《宋史·兵五·鄉兵二》,卷一九一,第 5755－5756 頁。

能適應社會發展，雖然國家引導社會尊儒重禮，宗法關係成爲維係社會關係的重要基礎，但很明顯這是遠遠不够的。而引禮入法，禮法並用，是中國自漢代以來統治者治國理政的一貫思想。漢代的董仲舒、賈誼、陸賈感秦律嚴酷之失，主張"文武並用，長久之術也"，他們"用陰陽五行宇宙圖式包裝起來、承襲荀學傳統、融德禮刑法爲一體的新的統治思想，到武帝時，總算正式確立了"[1]。此後這一思想被歷代統治者繼承、發揚。西夏統治者學習中原地區政治文明，他們也順理成章地繼承了這一傳統，製定法律，禮法並用，並特別强調忠孝[2]，並以法律强制規範，謀逆爲第一大罪，其次是失孝德禮。《天盛律令》規定"一欲謀逆官家，觸毀王座者，有同謀及不同謀，肇始分明，行爲已顯明，不論主從，一律以劍斬，家門子、兄弟、節親連坐"[3]。"一以直接貪財，對宗廟、地墓、堂殿等上動手盜毀，及盜竊隱藏毀官金抄等，不人主從，以劍斬殺，自己妻子、同居子女等當連，遷往異地，當入牧農主中"[4]。引禮入法的結果是進一步打擊了宗族部落勢力，個體家庭家族以遵守國家倡導的禮法爲依據，逐漸放棄宗族部落的傳統，使部落宗族的社會基礎功能減弱而家族和家庭的獨立性增强，部落宗族間人口流動已不受約束。一個"軍首領"可以率領不同姓氏的人，而且最小軍團單位"抄"也構成於不一樣姓氏的正軍和輔主[5]。

本文未公開發表

① 趙世超：《中國古代引禮入法的得與失》，《陝西師範大學學報》(哲學社會科學版)，2011 年 1 月第 1 期。

② 李温：《西夏立法的指道思相和刑罰制度》，《第三届西夏學國際學術研討會論文集》，2008 年，第 26 頁。

③ 史金波、白濱、聶鴻音：《天盛改舊新定律令・謀逆門》，法律出版社，1999 年，第 111 頁。

④ 史金波、白濱、聶鴻音：《天盛改舊新定律令・失孝德禮門》，法律出版社，1999 年，第 115 頁。

⑤ ［日］佐藤貴保：《西夏軍"首領"——以兩件黑水城文書爲根據》，《第三届西夏學國際學術研討會論文集》，2008 年，第 219 頁。

宋元理學與西夏遺民的《龍祠鄉約》

胡若飛

理學盛極於南宋與元、明時代,理學初起於北宋、是宋朝以後才發展出來的一種新儒學思想,此後在其更張的過程中還大量融入了佛老思想。宋以後七百年間,理學因與宗法體制十分適應,歷代統治者將理學一直奉爲正統。理學在促進人們的理論思維、普及教育、陶冶人們的情操、維護社會穩定、推動歷史進步等方面,發揮了積極的作用。同時,它對中國封建社會後期的歷史和文化發展,也有巨大的負面影響。

河南濮陽市柳屯鎮西夏遺民楊氏先祖唐兀氏的族屬是西夏主體民族黨項羌,其地望爲現甘肅武威。楊氏先祖唐兀氏入元以後被簽征到内地,參加蒙古軍,列入"色目人等",因"收金破宋"立有軍功而留居濮陽,在濮陽這一華夏民族農耕文化的腹心之地與漢族通婚是其家族加速漢化的一條重要途徑,楊氏家族學習並踐行"新儒家文化",形成了獨特的"家族文化",也是楊氏家族徹底實現漢化的另一條重要途徑。河南濮陽西夏遺民唐兀氏於元明鼎革之際,改姓楊姓。早在明代,就有人對楊氏家族文化的變遷作出了這樣的評價:"夫氏也……西夷之人也,夷之變於夏者也。"[①]生活方式的改變以及對漢族傳統文化的認同,使這個家族在百年的時間内,迅速漢化了。

《述善集》[②]是河南濮陽西夏後裔唐兀崇喜(楊崇喜)所編的文集,其成書經歷了一段很長的時間過程。《述善集》自1358年楊崇喜初編成書後,經多次多人補編和續編,直到1629年,歷經271年的時間,才完成我們現在所看到的《述善集》。這271年,大概也是楊氏家族比較興盛時期,因此才有可能多人補編、重編《述善集》。此後《述善集》就成爲楊氏(唐兀氏)家族的精神財富,在家族内部流傳達600餘年。《述善集》共分三卷:一、《善俗卷》;二、《育材卷》;三、《行實卷》,内收記、序、碑銘、詩賦、題贊、雜著等共75篇,保存下來的元代西夏遺民資料相當豐富,近年楊氏家族願將此"祖傳秘寶"公之於世,成爲中華民族的共有財富,真是可喜可賀。

本文主要就唐兀氏進入中原以後"訂鄉約"這一家族史上的大事來看宋元理學"新儒家文化"對這支西夏遺民文化融合進程中所産生的重要影響,所依據的文獻

---

① 《述善集》,載王崇慶《序楊氏遺集》。

② 參見焦進文、楊富學:《元代西夏遺民文獻〈述善集〉校注》,甘肅人民出版社,2001年。

資料爲《述善集》。

至正元年(1341)七月,住坐於濮陽縣十八郎砦的黨項族西夏遺民唐兀顯忠①、唐兀崇喜與鄉民共同商議製訂了一個村規民約。因在此砦近南有一大堤,上有一古廟,名曰龍王殿,殿中塑有神像。傳説該神十分靈驗,屢求不爽。故把這個民約名爲《龍祠鄉約》。《鄉約》共 15 款,1072 字。

《述善集》之《善俗卷》有一篇潘迪撰寫的《龍祠鄉社義約序》,直接道明《龍祠鄉約》與理學的師承聯繫。

"余觀其條目詳約備,頗增於吕氏,而其大致多與吕同"。又云:"昔吕氏之學出於程子,今崇喜之學,實得之成均。宜其相去數百年,所見略同,而且能化其鄉之父兄,能守是約云"。

引文中"多與吕同",指的是北宋年間陝西藍田縣三里鎮鄉五里頭村的吕大均寫定的《藍田吕氏鄉約》。吕大均爲宋代關中理學代表人物之一,北宋大哲學家張載的弟子。他與吕大防、吕大忠、吕大臨三兄弟所製訂的《吕氏鄉約》是目前可以見到的中國歷史上第一部成文的鄉約,對後世影響極爲深遠。

鄉規民約的産生肯定遠早於宋代,只是文本形式可能不如宋代及其以後完備嚴密和没有流傳下來而已;若從成文的鄉規民約來看,雖然《宋史·范仲淹傳》載:"(范仲淹)爲環慶路經略安撫、緣邊招討使"時,於北宋仁宗天聖八年(1030)爲當地羌人立條約的史實,但范仲淹其時作爲一個軍事首領,單方頒布的條約算不上真正的鄉規民約。

《藍田吕氏鄉約》中有許多教化意向,鄉約中分四大綱領:一、德業相勸;二、過失相規;三、禮俗相交;四、患難相恤。四大項中,每一項都包含許多小的條目。

張載是宋代理學的宗師,使"新儒家文化"成爲一代文化潮流功不可没,他以特立獨行的學術風貌和規模宏大的思想系統赢得了一代學術宗師的地位。張載在總結自然科學的基礎上,建立了以氣一無論爲基礎的哲學體系,他提出"太虚無形、氣之本體"的宇宙論。初,張載在關中講學,附和者很少,吕大均是張載同年友,贊同張載的思想主張,遂拜張載爲師,爲關中學者以張載爲中心形成關學學派做出重要貢獻。爲貫徹張載的主張,乃作《鄉約》。吕大均所作《鄉約》體現了張載"民胞物與"的倫理精神,對擴大其思想影響,改變關中風俗起了很大作用。

"昔吕氏之學出於程子",即指程氏兩兄弟。程顥(1032—1085)、程頤(1033—1107),洛陽人。程顥,字伯淳,學者稱明道先生。程頤,字正叔,學者稱伊川先生。程氏兄弟就學於周敦頤,同爲北宋理學的奠基者。

程顥在神宗時爲太子中允、監察御史里行,反對王安石新政。在洛陽講學十餘年,弟子有"如坐春風"之喻。程頤官至崇政殿説書,反對王安石新政。二程的學説

---

① 唐兀顯忠:即唐兀達海(1280—1344),因曾歷官忠顯校尉,故被稱爲忠顯公。

後來爲朱熹所繼承和發展,世稱“程朱學派”。南宋後,朱熹重新發現了這個鄉約,據此編寫了《增損吕氏鄉約》,再度使《吕氏鄉約》名聲鵲起。

“今崇喜之學,實得之成均”。“成均”,相當於現在的國立高等學府。潘迪,元代元城(今河北大名縣)人,在《述善集》中多處署名“㮚山”(其地也在今大名縣)。博學能文,歷官國子司業、集賢學士、致仕禮部尚書。

著有《易春秋學庸述解》、《格物類編》、《六經發明》。潘迪是唐兀崇喜在國子學的老師,在弟子的祖藏遺書《述善集》中所寫文章最多,一人就占去了二至三成。在學術師承關係上,這裡潘迪筆調寫得既委婉,又謙虚。

唐兀崇喜,又稱楊崇喜,字象賢。光緒《開州志》卷六有《楊崇喜傳》,記載了他捐資助軍與建崇義書院的業績。結合各種文獻,可以得知,楊崇喜曾襲任百夫長、受敦武校尉,並就讀於國子學,爲國子生。因他長期不仕,故又被稱爲處士,本武威人氏,後入左翊蒙古侍衛兵籍。他在元末避亂京師時,曾任過官職,惜未詳其官職與官位。

從其交往的人士多爲達官貴人或名重一時的學者這一因素看,當時他在京師是有着很高地位和聲望的①。

《吕氏鄉約》是中國歷史上成文的鄉約的藍本,深得元代理學家的推崇和贊譽。潘迪在同一篇序中説:“故魯齋先生許文正公取之,以列善俗十書之一,而左轄張公仲謙爲鋟梓以傳世。嗚呼!信可謂善俗矣。”

許文正公,即許衡(1209—1281)。河内人,字仲平,號魯齋,爲元代三大理學家之首,還是元代傑出的政治家、教育家和天文曆法學家。作爲一代理學宗師,他繼承程朱理學,寬釋其義,重在實踐,使理學得行於世,並由私學變爲官學,取得正統地位,被稱爲朱熹之後的第一人,是宋以後繼往開來、人所不及的有功之臣。

張公仲謙,即張文謙(1216—1283),字仲謙,號頤齋,元順德沙河(今河北邢臺)人。早年爲劉秉忠同學,經劉推薦,於1247年入忽必烈王府管教令奏箋。曾從忽必烈攻大理、鄂州等地,爲中書左丞。至元元年(1264)以本官行西夏中興府路事,用郭守敬等科學家開展水利建設。七年(1270)拜大司農。在宣撫大名(今河北大名東)期間,與名儒竇默上書奏請設立國子學,促成中央官學的建立,推動了元初文教事業的發展。晚年與許衡過從甚密,尤粹於義理之學。

唐兀崇喜更是在《述善集》中表明了他與理學的直接聯繫。《行實卷》之三《觀德會》:“余嘗讀文公先生《小學書》。”

唐兀崇喜所説的文公先生,即指宋代理學的集大成者朱熹,他繼承了北宋程顥、程頤的理學,認爲理是世界的本質。朱熹學識淵博,對經學、史學、文學、樂律乃

① 楊富學,焦進文:《元代西夏遺民〈龍祠鄉約〉探析》,載《述善集研究論集》(何廣博主編),甘肅人民出版社,2001年。

至自然科學都有研究。

唐兀崇喜在《行實卷》之三《勸善直述》一文中重點引朱子語："善必積而後成，惡雖小而可成。"①在同一篇文章中再引程子語："自暴者，拒之以不信；自棄者，絶之以不爲，雖聖人與居，不能化而入。"②

唐兀崇喜所説的程子即指河南理學家二程（程顥、程頤），朱熹理學的淵源來自二程子。

《龍祠鄉約》的出現，不能不説是我國民族文化深度融合的一段精彩插曲。元朝統一後，元朝統治者轉而採用中原王朝的統治方式，依靠以許衡爲代表的一批漢族大儒，大力宣揚以"程朱理學"爲代表的新儒學，對元初北方地區的社會穩定起了極大的促進作用。

《龍祠鄉約》的出現，是我們目前所知最古老的由古代少數民族在元代製定的鄉規民約，具有承前啓後的作用，對明末《南贛鄉約》不無影響。明代，朝廷大力提倡和推廣鄉約，《南贛鄉約》應運而生，影響最廣。"嘉靖間，部檄天下，舉行鄉約，大抵增損王文成公之教"，體現了理學家王陽明的"知行合一"説，道義與事功相統一的思想。

《龍祠鄉約》直接脱胎於《吕氏鄉約》，但内容有較大的變更，表達方式也有相當程度的改變。與《吕氏鄉約》相比，《龍祠鄉約》、《南贛鄉約》是民衆自動的鄉村組織，而《吕氏鄉約》則是政府督促的一個鄉村組織。《南贛鄉約》不管在内容還是在表達方式上與《吕氏鄉約》都有很大距離，却與《龍祠鄉約》相類似。

宋元理學作爲"新儒家文化"，表現出經世致用的實踐理性精神。《吕氏鄉約》的製定者吕大均是理學家張載的信徒，是張載理學思想的實踐者，《龍祠鄉約》的製定者唐兀顯忠、唐兀崇喜等堪稱理學傑出的追隨者，《南贛鄉約》的製定者更是中國歷史上最偉大的理學家之一，説明鄉約的製定與宋、元乃至於明的理學發展息息相關，鄉約的製定本身就是理學理想在社會中的一種實踐。

本文未公開發表

① 《朱子語類卷第十八》。

② （宋）程顥、程頤：《周易程氏傳》卷四。

略談河南濮陽西夏遺民的族屬

胡若飛　薛　路

河南濮陽西夏遺民後裔主要分布於濮陽城東柳屯鎮所屬的楊十八郎等十餘個自然村落，均爲楊姓居民①，楊十八郎村遺藏的《大元贈敦武校尉軍民萬户府百夫長唐兀公碑銘》（以下簡稱《唐兀公碑銘》）及楊氏族譜便是記録該支西夏遺民入元以後遷徙内地"族落"發展與周邊民族主要是漢族融合的重要實证。

有關河南濮陽西夏遺民的族屬問題，學者在理解上還有歧異，故而一直爲國内外學術界所關注，希望在已有史料的基礎上將有關河南濮陽西夏遺民族屬論斷和印證的綫索變得更加切近、明晰一些。

西夏政權境内民族衆多，除西夏主體民族黨項羌外，還有漢、藏、回鶻、蒙古等族雜處。

這些民族都具有獨自的識别特徵，黨項羌族自稱爲番，稱漢族爲漢，稱藏族爲"蕃"，稱回鶻族爲"回鶻"等，當時在主要民族的特徵識别上無論西夏境内或境外的民族都不應該存在着互爲混淆的情況。

元朝政權建立以後，蒙古貴族將被征服的民族區分爲蒙古、色目、漢和南人四個等級。

四等人中色目人指西域地區的少數民族。色目人條目下有欽察、唐兀、阿速、秃八、康里、畏兀兒、回回、乃蠻、乞失速兒等三十一種（元陶崇儀《南村輟耕録・氏族篇》）。

又據《新元史》之《氏族表》、《蒙兀兒史記》之《氏族表》："唐兀氏，故西夏國。太祖平其地，稱其部衆曰唐兀氏，仕宦次蒙古一等。"這裡西夏故國的部衆唐兀氏，不應理解爲原西夏境内各民族的統稱，而應理解爲西夏的主體民族黨項羌。

據以上引文，可確知蒙古人稱西夏黨項羌爲唐兀②，顯係族稱。

---

① 楊十八郎村，史料又稱作楊十八郎寨。現在居住楊姓族人的有楊十八郎、西楊十八郎、南楊莊、東楊莊、劉莊、焦莊、單十八郎、季十八郎、大寨、清頭河、小集、陳莊等十餘村。其中以楊十八郎最爲集中。

② 唐兀：又作"唐古"、"唐兀惕"，係元代蒙古語對"黨項"一詞的音譯，兼指黨項人及其所建立的西夏國。王國維《韃靼考》："唐古亦即黨項之異譯。"（《王國維論學集》，中國社會科學出版社，1997 年）《元朝秘史》譯出蒙古語復數詞尾，作唐兀惕或唐忽惕。西夏領土主要在黄河以西，通過蒙古語轉譯後，河西有時又被音變作合申。元於其地設甘肅行省。元代唐兀人仍保留固有文化風習，通行西夏文。元朝時候唐兀人出任將軍與官員甚多，並有由唐兀人組成的唐兀衛親軍都指揮使司。

湯開建先生從元明典籍浩瀚的史料中對元代西夏人物進行了較爲全面的收録,大體將見於文獻的三百七十多個元代西夏人物補齊。從中我們可以了解到唐兀不僅是西夏黨項羌族的族稱,而且唐兀族中仍有西夏當國時期黨項羌族中原有的大姓望族,現節録如下①,以資佐证:

1. 唐兀氏

沙喇臧卜、餘闕、卜元吉、福壽、觀音奴、塔不臺、丑閭、脱脱、阿榮、黄頭、朵羅歹、保里、璉赤、六千、勃羅帖木兒、匹兒吉尼、五十六、買住、哈答兒、野倦、伯顔、以安達耳、也先帖木兒、伯帖木兒、明安帖木兒、也憐帖木兒、徹徹帖木兒、哈喇、拜帖木兒、明安帖木兒、寶寶、桑哥實理、美里吉臺、昂吉、安篤剌、必申達兒、山馬、順昌、世式、添受、膽八、咬住、藥僧、慶喜、閭馬、道童、朵兒只班、安者不花、重福、恩寧普、安住、潑皮、勃羅、剌思朵兒只、囊加歹、弘家奴、完澤、忽都答兒、朵歹、捏古伯、仲保、史福勝、兀察罕那顔。

2. 唐兀烏密氏

察罕、木花里、塔出、宰牙、必宰牙、曲也怯祖、亦力撒合、立智理威、答哈兀、買納、達理麻、韓嘉納。

3. 唐兀嵬名氏

暗伯、禿兒赤、阿乞剌、亦憐真班、普達失理、桑哥八剌、哈藍朵兒只、桑哥答思、沙嘉室理、易納室理、馬剌室理。

4. 唐兀西壁氏

西卑、阿東、仙仙、三哥兒、和實納。

史載:"世祖以其(西夏)人剛直守義,嘉之,賜姓唐兀氏,俾附國籍,次蒙古一等。"

忽必烈賜姓唐兀氏,應理解爲蒙元統治者對西夏主體民族黨項族上層首領及其部衆的"示好"政策。

公元1227年,成吉思汗率蒙古鐵騎平滅以黨項羌爲主體的西夏王朝,世居西夏故地"賀蘭山右"的楊氏先祖被蒙元簽徵到内地,以軍功而受封爵得封地,成爲濮陽當地社會地位較高的家族。據《唐兀公碑銘》記載可知,始來河南者爲唐兀臺之子閭馬②,他參加過元軍於公元1273年攻取襄陽、樊城的戰役。大戰之後"始卜居於濮陽縣東"。

楊氏先祖世居西夏故地"賀蘭山右",但賀蘭山僅是一個象徵性的地域方位,而不是確切地望。

---

① 參見湯開建:《元代西夏人物表》,載《述善集研究論集》,甘肅人民出版社,2001年。

② 閭馬:即唐兀閭馬(1248—1328),唐兀臺之子。曾參加過元軍1268—1273年攻取襄陽、樊城的戰役。在元滅宋後,舉家遷居濮陽,被尊爲二祖。後以孫卜蘭臺"蒙塔塔里軍民屯田萬户府選保充本府百户,受敦武校尉",而被追封爲敦武校尉、本府百户。

《楊氏族譜》中保存有一篇危素撰寫的《序文》，提供了一條珍貴的史料，《贈武威處士楊象賢序》，象賢爲唐兀崇喜之字[①]，武威即西夏國的西凉州，亦稱武威郡、凉州、凉州府。危素已是元末人，順帝至正年間曾任參知政事，元末楊崇喜避居大都，二人交情甚篤，因此危素説楊崇喜是武威人應該是可信的。

《唐兀公碑銘》被發現後，當地媒體認爲"唐兀氏"是元代蒙古族之姓，柳屯鎮楊十八郎村的楊氏族人也認爲自己的先祖是蒙古人，甚至想將現有的漢族成分改爲少數民族。

關於楊氏族屬，還有另一較早的推斷。學者據引《新元史氏族表》："其俗從舊羌爲漢河西，陷没人爲漢河西，如小李、高、史、束、楊、劉、王、周、張諸位氏，皆漢河西也。然仕宦者，皆舍舊氏而稱唐兀云。"認爲楊氏的先祖即爲"漢河西"，也就是漢人。此説若成立，則可證《元史》將唐兀列入第二等色目人的史料爲非。

《祖遺藏書》即《述善集》，爲楊氏四世祖楊崇喜編撰，現已刊布，書中多處出現公開贊美西夏的題咏如五言律詩的作者"西夏劉讓"、"西夏李顔"等，這些題咏在落款中公開亮出西夏遺民的身份，彌足珍貴[②]。

入元後，唐兀氏"俾附國籍"，楊氏家族的一些成員隨之也取得了合法的"蒙古人"的身份，如閭馬唐兀氏、崇喜、卜蘭臺選充蒙古軍户，但"唐兀人"絲毫不是蒙古人，而仍被劃分爲"色目人"之中。從楊氏家族成員的婚配關係上看，楊氏家族作爲西夏黨項人，與之通婚的非漢部族有哈喇魯氏、旭申氏、乃蠻氏、怯烈氏、朵烈圖人，在元代享有的社會政治地位也是大體相當的。

5. 哈喇魯氏

爲突厥原始部落之一。唐時，譯作"葛邏禄"。北宋時，哈喇魯人建有喀喇汗(黑汗)王朝。12世紀末，曾一度臣服西遼。公元1211年，歸順成吉思汗。蒙元時期，哈喇魯人大批内徙中原。元世祖至元二十四年(1287)，召集哈喇魯軍人立萬户府、屯田濮陽。

6. 旭申氏

係被稱爲"都兒魯斤"(意爲一般的蒙古人)的突厥部落之一。成吉思汗興起以前，該部落已成爲蒙古貴族的附屬民。南宋慶元三年(1197)被成吉思汗擊敗後，該部一部分歸附，並隨從參與蒙元統一戰争。

7. 乃蠻氏

原爲突厥語族部落。乃蠻部乘回鶻汗國崩頽之時占領了阿爾泰山東西的廣闊領域。乃蠻部善於吸收先進文化，曾任用畏兀兒官員進行統治，並採用畏兀兒語言

---

① 唐兀崇喜：又稱楊崇喜，字象賢，《述善集》的編者。結合各種文獻，可以得知，楊崇喜曾襲任百夫長，受敦武校尉，並就讀於國子學，爲國子生。因他長期不仕，故又被稱爲處士。本武威人氏，後入蒙古兵籍。他在元末避亂京師時，曾任過官職，惜未詳其官職與官位。

② 羅矛昆等：《河南省濮陽地區西夏遺民調查》，《寧夏社會科學通訊》，1987年第3期。

文字。乃蠻人信奉景教，曾爲遼金之屬國。

由于“内訌”，公元 1204 年，乃蠻人慘遭成吉思汗的亡國滅族之災，部分乃蠻民衆便陸續被派至成吉思汗劃分的各個“千户”之中。

8. 怯烈氏

或譯作克烈、客剌兒、客列亦惕等。爲突厥原始部落之一，是漠北草原一個獨立的大部落，東鄰蒙古各部，西接乃蠻。怯烈人信奉景教，曾强大一時。成吉思汗年輕時，曾依附於該部。後因發生衝突，於公元 1203 年被成吉思汗所滅。

9. 朵烈圍

通譯爲朵兒邊，係被稱爲“尼倫”的突厥部落之一。該部落與蒙古興起之前漠北草原最著名的塔塔兒部爲鄰，一度相互聯合，公元 1201 年後，朵烈團曾投靠乃蠻人，乃蠻亡後，才降附於成吉思汗①。

隨着河南濮陽西夏遺民族屬研究的深入，有助於我們更多了解西夏後裔唐兀氏的歷史和現狀，這對元明史、少數民族史、民俗學的研究來説有着重要而積極的意義。

本文未公開發表

① 張迎勝：《楊氏家族婚姻關係芻議》，載《述善集研究論集》，甘肅人民出版社，2001 年。

寧夏舊志輯録西夏遺民史料匯考

張琰玲　沈劍俠

一、寧夏舊志輯録西夏遺民史料概況

《宣德寧夏志》(明)朱旃撰修,原書現藏日本國會圖書館,是寧夏現存的第一部志書,據復印本,經吴忠禮箋證,劉仲芳審校,《寧夏志箋證》由寧夏人民出版社1996年出版。該志書由卷上、卷下兩部分組成,其中卷上第十七條"人物"輯録元代西夏遺民①"高智耀、沙覽答里、論卜、也速迭兒、福壽"5人,明代西夏遺民"藏卜、馮答蘭帖木"2人,第二十條"名僧"輯録明代西夏遺民"永濟尚師、黑禪和尚"2人,全書共輯録西夏遺民9人。

《弘治寧夏新志》(明)胡汝礪編纂,成書於明弘治十四年(1501),該書先後三次編修補充,均未刊行。直到嘉靖十八年(1539),寧夏巡撫楊守禮主持,管律在三個月内對《弘治寧夏新志》未刊本進行重修完成,即《嘉靖寧夏新志》(明)胡汝礪編,(明)管律重修。弘治本與嘉靖本寧夏新志,人物卷所載西夏遺民内容相同,故本文以嘉靖本爲主。《嘉靖寧夏新志》共八卷,分門别類記述了古代寧夏北部地區的政治、軍事、經濟、文化等歷史狀況。卷之二《寧夏總鎮》第二十二條"人物"輯録元代西夏遺民"斡道明、斡玉倫徒、李禎、高智耀、高睿、李恒、星吉、沙覽答里、論卜、也速迭兒、福壽、常八斤"12人,卷之三《所屬各地·中路靈州》"人物"輯録明代西夏遺民"藏卜、馮答蘭帖木"2人,卷之二《寧夏總鎮》第二十七條"仙釋"輯録明代西夏遺民"永濟尚師、黑禪和尚"2人,共16人。

《乾隆寧夏府志》(下)(清)張金城修,(清)楊浣雨纂,陳明猷點校,寧夏人民出版社1992年12月出版。寧夏府志卷十三"人物·鄉獻"條輯録元代西夏遺民"斡道明、斡玉倫徒、李禎、高智耀、高睿、高納麟、李恒、星吉、來阿八赤、楊朵兒只、楊卜花、拜延、喜同、沙覽答里、論卜、也速迭兒、福壽、常八斤、邁里古思、亦憐真班"18人,寧夏府志卷十六"人物·仙釋"條輯録明代西夏遺民"永濟尚師、黑禪和尚"2人,"人物·列婦"條輯録元代西夏女性遺民"邢氏"1人,"人物·節婦"條輯録元代

---

① 一般來説,人們把西夏王朝滅亡後,原居住、生活於西夏境内的各民族統稱爲西夏遺民。元代將西夏稱爲"唐兀",既指西夏的黨項族,又包括西夏的漢族、吐蕃、回鶻、沙陀各族。但是在有些文獻中,西夏遺民僅指黨項羌後裔。

西夏女性遺民"劉氏"1 人,共 24 人。

《寧夏志箋證》、《嘉靖寧夏新志》、《乾隆寧夏府志》輯録西夏遺民人物表

《寧夏志箋證》	《嘉靖寧夏新志》	《乾隆寧夏府志》
卷上·十七·人物 1. 高智耀 2. 沙覽答里 3. 論卜 4. 也速迭兒 5. 福壽 6. 馮答蘭帖木 7. 藏卜	卷之二·二十二·人物 1. 斡道明 2. 斡玉倫徒 3. 李禎 4. 高智耀 5. 高睿 6. 李恒 7. 星吉 8. 沙覽答里 9. 論卜 10. 也速迭兒 11. 福壽 12. 常八斤	卷十三·人物·鄉獻 1. 斡道明 2. 斡玉倫徒 3. 李禎 4. 高智耀 5. 高睿 6. 高納麟 7. 李恒 8. 星吉 9. 來阿八赤 10. 楊朵兒只 11. 楊卜花 12. 拜延 13. 喜同 14. 沙覽達里 15. 論卜 16. 也速迭兒 17. 福壽 18. 常八斤 19. 邁里古思 20. 亦憐真班
卷上·二十·名僧 8. 永濟尚師 9. 黑禪和尚	卷之三·人物 13. 馮答蘭帖木 14. 藏卜	卷十六·人物·仙釋 21. 永濟尚師 22. 黑禪和尚
	卷之二·仙釋 15. 永濟尚師 16. 黑禪和尚	寧夏府志卷十六·人物·列婦 23. 邢氏
		寧夏府志卷十六·人物·節婦 24. 劉氏

從上表可以看出三本寧夏舊志分别輯録西夏遺民:《宣德寧夏志》即《寧夏志箋證》9 人、《嘉靖寧夏新志》16 人,《乾隆寧夏府志》24 人,共 49 人,嘉靖本比宣德本多輯録了斡道明、斡玉倫徒、李禎、高睿、李恒、星吉、常八斤 7 人。乾隆本又比嘉靖本多輯録了高納麟、來阿八赤、楊朵兒只、楊卜花、拜延、喜同、邁里古思、亦憐真班、邢氏、劉氏 10 人。但乾隆志没有輯録馮答蘭帖木、藏卜 2 人,這樣三志輯録西夏遺

民除重複的，共 26 人，分别爲高智耀、沙覽答里、論卜、也速迭兒、福壽、馮答蘭帖木、藏卜、永濟尚師、黑禪和尚、斡道明、斡玉倫徒、李禎、高睿、李恒、星吉、常八斤、高納麟、來阿八赤、楊朵兒只、楊卜花、拜延、喜同、邁里古思、亦憐真班、邢氏、劉氏。

二、寧夏舊志輯録西夏遺民史料整理與研究

1. 高智耀，寧夏人。世仕夏國。智耀登本國進士第。夏亡，隱賀蘭山。元太宗訪求得之。至元五年，擢爲西夏中興等路提刑、按察使。（《寧夏志箋證》卷上，頁一三五）

高智耀，河西人。世仕夏，祖良惠爲夏右丞相。智耀登本國進士。夏亡，隱賀蘭山。元太祖召見，將用之。遽辭歸，後入見憲宗，言儒者宜蠲徭役。世祖時，又言儒術有補治道。拜翰林學士，遷西夏中興等路提刑按察使。卒，追封爲寧國公，謚文忠。（《嘉靖寧夏新志》卷二，頁一二九）

高智耀，《寧夏志箋證》對高智耀的事情記載比較簡單，《嘉靖寧夏新志》與《乾隆寧夏府志》記載内容一樣，只是乾隆志在高智耀信息後增加了子高睿、孫高納麟的信息。如：

子睿年十六，授符寶郎，出入禁闥，詳雅恭謹。歷嘉興路總管、浙西淮東廉訪使，所至有政績，兩爲南臺御史中丞。務持大體，有儒者之風。子納麟官至太尉。（《乾隆寧夏府志》卷一三，頁四三六）

《元史・高智耀傳》卷一百二十五・列傳第十二，載高智耀，河西人。河西，春秋戰國時原指今山、陝兩省間黄河南段之西區。漢、唐以後，多指今甘肅、青海兩省黄河以西，即河西走廊與湟水流域。唐景雲元年（710）於凉州（今甘肅武威市）置河西節度使。西夏時，河西地區大部分入西夏版圖，故謂高可稱西夏人。西夏之國都在興慶府，即今寧夏銀川市。又可稱高爲寧夏人。元以後，往往稱西夏遺民爲河西人[①]。

2. 沙覽答里，河西人，姓路氏。仕元至丞相、南臺御史大夫。（《寧夏志箋證》卷上，頁一三五；《嘉靖寧夏新志》卷二，頁一二九；《乾隆寧夏府志》卷一三，頁四三九）

寧夏舊志對此人記載内容一樣，只是《乾隆寧夏府志》作沙覽達里，"答"、"達"

---

① 吴忠禮：《寧夏志箋證》，寧夏人民出版社，1996 年，第 136 頁、138 頁、137 頁。

二字有差異。沙覽答里,《元史》無傳,《元史·宰相年表二》卷一百一十三稱沙藍答里。至正二十五年(1365)任中書省平章,十月陞爲頭平章。二十六年正月陞左丞相,九月分省大同,十一月薨。

3. 論卜,河西人。仕元至司徒平章。元末守寧夏。(《寧夏志箋證》卷上,頁一三五;《嘉靖寧夏新志》卷二,頁一三〇;《乾隆寧夏府志》卷一三,頁四三九)

對論卜記載,三本志書内容相同,只是《乾隆寧夏府志》少"河西人"三字。寧夏舊志間接涉及論卜的信息還有兩條。

馬鑒,任前軍都督。孝陵甚寵眷之。洪武初,命守寧夏。時邊境粗安,密邇胡寇。鑒率兵越賀蘭,至地名五井,與僞平章論卜戰,敗之,殺傷甚衆,軍聲大振,餘寇遠遁,邊人以安。(《寧夏志箋證》卷上,頁一四五)

馬鑒,前軍都督,洪武初鎮守寧夏,率兵出賀蘭,至地名五井,與元故平章論卜戰,敗之,遠遁,軍聲大振。(《嘉靖寧夏新志》卷二,頁一〇四)

平章,作爲官名,始於唐。元代於京中書省置平章政事,與丞相同居宰相之位。地方於行省置平章政事,則爲一省最高長官。簡稱爲平章。論卜,《元史》無傳,宰相年表也查無論卜此人,是爲寧夏平章①。

4. 也速迭兒,河西人。仕元至廉訪使。(《寧夏志箋證》卷上,頁一三五;《嘉靖寧夏新志》卷二,頁一三〇;《乾隆寧夏府志》卷一三,頁四三九)

也速迭兒,三本志書記載内容相同,只是《嘉靖寧夏新志》謂"河南人"有誤,應是"河西人"。此人,《元史》無傳,《元史·本紀·順帝》對他有三處記載:(至正)至正五年十月"宣政院同知伯家奴、宣徽僉院王也速迭兒巡山北遼東道"。十二年六月"河南行省左丞匝納禄、參知政事王也速迭兒,並以失誤軍需,左遷添設淮西宣慰使,隨軍供給。"十三年十二月"造清寧殿前山子、月宫諸殿宇,以宦官留守也先帖木兒、留守同知也速迭兒及都水少監陳阿木哥等董其役"。據《明史》,元亡,也速迭兒北遁,後歸降。如:《明史·太祖三》載"元也速迭兒弑其主脱古思帖木兒而立坤帖木兒"。《明史·外國八》載"脱古思帖木兒既遁,將依丞相咬住於和林,行至土剌河,爲其下也速迭兒所襲,衆復散,獨與捏怯來等十六騎偕。適咬住來迎,欲共往依

① 吴忠禮:《寧夏志箋證》,寧夏人民出版社,1996年,第136頁、138頁、137頁。

闊闊帖木兒,大雪不得發。也速迭兒兵猝至,縊殺之,併殺天保奴"。

5. 福壽,河西人。仕元至南臺御史大夫。(《寧夏志箋證》卷上,頁一三五;《嘉靖寧夏新志》卷二,頁一三〇;《乾隆寧夏府志》卷一三,頁四三九)

福壽,三本志書對他的記載内容相同。《元史・福壽傳》卷一百四十四・列傳第三十一,明確記載福壽爲唐兀人。另外《元史・宰相年表》卷一百一十三、《元史・順帝本紀》卷四十四等,對福壽都有記載。

6. 馮答蘭帖木,河西人。父藏卜,仕元至國公。來降居靈州卒。答蘭以軍功仕至都指揮。(《寧夏志箋證》卷上,頁一三六;《嘉靖寧夏新志》卷三,頁二〇八)

馮答蘭帖木,《乾隆寧夏府志》未收録,《元史》無記載。父藏卜,《元史・宰相年表二》卷一百一十三有載,至正十四年(1354)任中書省參知政事,九月由將作院使除。次年遷右丞。十七年陞平章政事,十一月分省太原。藏卜仕元至國公,《元史三公表》無載。馮答蘭帖木《明史》稱馮答蘭帖木兒,《明史・列傳第四十二・柳昇傳》載"出鎮寧夏,討斬叛將馮答蘭帖木兒等"。《明成祖實録》載:"馮答蘭帖木兒爲前元降將,授靈州都指揮。永樂九年七月,率部叛明,寇擾黄河南地方。寧夏鎮總兵官、安遠侯柳陞命陝西都指揮孫霖、王儀領軍剿辦,其部指揮王輔、仇智與叛軍戰於大壩,破敵擒斬叛將馮答蘭帖木兒等。"

7. 永濟尚師,河西人。通三學,爲西夏釋氏之宗,稱爲祖師焉。修建華嚴,齋會科儀僧徒,至今尊而行之。(《寧夏志箋證》卷上,頁一七六;《嘉靖寧夏新志》卷二,頁一五〇;《乾隆寧夏府志》卷一六,頁五八八)

8. 黑禪和尚,河西人。深通禪觀之學。年六十餘示微疾,先知死期。至日坐化。(《寧夏志箋證》卷上,頁一七六;《嘉靖寧夏新志》卷二,頁一五〇;《乾隆寧夏府志》卷一六,頁五八八)

永濟尚師:三本志書記載有差異,箋證本謂"通三學",並且多"修建華嚴,齋會科儀僧徒,至今尊而行之"這些信息;嘉靖與乾隆本謂"通五學",嘉靖本還有一字之誤,"爲西夏釋氏之定","定"應是"宗"之誤。三學,是佛教教義。學佛者必須修持的三種基本學業,即戒學、定學、慧學。用戒止惡修善,用定息慮澄心,用慧破惑证道。五學,指《樂》《詩》《書》《禮》《春秋》。嘉靖與乾隆本謂"通五學"應該有誤。

三本志書對黑禪和尚記載相同。另外,此二人《元史》均無記載。

9. 斡道明、斡玉倫徒

斡道衝，字宗聖，靈武人。其先從僞夏主遷興州，世掌夏國史。道衝通五經，爲蕃漢教授，譯論語注，別作解義二十卷，又作周易卜噬斷，以其國字書之，行於國中。後官至其國之中書宰相而没。夏人常尊孔子爲“至聖文宣帝”，是以畫公象列諸從祀。其國郡縣之學，率是行之。夏亡，郡縣廢於兵，廟學盡壞，獨甘州僅存其迹。興州有帝廟門榜及夏主靈芝歌石刻。凉州有殿及廡。皇元至元間，公之曾孫雲南廉訪使道明奉詔使過凉州，見殿廡有公從祀遺象，欷歔流涕不能去，求工人摹而藏諸家。延祐間，荆王修廟學，盡撤其舊而新之，所像亡矣。廉訪之孫奎章典簽玉倫徒，常以禮記舉進士。從子成鈞於閣下又爲僚焉。間來告曰：昔國崇尚文治，先中書與有功焉。國中從祀廟學之象，僅存兵火之餘，而泯墜與今日，不亦悲夫。先世元所摹象固無恙也。願有述焉，以貽我後之人。乃爲録其事而述贊曰：

西夏之盛，禮事孔子。極其尊親，以帝廟祀。
乃有儒臣，蚤兢典謨。通經同文，教其國都。
遂相其君，作服施采。顧瞻學宫，遺象斯在。
國廢人遠，人鮮克知。壞宫改作，不聞金絲。
不忘其親，在賢孫子。載圖丹青，取徵良史。

（《嘉靖寧夏新志》卷二，頁一二八；《乾隆寧夏府志》卷一三，頁四三六）

斡氏，唐兀貴族。斡道衝爲西夏宰相，朵兒赤是其曾孫。《元史・朵兒赤傳》卷一百三十四・列傳第二十一，載“朵兒赤字道明，西夏寧州人。父斡扎簀，世掌其國史。子仁通，爲雲南省理問”。

斡道衝，《寧夏志箋證》未録，《乾隆寧夏府志》記載很簡略，只是他本人的簡歷。《嘉靖寧夏新志》記載詳細，人物關係有，其曾孫雲南廉訪使“道明”，廉訪之孫奎章典簽“玉倫徒”。斡玉倫徒史載，登進士第，歷奎章典簽、工部侍郎、山南廉訪使，拜侍御史，修《宋史》，善書畫，有詩名。

10. 李禛，西夏國族子。金末以經童中選。既長，入爲質子，以文學得近侍。元太宗嘉之，後從伐金及下淮甸。累官廣陽軍馬萬户。（《嘉靖寧夏新志》卷二，頁一二九；《乾隆寧夏府志》卷一三，頁四三六）

李禛元史作李楨，有傳，即《元史・李楨傳》卷一百二十四・列傳第十一。《乾隆寧夏府志》稱李徵，字幹臣，其他記載與《嘉靖寧夏新志》内容一樣。

11. 高睿,智耀子。年十六,授符寶郎。出入禁闥,詳雅恭謹。歷嘉興路總管、浙西、淮東廉訪使。所致有政績,兩爲南臺御史中丞。務持大體,有儒者之風。卒,贈太傅,謚貞簡。子納麟,官至太尉。(《嘉靖寧夏新志》卷二,頁一二九;《乾隆寧夏府志》下卷,頁四三六)

高睿,元史有傳,附在父高智耀傳後,即《元史・高智耀傳》卷一百二十五・列傳第十二。高納麟,元史單獨有傳,即《元史・納麟傳》卷一百四十二・列傳第二十九。

12. 李恒,西夏國兀納城族子。生有異質。世祖時累官爲益都淄萊萬户,從取宋襄陽、江西及平崖山,累官中書左丞。後討交趾,中毒矢卒。謚武愍,追封騰國公。(《嘉靖寧夏新志》卷二,頁一二九;《乾隆寧夏府志》卷四三七)

李恒,元史有傳,即《元史・李恒傳》卷一百二十九・列傳第十六。

13. 星吉,河西人。事仁宗於潛邸,以精敏稱。累官江西行臺御史大夫。克持風裁。歷湖廣、江西行省平章。詔守江西時,賊據州縣,屢破之。中流矢而死。爲人公廉明決,能以忠義感激人心,故能以少擊衆云。(《嘉靖寧夏新志》卷二,頁一二九;《乾隆寧夏府志》卷四三七)

星吉,兩本志書記載相同,乾隆本多"字吉甫"三字,此人,元史有傳,即《元史・星吉傳》卷一百四十四・列傳第三十一。

14. 常八斤,夏人。以治弓見知,乃托於耶律楚材曰:"本朝尚武,而明公欲以文進,不已左乎?"楚材曰:"且治弓尚須弓匠,豈治天下不用治天下匠耶。"(《嘉靖寧夏新志》卷二,頁一三〇;《乾隆寧夏府志》卷四三九)

常八斤,《元史》無傳。《元史・耶律楚材傳》卷一百四十六・列傳第三十三有所涉及,"夏人常八斤,以善造弓見知於帝,因每自矜曰:'國家方用武,耶律儒者何用。'楚材曰:'治弓尚須用弓匠,爲天下者豈可不用治天下匠耶?'帝聞之甚喜,日見親用。"

15. 來阿八赤,寧夏人。至元七年南征襄樊,赤督軍器械糧儲運,二日而畢,世祖悦。後發兵開運河,督視寒暑不輟。調遼左招討使,招來降附。

上征交趾,俾領中衛親軍千人,詡道皇子。至思明州,賊阻險據守,於是選精鋭與賊戰於女兒關,斬首萬計,餘兵棄國走,於是大兵進至交州。陳日烜空其城而遁。(《乾隆寧夏府志》下卷,頁四三七)

來阿八赤,元史有傳,即《元史・來阿八赤傳》卷一百二十九・列傳第十六,載:寧夏人,父術速忽里,歸太祖,選居宿衛,繼命掌膳事。子寄僧,爲水達達屯田總管府達魯花赤。孫完者不花,同知潮州路總管府事;次秃滿不花、也先不花、太不花。另外,還有《遼東志》卷五載:來阿八赤,寧夏人,累官同僉宣徽院事、遼左不寧,降虎符授征東招討使,八赤招徠降附遠近貼然,尋改湖廣行中書省右丞,從征交趾卒於軍。

16. 楊朵兒只,寧夏人。事仁宗於潘邸,甚見重命。只與丞相定議,迎武宗與北藩。仁宗還京師,只密致警備,仁宗嘉之,親解所服帶以賜。既佐定內難,論功爲大中大夫,家令丞,日久侍側,雖休沐不至家,衆敬憚之。帝他日與李孟論元人才,孟以只第一。拜禮部尚書,爲權臣鐵木兒所害而死。死時權臣欲奪其妻劉氏與人,劉氏剪髮毀容豁免。(《乾隆寧夏府志》下卷,頁四三七)

17. 楊卜花,幼有才氣,能以禮自持,好讀書。仁宗欲以爲翰林直學士,力辭。後以蔭補武備司提點。轉僉河東廉訪司事。嘗出按部民,有殺子以誣怨者,獄成,卜花讞之得其情,平反出之。河東民饑,先捐己貲以給。請命未下,即發公廩賑之,民賴以不死。除通政院判,將行,值陝西諸軍拒詔,不花率衆出御見殺。二僕亦見執,曰:"吾主既爲國死,吾縱得生,何以見主於地下"?皆被殺。(《乾隆寧夏府志》下卷,頁四三七)

18. 劉氏,禮部尚書楊朵兒只妻。權臣鐵木兒害朵兒只死,欲奪其妻。劉剪髮毀容獲免。(《乾隆寧夏府志》下卷,頁五九六)

楊朵兒只,子楊卜花,妻劉氏,元史有傳,即《元史・楊朵兒只傳》卷一百七十九・列傳第六十六。《道園類稿》等古籍中的《御史中丞楊襄愍公神道碑》、《正議大夫江南湖北道肅政廉訪使特贈宣忠效力翊戴功臣大司徒金紫光禄大夫上柱國夏國公謚襄敏楊公神道碑》、以及近年在北京石景山楊莊發現的《□□御史中丞夏國楊襄愍公墓志銘》碑[①],記載朵兒只,姓楊氏,世家河西寧夏,祖失剌,贈推忠佐運功臣、太保、金紫光禄大夫、柱國,追封夏國公、謚忠定。父失剌唐兀臺,贈推忠翊戴功臣、太傅、開府儀同三司、上柱國、追封夏國公、謚康靖。

① 《楊朵兒只與楊莊的得名》雙塔邨人,http://blog.sina.com.cn/u/1378193971

19. 拜延，河西人。以父火奪貴襲授千户。宋師侵成都，四川簽省嚴忠範遣拜延迎擊，大敗之。又從攻嘉定、瀘叙、重慶，數有戰功。汪田哥用兵忠州，命延將兵往涪州策應，宋人以舟師邀於清江，拜延領兵馳赴，擒其部將十七人。瀘州復叛，拜延領兵趨瀘州，敗其將，遂克瀘州。行院副使卜花進兵圍重慶，遣拜延將兵降之。制授宣武將軍、蒙古漢軍總督。(《乾隆寧夏府志》下卷四三八)

元史載，拜延，河西人。父火奪都，以質子從太祖征河西，太祖立質子軍，號禿魯花，遂以火奪都爲禿魯花軍百户。火奪都卒，拜延襲。至元九年，制授征行千户，佩金符。元史稱拜延父爲“火奪都”，寧夏志爲“火奪貴”。“都”與“貴”有差異。

20. 喜同，周姓，河西人。調達魯花赤，居二歲，妖賊陷鄧州，南陽無城及兵，賊入若虚邑。同以計獲數賊，斬之。賊乘鋭取南陽，同策勵義兵與戰，賊退去。明日復至，與戰甚力，殺賊凡數百。賊知無後援，戰愈急，南陽遂陷。同突圍見殺。妻邢氏聞同死，帥家僮數人出走，遇賊奪刀斫之，且駡且前，亦見殺。(《乾隆寧夏府志》下卷四三八)

21. 邢氏，達魯花赤喜同妻，妖賊陷南陽，同突圍見殺。邢聞之，率家童數人出走遇賊，奪刀砍之，且駡且前，亦見殺。(《乾隆寧夏府志》下卷，頁五九六)

喜同，元史有傳，妻，邢氏，即《元史・忠義》卷一百九十四・列傳第八十一。乾隆志與元史記載無差異。

22. 邁里古思，字善卿，至正十四年進士。授紹興路録事司達魯花赤。苗軍在杭者縱抄掠，有至紹興强奪人馬者。邁里古思擒斬數人，苗軍不敢至其境，聲名大振。平處州山賊，擢江東廉訪司經歷，仍留紹興。時浙東西郡縣多殘破，獨邁里古思保障紹興，境内晏然，民愛之如父母。會方國珍遣兵侵據紹興，邁里古思欲率兵問罪，而御史大夫拜住哥與國珍素通賄賂，情好甚厚，憤邁里古思擅舉兵，使人召之私第，命左右以鐵鐘撾死之，斷其頭擲厠中。城中民聞之，男女老幼無不慟哭者。部將黄中乃率其衆復仇，盡殺拜住哥家人。拜住哥後爲御史真童所糾，削官職，安置湖州，邁里古思冤始白。(《乾隆寧夏府志》下卷四四〇)

寧夏舊志對邁里古思籍貫没有説明，但邁里古思，元史有傳，《元史・邁里古思傳》卷一百八十八・列傳第七十五載：“邁里古思者，寧夏人也，字善卿。至正十四年進士，授紹興路録事司達魯花赤。”另外，《南村輟耕録》載“邁里古思字善卿，西夏人，僑居松江。家貧，授徒以養母。性至孝，然落落不羈，善諧謔，名人士與游。至正甲午，進士及第，授紹興路録事司達魯花赤”。

23. 亦憐真班，西夏人。性剛正，動有禮法。仁宗時爲翰林侍讀學士。至正六年拜御史大夫，盡選中外廉能之官置諸風憲，一時號爲得人。遷宣政院使，出爲甘肅行省平章政事。弭西羌之寇，民賴以安，立石頌之。歷官銀青光禄大夫，知樞密院事。卒，追封齊王，謚忠獻。（《乾隆寧夏府志》下卷四四〇）

亦憐真班，元史有傳，即《元史·亦憐真班傳》卷一百十五·列傳第三十二。寧夏舊志與元史記載内容相同。

寧夏舊志間接記載的西夏遺民相關信息：

1. 張文謙，邢州沙河人。至元間，以中書左丞行省西夏中興等路。《寧夏志箋證》卷上，頁一四三

2. 郭守敬，邢臺人。以河渠副使、加銀符，從張文謙行省西夏。（《寧夏志箋證》卷上，頁一四三）

3. 唐來渠，拓跋氏據西夏已有此二渠，資其富强。迨元世祖至元元年，藁城人董文用爲西夏中興等路行省郎中，始復開漢延、唐來、秦家等渠，墾水田授民，尋以渾都海兵亂，渠復淤塞。張文謙薦邢臺人郭守敬爲河渠提舉，因舊謀新，更立閘堰，渠復通，夏人利之。（《嘉靖寧夏新志》卷一，頁二〇）

4. 甲子(1264)、理宗皇帝景定五年、蒙古世祖皇帝至元元年春正月，蒙古遣唆脱顔、郭守敬行觀寧夏河渠。至元元年，命藁城縣人董文用爲西夏中興省郎中。文用開漢延、唐來、秦家等渠。墾水田以授夏人。尋以渾都海作亂，渠復淤塞。至是，因張文謙薦邢臺縣人郭守敬爲西夏河渠提舉。守敬因舊謀新，更立閘堰，渠復通，夏人利之，遂立生祠以祀守敬。（《嘉靖寧夏新志》卷四，頁二七〇）

通過上表及寧夏舊志輯録的西夏遺民史料可以看出：

一、寧夏舊志輯録西夏遺民 26 位，主要來自社會上層，他們的父輩就是西夏時期在寧夏的官宦。子輩到了元代，成爲元代子民，他們能够順應時代發展之變，或在寧夏或在外省，爲元代的社會發展獻計獻策，建功立業。如“高智耀，寧夏人，至元五年，擢爲西夏中興等路提刑、按察使”。

二、寧夏舊志輯録西夏遺民 26 位,其中沙覽答里、論卜、也速迭兒、馮答蘭帖木、藏卜、永濟尚師、黑禪和尚 7 人,這 7 位西夏遺民《元史》或無傳、或無任何信息記載,因此,寧夏舊志輯録到他們的信息,彌足珍貴。

三、高智耀,至元五年,擢爲西夏中興等路提刑、按察使。路,爲宋、金、元地方行政區劃名稱。宋、金路爲省級,而元代於全國首制行省,降路爲二級地方行政建制,置總管府,故亦稱府路。至元五年置西夏中興等路,《元史》無載,可補史之缺①。

四、中國古代史籍只給男性人物立傳,女性事迹片言只語捎帶附着在家族中男人的事迹中。寧夏舊志只輯録了 2 位西夏女性人物,但她們的事迹也彰顯了古代婦女的勇敢與堅强,如"邢氏,達魯花赤喜同妻,妖賊陷南陽,同突圍見殺。邢聞之,率家童數人出走遇賊,奪刀砍之,且罵且前,亦見殺"。"楊朵兒只爲權臣鐵木兒所害而死。死時權臣欲奪其妻劉氏與人,劉氏剪髮毀容豁免"。

五、公元 1227 年蒙古滅西夏後,西夏境内的各民族(含黨項羌)大批遷往西藏、青海、四川、雲南、河南、河北、安徽、山東、江浙等諸多地區。但也有許多留在原居住地,寧夏舊志有關西夏遺民信息,反映了這一情況,如"張文謙,邢州沙河人。至元間,以中書左丞行省西夏中興等路"。"郭守敬,邢臺人。以河渠副使、加銀符,從張文謙行省西夏"。"守敬因舊謀新,更立閘堰,渠復通,夏人利之,遂立生祠以祀守敬"。從以上信息分析可知,到了元代,仍然稱西夏故地寧夏爲"西夏",並且稱這裡的人民爲"夏人",説明這裡有許多西夏遺民存在。

本文未公開發表

---

① 吴忠禮:《寧夏志箋證》,寧夏人民出版社,1996 年,第 136 頁、138 頁、137 頁。

西夏語韵母的構擬與分攝

賈常業

西夏語聲母和韵母構擬最重要、最基本的依據是西夏人編寫的《五音切韵》。《俄藏黑水城文獻》第 7 册所刊布的《五音切韵》編號和版本有俄Инв. No. 620 五音切韵（甲種本）、俄Инв. No. 621 五音切韵（乙種本）、俄Инв. No. 622 五音切韵（丙種本）、俄Инв. No. 623 五音切韵（丁種本）、俄Инв. No. 624 五音切韵（戊種本）、俄Инв. No. 7192 五音切韵（己種本）6 個抄本，其中甲種本成稿年代爲乾祐癸巳年（1173 年）[①]。俄Инв. No. 622 五音切韵（丙種本）與俄Инв. No. 7192 五音切韵（己種本）從字體和體例上看是一個版本。以上各個版本均爲寫本，“蝴蝶裝”，尺寸不同，今藏俄羅斯科學院東方研究所聖彼得堡分所。

關于西夏語韵母的構擬，從 20 世紀 60 年代起，國内外專家學者有多家進行了研究，比較有影響的是西田龍雄、索孚洛諾夫、克恰諾夫和龔煌城等專家。其中索孚洛諾夫、克恰諾夫將西夏語設定爲一〇五韵，歸納爲十五攝[②]；龔煌城將西夏語設定爲一〇五韵，分成十二攝[③]；橋本萬太郎將西夏語設定爲九十八韵，歸納爲三十二攝[④]；西田龍雄將西夏語設定爲一百韵（他把平聲最後兩韵以資料不足爲由暫時排除），歸納爲二十二攝[⑤]。從諸家對西夏語韵母的構擬與分攝結果來看，研究深刻、擬測準確的是龔煌城先生，他關于西夏語韵母的構擬，所依據的是西夏韵書的反切及西夏語的漢藏對音，更接近西夏語的實際。本文所提出的“西夏語韵母的構擬與分攝”，是在龔煌城先生研究基礎上的進一步補充，即將已知的西夏語一〇五韵分成八攝，所依據的是俄Инв. No. 620 五音切韵（甲種本）、俄Инв. No. 621 五音切韵（乙種本）、俄Инв. No. 622 五音切韵（丙種本）和俄Инв. No. 7192 五音切韵（己種本）4 個版本所提供的信息和它們之間的關系，重點是解讀編號爲俄Инв. No. 622 五音切韵（丙種本）和俄Инв.

---

① 參見《俄藏黑水城文獻》(7)，上海古籍出版社，1997 年，第 277 頁。

②③④ 龔煌城：《西夏語言文字研究論集》，民族出版社，2005年。

⑤ [日] 西田龍雄著，魯忠慧譯：《西夏語研究》，中國社會科學出版社，2008年。

No. 7192 五音切韵（己種本）韵圖中的“[illegible]、[illegible]”14 個分攝韵目字，這是因爲迄今爲止還没有人對這 14 個字進行合理的、具有説服力的解答，筆者試圖搞清楚它是什麽？并説明其在西夏語韵母中的作用和意義。

一

《五音切韵》的編寫順序是“序”、“一〇五韵母”、“分九音門”①（聲母系統的三十六字母），最後是一至一〇五韵的韵圖。《五音切韵》所列一〇五韵中，平聲有九十七韵，其中有 1.6、1.13、1.16、1.31、1.38、1.40、1.46、1.47、1.48、1.57、1.68、1.78、1.81、1.83、1.85、1.94、1.95、1.96、1.97 十九個平聲獨立韵；上聲有八十六韵，其中有 2.20、2.41、2.50、2.65、2.67、2.75、2.83、2.84 八個上聲獨立韵；平聲與上聲相配，有七十八個同居韵組，加十九個平聲獨立韵、八個上聲獨立韵，共計一〇五韵。《五音切韵》所列一〇五韵與寫本《文海寶韵》所列韵目是一致的。

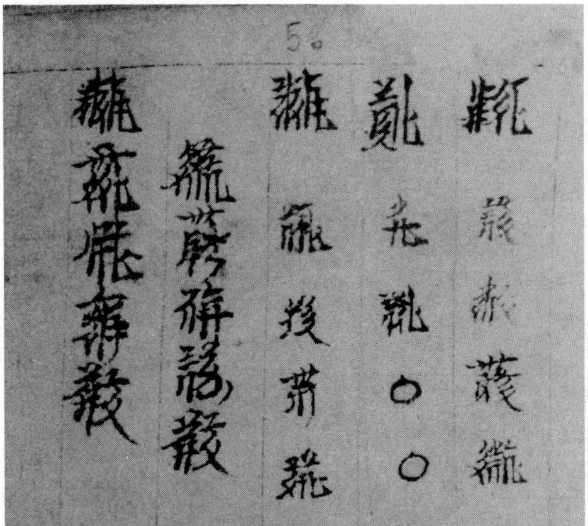

俄Инв.No.621《五音切韵》(乙種本) P.281 右下

左圖所反映的是《五音切韵》乙種本的作者在編寫完“[illegible]分九音門”（漢語稱“分九音法”）之後，在來日音聲母表最後寫有“[illegible] [illegible] 流入海門 終”，指“分九音門（一至九品、三十六字母）”終。甲種本書寫“[illegible]流入海門”和乙種本書寫“[illegible] [illegible]流入海門 終”是一致的，同時與乙種本所寫“[illegible] 韵母經紀門”相聯系②，是一〇五韵母（韵圖）内容的綱目。《五音切韵》丁種本合寫爲“[illegible]

① 《俄藏黑水城文獻》(7)“内容提要”定名爲“九音顯門”。“[illegible]”中的“[illegible]”爲動詞“分”，漢語稱“分九音法”，本文將“[illegible]”譯爲“分九音門”，是符合西夏語語法的。

② 參見《俄藏黑水城文獻》(7)，上海古籍出版社，1997 年，甲種本見第 262 頁，乙種本見第 281 頁。

衆流入海一百五（105）韵門"[1]，指的是所有的西夏韵字匯入一〇五韵之門中，顯然是編寫一〇五韵韵圖之前的一個提綱。"衆流入海"是形容詞，意爲"衆多的、不同聲類的聲韵字容入浩瀚的'文海'之中"，或者説是"聲韵學習入門"，"海"類似《文海》書名之命名，"門"指門類、類别。乙種本所寫"□□□□[2]□韵母經紀門"中的"□□經紀"，指經緯、綱紀和法則。以上是編寫一〇五韵韵圖的開頭。

二

《五音切韵》甲種本、乙種本、丙種本、丁種本、戊種本、己種本6個抄本不是出自一人之手，編寫的體例有所不同，而且没有一個完本。欣喜的是在《俄藏黑水城文獻》第7册第293頁下至306頁，有書寫分攝韵目字的俄Инв. No. 622五音切韵（丙種本）；第385頁至398頁，有書寫分攝韵目字的俄Инв. No. 7192五音切韵（己種本）。從字體、内容和體例上看，己種本與丙種本相同，每一韵圖左側均寫有相同内容的分攝韵目字，每行7字，共14個字，即"□□□□□□□、□□□□□□□"。《五音切韵》丙種本和己種本雖然首尾殘缺，但這14字爲我們對其韵母的構擬提供了寶貴的資料。可以推斷，如果丙種本和己種本是完本，那麽它在每一韵圖上均應有"□□□□□□□、□□□□□□□"14個分攝韵目字，從而可以看出，西夏語有一〇五韵，分八攝，它是西夏語韵母構擬的重要資料。以第六十二韵爲例，將韵圖左側的14個字解讀如下。

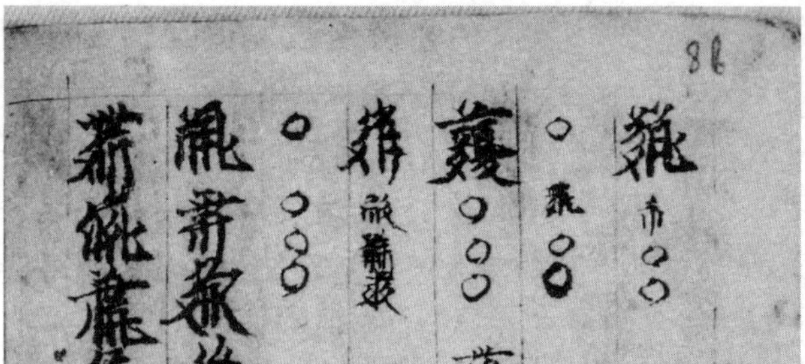

韵圖62：俄Инв.No.622《五音切韵》（丙種本）P.297右上

① 參見《俄藏黑水城文獻》（7），上海古籍出版社，1997年，第308頁。

② 夏譯本《六韜•守國》將"□□"譯爲"經紀"，指法則，此處譯爲"經紀"或"經緯"。參見《俄藏黑水城文獻》（11），上海古籍出版社，1997年，第195頁。

“□□□□□□□、□□□□□□□”14 個字的擬音：

□〔謀〕	□〔書〕	□〔悉〕	□〔齊〕	□〔合〕	□〔怛〕	□〔黑〕
bu 1.1	śjuu 1.7	se 1.8	tshji 1.11	xa 1.17	tja̤ 1.64	xə 1.27
□〔釋〕	□〔海〕	□〔清〕	□〔厚〕	□〔楊〕	□〔佗〕	□〔相〕
śjɨ 2.27	xej 1.33	tshjij 1.36	xew 1.43	·jow 1.56	tho 1.49	sjo 1.51

這 14 個字爲什麽反復書寫在編號爲俄Инв. No. 622 五音切韻（丙種本）和俄Инв. No. 7192 五音切韻（己種本）的每個韻圖上？經過對其語音的擬測，再與龔煌城先生的“西夏韻母的構擬分攝排列表”進行比較，就會發現，原來這 14 個字分布在八攝之中，不僅是有關韻中的起始音位代表字，更重要的是西夏語一〇五韻母分“攝”韻目代表字，其順序是：第一攝□〔謀〕bu 1.1（第一韻）、□〔書〕śjuu 1.7（第七韻），第二攝□〔悉〕se 1.8（第八韻）、□〔妻〕tshji 1.11（第十一韻），第三攝□〔合〕xa 1.17（第十七韻）、□〔怛〕tja̤ 1.64（第六十七韻），第四攝□〔黑〕xə 1.27（第二十八韻）、□〔釋〕śjɨ 2.27（第三十韻），第五攝□〔海〕xej 1.33（第三十四韻）、□〔清〕tshjij 1.36（第三十七韻），第六攝□〔厚〕xew 1.43（第四十四韻），第七攝□〔楊〕·jow 1.56（第五十八韻），第八攝□〔佗〕tho 1.49（第五十一韻）、□〔相〕sjo 1.51（第五十三韻）。依據這 14 個字的擬音及所分布在不同的“攝”之中，説明其在韵圖中起着“分八攝韵首法”的重要指導作用。《五音切韵》丙種本和己種本寫了有代表性的八攝，爲我們提供了第一手的資料，是西夏語韵母構擬的基本依據，韵母構擬及分攝如下。

西夏語韵母的構擬及分攝①

第一攝：□〔謀〕bu 1.1（遇攝模韵、流攝尤韵）②、□〔書〕śjuu 1.7（遇攝模韵、魚韵）

短元音：1〔$\genfrac{}{}{0pt}{}{1.1}{2.1}$〕u 2〔$\genfrac{}{}{0pt}{}{1.2}{2.2}$〕ju 3〔$\genfrac{}{}{0pt}{}{1.3}{2.3}$〕ju 4〔$\genfrac{}{}{0pt}{}{1.4}{2.4}$〕u 鼻化元音：104〔1.96〕ũ

緊元音：61〔$\genfrac{}{}{0pt}{}{1.58}{2.51}$〕ṳ 62〔$\genfrac{}{}{0pt}{}{1.59}{2.52}$〕ṳ 卷舌元音：80〔$\genfrac{}{}{0pt}{}{1.75}{2.69}$〕ur 81〔$\genfrac{}{}{0pt}{}{1.76}{2.70}$〕jur

長元音：5〔$\genfrac{}{}{0pt}{}{1.5}{2.5}$〕uu 6〔1.6〕juu 7〔$\genfrac{}{}{0pt}{}{1.7}{2.6}$〕juu

第二攝：□〔悉〕se 1.8（曾攝德韵、止攝質韵）、□〔妻〕tshji 1.11（止攝質韵）

短元音：8〔$\genfrac{}{}{0pt}{}{1.8}{2.7}$〕e 9〔$\genfrac{}{}{0pt}{}{1.9}{2.8}$〕ie 10〔$\genfrac{}{}{0pt}{}{1.10}{2.9}$〕ji 11〔$\genfrac{}{}{0pt}{}{1.11}{2.10}$〕ji 鼻化元音：16〔1.16〕jĩ

---

① 本文采用的是龔煌城先生的擬音。

② 西夏語“謀”類似漢語“模”，屬遇攝模韵，遇攝模韵與流攝尤韵系聯。括號中表述的是參照漢語的音韵（等韵）地位。

緊元音：68〔$\substack{1.65\\2.58}$〕ẹ 69〔$\substack{1.66\\2.59}$〕iẹ 70〔$\substack{1.67\\2.60}$〕jị 鼻化元音：15〔$\substack{1.15\\2.13}$〕ẽ

捲舌元音：82〔$\substack{1.77\\2.71}$〕er 83〔1.78〕ier 84〔$\substack{1.79\\2.72}$〕jir

長元音：12〔$\substack{1.12\\2.11}$〕ee 13〔1.13〕iee 14〔$\substack{1.14\\2.12}$〕jii

長捲舌元音：99〔2.84〕eer 101〔$\substack{1.93\\2.86}$〕jiir

第三攝： 𗈜〔合〕xa 1.17（咸攝合韵）、𗹬〔怛〕tjạ 1.64（山攝曷韵）

短元音：17〔$\substack{1.17\\2.14}$〕a 18〔$\substack{1.18\\2.15}$〕ia 19〔$\substack{1.19\\2.16}$〕ja 20〔$\substack{1.20\\2.17}$〕ja

緊 元 音：66〔$\substack{1.63\\2.56}$〕ạ 67〔$\substack{1.64\\2.57}$〕jạ

鼻化元音：25〔$\substack{1.24\\2.22}$〕ã 26〔$\substack{1.25\\2.23}$〕iã 27〔$\substack{1.26\\2.24}$〕jã

捲舌元音：85〔$\substack{1.80\\2.73}$〕ar 86〔1.81〕iar 87〔$\substack{1.82\\2.74}$〕jar 105〔1.97〕jwar

長元音：22〔$\substack{1.22\\2.19}$〕aa 23〔2.20〕iaa 21〔$\substack{1.21\\2.18}$〕jaa 24〔$\substack{1.23\\2.21}$〕jaa

長捲舌元音：88〔1.83〕aar 89〔2.75〕jaar

第四攝： 𗅲〔黑〕xə 1.27（曾攝德韵）、𗎫〔釋〕śjɨ 2.27（曾攝職韵）

短元音：28〔$\substack{1.27\\2.25}$〕ə 29〔$\substack{1.28\\2.26}$〕iə 41〔1.40〕əj 42〔$\substack{1.41\\2.36}$〕iəj

30〔$\substack{1.29\\2.27}$〕jɨ 31〔$\substack{1.30\\2.28}$〕jɨ 43〔$\substack{1.42\\2.37}$〕jɨj

緊 元 音：71〔1.68〕ə̣ 76〔2.65〕iə̣j 72〔$\substack{1.69\\2.61}$〕jɨ̣ 65〔$\substack{1.62\\2.55}$〕jɨ̣j

捲舌元音：90〔$\substack{1.84\\2.76}$〕ər 91〔1.85〕iər 92〔$\substack{1.86\\2.77}$〕jɨr

长元音：32〔1.31〕əə 33〔$\substack{1.32\\2.29}$〕jɨɨ 长捲舌元音：100〔$\substack{1.92\\2.85}$〕jɨɨr

第五攝： 𗦀〔海〕xej 1.33（蟹攝海韵）、𗿦〔清〕tshjij 1.36（梗攝清韵）

短元音：34〔$\substack{1.33\\2.30}$〕ej 35〔$\substack{1.34\\2.31}$〕iej 36〔$\substack{1.35\\2.32}$〕jij 37〔$\substack{1.36\\2.33}$〕jij

緊 元 音：63〔$\substack{1.60\\2.53}$〕iẹj 64〔$\substack{1.61\\2.54}$〕jịj

捲舌元音：77〔$\substack{1.73\\2.66}$〕ejr 78〔2.67〕iejr 79〔$\substack{1.74\\2.68}$〕jijr

長元音：38〔$\substack{1.37\\2.34}$〕eej 39〔1.38〕ieej 40〔$\substack{1.39\\2.35}$〕jiij

第六攝： 𗂧〔厚〕xew 1.43（流攝厚韵）

短元音：44〔$\substack{1.43\\2.38}$〕ew 45〔$\substack{1.44\\2.39}$〕iew 46〔$\substack{1.45\\2.40}$〕jiw 47〔1.46〕jiw

捲舌元音：93〔$\substack{1.87\\2.78}$〕ewr 94〔$\substack{1.88\\2.79}$〕jiwr

長元音：48〔2.41〕eew 49〔1.47〕jiiw

第七攝： 𗗙〔楊〕·jow 1.56（宕攝陽韵）

短元音：56〔$\substack{1.54\\2.47}$〕ow 57〔$\substack{1.55\\2.48}$〕iow 58〔$\substack{1.56\\2.49}$〕jow

捲舌元音：97〔$\substack{1.91\\2.82}$〕owr 98〔2.83〕jowr

長元音：59〔1.57〕ioow 60〔2.50〕joow

第八攝： 𗏴〔佗〕tho 1.49（果攝歌韵、宕攝唐韵）、𗪲〔相〕sjo 1.51（宕攝漾韵）

短元音：51〔$\substack{1.49\\2.42}$〕o 52〔$\substack{1.50\\2.43}$〕io 53〔$\substack{1.51\\2.44}$〕jo 50〔1.48〕jwo

緊 元 音：73〔$\substack{1.70\\2.62}$〕ọ 74〔$\substack{1.71\\2.63}$〕iọ 75〔$\substack{1.72\\2.64}$〕jọ

捲舌元音：95〔$\frac{1.89}{2.80}$〕or　96〔$\frac{1.90}{2.81}$〕ior（jor）

長元音：54〔$\frac{1.52}{2.45}$〕oo　55〔$\frac{1.53}{2.46}$〕ioo（joo）

長捲舌元音：102〔1.94〕oor　103〔1.95〕joor

説明：

1. 西夏語的一〇五韵分布在八攝之中：第一攝十二韵、第二攝十七韵、第三攝十九韵、第四攝十七韵、第五攝十二韵、第六攝八韵、第七攝七韵、第八攝十三韵。

2. 與龔煌城“西夏韵母的構擬分攝排列表”十二攝比較，本文將第一〇四韵入第一攝；第十五、第十六韵入第二攝；第二十五、第二十六、第二十七、第一〇五韵入第三攝；第四十一、第四十二、第四十三、第六十五、第七十六韵入第四攝。

3. 表中六角號〔$\frac{1.1}{2.1}$〕中的雙列數字爲同居一韵的平聲韵和上聲韵（1代表平聲，2代表上聲）。

4. ũ、ĩ、ẽ、ã 爲鼻化元音，龔煌城先生認爲這些鼻化元音主要出現在漢語借詞中①。

三

俄Инв. No. 622 五音切韵（丙種本）在編寫完一〇五韵韵圖後，落款爲“□□□□□韵母經紀門”、“□□□□□衆流入海門”，□□□平上終②，最後一行是《五音切韵》抄寫者的姓名，顯然是分九音門、一〇五韵韵圖寫作完畢後的結語。《五音切韵》丙種本在最後一頁仍然寫有分攝韵目字“□□□□□□□、□□□□□□□”（下圖缺一□字），説明這 14 個分攝韵目字具有重要的“□□綱紀”作用。另外，俄Инв. No. 622 五音切韵（丙種本）落款書寫“□□□□□韵母

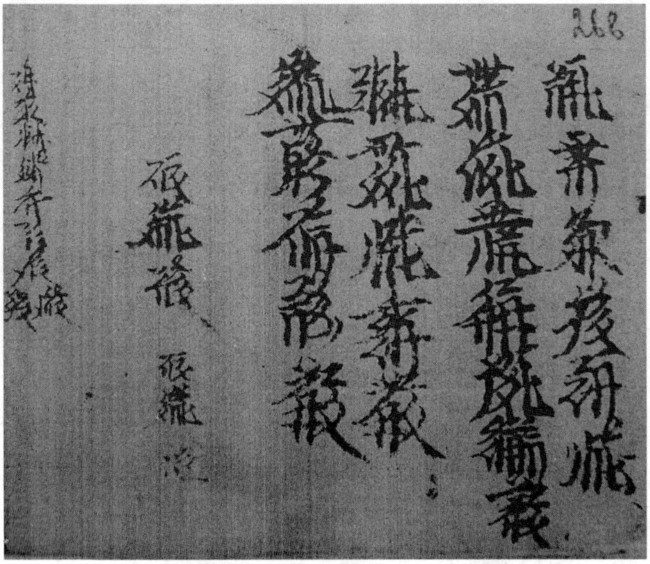

俄Инв.No.622《五音切韵》（丙種本）306 右下

① 龔煌城：《西夏語言文字研究論集》，民族出版社，2005年，第247 頁。

年。

② 參見《俄藏黑水城文獻》（7），上海古籍出版社，1997 年，第 306 頁右下。

經紀門”、“[illegible]衆流入海門”，[illegible]平上終，與俄Инв. No. 621五音切韵（乙種本）開篇所寫“[illegible]衆流入海門”、“[illegible]韵母經紀門”①（《五音切韵》韵圖編寫前的一個標題）前呼後應，雖不是一個版本，但相互聯系。

由于西夏語分攝的簡化，使得有些韵重復出現，還有的反切下字不在本韵中，而是在同一攝中的其他韵中借用，如第三攝中-ạ1.64與-ar1.82、第五攝中-jij 1.35與-jij 1.36等《文海》互相借用（參見海70.173與海45.161），説明同攝可以互借（構成了同攝互借的原理）。另外，《五音切韵》韵圖無論是那個版本，衹要是一個完整、規範的韵圖，一至四段自右至左分别爲該韵圖的唇音、舌音、牙音、齒音和喉音五種全清音的開合口韵，該韵中没有的韵字則用圓圈“○”表示，五至六段、即在韵圖中間寫有來日舌齒音的開合口韵字，七至八段是該韵的起始音位（開首元音）平上聲代表字（有一些韵的韵字較少，韵圖作者有時簡化韵圖段落，韵圖段落衹能從綫格中判斷）。西夏語韵圖與傳世的漢語韵圖著作《韵鏡》和《七音略》等在構圖形式和性質上有所不同，但西夏語實際上是學習、采用了漢語音韵學的原理，是對漢語音韵學的繼承和發展。《五音切韵》丙種本和己種本所提供的“[illegible]、[illegible]”14個分攝韵目字又是一個創新，標明了西夏語的一〇五韵分成八攝，它是西夏語韵母構擬重要的原始音韵學文獻資料，解讀它，可避免盲目揣測，對于研究西夏語的韵母系統有着重要的學術意義和文獻價值。

原刊於《西夏研究》2012年第1期

---

① 參見《俄藏黑水城文獻》(7)，上海古籍出版社，1997年，第281頁右下。

西夏文字的字形結構組合形式與造字方法

賈常業

西夏文字是參照漢字“六書”理論、運用合成造字法所創造的表意文字，其中以會意字爲主體，其他有形聲字（形聲兼會意）、漢語借詞、譯音字、合音字（切身字）、韵字等。關于西夏文字的結構，史金波先生在《西夏文教程》①中作了指導性的論述，本文是從西夏文字的字形結構角度入手對其結構進行探討的，因爲字形結構是西夏文字組合的核心，每個字的構造都有一定的説法，了解和掌握字形結構是識讀西夏文字的重要途徑。

一、西夏文字構字術語在字形結構中的運用及其解説

（一）運用術語解説西夏文字的字形結構

西夏文字構字的術語有“□上、□下、□左、□右、□中、□全、□圍、□減、□是等”，在《音同文海寶韵合編》丙種本中將這些術語簡化爲“□上、□下、□左、□右、□中、□全、□圍、□減”（見《俄藏黑水城文獻》第 7 册，第258頁）。這些術語在構字中明確指示某一字由其他相關文字的某個部件構成，組合形式多樣，從字形結構中我們就可以看到西夏文字的造字方法。

1. □上，指文字的上部，如“□ □□□□ 鎖：鐵上持上（海 18.171）”等。
2. □下，指文字的下部，如“□ □□□□ 床：四下坐下（雜 19.162）”等。
3. □左，指文字的左部，如“□ □□□□ 孫：男左子左（雜 10.112）”等。
4. □右，指文字的右部，如“□ □□□□ 稱：測右思右（雜 14.261）”等。
5. □中，指文字的中部，如“□ □□□□ 戒：不中過右（雜 2.131）”等。
6. □全，指文字的全部，如“□ □□□□ 身：人全自全（海 21.172）”等。
7. □圍，指文字的周圍，包括字的上部及左部、字的上部及右部、字的上部及左右部等，如“□ □□□□ 蔽：上圍蓋全（海 58.212），用□上的上部一與右

① 史金波：《西夏文教程》，社會科學文獻出版社，2013 年。

部□，即“□”，加之□蓋的全部”、“□ □□□□ 錦：絲圍妙右（海92.231），即□=□+□”等。

8. □減，指減去文字的一部分，如“□ □□□□ 單：對之減不（雜15.172）”、“□ □□□□ 五：五之減左（海92.111）”等。

9. □是，指示文字部位，如“□ □□□□ 曲破：〔令〕之上是（寶77.44）”、“□ □□□□ 薄：薄之右是（海16.222）”。西夏文“□是”爲指示代詞，具有“也”之義。“□是”在西夏文字構字術語中僅此2例。

10. □脚，指字符左部延伸至下右，如□、“□”。例字如“□ □□□□ 鶻：回脚取全（海35.112）”、“□ □□□□ 尿：膀胱脚内水（海73.111）”。“□脚”在西夏文字構字術語中僅此2例，其他文字中使用“□”、“□”者均謂“某左”或“某圍”，如“□ □□□□ 回：鶻左伏右（海44.142）”、“□ □□□□ 結合：合左二全（海76.262）”、“□ □□□□ 臟：臭圍令左（海13.272）”。

（二）省略術語解説西夏文字的字形結構

西夏文字中有10多例不使用術語解説其字形結構，從字義分析，是爲了强調字義的意義和重要性，即依靠字符意義組合關係表現本字的意義。由3—4個義符或形符合成的文字，其表意性和指事性更强。

1. □ □□□□〔門〕：與門相似（海20.172）。此字没有按字形結構原理造字，也没有使用術語，是西夏人依據實物“門”的形狀或借鑒漢字“門”所造的一個漢語借詞獨體象形字。

2. □ □□□□ 牲、生：獸字交换（獸字所易）（海51.141）。□爲一字二義，爲“牲”的漢語借詞，“□牲”與“□獸”近義，用近義詞意符互訓，將部件“干”與 易位所造的文字，或者説是形借，未用術語。“獸字交换”僅僅針對“□牲”一字，獸字的字形結構爲“□ □□□□ 獸：兔左野左（海79.171）”，未用“□牲”字部件。

3. □ □□□ 匍：膝手行（海7.112），由3個義符構成，未用術語，是個特例。龔煌城先生認爲是“匍”之早期漢語借詞。與“□匍”對應的是“□ □□□□ 爬：手膝行右（合丙B13）”，從字形結構上看是把“□手”之省形“丨”换了個位置，實際上是把“□匍”之“膝手行”换成“手膝行”，用了一個術語“□右”，强調了“□爬”的作用和意義。龔煌城先生認爲是“爬”之早期漢語借詞。

4. 由3個形符（義符）、1個音符合成的形聲字（會意兼形聲），如“□ □□□□ 審察：牧見説〔更〕（雜2.132）”、“□ □□□□ 黄：黄美〔能〕有（海87.172）”。

5. 由4個義符（形符）合成的會意字，如“□ □□□□ 海：坎淵水江（海43.132）”，“□海”是漢語借詞，爲突出表現衆水匯積之處海的浩瀚，不惜使用

“[西夏文]坎淵水江”中甚至不是省形、不完整的義符，海的構字爲“[西夏文]= [西夏文] + 丨 + [西夏文] + [西夏文]”。類似于“[西夏文]海”的構字原理還有“[西夏文] 陸地：地坤挺土（海 58.121）”、“[西夏文] 寒：上寒冷日（雜 6.251）”、“[西夏文] 智：本海明見（寶 83.61）”、“[西夏文] 敞開：曝透巽開（雜 11.241）”、“[西夏文] 枷鎖：繩縛結縶（合甲 03.081）”、“[西夏文] 星：世星出生（海 48.111）”、“[西夏文] 燦、毫：身風毛妙（寶 67.46）”、“[西夏文] 樓：堂臺室中（海 53.172）”。

用 4 個義符合成一個會意字，體現了西夏人對文字及字義的重視程度，有些字還反映了西夏人的宇宙觀，如“[西夏文] 星：世星出生（海 48.111）”，對此構字如何理解？在《碎金》的開頭有“[西夏文] 天地世界初，日月爾時現”與漢本《千字文》開言“天地玄黄，宇宙洪荒。日月盈昃，辰宿列張”類似，“[西夏文]星”爲漢語借詞，西夏人對星曜非常崇拜，認爲“星”在世界之初就出生了，是自然現象。

西夏文字造字一般用全角字符或省形字符，類似“[西夏文]海”的構字中將部分構字部件進一步地分解，使用不完整的義符，在西夏文字的構字中僅有以上 9 例。

（三）用 3 個字符 1 個術語解説西夏文字的字形結構

西夏文字中有 90 多個用 3 個字符合成的文字，這些文字也是爲了强調字義的意義和重要性，其表意性和指事性更强。

1.用 3 個不完整字符或隨意增減字符的意義組合關系來表現其字形和字義。例如“[西夏文] 悲、愍：國上軟下（海 11.253）”，即：[西夏文] = [西夏文] + 一 + [西夏文]。從 3 個字中提取的字符造字使用不完整的字符是普遍現象，這類字多爲會意字，如“[西夏文] 日、期：時來接右（寶 89.51）”、“[西夏文] 時：節日舊下（寶 86.58）”、“[西夏文] 六：六宫幾右（海 54.251）”、“[西夏文] 七：書用八全（海 70.171）”、“[西夏文] 十：萬三庫左（寶 84.41）”、“[西夏文] 弟：兄長人右（寶 86.49）”、“[西夏文] 美：妙母角下（海 89.252）”、“[西夏文] 悟：人慧曉左（海 68.131）”等等。

2. 用 3 個義符、1 個術語在後者（義+義+義+術語）合成的會意字似一個經過錘煉的短語或句子，有利于字義的表達，表意性更强。例如“[西夏文] 喊：呼叫喊右（海 14.132）”、“[西夏文] 夭折：壽不全全（海 87.221）”、“[西夏文] 老羯羊：羊壽就右（海 81.271）”、“[西夏文] 新：不舊明右（海 55.113）”、“[西夏文] 鈍：不敏慢右（海 51.112）”、“[西夏文] 騙術：白作黑左（海 15.112）”、“[西夏文] 頭：上頭領右（海 10.232）”、“[西夏文] 瘸：蹄脚病右（合甲 08.023）”、“[西夏文] 前：過年前右（海 40.271）”、“[西夏文] 算：知演釋左（海 43.131）”、“[西夏文] 透：斷穿過右（海 52.261）”、“[西夏文] 尾：尾下末右（海 49.262）”

等等。

3. 用3個義符、1個術語在中間者（義+術語+義+義），更好地表達了文字的意義和作用。例如“[illegible] 呼：音左呼唤（海35.142）”、“[illegible] 耕牛：犁上耕牛（海36.242）”、“[illegible] 礦藏：根左寶礦（海17.163）”、“[illegible] 糜：稻左寶果（海57.131）”等。

4. 用3個義符合成的指事字，形象思維，直觀明了。如“[illegible] 卷：語透斂右（海32.231）”、“[illegible] 睾丸：根下二右（海49.151）”等。

5. 抽象的字形結構，給人以想象的空間，含蓄典雅，耐人尋味。如“[illegible] 年、除夕：弓臂棄中（寶78.54）”、“[illegible] 腕：象臂占下（海39.252）”、“[illegible] 宫殿：源六鎖下（寶87.18）”、“[illegible] 耻：表向羞右（海15.153）”等。

6. 用3個義符、1個術語合成的形聲字。形聲字有以下幾種組合形式。

音符+形符（義符）+義符+術語。如“[illegible] 地：〔嵬〕敞地右（合甲02.092）”、“[illegible] 牧：〔婁〕牧監下（雜9.252）”、“[illegible] 鵪鶉：〔黨〕獅蝶右（海59.242）”、“[illegible] 刀：〔鐵〕鐵利右（合甲06.183）”。

音符+術語+義符（形符）+義符。如“[illegible] 槽：〔曹〕右方豁（雜15.112）”、“[illegible] 父：〔没〕圍聖父（海26.212）”、“[illegible] 生、壯：〔迷〕左人者（海16.252）”、“[illegible] 捆：〔郭〕左續縛（合甲07.202）”。

形符（義符）+音符+義符+術語。如“[illegible] 花：妙〔囀〕果右（海70.142）”、“[illegible] 谷、豆：稻〔黨〕價右（寶65.32）”。

形符（義符）+義符+音符+術語。如“[illegible] 鉞：刀魃〔兵〕右（海68.232）”。

音符兼形符+語助（形符）+音符兼義符+術語。如“[illegible]〔問〕：〔文〕以姓左（海20.242）”，[illegible]〔問〕爲漢姓，用漢姓[illegible]〔文〕與語助作形符、用[illegible]作音符兼義符（音〔領〕義姓氏），恰當地描述了漢族姓。

音符+音符兼形符+音符+術語。如“[illegible] 爐：〔吟〕〔豁〕〔爐〕右（海6.232）”，[illegible]爐爲漢語借詞，雖用3個音符，但仔細分析，爲形借于〔吟〕、〔豁〕之省形，音借于同音同紐〔爐〕。

音符+音符+音符+術語。如“[illegible]〔吴〕：〔迺〕〔諾〕〔什〕右（海10.272）”，爲富于漢姓的表現力，取3個漢姓音符造字，〔吴〕爲漢語借詞。

二、西夏文字構造的分類

西夏文字的構造可分爲獨體字和合體字兩大類。

（一）獨體字

獨體字是能够獨立表達文字音義而不能再進行分解的最小文字單位，也就是説獨體字是一個不能分解的整體部件。事實上，大多數獨體字如同其他構字部件一樣在西夏文字的構造中起着形符、音符或義符的作用。獨體字數量很少，在 6 000 多個西夏文字中，祇有 60 個。獨體字又分表意獨體字和表音獨體字。

1. 表意獨體字。表意獨體字主要是會意字和指事字。

□種　□强　□笊籬　□辣　□半　□一　□夕　□索　□座
□夏　□牧　□底　□十　□昆蟲　□皮　□蝴蝶　□欺騙　□空
□跛　□失　□薄　□身　□脅　□人　□蟲　□腰　□高
□牛　□威儀　□鞍　□桑　□猻　□趨　□八　□濁　□囱
□苦　□單　□碹　□獨　□文　□雖　□單一　□螢　□終
□闊　□慧　□曲破　□五　□功　□梯　□系　□樹　□亦

2. 表音獨體字。表音獨體字主要是譯音字、漢語借詞、地名詞和族姓詞。

□〔五〕（漢語借詞、地名）□〔墨〕（姓）□〔李〕（姓）□〔陳〕（漢語借詞）
□〔門〕（漢語借詞、地名）□〔令〕（姓）

3. 獨體字的字形結構和造字方法。如前所述，獨體字是不能再進行分解的整體部件，它的造字方法有合成造字法和減部造字法。

（1）合成造字法。有些獨體字是由兩個部件合成新的字符并能够獨立表達音義的文字，這種文字也可稱爲“合成獨體字”。“合成獨體字”的功能是除能够表達自身的音義外還可成爲其他文字的構字部件。

例一、□ □□□□ 種：生上母下（海 40.221）。“□種”由兩個義符合成，組合形式爲上下結構，在“□種”、“□耳朵”、“□利”、“□籽”等字的構造中充當形符（義符）和音符，具備獨體字的特徵：□ □□□□ 種：種全畜右（海 55.141）；□ □□□□ 耳朵：〔恤〕全耳右（海 40.222），□在此處爲音符，構成音義合成、形聲字；□ □□□□ 利：種全超右（海 67.272）；□ □□□□ 籽：稻左種全（海 18.262）。

例二、□ □□□□ 强：勝上勝下（海 62.221）。“□强”由兩個義符合成，組合形式爲上下結構，在“□勝”、“□勝”等字的構造中充當形符（義符），也具備獨體字的特徵：□ □□□□ 勝：能左强全（海 18.232）；□ □□□□ 勝：利中强全（雜 18.261）。

例一□與例二□本可用減部造字法，但《文海》爲了兼顧整體字形結構體例和組合形式，并充分利用同義詞和近義詞，對個别上下結構的獨體字采用合成造字法。

（2）減部造字法。減部造字是將一個合體字減去有關部件，留下能够獨立表達文字音義而不能再進行分解的整體部件。

例一、□ tśhjĩ 1.16 □□□□ 陳：〔陳〕之減草（海 21.171），即□=□－□，“□陳”爲獨體字、漢語借詞，由同音□〔陳〕字減部件所造，獨體字的構造多爲此種方法。同時□爲□的構字部件，即“□ tśhjɨ 2.27 □□□□ 蒲草：〔陳〕全草左（合甲 22.011）”，即□=□+□，□與□爲同形同音互訓轉注。

例二、□ □□□□ 一：一之減左（海 53.171）。□一爲“□一”與“□個”的構字部件，即□ *[①]□□□□ 一：依左一全；□ śiə 1.28 □□□□ 個：〔合〕左一全（海 35.173）。

例三、□ □□□□ 一、單：對之減不（雜 15.172）。□單爲“□對”的構字部件，即□ *□□□□ 對：不左單全。

（二）合體字

由 2 至 4 個部件合成的文字稱爲合體字。西夏文字依漢字“六書”而創造，大部分是合體字，有表意合體字和表音合體字，字形結構嚴謹，組合形式多樣，思想内容豐富。合體字均爲合成造字法，可從不同的角度分類。

1. 西夏文字與漢字“六書”。

在 6 000 餘個西夏文字中有 400 餘個漢語借詞，從西夏文字的形音義分析，在創造文字中吸取漢字“六書”理論是有可能的，筆者在《西夏文詞典佚缺字形結構與反切擬音解讀》一文中作了簡要提示[②]，本文不再贅述。

2. 表意合體字和表音合體字。

（1）表意合體字。由 2 至 4 個意符或形符合成的文字稱爲表意合體字。表意合體字是西夏文字的主體，在 6 000 餘個西夏文字中表意字占到近 87%，例如“□ □□□□ 濁：不左清右（雜 5.261）”、“□ □□□□ 新：不舊明右（海 55.113）”、“□ □□□□ 悟：人慧曉左（海 68.131）”、“□ □□□□ 樓：堂臺室中（海 53.172）”等。

（2）表音合體字。使用音符構成的西夏字。

反映族姓、人名、地名的形聲字如“□ □□□□〔蘇〕：姓左〔蘇〕右（海 6.212）”、“□ □□□□〔兒〕：〔爾〕年戲下（海 15.271）”、“□ □□□□〔夏〕：〔夏〕右地右（海 26.122）”等。

純表音的番族姓字和漢族姓字如“□ □□□□〔骨〕：〔錢〕左〔骨〕右（海 75.111）”、“□ □□□□〔吴〕：〔迺〕〔諾〕〔什〕右（海 10.272）”等。

反映音韵地位的表音韵字如“□ □□□□〔竹〕：〔知〕圍〔術〕全（韵圖 30）”、

① “*”星號爲筆者復原的字形結構，下同。

② 賈常業：《西夏文詞典佚缺字形結構與反切擬音解讀》，《寧夏社會科學》2008年第6期。

“□ □□□□〔帳〕：〔知〕圍〔尚〕左（韵圖50）”等。

經契、真言中用的譯音字如“□ □□□□〔唵〕：音左詔全〔Ⅷ·ã 1.24*□□□烏甘切·u 1.1 kã 1.24 音唵〕（杂9.151）”、“□ □□□□〔林〕：音左〔林〕左〔Ⅸ ljĩ 1.16 □□□離銀切 lji 1.10 gjĩ 1.16 音林、檁〕（海21.213）”等。

由聲母與韵母反切拼讀合成的合音字（切身字），合音字的特點是字形結構用字與反切上下字是一致的，例如“□ twa 1.17 □□□□〔埵〕：〔都〕右〔訛〕右〔□□□都訛切 tu 1.1 wa 1.17 音埵〕（海24.212）”、“□ tẽ 1.15 □□□□〔登〕：〔都〕右〔能〕右〔□□□都能切 tu1.1 nẽ 1.15 音登〕（海20.211）”、“□ □□□□〔節〕：〔迹〕左〔葉〕左〔Ⅵ tsja 2.17 □□□迹葉切 tsji 2.10 ·ja 2.17 音接、節〕（同乙35A45）”等。

3. 字形結構。西夏文字特别講究字形結構，可分爲上下結構、左右結構、混合結構、倒置結構和全省結構等。

（1）上下結構。

形義合成（會意合成）會意字：□ □□□□ 皆：皆上皆下（合甲17.022）。

音義合成形聲、會意字：□ □□□□ 起、生、發：〔常〕上往下（海55.172）。

形聲合成形聲字：□ □□□□ 道：街上〔折〕全（海26.242）。

上部和右部形義合成上下結構會意字：□ □□□□ 求：求上祭右（合甲10.152）。

上部和全部形義合成上下結構會意字：□ □□□□ 性：雜上性全（海48.121）。

上部和全部兩個音符合成譯音字：□ □□□□〔挐〕：〔夷〕上〔挐〕全（雜2.111）。

（2）左右結構。

形義合成（會意合成）會意字：□ □□□□ 分明：黑左白右（合甲23.201）。

音義合成形聲、假借字：□ □□□□〔夏〕：〔夏〕右地右（海26.122）。

形聲合成形聲字：□ □□□□ 畜養：畜左〔束合〕右（海62.262）。

形義合成會意字，組合形式爲左加左：□ □□□□ 孫：男左子左（雜10.112）。

形義合成會意字，組合形式爲右加右：□ □□□□ 稱、量：測右思右（雜14.261）。

形義合成會意字，組合形式爲全加右：□ □□□□ 彼：爾全就右（海54.172）。

形義合成會意字，組合形式爲左加全：□ □□□□ 痢疾：腿左殘全（合甲13.041）。

（3）混合結構。

從3—4個字中提取的字符所合成的文字爲混合結構。例如“□ □□□□ 說：言聞說左（海55.131）”、“□ □□□□ 海：坎淵水江（海43.132）”、“□ □□□□ 食：飲圍吞食（合甲08.021）”、“□ □□□□ 靈巧：巧圍勇巧（海58.131）”等。

構字術語中含“□圍”者也屬于混合結構，如“□ □□□□ 敞：領圍敞中（海 17.152）”、“□ □□□□ 四：三圍數四（海 87.271）”等。

（4）倒置結構。

過分追求字形結構，有時構字很勉强，如“□ □□□□ 腫瘤：中腫脹右（寶 91.37）”，先取“□中”之“□”、後取“□”之左部“□”，順序倒置，這也是混合結構的一種。

（5）全省結構（全形與省形）。

全形合成（全形+全形）：西夏文字中有用整體字符作爲形符或義符使用，即全形構字，如“□ □□□□ 身：人全自全（海 21.172）”、“□ □□□□ 騎：人下馬全（雜 15.142）”等。

省形合成（省形+省形）：西夏文字中大部分爲省形結構的文字，如“□ □□□□ 横：不左正右（海 51.161）”、“□ □□□□ 言、語：言左語右（海 11.222）”、“□ □□□□ 搗：打中舂右（海 52.231）”等。

省全合成（省形+全形）：□ □□□□ 十：數右十全（雜 7.222）。

全省合成（全形+省形）：□ □□□□ 送：來全輸左（海 29.131）。

三省合成（省形+省形+省形）：□ □□□□ 成、就：長增大右（合甲 22.082）。

四省合成（省形+省形+省形+省形）：□ □□□□ 樓：堂臺室中（海 53.172）。

全聲合成（全聲+全聲）：□ □□□□〔涅〕：〔寧〕全〔永〕全（同丁 20A53）。

省聲合成（省聲+省聲）：□ □□□□〔業〕：〔宜〕左〔葉〕左（同丁 29A42）。

聲形合成（省聲+全形）：□ □□□□〔名〕：〔名〕圍聖全（海 16.172）。

聲韵合成（全聲+省聲）：□ □□□□〔蒴〕：〔皮〕全〔也〕左（合甲 01.012）。

形聲合成（省形+全聲）：□ □□□□〔貧〕：音左〔皮〕全（海 21.131）。

形聲合成（省形+省聲）：□ □□□□〔賓〕：音左〔賓〕右（海 21.122）。

聲形合成（全聲+全形）：□ □□□□ 遺尿：〔榖〕全尿全（海 57.133）。

聲形合成（省聲+省形）：□ □□□□ 擊：〔足〕左打左（海 65.173）。

三聲合成（省聲+省聲+省聲）：□ □□□□〔吴〕：〔迺〕〔諾〕〔什〕右（海 10.272）。

（6）諧音構字。

利用諧音雙關互訓構字，如“□ □□□□〔甘〕：幹右土右（海 31.162）”、“□ □□□□ 幹：〔啰〕左〔甘〕左（海 91.241）”。

（7）西夏構字中的哲學思維。

文字本來是人類用來記録和傳播語言的書寫符號系統，一般用中性詞，客觀地表達意義。西夏文字中對“真、善、美”多用褒詞，如“□ □□□□ 真：

净上金下（海 45.113）”、“[illegible] 善、好：歡左樂右（寳 84.310）”、“[illegible] 美麗：美左俊左（海 51.252）”；對“假、醜、惡”多用貶詞，如“[illegible] 僞、假：欺全過右（海 92.252）”、“[illegible] 醜：破穿舊左（海 78.232）”、“[illegible] 害、惡：炸左惡右（海 83.221）”。但是，西夏文字的創造者受當時政治和世界觀的影響，持有狹隘的極端民族觀和偏見，對西夏皇族姓氏構字中多用“[illegible]聖”的形符，以示神聖、高貴和對皇族的尊重。如“[illegible]番”、“[illegible]番”、“〔[illegible]没〕”等字中均有“[illegible]聖”字的形符或義符；構字如“[illegible]〔名〕：〔名〕圍聖全（海 16.172）”等。西夏對其他民族則持有偏見，致使“番有智者漢人不敬，漢有賢士番人不崇”①。比如西夏文字中的“[illegible]漢”、“[illegible]漢人”、“[illegible]漢”字均有“[illegible]蟲”的義符，以示輕蔑和貶低，“漢”字的構字爲：“[illegible] 漢：漢中蟲全（海 84.142）”。西夏文《碎金》②③中對幾個民族特點的描述和評價是：

[illegible]④[illegible] [illegible]⑤[illegible]　没嬈勇健行，契丹步履緩。

[illegible] [illegible]　蕃多敬佛僧，漢皆愛俗文。

[illegible] [illegible]⑥[illegible]　回鶻飲乳漿，山訛嗜蕎餅。

西夏創造文字的時期，社會上出現吏制渾濁、朝夕趨利、人心叵測、傷害他人等不良社會風氣，在文字的創造和釋義上，認爲官如禽獸、人如蛇蝎，如“[illegible] 官：官右禽左（海 92.211）”、“[illegible] 蝎：〔特〕圍蟲全；人同毒蟲（合甲 06.133）”。

4. 關于“互換字”的探討。

關于“互換字”，史金波先生認爲“是把一個字中的兩個部位交換位置組成新字”⑦。龔煌城先生認爲“有些西夏字利用這樣的造字方法（即：把左右偏旁顛倒過來的方法）製造了與該西夏字相當的漢字音或漢字義”⑧。

所謂的“互換字”實際上是兩個字中同用兩個同義詞或近義詞的形符或義

① 見《番漢合時掌中珠》序。

② 參見聶鴻音、史金波：《西夏文本〈碎金〉研究》，《寧夏大學學報》（哲社版），1995 年第 2 期。

③ 史金波等：《俄藏黑水城文獻》，上海古籍出版社，1999 年。

④ “没嬈”，西夏民族的代稱，之前多譯爲“彌藥”，本文依據該字在《五音切韵》中的音韵地位，譯爲“没嬈”。

⑤ 訛體，本字爲[illegible] tã 1.24，音丹。

⑥ “山訛”，音譯，西夏的一個部族。

⑦ 史金波：《西夏文教程》，社會科學文獻出版社，2013年。

⑧ 龔煌城：《龔煌城西夏語言文字研究論集》，民族出版社，2005 年。

符通過互訓或遞訓（遞相訓釋）再合成兩個新的形似互换的同義詞或近義詞，這種形式可稱爲“字形訓釋”。筆者對6 000餘個西夏字的字形結構進行了考證，發現這類字在西夏文字中有40餘對80多個字，少數爲3個字符合成的混合結構會意字外，多數爲兩個字符合成的左右結構會意字，有的還不是“互换字”。從字形結構分析入手，可分以下幾種類型。

（1）用本詞組與共用另外一個同義詞或近義詞的形符或義符交换位置合成并構成詞組。是否構成詞組，可參閲《音同》，如“[illegible]悔改（同乙 52A26、同甲 54B36）”。

[illegible] [illegible] 呼、叫：音左呼唤（海 35.142）；[illegible] [illegible] 叫、喊：呼叫喊右（海 14.132）。構詞：[illegible]呼叫、叫喊（同丁 29A63、同丁 26B23），合用或單獨使用。

[illegible] *[illegible] 悔：改右退左；[illegible] [illegible] 改：退左悔左（雜 11.132）。構詞：[illegible]悔改（同乙 52A26、同甲 54B36），合用或單獨使用。

[illegible] *[illegible] 蠅：蟲全蠅左；[illegible] *[illegible] 蠅：蠅右蟲全。構詞：[illegible]蠅（同丁 3B63、同丁 30B48），雙音節詞，不能單獨使用。

[illegible] [illegible] 敵：畏左寇左（合甲 02.221）；[illegible] [illegible] 寇：敵右畏左（海 77.171）。構詞：[illegible]敵寇、敵人（同丁 11A27、同乙 52B61），合用或單獨使用。

[illegible] *[illegible] 殘：破左缺左；[illegible] [illegible] 缺：殘右破左（雜 18.221）。構詞：[illegible]殘缺、破裂（同丁 25B14、同乙 38B66），合用或單獨使用。

[illegible] [illegible] 碎：碎右粒右（海 44.122）；[illegible] [illegible] 碎：粒右碎左（海 76.221）。構詞：[illegible]碎、碎粒（同乙 34B66、同丁 17B22），合用或單獨使用。

[illegible] [illegible] 行：列左行左（海 57.162）；[illegible] [illegible] 列：行右列左（海 42.222）。構詞：[illegible]行列、讀誦（同丁 10A23、同乙 34A11），合用或單獨使用。

[illegible] *[illegible] 踏：脚左踩左；[illegible] [illegible] 踏、踩：踐右脚左（合甲 17.143）。構詞：[illegible]踏踩、践踏（同乙 50B52、同乙 48A47），合用。

[illegible] [illegible] 偷：偷左盗左（海 92.152）；[illegible] [illegible] 盗：偷右盗左（合甲 09.171）。構詞：[illegible]偷盗、盗竊（同丁 24B11、同丁 26A76），合用或單獨使用。

（2）同用另外兩個同義詞或近義詞的形符或義符交换位置合成并構成詞組。

[illegible] [illegible] 旋風：風左輪左（海 40.212）；[illegible] *[illegible] 旋風：轉左風左。構詞：[illegible]旋風（同丁 32B64、同丁 24B22），不單獨使用。

[illegible] [illegible] 御史：風左正左（海 78.172）；[illegible] [illegible] 蠲：正左風左（合甲 15.011）。構詞：[illegible]御史、蠲除（同乙 45A43、同丁 28B55），合用或單獨使用。

（3）用本詞組與另外一個不同的同義詞或近義詞的形符或義符合成并構成詞組。屬互訓或遞訓，構字有互换的因素，但不是“互换字”。

[illegible] [illegible] 人：人右〔尼追〕右（雜 7.111）；[illegible] [illegible] 人：人右人左（海

72.152）。構詞：□□人（同甲37A24、同丁11A14），合用或單獨使用。

□ □□□□ 男、子：兒左男左（海18.131）；□ □□□□ 男：生左男左（海82.241）。構詞：□□男子（同丁12B57），合用或單獨使用。

□ □□□□ 斑斕：斑右麗左（海35.132）；□ □□□□ 絢麗：斑右斕左（海26.132）。構詞：□□絢麗、斑斕（同丁9B16、同乙52A66），合用或單獨使用。

□ □□□□ 因：心左疑緣（海54.212）；□ □□□□ 因緣：因右〔娘〕左（海63.122）。構詞：□□因緣（同乙44A76、同丁18A71），合用或單獨使用。

□ □□□□ 霹靂：雷左閃左（雜6.272）；□ □□□□ 閃電：電左霹左（雜11.242）。構詞：□□霹靂、閃電（同乙37B51、同甲55A33），合用或單獨使用。

□ □□□□ 敵：惡右寇左（海37.243）；□ □□□□ 敵寇：〔嘐〕左敵左（海24.161）。構詞：□□敵寇、敵人（同丁6A42、同乙52A78），合用或單獨使用。

□ *□□□□ 指：手左指左；□ □□□□ 指：爪右〔那〕右（海58.241）。構詞：□□指頭、指爪（同丁17B26、同丁17B75），合用或單獨使用。

（4）能够組成詞組，構字無互換關系。

□ □□□□ 俊：面中美左（海52.171）；□ □□□□ 美麗：美左俊左（海51.252）。構詞：□□俊美（同乙35A11、同乙52B27），合用或單獨使用。

□ □□□□ 籌議：謀右論右（海76.122）；□ □□□□ 議：論右語左（海72.251）。構詞：□□籌議（同丁9B33），合用或單獨使用。

□ *□□□□ 牢：罪左獄左；□ □□□□ 獄：怒左苦全（寶77.34）。構詞：□□牢獄、監獄（同丁25B66、同乙43A62），合用。

□ *□□□□ 忿、憤：憤右怒右；□ □□□□ 忿、怒：怒下狹右（海53.251）。構詞：□□憤怒、忿恨（同丁23A52、同乙37B63），合用或單獨使用。

（5）構字有互換的因素，未構成詞組。

□ *□□□□ 語言：語右言左（“□”有“口齒”的義項：□ *□□□□ 口齒、語言：語右口右）；□ □□□□ 言、語：言左語右（海11.222）。

□ □□□□〔端〕：正左透右（海31.253），“□端”爲漢語借詞的族姓、地名詞，用漢語借詞“□正”、“□透”構字，暗喻□有“端”之引申義，屬“借義雙關”，所以與“□剛正”共用“□正”、“□透”構字；□ □□□□ 剛正：〔透〕左正左（海52.262）。

□ *□□□□ 土、地：土左地右（□□□□坤右土中）；□ □□□□ 坤：土中地左（海5.151）。

□ *□□□□ 采、收：取右奪左；□ □□□□ 取、奪：采右取右（雜10.241）。

□ □□□□ 他、彼：彼右擇右（海47.243）；□ □□□□ 彼、他：擇右他左

（雜 20.121），單獨使用。

（6）字義有同有異、構字字符各异，不存在互換關系。

□ □□□□ 擊：〔足〕左打左（海 65.173）；□ □□□□ 平：寬右擊左（海 67.211）。

□ □□□□ 安：〔尼精〕左住左（雜 4.231）；□ □□□□ 利益：多左利右（合甲 12.011）。

□ *□□□□ 生子：兒右生左；□ □□□□ 潮濕：産右生右（海 48.122）。

□ □□□□ 獸：兔左野左（海 79.171）；□ □□□□ 牲、生：獸字交換（海 51.141）。

□ *□□□□ 坡：嶺左坡中。□ □□□□ 礦藏：礦右坡左（合甲 07.043）。

□ □□□□ 逼：迫右逼左（寶 75.64）；□ *□□□□ 柱、座：倚左座全。

□ *□□□□ 甘甜：蜜中甜右；□ □□□□〔田〕：野右舌右（海 52.132）。

□ □□□□ 魁、大：大右大左（合甲 12.111）；□ *□□□□ 大、太：大右廣右。

□ □□□□ 小：微右小全（海 50.261）；□ □□□□ 小：細下小左（海 24.131）。

□ *□□□□ 琴、拉：拔右翻左；□ □□□□ 翻：掘左挖右（合甲 12.171）。

□ □□□□〔焰〕：火下盛左（海 32.213）；□ □□□□ 燃：盛左燃左（雜 7.152）。

□ □□□□ 皺、縮：縮中卷右（雜 12.142）；□ □□□□ 縮：末右厚右（雜 12.141）。

□ □□□□ 遁、逃：叛左躍右（海 84.252）；□ □□□□ 伏：負逃服左（海 5.173）。

□ □□□□ 枝：枝上折全（合甲 04.012）；□ *□□□□ 葉：枝下枝上（□□□□折全枝上）。

□ *□□□□ 水：坎河浆泊。□ *□□□□ 鱼：水左鰭右。“□水”與“□魚”形音義不同，構字中魚離不開水，但水可不要魚。由于《文海》水、魚的字形結構材料佚失，“□水”與“□魚”右下部的兩部分互換是需要探討的。

□ □□□□ 佛：人貫三界（海 22.212）；□ □□□□ 閣：佛右室左（合甲 24.033）。

（7）關于“上部不動，下部左右互換”的探討。

□ □□□□ 來：來上來全（海 77.121）；□ □□□□ 來：來上〔啰〕左（海 85.241）。“□來”爲“省形+全形”的會意字、“□來”爲“省形+省聲”的形聲字，衹是字頭的互訓，下部左右兩邊用字不同，不存在互換關系。

□ □□□□ 隱、藏：藏右盜右（雜 15.152）；□ *□□□□ 藏、匿：隱偷藏左。“□藏”的字形結構材料佚失，下部左右兩邊互換没有依據。

綜上所述，西夏文字中形似互换的字是用兩個同義詞或近義詞的形符（義符）構成的，而不是形似互换字本身的互换，構字中更不存在“把左右偏旁顛倒過來的方法”。

5. 關于“對稱字”的探討。

所謂“對稱字”是指一個字的左右兩部分相等。這類字不多，有 20 多個，有兩個字符合成的左右結構會意字、有 3 個字符合成的混合結構會意字。這類字在形體上看是對稱的，但構字所用的字符是不對稱的，爲了表達某種字義，用兩個以上同義詞或近義詞的形符或義符、精心挑選相同形符構字，達到字形對稱、形義一致的效果。

（1）左右結構的“對稱字”。

[illegible] [illegible] 唇：嘴右口右（海 87.142）。

[illegible] [illegible] 詩歌、美妙：美左婦左（海 34.152）。

[illegible] *[illegible] 考、蕩：〔諾〕左量右。

[illegible] [illegible] 從前：先左昔左（合甲 23.084）。

[illegible] [illegible] 燕：鵑左燕右（合甲 23.112）。

[illegible] [illegible] 等、齊：〔宜會〕左接左（寶 74.54）。

[illegible] [illegible] 跳躍：跳左躍左（寶 76.43）。

[illegible] [illegible] 所：皮全所左（海 38.212）。

[illegible] *[illegible] 喜：嘻右笑右。類似漢字的雙喜“囍”。

[illegible] [illegible] 分：分右取右（海 19.263）。

[illegible] [illegible] 雙：具下對右（合甲 21.111）。

[illegible] [illegible] 安、樂：盛左功右（海 42.261）。

（2）混合結構的“對稱字”。

[illegible] [illegible] 邊：二邊間中（海 27.272），指事字，[illegible]由[illegible]之两个“[illegible]”插入“[illegible]間”之“丨”合成。

[illegible] [illegible] 間：雙間二中（海 71.153），将[illegible]間之“丨”插入“[illegible]双”中合成，即[illegible]=[illegible]+丨+[illegible]構成。

[illegible] *[illegible] 等、量：量左等右。

[illegible] [illegible] 敵：强全〔諾〕右（海 87.242）。

[illegible] [illegible] 中間：等中蓋左（雜 21.132）。

[illegible] [illegible] 等、比：等左匹左（海 82.232）。

[illegible] [illegible] 緡：斛串增左（海 23.222）。

[illegible] [illegible] 七：青左七左（海 69.231）。

[illegible] [illegible] 串：長分展右（海 57.222）。

[illegible] *[illegible] 分、稱：秤右〔閤〕全。

[illegible] *[illegible] 品、第：〔頂〕上減爲。

[illegible] [illegible] 擠：奶手擠左（海 88.132）。

[illegible] [illegible] 廣、昊：矢左大右（合甲 03.101）。

[illegible] [illegible] 壠培：畦全地左（海 5.171）。

[illegible] [illegible] 立：處倚衣左（海 85.222）。

對西夏文字的各種組合以及所謂“互换字”和“對稱字”的判斷，不能望文生義，要始終堅持用字形結構這個尺度檢驗，遵循“方以類聚，物以群分，同條牽屬，共理相貫，雜而不越，據形繫聯”[①]的原則，掌握不同字符之間的區别與特點，依據原始文獻對西夏字符進行科學合理的分類，才能對西夏文字的構造作出合理的解答，才能準確識别西夏文字。

原刊於《西夏研究》2014 年第 1 期

① 鐘旭元、許偉建：《上古漢語詞典》，海天出版社，1987年。

西夏王陵對唐宋陵寢制度的繼承與嬗變

——以西夏王陵三號陵園爲切入點[①]

余　軍

引　言

明安塞王朱秩炅《古冢謡》:“賀蘭山下古冢稠,高下有如浮水漚。道逢古老向我告,云是昔時王與侯。當年拓地廣千里,舞榭歌樓競華侈。强兵健卒長養成,眇視中原謀不軌。豈知瞑目都成夢,百萬衣冠爲祖送。珠襦玉匣相後先,簫鼓聲中雜悲慟。世更年遠迹已陳,苗裔縱存猶路人。麥飯疇爲作寒食,悲風空自吹黄塵。怪鴟薄暮喧孤樹,四顧茫然使人懼。天地黯慘愁雲浮,遥想精靈此時聚。君不聞,人

---

① 以西夏陵區 3 號陵園爲切入點,基於兩方面考量:一是 3 號陵在西夏諸陵中規模最大,陵園面積達 15 萬平方米,其形制和結構最特殊,研究者的基本共識,認爲 3 號陵爲西夏建國皇帝元昊陵墓,處西夏陵實際上的祖陵地位,此後諸陵園的形制布局基本以三號陵爲範式而變化,大體形成定制,共性較强,3 號陵之後諸陵在規模和建築形制結構上則遜避祖陵(開明十三陵“遜避祖陵”即長陵之先河)。3 號陵是西夏陵體系中真正的祖陵。孟凡人:《西夏陵陵園形制布局研究》,《故宫學刊》,2012 年總第八輯,第 87、89、94 頁。明十三陵遜避祖陵問題論述見氏著:《明代宫廷建築史》第十三章第三節(明代宫廷史研究叢書),紫禁城出版社,2010 年,第 517 - 522 頁。

二是 3 號陵陵園地面建築遺址經過全面的科學發掘。見寧夏文物考古研究所、銀川西夏陵區管理處編著:《西夏三號陵——地面遺迹發掘報告》,科學出版社,2007 年。其他相關三號陵考古發掘材料:牛達生、韓子:《銀川市西夏陵 13 號陵園東碑亭遺址》(案:西夏王陵初期調查時,3 號陵原編 13 號陵),《中國考古學年鑒・1988》,文物出版社,1989 年,第 259 - 260 頁;寧夏文物考古研究所:《銀川西夏陵區三號陵園東碑亭遺址發掘簡報》(牛達生、韓小忙執筆),《考古與文物》,1993 年第 2 期,第 38 - 51 頁;沈自龍:《西夏陵考古又獲重要成果》,《中國文物報》,1998 年 11 月 4 日第 1 版;西夏陵考古隊:《西夏陵 3 號陵園建築遺址初露端倪》,《中國文物報》,2001 年 2 月 14 日第 1 版;西夏陵考古隊:《西夏陵 3 號陵園考古再現昔日皇家陵園平面布局》,《中國文物報》,2002 年 3 月 1 日第 1 版;《西夏陵區 3 號陵園建築遺址》,國家文物局主編:《2001 中國重要考古發現》,文物出版社,2002 年,第 138 - 143 頁;《西夏陵區 3 號陵園西碑亭遺址》,《中國考古學年鑒・1999》,文物出版社,2001 年,第 306 - 307 頁;《西夏陵 3 號陵園月城東墻、陵城角闕及東門遺址》,《中國考古學年鑒・2001》,文物出版社,2002 年,第 317 - 319 頁;《西夏 3 號陵園月城、陵城墻垣、角闕遺址》,《中國考古學年鑒・2002》,文物出版社,2003 年,第 395 - 396 頁;《西夏 3 號陵園陵城門屋、獻殿、陵塔基址》,《中國考古學年鑒・2002》,文物出版社,2003 年,第 396 - 398 頁;寧夏回族自治區文物考古研究所、銀川市西夏陵區管理處:《寧夏銀川市西夏 3 號陵園遺址發掘簡報》,《考古》,2002 年第 8 期,第 25 - 40 頁。

生得意須高歌，芳樽莫惜朱顔酡。百年空作守錢虜，以古視今還若何"[1]。生動寫照和萬般感慨的就是西夏京畿現存最大的建築遺址群西夏王陵。《弘治寧夏新志》卷之一、《嘉靖寧夏新志》卷二中記："李王墓：賀蘭之東，數冢巍然，即僞夏所謂嘉、裕諸陵是也。其制度仿鞏縣宋陵而作。人有掘之者，無一物。"[2]詩與文的記述表明了明代當時人們確知賀蘭山下這些墓冢就是西夏陵墓，亦説明西夏王陵在明初之前就已頹敗。弘治、嘉靖《寧夏新志》所説嘉、裕二陵襲《宋史・夏國傳》所載陵號。

西夏自1038年元昊(元昊立國改姓"嵬名"，後又更名"曩霄"，又作"曩霄"，其後諸帝均以"嵬名"爲姓)稱帝建國，到1227年爲蒙古所滅，傳十主。加上元昊追謚的李繼遷(唐賜"李"姓)、趙德明(宋賜"趙"姓)，共傳位12代。《宋史・夏國傳》中，在載述繼遷、德明及其以後諸帝事迹的篇末，多記有其廟號、謚號，關於陵墓，自繼遷至安全並記有九座帝陵陵號：太祖繼遷裕陵，太宗德明嘉陵，景宗元昊泰陵，毅宗諒祚安陵，惠宗秉常獻陵，崇宗乾順顯陵，仁宗仁孝壽陵，桓宗純佑(又作"純祐")莊陵，襄宗安全康陵。除這九主有陵號者外，襄宗安全後尚有神宗遵頊、獻宗德旺、南平王(末帝)晛，史籍中遵頊僅有謚號、廟號，德旺只有廟號，均無陵號，而晛既無謚號、廟號，更無陵號。遵頊、德旺、晛在1226年、1227年先後死亡或被殺，一般認爲，當時正值西夏敗亡之際，人力、物力、財力皆用於戰争，形格勢禁，國事日蹙，這三位可能未及造陵。

西夏王陵從修築到現在已近十個世紀，人爲破壞和自然侵蝕，使陵區早已淪爲廢墟。但存留的夯土工程，如高大的夯土實心塔式陵臺(陵塔)、各種形狀的土冢及鵲臺、角臺、陵園墻體等陳迹，仍遠望可見。這些夯土建築從形制上可劃分爲夯土墻和夯土臺兩種：築墻工程多用於陵墓的墻垣，如月城、陵城圍墻；築臺工程有高臺和低臺之别，高臺工程主要有帝陵的陵塔、鵲臺、角臺及陪葬墓的墓冢等高大建築的臺身基座；低臺工程主要是殿宇、房舍等建築的臺基，如獻殿、碑亭、門廡以及陵區北端院落式建築的基址等。這些夯土建築留存千年説明西夏對夯土技術運用之嫻熟。正是這些夯土遺存，比較清楚地顯示了陵園基本輪廓和布局。2000年與2001年度對陵區三號陵園地面建築遺迹的全面清理，爲西夏陵寢制度的探討提供

---

① (明)王珣修、胡汝礪編纂，范宗興簽注《弘治寧夏新志》卷之八，寧夏人民出版社，2010年，第284－285頁；(明)胡汝礪編、管律重修，陳明猷校勘《嘉靖寧夏新志》卷之七，寧夏人民出版社，1982年，第361－362頁。

② (明)王珣修、胡汝礪編纂，范宗興簽注《弘治寧夏新志》卷之一，寧夏人民出版社，2010年，第57頁；(明)胡汝礪編、管律重修，陳明猷校勘《嘉靖寧夏新志》卷之二，寧夏人民出版社，1982年，第179頁。《西夏紀事本末》首卷所附《西夏地形圖》中"興慶府"、"興州"左側標例"西夏祖墳"、"木内"(或"大内")。參見陳炳應：《西夏文物研究》第十一章《〈西夏地形圖〉初探》及兩幅《西夏地形圖》插頁，寧夏人民出版社，1985年，第433－457頁。李範文先生曾面示："木内"即"木訥"、"木納"、"母納"、"穆訥"、"穆納"、"木雅"、"弭藥(mi-niag)。"

了基本素材。

一、秦漢、唐宋陵寢建置

西夏陵寢制度的産生和形成，與西夏王朝的建立和滅亡相始終。陵寢制度是中國古代帝王墓葬及其附屬設施和喪葬活動的禮儀、法令等各種規範的總合。諸如地形堪輿、陵園建造、埋葬、祭奠、祔葬、陪葬及一些與陵寢規制有密切關係的等級制度、宗廟制度、靈魂觀念等。陵寢制度是推尊皇權、加强封建統治的一種手段，是封建政治的一個組成部分。春秋至秦代是中國古代陵寢制度發軔、初步形成時期，秦始皇陵園奠定了中國古代陵寢制度的基礎，漢代至魏晋南北朝在繼承秦朝初創制度的基礎上又有所變革發展①，而唐、宋則爲陵寢制度的成熟時期。西夏陵寢制度正是在這一成熟階段的背景下出現的産物。唐宋帝王陵寢建置是考察西夏陵寢制度的基礎。

(一) 秦漢、唐宋陵寢建築的基本構成

陵墓地上建築：指陵園墻垣、闕臺(鵲臺)、門闕、角闕、陵臺及附屬的石像生，甚至陵園周圍種植的松柏。地上建築中的禮制性建築有宗廟、寺廟禪院、寢殿(獻殿)等，是舉行祭拜禮儀的地方。

陵墓地下建築：指墓道、墓室及車馬坑、兵馬俑等地下設施。秦漢以後，在唐宋陵墓中已無車馬坑和兵馬俑。

祔葬與陪葬墓：祔葬是后陵的一種埋葬方法；陪葬是按一定等級、在一定區域埋葬於皇帝陵園附近的文武功臣和皇親貴胄墓葬。祔葬制各朝代有一定區别，陪葬制自秦漢至唐宋有逐漸發展的趨勢。

行宫和陵邑：行宫爲陵園附屬設施，是皇室、大臣上陵舉辦各類禮儀時臨時駐行的地方。秦始創陵邑之制(秦稱“麗邑”)，陵邑是供奉陵園的一級建置。東漢明

---

① 所見秦漢陵寢制度研究，尚志儒：《秦始皇陵園布局結構淵源淺談》，《文博》1987 年第 1 期，第 14 - 17 頁；馬振智：《試論秦國陵寢制度的形成發展及其特點》，《考古與文物》1989 年第 5 期，第 110 - 117 頁下；劉士莪、馬振智：《秦國陵寢制度對西漢帝陵的影響》，《文博》1990 年第 5 期(秦文化・秦俑研究特刊)，第 147 - 150 頁；李自智：《試論秦始皇陵園布局對後代帝陵的影響》，《文博》1990 年第 5 期，第 151 - 157 頁；尚志儒：《秦陵及其陵寢制度淺論》，《文博》1994 年第 6 期(第四届秦俑研究學術討論會專號)，第 7 - 14 頁；黄展岳：《秦漢陵寢》，《文物》1998 年第 4 期，第 19 - 27 頁；張衛星：《略論秦代與西漢的陵寢》(漢唐陵墓制度國際學術研討會論文)，北京大學中國考古學研究中心、北京大學震旦古代文明研究中心編：《古代文明》第 4 卷，文物出版社，2005 年，第 131 - 139 頁；趙化成：《從商周“集中公墓制”到秦漢“獨立陵園制”的演化軌迹》，《文物》2006 年第 7 期，第 41 - 48 頁；徐衛民：《秦帝王陵墓制度研究》，《唐都學刊》2010 年第 1 期，第 43 - 52 頁；劉慶柱、李毓芳：《西漢諸陵調查與研究》，文物編輯委員會編：《文物資料叢刊》第 6 期，文物出版社，1982 年第 1 - 15 頁；劉煒：《西漢陵寢概談》，《中原文物》1985 年第 2 期，第 65 - 68 頁；劉慶柱、李毓芳：《關於西漢帝陵形制諸問題探討》，《考古與文物》，1985 年第 5 期，第 102 - 109 頁；曾青：《關於西漢帝陵制度的幾個問題》，《考古》，1987 年第 1 期，第 75 - 78 轉 74 頁下；馬正林：《咸陽原與西漢諸陵》，《人文雜誌》，1987 年第 2 期，第 81 - 84 頁；劉慶柱、李毓芳：《西漢十一陵》，陝西人民出版社，1987 年。

帝顯節陵開始，不置陵邑，陵園四周以“行馬”代替夯築墻垣。

(二) 唐代陵墓類别與陵園建制

唐代帝陵陵區中稱爲“陵”的唐代墓葬有29座，分爲四類。第一類：追改墳墓爲“陵”5座（唐高祖李淵追尊先世四祖建初陵、啓運陵、永康陵、興寧陵；武則天之母楊氏順陵）；第二類：唐代歷朝皇帝陵20座（除昭宗和陵在河南澠池、哀帝温陵在山東菏澤外，陝西關中盆地渭北地區有“關中十八陵”）；第三類：生前没有即位，但死後有皇帝稱號且稱爲“陵”的2座（洛陽偃師太子李宏恭陵；讓皇帝李憲惠陵）；第四類：“號墓爲陵”者2座（懿德太子李重潤墓、永泰公主李仙蕙墓，是乾陵的陪葬墓，不是帝陵級别）。唐陵的建築方式分兩種，一是因山爲陵（北山山脉上），二是仿漢制封土爲陵（渭北高原上）。因山爲陵者選擇形勝山巒，不拘形體，玄宫（墓室）開鑿於山峰南面的山腰間，繞山築城。依山而建成爲太宗之後唐歷代君主陵寢之定則。關中唐陵中有昭、乾、定、橋、泰、建、元、崇、豐、景、光、章、貞、簡陵14座。唐陵之山陵模式首創於昭陵而完善確定於乾陵。其他唐陵是覆斗形土冢，即積土爲冢，關中唐陵中有獻、莊、端、靖陵4座。唐獻陵等不同於太宗以山爲陵的葬制，平地掏挖墓穴後覆土起冢，營造覆斗狀封土是秦漢（西漢文帝霸陵例外）、魏晋南北朝的傳統做法[①]。

唐陵規模宏大，帝后同穴合葬。陵園的搆築坐北朝南，地勢北高南低。在帝陵玄宫山峰或陵臺的四周，築垣爲城。陵園“司馬院”夯築，平面形狀多爲方形，四隅築有角闕，每墻中央各辟一門，按東青龍、西白虎、南朱雀、北玄武四神方位命名。依山爲陵者，南、東和西三神門大多正對玄宫，而北神門多因地勢而築，方位不正；積土爲冢者，四神門正對陵臺。四門之外各有一對石虎或石獅。陵園主體建築陵臺位於司馬院中部或北部，在陵園陵臺南，南門内或外修築寢殿（宋陵之獻殿）。陵園南門朱雀門前爲長長的主神道，設有三道門闕，由南而北的第二、三道門闕間夾列石獅、王賓像、石碑、石人、石馬、鴕鳥、華表等石像生。唐陵陵園以南神門爲正門，以南北爲中軸綫，東西對稱布局，這不同於漢陵陵園多以東門爲正門。唐陵下宫在陵園的西南部，文獻稱“陵下宫”，俗稱“皇城”，是守陵官員和宫人居所。昭陵在陵園北門玄武門内建祭壇一座，是舉行大典的場所，爲唐關中十八陵所僅有。

---

① 所見唐陵調查研究，賀梓城：《“關中唐十八陵”調查記》，文物編輯委員會編：《文物資料叢刊》3期，文物出版社，1980年，第139－153頁；黄展岳：《中國西安、洛陽漢唐陵墓的調查與發掘》，《考古》1981年第6期，第531－538頁；劉慶柱、李毓芳：《陝西唐陵調查報告》，《考古》編輯部編：《考古學集刊》第五集，中國社會科學出版社，1987年，第216－263頁；周明：《陝西關中唐十八陵陵寢建築形制初探》，《文博》，1994年第1期，第64－77轉63頁；沈睿文：《唐陵陵園布局的分類及演變》，榮新江主編：《唐研究》第六卷，北京大學出版社，2000年，第353－381頁；陳安利：《唐十八陵》，中國青年出版社，2001年；劉向陽：《唐代帝王陵墓》，三秦出版社，2003年；沈睿文：《唐陵的布局：空間與秩序》，北京大學出版社，2009年；程義：《20世紀關中唐代墓葬研究的回顧與展望》，杜文玉主編：《唐史論叢》第十輯，三秦出版社，2008年，第295－310頁；程義著：《關中地區唐代墓葬研究》（考古新視野叢書），文物出版社，2012年。

初唐帝陵建制理念仍與漢一脉相承，正如獻陵陵園制度，研究者常引用高祖李淵在遺詔中講的一句話："其園陵制度，務從儉約，斟酌漢魏，以爲規矩。"[①]陪葬墓位置，高祖李淵獻陵陪葬墓多在陵園北面和東北，這可能是受到了漢陵陪葬墓制度的影響（漢陵陪葬墓多在陵東）。從太宗李世民昭陵開始，諸唐陵（莊陵除外）的陪葬墓均在陵園南面和陵園東南部，這種變化是與唐陵坐北面南的總體設計有關。陪葬墓封土型制主要有覆斗形、圓錐形、象山形墓（墓爲三冢相連，俗稱"連三冢"）[②]。唐代陵墓制度導源於北魏，其直接承襲則多自東魏北齊。獻陵、昭陵、乾陵等突出地集中了較多的陪葬墓，大約淵源於北魏洛陽北邙陵墓的布局[③]。

（三）北宋皇陵陵園建制

北宋皇陵位於河南鞏義市（原鞏縣）芝田鎮嵩山與伊洛河間丘陵上，埋葬有宋太祖至宋哲宗計七個皇帝及被追封宋宣祖的趙匡胤之父趙弘殷，故稱"七帝八陵"，在南北約 15 公里、東西約 10 公里範圍內可分爲四個墓區，按照"五音姓利"的原則，墓主輩分尊卑自東南向西北遞降：東南部西村區有宣祖永安陵、太祖永昌陵、太宗永熙陵三陵及七座皇后陵；中部蔡莊區有真宗永定陵一陵及三座皇后陵和永定禪院；東北部孝義區有仁宗永昭陵、英宗永厚陵二陵及兩座皇后陵；西南部八陵區有神宗永裕陵、哲宗永泰陵二陵及五座皇后陵和寧神禪院。宋八陵在陵園規模建設上明顯遜於唐陵，都採取"積土爲冢"的形式[④]。

宋陵喪禮、陵寢制度開創於宣祖趙弘殷和昭憲杜太后合葬的永安陵，確立於太祖趙匡胤永昌陵。諸陵面向嵩山、背負洛水，由東南向西北依次排列，選址遵崇陰陽葬術中"角姓昭穆（貫魚）葬"。各陵陵園建制、平面布局相同，皆由上宮[⑤]、下宮、

---

① （宋）宋敏求編，洪丕謨、張伯元、沈敖大點校《唐大詔令集》卷第十一《帝王・遺詔上・神堯遺詔》，學林出版社，1992 年，第 60 頁。

② 姜寶蓮：《試論唐代帝陵的陪葬墓》，《考古與文物》，1994 年第 6 期，第 74－80 頁；沈睿文：《唐昭陵陪葬墓地布局研究》，榮新江主編：《唐研究》第五卷，北京大學出版社，1999 年，第 421－452 頁，又氏著《唐陵的布局：空間與秩序》（陸、唐陵陪葬墓地布局），北京大學出版社，2009 年，第 247－306 頁；程義：《唐代帝陵陪葬墓的分布及其規律》，樊英峰主編：《乾陵文化研究》（五），三秦出版社，2010 年，第 80－95 頁。

③ 宿白：《北魏洛陽城和北邙陵墓——鮮卑遺迹輯録之三》，《文物》1978 年第 7 期，第 51 頁、52 頁注釋 23，該文收入北京大學中國傳統文化研究中心編：《北京大學百年國學文粹・考古卷》，北京大學出版社，1998 年，第 120－131 頁；又收入氏著：《魏晋南北朝唐宋考古文稿輯叢》，文物出版社，2011 年，第 25－39 頁。

④ 郭湖生、戚德耀、李容淦：《河南鞏縣宋陵調查》，《考古》，1964 年第 11 期，第 564－577 頁；付永魁：《鞏縣宋陵》，《河南文博通訊》，1980 年第 3 期（總 13 期），第 42－51 頁；河南省文物考古研究所編：《北宋皇陵》，中州古籍出版社，1997 年。

⑤ 關於宋陵的"上宫"究竟指哪一部分，馮繼仁先生歸納有五種不同見解：1. 門闕儀仗説，即南神門以南爲上宫；2. 獻殿説，即獻殿爲上宫；3. 神墻以内説，即圍括獻殿、陵臺的宫城爲上宫；4. 内籬説，即門闕儀仗與神墻以内共爲上宫；5. 皇堂説，即地宫爲上宫。馮先生認爲以上唯第三種意見爲正確。馮繼仁：《北宋皇陵建築構成分析》，北京大學考古系編《考古學研究》（二），北京大學出版社，1994 年，第 232 頁。另參見，孫新民、郭培育：《宋仁宗永昭陵上宫考古獲豐碩成果》，《中國文物報》，1998 年 10 月 14 日第 1 版。

兆域(塋域)、皇后陵和陪葬墓組成。陵園地貌呈南高北低、東穹西垂之勢,陵臺置於地勢最低處,一反古代建築逐漸增高、置中心建築於最高地位的慣例。宋陵上宫是舉行祭拜典禮之地,下宫是供墓主靈魂日常奉饗之所。與關中唐陵下宫遺址多在陵墓西南方不同,宋陵遵照陰陽地理葬書的制度安排來選擇吉地,下宫皆建於帝陵上宫西北部。

宋陵帝后同塋合葬,皇后單獨起陵,祔葬於帝陵的西北方。皇室陪葬墓又葬於皇后陵西北部,以距離帝陵遠近别尊卑之序。帝、后陵上宫均以平面方形的陵臺爲主體,"三重"陵臺施色,四周圍護神墻,神墻四隅建有角闕,每面神墻正中開門,門側設有闕臺,東、西、北門外各置石雕蹲獅一對;南神門是正門,門内、外置石雕宫人、武士、奔獅各一對。南門外爲主神道,設闕兩道,《宋會要輯稿》、《宋朝事實》、《宋史》等文獻中稱其南者爲"鵲臺",北者爲"乳臺"。乳臺以北神道兩側依次列置望柱、石象及馴象人、瑞禽、甪端、仗馬及控馬官、虎、羊、客使、武將文臣石像生,與唐陵石像生數目和陳放位置缺乏定式不同,宋陵石像生(石作宫人)數目、排列順序整齊劃一。陵園兆域圍植枸橘以爲標記。宋陵上宫的平面布局基本因襲唐陵的"墓儀"制度,與關中地區積土爲冢的唐高祖獻陵、敬宗莊陵、武宗端陵和僖宗靖陵這四陵相仿。宋陵中尤其是宋太祖永熙陵的陵園布局與唐高宗太子李宏恭陵(改墓稱陵)極爲相似,神門、神墻、角闕、神道以及石像生的格局大體相同。北宋設縣以奉陵寢,在宋陵四個陵區旁邊,建置寺院爲先皇薦福、祈禱,這些皇家寺院都位於陵區的西北部,一般距陵區很近,有的寺院與所在帝陵的上、下宫同時修造,是陵區的有機組成部分。宋陵離國都開封較遠,爲便於皇室祭祀,在陵區設有行宫。宋陵作"三重"陵臺、皇后同塋祔葬和陵區設置寺院等葬制又與漢代帝陵相仿。宋陵是在漢、唐陵寢制度上的繼承和發展①。

二、西夏陵寢建置

西夏陵寢建置概況:

1. 陵區地理

西夏王陵位於銀川市西南郊賀蘭山中段東側山麓洪積扇中上部。陵區面積約50平方公里,地域南迄榆樹溝、銀(川)巴(彦浩特)公路、北至泉齊溝,東到西幹渠(西夏早期開鑿的"昊王渠")、西抵賀蘭山,東西寬近5公里、南北長10餘公里。這

① 馮繼仁:《論陰陽勘輿對北宋皇陵的全面影響》,《文物》1994年第8期,第55—68頁;馮繼仁:《北宋皇陵建築構成分析》,北京大學考古系編:《考古學研究》(二),北京大學出版社,1994年,第230-243頁;孫新民:《試論北宋陵園建制及其特點》,河南省文物考古學會編:《河南文物考古論集》,河南人民出版社,1996年,第458-463頁,該文内容亦見河南省文物考古研究所編《北宋皇陵》(結語),中州古籍出版社,1997年,第448-451頁;劉毅:《宋代皇陵制度研究》,《故宫博物院院刊》,1999年第1期,第67-82頁;陳朝雲:《北宋陵寢制度研究》,《鄭州大學學報》(哲學社會科學版),2003年第4期,第73-77頁;沈睿文著:《唐陵的布局:空間與秩序》附二《鞏縣宋陵陵地秩序》,北京大學出版社,2009年,第120-127頁。

裡西高東低,海拔在1150—1220米之間(銀川市海拔1110米)。在此地形起伏的範圍内,勘察帝陵9座、功臣貴戚陪葬墓253座,在陵區北端有一處規模頗大的院落建築遺址,陵區東面有磚瓦窰址①。

2. 形勝堪輿

陵區靠山望水,西依高峻挺拔的賀蘭山,東之遠處有奔流不息的黄河,地勢高亢開闊,背風向陽,地基良好,年降水量小、山洪頻率低。山河之間,近有都城興慶府相濟。陵園居高臨下,視野開闊,俯視銀川平原。

3. 陵墓分布

西夏王陵的諸陵排序以陵園所在位置及其地形地勢從南向北分爲四個自然區域:一區二陵(編號1號陵、2號陵),存62座陪葬墓;二區二陵(編號3號陵、4號陵),發現65座陪葬墓;三區二陵(編號5號陵、6號陵),有108座陪葬墓;四區三陵(編號7號陵、8號陵、9號陵),附近殘存18座陪葬墓。區域内陵墓相對集中。帝陵多居於近山地勢較高的西側,陪葬墓多處於地勢較低的東側;一區和四區的帝陵,彼此之間南北、左右相鄰很近;二區和三區的各兩座帝陵東西相距較遠;一區、二區、三區陪葬墓較多。陪葬墓附葬於何陵,没有明顯界限②。史載西夏九座帝陵陵號與陵區帝陵數相符,但史籍僅有陵名,不記方位,而陵園碑刻早年被毁,現存帝陵陵園與陵名尚難對應。一般説法,西夏帝陵按中國古代傳統昭穆葬法堪輿取穴③,推測九座帝陵陵主分别爲:1號裕陵,太祖繼遷;2號嘉陵,太宗德明;3號泰

---

① 西夏王室葬地,起初可能選址在現西夏陵區的南部。2000年與2001年,在西夏陵南20公里閩寧村發掘了西夏早期野利(野律)家族(至少與野利家族有關)的墓地(寧夏文物考古研究所編著:《閩寧村西夏墓地》,科學出版社,2004年)。該處墓地更有可能涉及在西夏陵區入葬的標準問題,即佞臣貳將不得陪葬於帝王陵區。西夏建國後由于政治權利争鬥,野利旺榮、野利遇乞兄弟被殺,元昊憲誠皇后(野利氏)廢後亦遭殺。野利家族被誅滅。同時,野利(耶律)這一姓氏可能存在的契丹族背景也應考慮在内。野利家族墓葬被排斥在西夏陵區之外。參見張雯:《略論黨項民族葬俗在西夏建國後的延續與演化——閩寧村西夏墓地與西夏陵的比較研究》,杜建録主編:《西夏學》第十輯(第三届西夏學國際學術論壇暨王静如先生學術思想研討會專輯〈下〉),上海古籍出版社,2014年6月,第301-308頁。

② 韓兆民、李志清:《寧夏銀川西夏陵區調查簡報》,《考古》編輯部編:《考古學集刊》第五集,中國社會科學出版社,1987年,第277-284頁;《西夏陵考察測繪工作概述》,《寧夏社科情報》(内部發行)1990年第2期;牛達生、杜玉冰:《銀川西夏陵》,《中國考古學年鑒·1990》,文物出版社,1991年,第327-328頁;韓小忙著:《西夏王陵》(西夏研究叢書),甘肅文化出版社,1995年;許成、杜玉冰編著:《西夏陵——中國田野考古報告》,東方出版社,1995年;程實:《西夏陵又發現陪葬墓》,《歷史教學》,2000年第5期,第21頁;鐘侃、鐘雅玲著:《東方金字塔——西夏皇陵》(中國百年考古大發現叢書),天津古籍出版社,2008年。

③ 研究昭穆制度的史學家有兩種截然不同的意見。李衡眉先生認爲:"古人宗廟之有昭穆,正是墓葬分昭穆的再現。"李衡眉:《昭穆制度與周人早期婚姻形式》,《歷史研究》,1990年第2期,第22頁;《昭穆制度與宗法制度關係論略》,《歷史研究》,1996年第2期,第35頁。此二文收入氏著文集:《先秦史論集》,齊魯書社,1999年,第317-340頁、341-358頁。張富祥先生認爲:"古代墓葬不列昭穆","昭穆制本是生人而不是死人的制度。"張富祥:《日名制·昭穆制·姓氏制度研究》(山東大學文史哲研究專刊),上海古籍出版社,2014年,第226-228頁。對西漢帝陵、唐陵陵地安排是否存在昭穆制度學術界尚有争議,一部分(注轉下頁)

陵，景宗元昊；4號安陵，毅宗諒祚；5號獻陵，惠宗秉常；6號顯陵，崇宗乾順；7號壽陵，仁宗仁孝；8號莊陵，桓宗純祐；9號康陵，襄宗安全。這方面問題多有討論[①]。

（續上頁注）學者認爲漢陵唐陵布局不存在昭穆問題，一部分學者認爲漢陵唐陵已經實際運用到昭穆制度。關於西漢帝陵昭穆問題的討論，時瑞寶：《西漢帝陵與昭穆之序》，《中原文物》1986年特刊（總7），第76－89頁；葉文憲：《西漢帝陵的朝向分布及其相關問題》，《文博》，1988年第4期，第41－42頁；李毓芳：《西漢帝陵分布的考察——兼談西漢帝陵的昭穆制度》，《考古與文物》1989年第3期，第28－35頁；雷依群：《論西漢帝陵制度的幾個問題》，《考古與文物》1998年第6期，第63－65轉49頁；焦南峰、馬永嬴：《西漢帝陵無昭穆制度論》，《文博》，1999年第5期，第51－58頁；沈睿文：《西漢帝陵陵地秩序》，《文博》，2001年第3期，第17－23頁，又氏著《唐陵的布局：空間與秩序》附一《西漢帝陵陵地秩序》，北京大學出版社，2009年，第99－119頁；秦建明、姜寶蓮：《西漢帝陵昭穆與陵位探》，《文博》2002年第2期，第31－37頁；黄展岳：《西漢陵墓研究中的兩個問題》，《文物》，2005年第4期，第70－74頁；雷百景、李雯：《西漢帝陵昭穆制度再探討》，《文博》，2008年第2期，第48－51頁；劉瑞：《昭穆制度與西漢帝陵排序》，文化遺産研究與保護技術教育部重點實驗室、西北大學文化遺産與考古學研究中心編：《西部考古》第三輯，三秦出版社，2008年12月，第186－196頁；焦南峰、馬永嬴：《西漢帝陵選址研究》，《考古》，2011年第11期，第76－82頁。

關於唐代帝陵昭穆問題討論，秦浩：《隋唐考古》，南京大學出版社，1992年，第81頁；陳安利：《唐十八陵》，中國青年出版社，2001年，第14－17頁；王雙懷：《關中唐陵的地理分布及其特徵》，《西安聯合大學學報》2001年第1期，第63－66頁；沈睿文：《關中唐陵陵地秩序研究》，榮新江主編：《唐研究》第九卷，北京大學出版社，2003年，第377－402頁，又氏著《唐陵的布局：空間與秩序》（貳、關中唐陵陵地秩序），北京大學出版社，2009年，第40－98頁；韓養民：《唐代皇陵風水》，李炳武、黄留珠主編：《唐代歷史文化研究》（陝西文史研究叢書），三秦出版社，2005年，第416－431頁。

宋陵秩序依照昭穆（貫魚）葬法（五音昭穆葬）基本已成考古學界的共識。

① 西夏王陵的陵墓位序與陵園分期缺乏可靠的統一認識，問題根源在於現存陵園遺址除7號陵外其他帝陵陵園（陵主）與史載陵號的對應關係不能坐實。關於西夏陵區陵墓主人問題的討論：李範文：《西夏陵墓出土殘碑考釋》（一、陵墓主考），氏著文集《西夏研究論集》，寧夏人民出版社，1983年，第116－129頁，收入《李範文西夏學論文集》，中國社會科學出版社，2012年，第386－394頁；寧夏博物館發掘整理、李範文編釋：《西夏陵墓出土殘碑粹編》，文物出版社，1984年，第3－20頁；韓兆民、李志清：《關於西夏八號陵墓主人問題的商榷》，《考古》編輯部編：《考古學集刊》第五集，中國社會科學出版社，1987年，第316－326頁；杜玉冰：《關於西夏陵的幾個問題》，附録於許成、杜玉冰編著《西夏陵——中國田野考古報告》，東方出版社，1995年，第145－154頁；拙文《關於西夏陵區3號陵園西碑亭遺址的幾個問題》，《寧夏社會科學》2000年第5期，第72－77頁；《西夏陵區3號陵園西碑亭考古收穫及相關問題》，《中國邊政》（臺）153期，2001年9月，第31－39頁；岳鍵：《西夏10號帝陵的發現與思考》（論文提要），刊李範文主編《西夏研究》第3輯（《第二屆西夏學國際學術研討會論文集》），中國社會科學出版社，2006年，第632頁；岳鍵：《161號陪葬墓應爲西夏"10號"帝陵》，《寧夏師範學院學報》（社會科學）2007年第1期，第119－122頁；岳鍵、王亮著：《追望西夏》（"中篇"中的相關内容），陝西旅遊出版社，2008年，第42－63頁；黄震雲：《西夏王陵鎏金銅牛石馬和遼代興平公主墓葬考》，杜建録主編：《西夏學》第五輯，上海古籍出版社，2010年，第241－245頁；孫昌盛：《西夏六號陵陵主考》，《西夏研究》2012年第3期，第23－33頁（寧夏文物考古研究所、銀川西夏陵區管理處編著：《西夏六號陵》附録《西夏陵陵主考》，科學出版社，2013年，第419－431頁）；孟凡人：《西夏陵陵園形制布局研究》，故宫博物院《故宫學刊》2012年總第八輯，第86－87頁；牛達生：《西夏文字及文物中所見其使用情況》注釋①②，《西夏研究》，2013年第1期，第59－60頁；岳鍵：《西夏太后陵初探——關於177號墓主人身份的考述》，《西夏文物研討會論文集》（打印稿）2014年7月；岳鍵：《西夏六號陵陵主再考》（本論文集）。

其中7號陵仁孝壽陵是西夏王陵中唯一確定陵主身份的帝陵①。

4. 陵園格局

西夏陵區中的帝陵陵園建築由鵲臺、碑亭、月城、陵城、陵城内獻殿、“魚脊梁”式墓道封土、塔式靈台(陵塔)②、角臺等幾部分組成,有的陵園築有外城。陵園建築的命名,一部分借用了中原地區同類建築的名稱,如鵲臺、碑亭、獻殿、靈台及門闕、角闕等,一部分比較特殊的建築,有的就其形而言,如月城、魚脊梁等。西夏陵九座帝陵均坐北面南,陵園結構總體一致,但局部又有所變化。每座陵園占地面積十餘萬平方米,地面布局自南而北主要爲:

鵲臺兩座,東西對稱分列在陵園前(南)端,似取立闕爲門之意。3號陵鵲臺東西相距100米,現存呈截頂圓錐形的高臺式夯土墩體,基部存草秸泥打底、再涂抹赭紅色細膩墻皮雙層遺迹。東鵲臺底徑10.8、存高8.35米;西鵲臺底徑12、存高7.35米。兩鵲臺上部都内收成二層臺,凸起一圓柱體,頂面有中心柱洞。凸起的圓柱,似覆鉢式塔頂上的塔刹。3號陵鵲臺呈雙塔態勢。

鵲臺之北爲碑亭,數目兩座、三座不等,凡兩座者,東、西各一座,三座者,爲兩座位東、一座位西。1號陵、2號陵、5號陵碑亭三座;3號陵、6號陵、7號陵碑亭兩座;4號陵存一座碑亭。3號陵兩座碑亭南距鵲臺35米,東西間距80米,形制相同,皆爲方形夯土臺基、臺基面上築圓形亭室。臺基逐級收分,周壁包磚。臺基底邊見方21、頂面見方17、高2.2米左右。臺基南側正中有一斜坡漫道。臺基面鋪磚,中央圓形亭室内徑7.5米,外側環形磚砌墻基寬3米,墻基内、外磚面附石灰墻皮殘迹,亭室門道南向正對臺基斜坡漫道。亭室内東西横向排置四個方體石雕碑座。

碑亭以北爲月城,平面呈東西向長方形,月城只有三面墻垣,東、西兩墻與陵城南墻相接,北墻與陵城之南墻合爲一墻,南墻正中辟門,門道兩側建有門闕。月城内神道兩側的東部和西部各置兩列或三列(文臣武士)石像生。月城内石像生基址,1號陵、2號陵及5號陵東、西各三列,3號陵、6號陵東、西各兩列。3號陵月城南距碑亭40米,月城東西128.5、南北53米,墻基寬2.5、殘高不足1米,墻面先以草秸泥打底抹平,再涂抹一層赭紅色細膩墻皮,内外側地面沿墻基有成一綫的滴水

---

① 1975年9月,在現編7號陵西碑亭發現西夏文篆體碑額殘塊,經拼合整理,譯爲:“大白上國護城聖德至懿皇帝壽陵志文。”“大白上國”是西夏的國號,“護城聖德至懿皇帝”爲西夏第五位皇帝嵬名仁孝的謚號,“壽陵”是仁孝的陵號。見《介紹西夏陵區的幾件文物》(二、二號陵殘碑的碑額)(李範文執筆),《文物》,1978年第8期,第83頁,收入白濱編:《西夏史論文集》,寧夏人民出版社,1984年,第528－532頁。

② 有關西夏靈台(陵臺)的專題論述,李志清:《西夏墓封土形制、施色及位置探討》,《考古》編輯部編:《考古學集刊》第五集,中國社會科學出版社,1987年,第327－330轉343頁;韓小忙:《西夏陵臺建築形制探討》,《寧夏學刊》(内部發行),1991年第1期,第63－65頁,又氏著《西夏王陵》,甘肅文化出版社,1995年,第90－98頁;馬文明:《西夏陵園陵臺(靈台)稱謂考》,《寧夏文物》(内部發行),1993年總第7期,第47－49頁;馬文明:《西夏王陵陵臺名稱研究》,寧夏回族自治區文史研究館編《寧夏文史》(内部發行)第十二輯,1996年3月,第1－5頁。

坑遺迹，表明墻頂鋪掛瓦當、滴水；月城門的門道寬 9 米，兩側的門闕包磚，各由 3 個逐次縮小的近圓形夯築墩體構成，平面呈三節葫蘆形，長約 13 米，靠近門道的墩體最大，底徑 6.5 米左右；月城内東部、西部各有兩列置放石像生的南北向夯土基址，兩列基址東西間距 8.8 米，神道兩側的基址東西相距 32 米，基址周壁包磚，南北長 41.5、東西寬約 4、殘存最高 0.2 米。

月城之北爲陵城，平面呈南北向長方形，南墻與月城銜接。陵城四面墻體正中各開一門，每門兩側建門闕，有些陵城僅南門暢通，而東、西、北三門雖有門闕，然在門道内以土坯砌成數米高的臺體，無通行之意。城四隅築角闕。陵城爲陵園的主體建築，占地面積超過整個陵園的一半。3 號陵陵城南北 181、東西 163 米，夯土墻基寬 3.7、殘存最高 3.7 米，墻體夾柾木，墻面涂抹赭紅色細膩墻皮方式結構與月城墻面一樣。四面城墻正中皆辟一門，每處門址由長方形門道臺基和其兩側的門闕組成。東門、西門、北門三個門址均長 37 米左右，這三處門址的門道臺基形制相同，長 13.5、寬 9.5 米左右；南門建築規格最大，東西長約 43 米，門道臺基長 21.5、寬 12 米左右，南北兩側有斜坡漫道，漫道鋪花紋磚。門道臺基均高 0.9 米左右，周壁包磚，臺基面上有柱礎石和磉墩遺迹或存“胡墼”建築墻體基礎，原築門廡。四個門道臺基兩邊的門闕規制結構與月城門闕類同，南門的門闕間距約 17 米，其他三門的門闕間距近 10 米。陵城四隅角闕包磚，皆由相互連接的近圓形夯築墩體構成，平面呈曲尺連弧形，東南和西南角闕各由 5 個墩體組成，東北與西北角闕各由 7 個墩體組成，角闕中間轉角處的墩體最大，外側呈半圓形鼓凸，底徑 8 米多、殘存最高近 6 米，分向折拐的墩體底徑依次遞減 0.5 米—1 米左右。門闕、角闕部位有陶制、琉璃質寶瓶、塔刹、相輪等構件及銅鐸（風鈴）出土，説明它們原爲塔式建築。

陵城内，建有獻殿、夯土實心塔式陵臺（陵塔）等建築。獻殿在陵城南部稍偏西處。陵塔夯土形制爲接近半球狀的覆鉢，處在陵城西北部，是陵園中最高大的建築，1 號陵、2 號陵、3 號陵的陵塔高達二十餘米。陵塔層級，考古工作者調查判斷，1 號陵、2 號陵九級；3 號陵、5 號陵、6 號陵、7 號陵、8 號陵七級；4 號陵五級。獻殿與陵塔之間墓道填土隆起於地面，自南而北漸高，狀如魚脊。1 號陵、2 號陵陵城中央築有中心臺。3 號陵的獻殿臺基平面呈等邊八角形；陵塔外觀似饅頭狀，基面爲規整圓形，直徑 37.5 米，現存高 21.5 米，頂面有中心柱洞。塔基底部存涂抹草秸泥、石灰泥皮與赭紅色細膩泥皮多重遺迹。在陵塔前方（南）6.2 米處有一圓形夯土遺址，其直徑 5、殘厚 0.3 米，周邊有包磚迹象。墓道封土現存南北長約 45 米，南端寬 8、高 0.4 米，北端寬 9、高出地表 2 米餘。

陵園塋域最外圍的四角有角臺，角臺爲兆域範圍之標界。1 號陵、2 號陵及 7 號陵陵園以四個角臺爲準建封閉式外城，將除角臺以外的所有建築都圍在外城之内，外城僅南墻中部開門，角臺緊依外城，北面兩座在外城的兩角，南面兩座角臺約當外城三分之一處，位置與月城相對；5 號陵、6 號陵陵園在四個角臺之内建有南面敞開的半封閉式外城(夾城);3 號陵、4 號陵陵園以四個角臺爲外城界域。3 號陵角臺底徑 5 米—6 米,存最高 2.4 米,東北與西北角臺間距 272 米,東南與西南角臺間距約 407 米,東北與東南角臺相距約 463 米,西北與西南角臺相距約 457 米,四座角臺連綫平面呈南寬北窄梯形。

5. 陪葬制度

陪葬是西夏陵寢制度的重要内容。西夏陵區大量存在的陪葬墓,在選址、規模、結構布局、封土的形制、建築體施色、建築材料的使用等方面與帝陵存在顯著差異:陪葬墓一般所處的地勢較低;墓園塋域面積絶大多數爲千平方米,僅有幾座面積二萬平方米左右;墓園建築内容除極個别者外,無帝陵所必須具有的鵲臺、獻殿、角臺等建築物;墓冢主要分有夯土冢、土丘冢、積石冢三種,形制尺度遠比帝陵陵塔爲小,最高者十米上下;墓冢、墓垣墻外表涂抹以白灰泥皮罩面封護;極少用到瓷質、琉璃質建築材料。這些差别反映出在西夏的埋葬制度中亦推崇皇權,具有嚴格的等級觀念[①]。

6. 埋葬習俗[②]、遺物

上世紀七十年代初,發掘了 6 號陵(原編 8 號陵)[③]和 M177(原編 108 號)[④]、M182(原編 101 號)[⑤]等幾座陪葬墓,墓葬均爲有長斜坡或階梯狀墓道的土洞墓,墓室形制結構有多室與單室之别。6 號陵斜坡墓道長 49 米,墓室(即所謂地宫)三室,距現地表深近 25 米,由甬道、中室和左右耳室組成,土洞墓室不做磚室,而於墓室四壁立護墻木板,甬道、墓室地面以素面方磚平鋪。陪葬墓爲單室,墓壁爲原生土,無護墻木板。這些陵墓雖然早已被盗掘破壞,但仍然出土了鎏金銅牛、石馬、石狗、金銀器飾、瓷器、竹雕、綾羅及漢文和西夏文碑文殘塊等珍貴文物,它們與地面建築遺址中的各類石雕、建築材料等一起,既體現了西夏文化的鮮明民族特點,也

---

① 李志清:《西夏墓封土形制、施色及位置探討》,《考古》編輯部編:《考古學集刊》第五集,中國社會科學出版社,1987 年,第 327 - 330 轉 343 頁。韓小忙:《西夏陵陪葬墓述略》,李範文主編:《首屆西夏學國際學術會議論文集》,寧夏人民出版社,1998 年,第 347 - 354 頁,又氏著《西夏王陵》,甘肅文化出版社,1995 年,第 37 - 53、86 - 89 頁;孫昌盛:《略論西夏的墓葬形制和喪葬習俗》,《東南文化》,2004 年第 5 期,第 37 - 43 頁。

② 文獻記載西夏的喪葬情况,韓小忙:《〈天盛律令〉與西夏喪葬習俗》,《青海民族學院學報》(社科版),1998 年第 2 期,第 17 - 22 頁。

③ 寧夏回族自治區博物館:《西夏八號陵發掘簡報》(鐘侃、李志清、李範文執筆),《文物》,1978 年第 8 期,第 60 - 70 頁,收入白濱編:《西夏史論文集》,寧夏人民出版社,1984 年,第 501 - 517 頁。2007—2008 年該陵園除墓室外地面遺迹再次進行了清理,孫昌盛:《銀川市西夏六號陵陵園地面遺迹》,《中國考古學年鑒·2009》,文物出版社,2010 年,第 452 - 453 頁;寧夏文物考古研究所、銀川西夏陵區管理處編著:《西夏六號陵》,科學出版社,2013 年。

④ 寧夏回族自治區博物館:《西夏陵區一〇八號墓發掘簡報》(吴峰雲、李範文執筆),《文物》,1978 年第 8 期,第 71 - 76 頁,收入白濱編:《西夏史論文集》,寧夏人民出版社,1984 年,第 519 - 527 頁;收入吴峰雲著:《文物考古收藏風雲録》,學苑出版社,2013 年,第 3 - 9 頁。

⑤ 寧夏回族自治區博物館:《西夏陵區 101 號墓發掘簡報》(吴峰雲、李範文、杜玉冰發掘清理),《考古與文物》,1983 年第 5 期,第 38 - 39 轉 31 頁,收入吴峰雲著:《文物考古收藏風雲録》,學苑出版社,2013 年,第 12 - 15 頁。

反映了與中原文化的密切聯繫，以及當時很高的手工業技術水平。3號陵陵園地面建築遺址出土了筒瓦、板瓦、瓦當、滴水和條磚、方磚及蓮花紋、忍冬紋花紋磚等大量建築材料，建築裝飾構件主要有陶製和琉璃質迦陵嬪伽[①]、摩竭、海獅（狻猊）及套獸、鴟吻等。迦陵嬪伽出土於門址、角闕、陵塔、獻殿等處，質地有灰陶、紅陶和琉璃質三種，紅陶和琉璃迦陵嬪伽型制又有大、小之分。嬪伽等的發現新增了西夏陵區裝飾構件的品種，同時折射出陵園地面建築濃厚的佛教信仰色彩。

7. 禮制建築

西夏陵區北端庭院式建築遺址，規模宏大，面積約十餘萬平方米。發掘者認爲這處遺址爲西夏晚期建築[②]。該處遺址的性質，注家先後有“陵邑”[③]、“祖廟（宗廟）”[④]、“佛寺（禪院）”[⑤]及“聖容寺”[⑥]等解說。

---

① 敦煌莫高窟西魏第249窟與第285窟窟頂、隋代第401窟藻井中及盛唐第148窟壁畫中有人面鳥身迦陵頻伽形象。在佛教藝術中這種人首鳥身的神禽定名約有五種説法：“人首朱雀”、“羽人”、“禺强”、“迦陵頻伽”、“千秋”。賀世哲：《莫高窟第285窟窟頂天象圖考論》，《敦煌研究》，1987年第2期，第3頁。另參見，王愷：《“人面鳥”考》，《考古與文物》，1985年第6期，第97－101頁。關於鳥身人面形象的另一種解讀，參見，芮傳明、余太山著：《中西紋飾比較》（第四章第一節），上海古籍出版社，1995年，第128－137頁。作爲建築裝飾構件，“嬪伽”在《營造法式》卷十三“瓦作制度”、卷二十五“瓦作”、“窑作”、卷二十六“瓦作”、卷二十八“用釘數”、卷三十三“彩畫作制度圖樣上”多有記述。（宋）李誡撰，鄒其昌點校《營造法式》（文淵閣《欽定四庫全書》），人民出版社，2006年，第91、164、168、173、183、347頁。

② 寧夏文物考古研究所：《西夏陵園北端建築遺址發掘簡報》（杜玉冰執筆），《文物》，1988年第9期，第57－66轉77頁；杜玉冰：《銀川市西夏陵邑遺址》，《中國考古學年鑒·1988》，文物出版社，1989年，第258－259頁。

③ 吴峰雲：《西夏陵園及其建築特點》，寧夏文物管理委員會編：《寧夏文物》1986年試刊號（總第一期），第27－28頁，收入氏著文集：《文物考古收藏風雲録》，學苑出版社，2013年10月，第41－52頁。該文經修改，曾以《西夏陵園建築的特點》爲題，收入史金波、白濱、吴峰雲編著：《西夏文物》，文物出版社，1988年，第1－8頁；杜玉冰：《銀川市西夏陵邑遺址》，《中國考古學年鑒·1988》，文物出版社，1989年，第258－259頁。

④ 寧夏文物考古研究所：《西夏陵園北端建築遺址發掘簡報》（杜玉冰執筆），《文物》，1988年第9期，第66頁。韓小忙論證認爲“該處遺址很可能是宗廟兼陵邑二重性質的建築”。氏著《西夏王陵》（上編六、陵邑－宗廟遺址），甘肅文化出版社，1995年，第53－58頁。

⑤ 牛達生、賀吉德：《西夏陵三題》，《寧夏社會科學》1995年第4期，第9－15轉42頁，該文收入牛達生著：《西夏考古論稿》，上海古籍出版社，2013年，第89－99頁；牛達生：《西夏遺迹》（20世紀中國文物考古發現與研究叢書）（三、西夏陵墓），文物出版社，2007年，第80－83頁；楊蕤：《淺析西夏陵北端建築遺址出土的泥塑人像》，《寧夏社會科學》2005年第4期，第95－98頁。鐘侃先生認爲西夏陵園北端建築遺址“不是西夏皇帝生前經常來頂禮膜拜、焚香誦經的一般王室家廟，而是專爲西夏皇陵修建、爲葬於皇陵的歷代西夏皇帝祈求冥福的皇陵禪院”。氏著《東方金字塔——西夏皇陵》（第七章，祈求冥福有禪院），天津古籍出版社，2008年，第83頁。

⑥ 彭向前：《西夏聖容寺初探》，《民族研究》，2005年第5期，第100－102頁，收入杜建録主編：《西夏學論集》，上海古籍出版社，2012年，第46－52頁；彭向前：《再論西夏陵區北端建築遺址的性質》，收入李範文主編：《西夏研究》第3輯（《第二屆西夏學國際學術研討會論文集》），中國社會科學出版社，2006年，第68－73頁，後該文删減刊《寧夏師範學院學報》（社會科學），2007年第1期，第115－118頁。相關西夏聖容寺文章，牛達生：《西夏陵没有“聖容寺”》，《民族研究》，2006年第6期，第89－91頁；彭向前：《“聖（注轉下頁）

8. 窰址

西夏陵區東部沿"昊王渠"兩側的自然崗丘上,分布了磚瓦窰和石灰窰數十座①,這些窰的形制與中原地區常見的同類窰基本相同,出土遺物與西夏陵區所見類同,它們應是專爲修建西夏陵園而設置的建築材料生産基地。

三、西夏王陵對唐宋陵寢制度的繼承和嬗變

西夏偏霸西北一隅,先後與宋、遼、金對峙,名義上却始終是稱臣而受册封的藩屬國。不論北宋、南宋如何識遼金爲蠻夷,但遼金的帝制王朝是獨立確定的,且在遼金與宋雙方的交往過程中都是互稱南北朝。雖然元昊始自稱爲帝,又建年號,但於宋、遼、金而言,是"内帝外臣"模式。中原王朝的本位意識使西夏没有受到像遼金帝制王朝一樣的禮遇②。孟凡人先生指出:"西夏王自稱'皇帝',並將其死後墓地稱'陵',凡此均不屬於中國正統朝代和帝陵序列範疇。但是,從西夏陵來看,其形制布局不僅比擬於帝陵,而且還多有創製,並與唐宋帝陵形制布局有承襲演變關係,進而對後代帝陵形制布局也有一定影響。因此,在研究西夏陵獨特的形制布局時,可將其納入中國帝陵體系之中一並通盤考慮。"③

(一) 西夏王陵對唐宋陵寢制度的繼承

黨項羌族在深入漢族地區,並長期和漢族人民生活往來中,自覺或不自覺地受到漢文化即唐宋文化的熏染、洗禮。西夏立國前其先祖曾作爲唐王朝的地方藩鎮,唐制的影響不能排除。在中國歷史發展過程中,不同階段的中原周邊各民族政權總是將漢文化的典章制度視爲政治建設的重要依據。西夏的官制、刑律、選舉、禮

(續上頁注)容寺"還是"聖勸寺"》,《民族研究》,2007 年第 2 期,第 84 頁;張笑峰:《聖容寺研究——以黑水城出土文書爲中心》,《西夏研究》,2011 年第 1 期,第 92 - 98 頁;梁松濤、楊富學:《西夏聖容寺及其相關問題考證》,《内蒙古社會科學》(漢文版),2012 年第 5 期,第 66 - 69 頁;楊富學、陳愛峰著:《西夏與周邊關係研究》(中國北方古代少數民族歷史文化叢書)(中編第六章《西夏"聖容寺"及相關問題》)(梁松濤執筆),甘肅民族出版社,2012 年,第 250 - 267 頁;黨壽山:《永昌聖容寺的歷史變遷探賾》,《敦煌研究》,2014 年第 4 期,第 101 - 108 頁。

① 寧夏回族自治區博物館:《銀川缸瓷井西夏窰址》(董居安執筆),《文物》,1978 年第 8 期,第 85 - 87 頁,收入白濱編:《西夏史論文集》,寧夏人民出版社,1984 年,第 555 - 559 頁;許成、杜玉冰編著:《西夏陵——中國田野考古報告》第二章第四節(四),東方出版社,1995 年,第 81 - 83 頁。

② 李華瑞:《元朝人不修西夏史刍議》,《河北大學學報》(哲學社會科學版)1996 年第 3 期,第 22 - 26 轉 101 頁;李華瑞:《北宋朝野人士對西夏的看法》,《安徽師大學報》(哲學社會科學版),1997 年第 4 期,第 497 - 504 頁;王明蓀:《北宋的中國觀——以"中國"詞稱爲主的討論》(四、北宋與遼、夏的中國觀),浙江大學宋學研究中心編:《宋學研究集刊》第二輯,浙江大學出版社,2010 年,第 27 - 37 頁。另參考,劉浦江:《德運之争與遼金王朝的正統性問題》,《中國社會科學》,2004 年第 2 期,第 189 - 203 頁,收入中國人民大學書報資料中心復印報刊資料《宋遼金元史》,2004 年第 2 期,第 3 - 17 頁;楊浣:《從交聘儀注之争看西夏的政治地位》,杜建録主編:《西夏學》第六輯,上海古籍出版社,2010 年,第 116 - 123 頁,又收入杜建録主編:《西夏學論集》,上海古籍出版社,2012 年,第 53 - 61 頁。

③ 孟凡人:《西夏陵陵園形制布局研究》,故宫博物院《故宫學刊》2012 年總第八輯,第 55、57 頁。

樂等許多制度都借鑒唐宋兩朝。《宋史·夏國傳》記西夏"夏之境土,方二萬餘里,其設官之制,多與宋同。朝賀之儀,雜用唐、宋,而樂之器與曲則唐也"[①]。《續資治通鑒長編》卷一五〇中樞密副使富弼在上守御呈策中説遼、西夏"得中國土地,役中國人力,稱中國位號,仿中國官屬,任中國賢才,讀中國書籍,用中國車服,行中國法令,是二敵所爲,皆與中國等"[②]。西夏文—漢文對照詞語集《番漢合時掌中珠》序言中説:"兼番漢文字者,論末則殊,考本則同。"[③]西夏考古的諸多方面透視出西夏文化中的唐宋中原文化的因素[④]。作爲一種文化要素,陵寢制度和喪葬習俗自然也受到唐宋文化的影響。《嘉靖寧夏新志》卷二中説西夏陵"制度仿鞏縣宋陵而作",而宋陵制度承襲唐陵,是故毋寧説西夏陵形制布局追從於唐制。西夏王陵對唐宋陵寢制度的繼承主要體現在以下幾方面:

首先,西夏帝陵依循中原歷代皇陵的命名法則,陵號、廟號、謚號完備。西漢以後,歷朝各代皇帝皆有陵名,與廟號、謚號等並行,形成定制。兩漢、北魏、隋唐及五代十國帝陵均以單字名陵(東漢明帝顯節陵、唐追封的太祖永康陵、世祖興寧陵等例外),如漢武帝陵名茂陵、唐太宗陵名昭陵;兩晉及南朝的宋、齊、陳諸帝陵和兩宋皇陵皆以雙字名陵,如晉武帝陵名峻陽陵,其均有共用一字的現象,如西晋諸帝陵皆名"某陽陵",東晋諸陵皆名"某平陵",劉宋諸陵皆名"某寧陵",蕭齊諸陵皆名"某安陵",兩宋皇陵皆名"永某陵";十六國帝陵單字、雙字都有。西夏帝陵命名皆以一字,與廟號、謚號並行,帝陵之陵名與前代多有重復,如景宗元昊的泰陵與隋文帝、唐玄宗陵名相同,毅宗諒祚的安陵與西漢惠帝陵名相同,惠宗秉常的獻陵與唐高祖陵名相同,崇宗乾順的顯陵與十六國前涼張重華、五代後晋高祖石敬瑭及遼世宗陵名相同,桓宗純祐的莊陵與唐敬宗、南朝梁簡文帝蕭綱陵名相同,襄宗安全的康陵與西漢平帝、東漢殤帝、十國南漢劉龑陵名相同[⑤]。漢代皇帝陵墓一般是以地名爲陵名,以後帝陵名稱大多取自吉祥詞語,以至後來陵名雷同者甚多[⑥]。西夏陵名除

---

① (元)脱脱等:《宋史》卷四百八十六、列傳第二百四十五《外國二·夏國下》,中華書局點校本,第四十册第14028頁。

② (宋)李燾:《續資治通鑒長編》卷一百五十,慶曆四年六月條,上海師範大學古籍整理研究所、華東師範大學古籍整理研究所點校,中華書局出版,2004年,第六册第3641頁。

③ (西夏)骨勒茂才著,黄振華、聶鴻音、史金波整理:《番漢合時掌中珠》,寧夏人民出版社,1989年,第5頁。另參見李範文:《漢語對西夏語的影響》、《西夏文是漢文的繼承和創新》,《李範文西夏學論文集》,中國社會科學出版社,2012年,第143-150頁、170-176頁。

④ 牛達生:《從考古發現看唐宋文化對西夏的影響》,《考古與文物》,2001年第3期,第88-92轉96頁,收入杜建録主編:《西夏學論集》,上海古籍出版社,2012年,第413-419頁。另,羅康寧:《西夏時期古代建築對現代建築設計的啓迪》,《廣東園林》,2007年第6期,第12-13頁。

⑤ 相關内容參考,林黎明、孫忠家編著:《中國歷代陵寢紀略》(附録一、中國歷代帝王陵寢一覽表),黑龍江人民出版社,1984年8月,第158-183頁;羅哲文、羅揚著:《中國歷代帝王陵寢》(附録、中國歷代帝王陵墓簡表),上海文化出版社,1984年,第219-229頁;孫忠家、林黎明編著:《中國帝王陵寢》(附録一、中國帝王陵寢一覽表),黑龍江人民出版社,1987年,第358-385頁。

⑥ 李毓芳:《西漢陵墓封土淵源與形制》,《文博》,1987年第3期,第41頁。

裕陵、嘉陵外多無創新，不以與前代陵名重復爲忌諱。唐宋諸帝之有尊號，唐代開始的所謂皇帝尊號的制度形式，其歷史淵源是内亞諸政治體的可汗號傳統①。西夏太祖繼遷、太宗德明有"尊號"，景宗元昊、惠宗秉常、崇宗乾順、仁宗仁孝既有"尊號"，還有"城號"。"城號"疑是西夏人自己立的尊號制，以表皇帝生前之業績②。唐宋間已有以陵名用作帝王的代稱。以陵號代替廟號或謚號是指代皇帝的一種稱謂③。西夏以"城號"替代廟號或謚號指代帝王。

第二，西夏遵循歷代封建王朝建設陵區的做法，有"陵區制"④。賀蘭山東麓西

---

① 相關内容參見羅新：《從可汗號到皇帝尊號》，原載《唐研究》第十卷，北京大學出版社，2004 年，收入氏著《中古北族名號研究》，北京大學出版社，2009 年，第 225－237 頁。

② 西夏繼遷"尊號"："運應法天神智仁道廣德光孝皇帝"；德明"尊號"："正净文武集業孝諸□恭敬東南谷關上皇帝"；元昊"尊號"："世祖始文本武興法建禮仁孝皇帝；聖文英武崇仁至孝皇帝"，其"城號"是"風角城皇帝"；秉常"尊號"："成德國主盛福正民大明皇帝"，其"城號"是"面壁城皇帝"；乾順"尊號"："神功勝禄傳德益民仁净皇帝"，其"城號"是"白城皇帝；明城皇帝"；仁孝"尊號"："奉天顯道耀武宣文神謀睿智制義去邪惇睦懿恭皇帝；天力大治智孝廣净宣德去邪納忠永平皇帝"，其"城號"是"珠城皇帝；護城聖德至懿皇帝"。李範文：《西夏皇帝稱號考》，氏著文集《西夏研究論集》，寧夏人民出版社，1983 年，第 76－99 頁，收入《李範文西夏學論文集》，中國社會科學出版社，2012 年，第 342－351 頁；寧夏博物館發掘整理，李範文編釋：《西夏陵墓出土殘碑粹編》（人物考），文物出版社，1984 年，第 12－15 頁。陳炳應先生認爲：西夏"這種帶'城'字的尊號不一定都在死後使用。有的在皇帝死後使用，如西夏帝陵碑刻；有的則是生前就用，如感通塔碑和佛經上使用。所以，這種尊號的含義如何？值得研究。也許，從民族語言的角度去研究是可取的。例如，元代皇帝死後，除有一個按漢族歷代王朝的習慣所起的廟號外，還必須有一個按蒙語所起的廟號。西夏的皇族也是少數民族，可能也會有類似的用法的"。氏著：《西夏文物研究》第三章（一、《凉州重修護國寺感通塔碑》），寧夏人民出版社，1985 年，第 119 頁。另參見崔紅芬、文志勇：《西夏皇帝尊號考略》，《寧夏大學學報》（人文社會科學版），2006 年第 5 期，第9－13轉 43 頁；崔紅芬：《西夏河西佛教研究》（敦煌學研究文庫）（第四章第四節《佛經中出現的西夏皇帝和皇后尊號》），民族出版社，2010 年，第 229－244 頁；孫伯君：《西夏文獻中的帝、后稱號》，《民族研究》，2013 年第 2 期，第 81－89 頁；孫伯君：《西夏仁宗皇帝的校經實踐》，《寧夏社會科學》，2013 年第 4 期，第 92 頁；崔紅芬：《中英藏西夏文〈聖曜母陀羅尼經〉考署》，《敦煌研究》2015 年第 2 期，第 92—93 頁。關於通常認爲的西夏仁宗仁孝尊號"永平皇帝"，聶鴻音先生"傾向於假定'永平皇帝'這個尊號是夏崇宗乾順在他在位的某個時期使用的"。聶鴻音：《〈聖曜母陀羅尼經〉的西夏譯本》，《寧夏社會科學》2014 年第 5 期，第 87 頁。

③ 有關考述參見劉毅著：《明代帝王陵墓制度研究》第四章第一節（二、明代皇陵對於前代陵寢制度的繼承），人民出版社，2006 年，第 360－361 頁。

④ 楊寬先生説："從戰國中期國君開始興建陵墓起，同時就有陵區的設置，往往用兩個以上的陵墓排列成一個陵區，這也是用來顯示君王'威勢'，作爲鞏固統治的一種手段的。"氏著：《中國古代陵寢制度史研究》中編（十八、陵區的形成及其發展），世紀出版集團、上海人民出版社，2003 年，第 161 頁。這大概是對"陵區制"的最基本闡釋。相關專題論文，沈睿文：《唐陵陵區的形成》（漢唐陵墓制度國際學術研討會論文），北京大學中國考古學研究中心、北京大學震旦古代文明研究中心編：《古代文明》第 4 卷，文物出版社，2005 年，第 245－261 頁，又氏著《唐陵的布局：空間與秩序》（壹、四個陵區），北京大學出版社，2009 年，第 11－39 頁。中國古代帝王陵墓的選址主要受到地理、風水、政治、禮制等幾方面因素的制約。地理因素對於古代帝王陵墓選址的影響，指皇陵要卜選在都城附近。歷代陵墓在選址過程中都要考慮到地理環境問題，風水術是一種帶有迷信色彩的、比較系統的地理環境選擇理論。歷代皇陵所採用的風水理念並不完全一致，宋代以後風水術與皇陵卜選的關係更加密切。政治因素對皇陵選址的影響是偶然的，主要指一些特殊政治事件的影響。禮制規則對於帝王陵墓選址的影響，主要指各陵墓之間尊卑位次關係的制約，特别表現在北宋以後"陵區制"的限制上。參見劉毅：《中國古代帝王陵墓的卜選規則》，周寧、盛嘉主編：《人文國際》第 5 輯（生態文學專輯），厦門大學出版社，2012 年，第 174－189 頁。

夏陵域占地五十多平方公里，西夏諸帝葬於同一陵域内，陵域内又分四區埋葬。歷代封建帝王埋葬區往往選擇在王朝的政治權力中心附近，距離京都不遠是爲了便於保護、管理、供奉以及朝拜、祭祀。西漢的陵區主要在都城長安東北到西北、渭河北岸的五陵原上（文帝霸陵、宣帝杜陵在西安東南）；東漢的陵區分布在都城洛陽西北（今孟津縣境）和東南（今偃師市境）兩個地區；北魏孝文帝遷都洛陽，以瀍河兩側的北邙山域興建陵區；唐代陵區（關中十八陵）設置在關中盆地北部，由于五陵原早已爲漢代陵區，唐陵區向北拓展，東西綿延百餘公里，呈扇面式分布；北宋諸陵（八陵）建在南依嵩山北麓、北傍伊洛河水的黄土崗地上，陵區總面積達 150 多平方公里。陵區葬法既成制度，後世嗣皇帝若另擇墓地，便被疑爲"非正統"、"非法"。西夏王陵承襲秦漢、唐宋陵園的設計原則和思想，在地域上是作爲其都城總體規劃的一個部分而選定的，建陵園於興慶府京畿之内，與都城（興慶府）相望相濟。

第三，西夏陵園堪輿擇地與中原歷代帝王陵園一樣講究"上吉之地"。西夏陵園處地勢高闊的崗阜之地，西枕賀蘭山，東瞰黄河，依山面水，風水學上有"後有走馬崗，前有飲水塘"、"後靠明山當掌權"之説。

第四，西夏陵園坐北朝南，與因山爲藏的唐、宋陵園同向，即以面南爲尊。陵墓朝向按當時的習俗、禮制取尊位，在中原文化發展史上由來已久，主要有座西朝東和坐北朝南兩種形式，封土爲陵者如秦、西漢陵園等坐西朝東[①]。陵園布局改爲坐北朝南始自東漢，東漢"上陵"典禮在殿堂舉行祭拜禮儀是以坐北朝南爲尊。

第五，西夏陵園平面布局的根本基調源自唐代的"積土爲冢"陵，更接近唐代"改墓爲陵"的順陵[②]及恭陵[③]。從墓儀上説，順陵、恭陵這類墓顯然比唐代"因山爲陵"的帝王陵低一級，但其"制度盡用天子之禮"，履行"天子之制"，王制陞格爲帝制，陵園儀制對後期帝王陵的營建有深遠的影響。順陵、恭陵都是在陵臺四周修方形的城垣，恭陵於陵城（司馬院）四面各辟一門，它們的陵臺不在陵城南北神門的中軸綫上，而在陵城北半部偏西或陵城中部偏西處。西夏陵園中墓室及夯土實心陵

---

① 關於秦陵"坐西向東"説，有專文提出質疑。孫嘉春：《秦始皇陵墓向與布局結構問題研究》，《文博》，1994 年第 6 期（第四届秦俑研究學術討論會專號），第 15－20 轉 35 頁下。該文從陵區地形地貌、秦陵布局、秦代政治制度、陰陽五行説、"天人合一"的法天思想、利於昭穆制度的實施、陵冢高度推斷秦陵墓向、以"麗邑"（陵邑）的位置論、以交通形勢和地望論等九個方面論证了秦陵"坐南向北"説。

② 陝西省考古研究所：《唐順陵勘查記》（王世和執筆），《文物》，1964 年第 1 期，第 34－39 轉 48 頁；張崇德：《唐順陵營建初探》，《涇渭稽古》總 2 期，1993 年 7 月，第 53－54 轉 39 頁；權東計、趙榮：《唐順陵遺址現狀與規劃營建探討》，《西北大學學報》（自然科學版），2002 年第 1 期，第 93－96 頁；趙榮、權東計：《唐順陵遺址現狀與形制探討》，《考古與文物》2002 年第 4 期，第 68－71 頁。

③ 若是：《唐恭陵調查紀要》，《文物》，1985 年第 3 期，第 43－45 轉 47 頁；中國社會科學院考古研究所河南第二工作隊、河南省偃師縣文物管理委員會：《唐恭陵實測紀要》（徐殿魁、王竹林執筆），《考古》，1986 年第 5 期，第 458－462 頁；陳長安：《唐恭陵及其石刻》，《考古與文物》，1986 年第 3 期，第 32－36 頁；趙振華、王竹林：《東都唐陵研究》（漢唐陵墓制度國際學術研討會論文），北京大學中國考古學研究中心、北京大學震旦古代文明研究中心編：《古代文明》第 4 卷，文物出版社，2005 年，第 223－244 頁。

臺(陵塔)也偏居於陵城西北方。這似非偶然,應與某種規制有關,或是古人宗教思想意識的反映。西北爲乾(天門)地,金、元時代人張景文撰《大漢原陵秘葬經》一書中,"天子皇堂"、"親王墳堂"、"公侯卿相墳墓堂"、"大夫以下庶人墳墓"西北角位置均安蒿里老翁(公)①。古人所謂蒿里,是指人死後靈魂所歸之處。

第六,西夏陵園建築平面布局總體對稱,與唐宋陵以中軸綫左右對稱格局基本一致;陵園建築組群與唐宋皇陵多有類同,單體建築如鵲臺、神墻、神門、陵臺、角闕、獻殿等。西夏陵園築外城(1 號、2 號、5 號、6 號、7 號陵有封閉或半封閉式外城,3 號、4 號陵園外圍四個角臺以示外城界域)、在月城内神道兩側列置石像生、在月城南面置雙碑亭(或三碑亭)又分别是"因山爲陵"的乾陵在内城外有外城垣②、在上宫南神門(朱雀門)南面兩側置蕃酋像、在三出闕遺址南置"述聖記碑"和"無字碑"雙碑亭的翻版③。西夏陵園碑亭相當於北宋皇陵的乳臺位置。

第七,西夏陵園照例唐宋陵在陵城南神門以内、陵臺之前建造獻殿④。西夏 3 號陵園獻殿介於陵城南門與墓道封土之間,獻殿夯土基址呈等邊八角形,每邊長 9 米,相對應的臺邊距離均 22 米,臺基高 1.2 米,周壁包磚、基面方磚墁地。基面鋪地磚下有内、外兩組排列規律的柱洞,外圍一周 18 個柱洞呈圓形分布,中部 12 個柱洞呈方形分布、每邊 4 個。獻殿外觀可能爲内室面闊進深均三間的攢尖頂圓形建築⑤。臺基南北相對應的兩邊中部有斜坡形墁道,南面墁道與陵城南門臺基的北面墁道相對,北面墁道與墓道封土南端相接。

第八,西夏陵區沿襲漢、唐宋陵之陪葬制度。陪葬墓封土型制可分不同種類。

---

① 《永樂大典》卷八一九九、十九庚・陵,中華書局,1986 年,第四册第 3828 頁下欄、3829 頁。關於《大漢原陵秘葬經》一書的作者和年代,見徐蘋芳:《唐宋墓葬中的"明器神煞"與"墓儀"制度——讀〈大漢原陵秘葬經〉札記》,《考古》,1963 年第 2 期,第 88 頁,收入氏著文集:《中國歷史考古學論叢》,(臺北)允晨文化實業股份有限公司,1995 年,又氏著文集:《中國歷史考古學論集》,上海古籍出版社,2012 年,第 180 - 214 頁。

② 秦建明、甄廣全:《唐代帝陵中第一次發現雙重城垣——航拍顯示乾陵外城跨山越谷氣勢恢宏》,《中國文物報》,2000 年 4 月 5 日第 1 版。

③ 孟凡人先生指出:"西夏陵闕臺(乳臺)、雙碑亭(少數三碑亭)、月城及月城内兩側石像生的配置態勢大體如唐乾陵。即西夏陵縮短了闕臺至月城間神道的距離,在闕臺後置二(或三)碑亭,將唐陵置於乳臺後的石像生改置於唐乾陵六十一王賓石像處,又將唐乾陵南神門外雙闕變成月城門闕,並在相當於六十一王賓像的外圍砌墻,仿瓮城形制營建月城。月城内神道位置及東西兩側配置石像生的態勢,亦如乾陵朱雀門前神道兩側六十一王賓像。……西夏陵陵園除陵塔之外的主要構成要素及其性質和配置狀況幾乎都與唐陵有關。其中特别是構成西夏陵主要特色的外城、夾城、闕臺、雙碑亭、月城及月城内石像生的配置形式均脱胎於唐陵"。氏著:《西夏陵陵園形制布局研究》,故宫博物院《故宫學刊》,2012 年總第八輯,第 91、92 頁。

④ 唐陵獻殿遺址無存。北宋皇陵獻殿基本形制,據史料分析,"大抵爲四面副階周匝,廈兩頭造,即重檐歇山頂(包括副階)"。馮繼仁:《鞏縣宋陵獻殿的復原構想》,《文物》,1992 年第 6 期,第 64 頁。依實地勘查推測,北宋皇陵獻殿位置如果在南神門以内陵臺之前,"那麼獻殿一定覆壓在墓道上,且須在安葬陵墓主人、回填墓道後才能進行"。河南省文物考古研究所編:《北宋皇陵》(結語),中州古籍出版社,1997 年 8 月,第 453 頁。

⑤ 岳鍵:《獨特的西夏三號陵獻殿》,《新消息報》(銀川),2014 年 1 月 6 日 19 版;岳鍵:《西夏三號陵獻殿形制的探討與試復原》,杜建録主編:《西夏學》第十輯,上海古籍出版社,2014 年 6 月,第 309 - 320 頁。

第九,西夏陵區中已發掘的帝陵和陪葬墓皆爲洞室土葬墓,與中原帝王陵土葬習俗相同。

第十,西夏帝王陵喪儀中有墓幢。在西夏6號陵(原編8號陵)陵園發現有經幢①。這與從五代開始,中原帝王陵前置有經幢情況相一致。唐宋喪葬禮儀中墓幢的建立是項重要内容②。墓幢亦被列入西夏喪儀之中。墓幢的建立和佛教的地獄思想有密切的關聯。

第十一,西夏陵園建築表現出與唐宋陵建築在工程作法和基本結構上的一致性或延續性。陵園中一些主體建築如鵲臺、碑亭、門闕、角闕均衡對稱布局;城垣墻體、亭殿臺基、門闕和角闕的墩臺、陵塔的臺體等均爲夯土構築,爲加强夯土的拉力和整體性,内以梴木爲骨;墻垣、陵臺(底部)粉飾紅灰;碑亭、獻殿、門闕、門屋、角闕等夯土基址外以磚甃面;殿堂亭室地面以磚鋪地;建築以梁柱承重,屋頂覆之以瓦;正脊安置脊獸鴟吻;梁頭施套獸;墻頭覆蓋有兩面坡的瓦頂;亭殿檐部飾以瓦當、滴水;以及陵墓石雕的技法等一如中原漢式建築傳統③。北魏時期出現琉璃瓦件,創造了帶彩色的琉璃吻獸,西夏陵(特别是西夏3號陵園)出土的大量琉璃建築構件,

---

① 西夏王陵6號陵(原編8號陵)經幢發現於靈臺(陵塔)前盗坑的底部,計幢身一件,幢座三件。幢身八稜,通高34、每面寬16厘米,上下兩端各有一圓形凸榫,徑15、長7厘米,以插入石座和承接頂蓋,但蓋已失。幢身八方稜面分别竪刻“觀世音菩薩摩訶薩”、“大勢至菩薩摩訶薩”、“越三界菩薩摩訶薩”、“無邊身菩薩摩訶薩”、“□上菩薩摩訶薩”、“藥王菩薩摩訶薩”、“□□菩薩摩訶薩”、“□□菩薩摩訶薩”漢文經語。幢座三件,一件完好,兩件殘損。形制相同。通高22厘米,分二層,下層呈八邊形,在一邊雕出烏龜頭部;上層圓形,周邊雕蓮瓣,平面中心有一圓孔,孔徑17厘米。寧夏回族自治區博物館:《西夏八號陵發掘簡報》(鐘侃、李志清、李範文執筆),《文物》,1978年第8期,第62-63頁;許成、杜玉冰編著:《西夏陵——中國田野考古報告》第三章第一節(三),東方出版社,1995年,第99頁;陳永耘:《西夏碑(石)刻述要》,《文博》,2010年第5期,第23頁。據報導,再次清理的6號陵地面遺迹,在月城内又發現兩塊經幢殘件。寧夏文物考古研究所、銀川西夏陵區管理處:《西夏六號陵》,科學出版社,2013年,第180-181頁。經幢的性質實際上是一種法身塔,更確實地説,經幢是糅合了刻經和塔所衍生出來一種特殊的塔。劉淑芬:《經幢的形制、性質和來源——經幢研究之二》,《“中央研究院”歷史語言研究所集刊》第六十八本第三分,1997年9月,第643頁提要、718頁。另参見閻文儒:《石幢》,《文物》,1959年第8期,第47-48頁;陳明達:《石幢辯》,《文物》,1960年第2期,第22-26頁;劉淑芬:《墓幢——經幢研究之三》,《“中央研究院”歷史語言研究所集刊》第七十四本第四分,2003年12月,第673-763頁。

② 陝西省文物管理委員會:《陝西所見的唐代經幢》(王玉清執筆),《文物》1959年第8期,第29-30頁轉26頁;劉淑芬:《〈佛頂尊勝陀羅尼經〉與唐代尊勝經幢的建立——經幢研究之一》,《“中央研究院”歷史語言研究所集刊》第六十七本第一分,1996年3月,第145-193頁;夏廣興:《佛頂尊勝陀羅尼信仰與宋代喪葬習俗——以尊勝墓幢的建立爲中心》,《世界宗教研究》,2015年第1期,第59-65頁。

③ 相應部分内容參見牛達生:《西夏陵和西夏鴟吻》,寧夏回族自治區文史研究館編:《寧夏文史》(内部發行)第二輯,1986年7月,第60-67頁;陳育寧、湯曉芳:《西夏官式建築的文化特點——西夏王陵出土建築構件之分析》,《西北民族研究》,2006年第1期,第24-32頁,收入杜建録主編:《西夏學論集》,上海古籍出版社,2012年,第368-375頁;陳育寧、湯曉芳:《西夏官式建築再探》(第二届西夏學國際學術論壇論文,2011年8月武威),杜建録主編:《西夏學》第七輯,上海古籍出版社,2011年,第12-33頁。另參考,祁英濤:《中國古代建築的脊飾》,《文物》1978年第3期,第62-70頁;徐伯安、郭黛姮:《〈營造法式〉的雕鐫制度與中國古代建築裝飾的雕刻》,《建築史專輯》編輯委員會:《科技史文集》第7輯(建築史專輯3),上海科學技術出版社,1981年,第34-42頁。

當是接受宋代成熟的琉璃工藝而生産[①]。3號陵園在西夏諸陵中其單體建築形制最爲特殊,主要爲圓形與方形建築形式[②]。"天圓地方"思想在中國古代根深蒂固,所謂"天圓地方"建築並非僅指形狀而言,它是由自然界的天地之形而引申出來的一種禮制思想[③]。西夏陵園陵城四面墻垣中部與北宋皇陵一樣均將闕臺設於神門兩側,門闕與宫城四周的神墻連成一體。2007—2008年清理的西夏6號陵門闕、東南角闕[④]與1992年試掘的宋真宗永定陵南神門(東闕臺)、西神門(南闕臺)、東南角闕[⑤]在形制結構上都比較一致:門闕基址平面均呈雙重凸字形,即兩側壁面做兩次内收,鄰靠門道處寬,逐次漸窄,應爲三出闕結構;東南角闕平面爲折角曲尺形,轉角處基臺最大,由此分别向北、向西的兩側壁面分兩次内收後與神墻相接。門闕、角闕夯土築成,外表皆包磚,包磚的壘砌方法相同,表磚用條磚順砌,黄泥或白灰黏縫,表磚與夯土基臺之間的填縫物有殘磚、泥或是乾填,表磚由下向上逐層内收。西夏3號陵獻殿夯土基址爲八角形,這類八角形夯土基座早先曾見於經考古發掘的武后明堂遺址[⑥]。

---

① 李範文:《西夏陵出土琉璃建築材料考釋》,李範文主編:《西夏研究》第3輯(《第二届西夏學國際學術研討會論文集》),中國社會科學出版社,2006年12月,第49-52頁,收入《李範文西夏學論文集》,中國社會科學出版社,2012年9月,第409-412頁。

② 關於西夏3號陵陵園的圓形與方形建築形式結構的概述,見寧夏文物考古研究所、銀川西夏陵區管理處編著:《西夏三號陵——地面遺迹發掘報告》(後簡稱《報告》)第四章(二、夯築方法與夯土建築結構),科學出版社,2007年6月,第309-313頁。該《報告》第二章第三節的執筆者杜玉冰先生説:"從闕臺、門闕、角闕、獻殿和陵塔的建築形式看,都是圓形建築,除獻殿外,其他建築都有塔刹的建築構件,陵塔還可分辨出7層。這些圓形建築實體,很可能都是塔的形式。再從闕的組成數字看,每側門闕均是3座,陵城的角闕是由5座和7座組成,都是3、5、7的奇數,奇數爲陽數,陽爲天,中國自古即有天圓地方之説,所以三號陵多以圓形建築爲主,意寓天子之陵"。(《報告》第15頁)。孟凡人先生認爲:西夏3號陵園建築設計以"天圓地方"爲核心理念,"三號陵陵園月城長方形,陵城平面略呈方形,四角臺連綫爲長方形之變體而呈梯形,碑亭基座亦呈方形,'方形'成爲三號陵的基本框架。其次,碑亭方形基座上的亭呈塔式,門闕和角闕平面和立面呈圓形或圓弧形,其上建立體呈圓形的覆鉢式塔;獻殿臺基八角形上建外圓内方形獻殿,陵塔呈圓形覆鉢式。上述情況表明,三號陵陵園設計在總體上乃是方與圓的結合,充分體現出中國傳統的'天圓地方'的理念。具體言之,陵園主體建築方形,其上的塔式建築及門闕、角闕、闕臺和角臺等輔助建築爲圓形。'方'代表大地,具静態特徵,'圓'代表天,具向上的動勢,兩者結合,重在表現長眠於陵宫的陵主靈魂昇天的態勢"。氏著:《西夏陵陵園形制布局研究》,故宫博物院《故宫學刊》,2012年總第八輯,第88、94-95頁。

③ 全錦雲:《試論"天圓地方"式建築的緣起》,《北京文博》1999年第2期,第79-84頁。

④ 寧夏文物考古研究所、銀川西夏陵區管理處編著:《西夏六號陵》第七章第一節、第二節,科學出版社,2013年,第190-310頁。

⑤ 河南省文物考古研究所編:《北宋皇陵》第三章第一節,中州古籍出版社,1997年,第294-299頁。

⑥ 中國社會科學院考古研究所洛陽唐城隊:《唐東都武則天明堂遺址發掘簡報》(王巖、楊煥新、馮承澤執筆),《考古》,1988年第3期,第227-230頁。相關研究,辛德勇:《唐東都"武則天明堂"遺址質疑》,史念海主編:《中國歷史地理論叢》1989年第三輯,第149-157頁;王巖:《關於唐東都武則天明堂遺址的幾個問題》,《考古》,1993年第10期,第949-951頁;楊鴻勛:《自我作古、用適於事——武則天標新立异的洛陽明堂》,《華夏考古》,2001年第2期,第70-78頁;張一兵:《明堂制度研究》(第五章第三節二),中華書局,2005年,第393-424頁;張一兵:《明堂制度源流考》(深圳社會科學文庫,第4輯)(第五章第三節、第四節),人民出版社,2007年,第186-213頁。

(二) 西夏王陵對唐宋陵寢制度的嬗變

《嘉靖寧夏新志》中所謂西夏陵"制度仿鞏縣宋陵而作",是指西夏陵的建置符合唐宋以來帝王陵寢的常規制度。受西夏政治、經濟、文化傳統、宗教信仰等多方面因素的影響,在主要摹仿、移植和兼採唐宋陵寢制度的同時,或加以改造,或在參照的基礎上進行獨創,西夏陵園的規劃理念和建築形制有明顯的自身特點。西夏陵寢制度在因襲唐規宋制基礎上有所嬗變。參酌時賢有關西夏王陵規制研究成果[①],加上個人學習體會,擬歸結出一些認識:

第一,西夏陵園不置下宮。西夏各陵園附近没有發現祔葬的帝后墓葬及下宮遺址[②]。北宋皇帝和皇后實行"同塋合葬"制,即皇后單獨營建陵園、"同塋不同穴"

---

① 吴天墀:《西夏史稿》(增訂本),四川人民出版社,1983年,第246頁注釋20;牛達生:《西夏陵園》,《考古與文物》,1982年第6期,第104-107頁;陳炳應:《西夏文物研究》第四章二《西夏帝陵》,寧夏人民出版社,1985年,第178-186頁;吴峰雲:《西夏陵園及其建築特點》,寧夏文物管理委員會編:《寧夏文物》1986年試刊號(總第一期),第26-31轉第9頁,該文以《西夏陵園建築的特點》爲題,收入史金波、白濱、吴峰雲編著:《西夏文物》,文物出版社,1988年,第1-8頁;汪一鳴、許成:《論西夏京畿的皇家陵園》,《寧夏社會科學》,1987年第2期,第82-87頁,收入許成著:《寧夏考古史地研究論集》,寧夏人民出版社,1989年,第94-105頁;許成、杜玉冰:《西夏陵園制度初探》(中國古都學會第六屆年會論文,1988年安陽),收入許成著:《寧夏考古史地研究論集》,寧夏人民出版社,1989年,第106-129頁,該文經删減,刊《寧夏史志研究》,1989年第2期,第58-64頁;韓小忙:《西夏陵在中國古代陵寢制度發展史上的地位》,《寧夏社會科學》,1993年第6期,第51-57頁,又氏著《西夏王陵》("下編"中的相關内容),甘肅文化出版社,1995年,第73-86頁;朱存世、李芳:《西夏陵六號陵園平面結構及其文化意義》,《固原師專學報》(社會科學版),2001年第1期,第57-60頁;夏陵考:《西夏陵形制特點》(蔣忠義執筆),《中國文物報》2001年4月4日7版;牛達生:《閑話西夏陵》,《尋根》,2003年第5期,第30-38頁;潘静、劉臨安:《西夏王陵與北宋皇陵空間結構的比較》,《文博》,2006年第1期,第68-71頁;岳鍵、王亮著:《追望西夏》("中篇"中的相關内容),陜西旅遊出版社,2008年,第64-76頁;楊浣、王軍輝:《西夏王陵形制綜論》,《西夏研究》2010年第3期,第56-61頁;許成、楊浣、董宏征著:《古都銀川》第四章第三節,杭州出版社,2010年,第89-109頁;張雯:《西夏陵其寢制度不"仿鞏縣宋陵而作"》,杜建録主編:《西夏學》第七輯,上海古籍出版社,2011年,第210-219頁;孟凡人:《西夏陵陵園形制布局研究》,故宫博物院《故宫學刊》,2012年總第八輯,第55-95頁。

② 關於西夏陵下宫,陳炳應先生認爲:"西夏帝陵後面的所謂'靈臺',應是宋陵靈臺、下宫、佛寺的結合體,這樣處理,一方面可以省去不必要的建築、土地和日常供奉的人力;另一方面也是佛教在西夏的崇高地位所決定的。當然,這個建築是夯土而成,裏面是夯實的,實際上不能使用,只能起象徵作用而已。"氏著:《西夏文物研究》第四章二《西夏帝陵》,寧夏人民出版社,1985年,第183頁。

楊寬先生推定西夏帝陵靈臺爲樓閣式的建築,"相當於北宋陵園中的下宫,因爲北宋陵園的下宫也建築在陵墓的後面,與上宫(即獻殿)建築在陵墓前是不同的;它屬於寢宫性質,是供墓主靈魂生活起居之用的。它和塔的建築不同,用途也不一樣"。氏著:《中國古代陵寢制度史研究》中編(二十、西夏陵園的布局),世紀出版集團、上海人民出版社,2003年,第169頁。

孟凡人先生認爲,西夏陵區北端建築遺址"形制布局與北宋帝陵下宫相似,故遺址的性質很可能即是下宫。也就是説,西夏陵各陵未建下宫,可是在西夏陵基本形成四陵區之後,即在仁宗仁孝七號陵之時或其後不久,則在陵區北端修建了一座爲各陵所共用的下宫。下宫的位置雖然與北宋帝陵下宫在上宫西北略有區别,但却與南宋攢宫的下宫在上宫之北較相似(仁宗時與南宋有較多交往)"。氏著:《西夏陵陵園形制布局研究》,故宫博物院《故宫學刊》,2012年總第八輯,第90頁。

的埋葬制度，皇后陵位於帝陵上宫西北方。西夏不建帝后陵，可能與唐陵一樣施行帝、后同穴合葬。唐陵下宫處各陵園南面或西南（鵲臺西北），宋陵下宫在各陵園西北，西夏各陵園不建下宫。

第二，西夏陵園陵城平面呈前後兩進院落形制。與唐宋陵上宫内城的方形平面不同，西夏陵園圍墻爲長方形，似爲仿城門外築瓮城，在陵城前增築月城，月城和陵城組成的平面呈"凸"字形，月城拱衛陵城。唐宋陵園無月城。西夏 3 號陵園塔式建築林立，鵲臺、陵臺爲佛塔形制；陵城四面城垣中部築殿宇式門廡，門廡兩側門闕各爲三連坐塔；陵城四隅角闕，東南與西南角闕爲五連坐塔，東北與西北角闕爲七連坐塔；月城南門爲烏頭門[①]，門兩側各爲三連坐塔；陵園最外圍以四個角臺作兆域標界的形式亦不見於唐宋陵。

第三，西夏諸陵園平面結構既有一定區别，又有完全相同的特例。北宋八座皇陵以統一規制營建，布局整齊。西夏陵園外觀形式和單體建築多則富於變化，陵園各有特徵。陵園有無外城（夾城）、碑亭幾座與石像生基址幾列以及陵塔幾級等均有所不同。1 號陵、2 號陵在陵城中央築中心臺，其他陵園没有。1 號陵與 2 號陵南北相鄰、東西錯開，平面布局似出自同一張設計藍圖，若將兩座陵園測繪平面圖重叠，陵園建築遺迹大到外城、月城、陵城墻垣，小至角臺、鵲臺、碑亭、陵塔、獻殿及中心臺等單體建築，兩座陵園的墻體長度、單體建築彼此方位間距、形制等均可重合[②]。兩座陵園精準的一致性極爲罕見，這在中國古代帝王陵園規劃設計建造中是個孤例。

第四，西夏陵園神道兩側石像生列置於月城内、陵園規模遠不及唐宋帝陵。西夏陵園月城内御道兩側各排放 2—3 列石像生，改變了唐宋陵園石像生列於闕臺（或乳臺）到南神門間漫長的御道兩側且一字排開的做法。月城内每列石像生置於黄土夯築的長條形臺基座上，臺基四周包磚，同列石像生共用整體基座[③]，這種做法不見於唐宋陵。將石像生移進月城，大大縮短了神道長度，平面布局上陵園建築

① 烏頭門是没有屋頂的門。《洛陽伽藍記》"永寧寺"條："北門一道，上不施屋，似烏頭門。"（魏）楊衒之撰、周祖謨校釋：《洛陽伽藍記校釋》卷一，中華書局，1963 年，第 24 頁。關於烏頭門，《營造法式》卷二"總釋下"、卷六"小木作制度一"、卷二十"小木作功限一"、卷二十八"諸作用釘料例"、卷三十二"小木作制度圖樣"多有描述。《營造法式》卷六："烏頭門，其名有三：一曰烏頭大門，二曰表楬，三曰閥閱，今呼爲'欞星門'。造烏頭門之制……高八尺至二丈二尺，廣與高方。若高一丈五尺以上，如減廣者不過五分之一……"（宋）李誡撰，鄒其昌點校《營造法式》（文淵閣《欽定四庫全書》），人民出版社，2006 年，第 14、41－42、134－135、181－182、267 頁。

② 許成、杜玉冰編著：《西夏陵——中國田野考古報告》第二章第二節，東方出版社，1995 年，第 13－19 頁。

③ 西夏陵園石像生基址，除 3 號陵園的清理外，6 號陵園（原編 8 號陵）石像生基址也經發掘，見寧夏文物考古研究所、銀川西夏陵區管理處編著：《西夏六號陵》第六章，科學出版社，2013 年，第 151－153 頁。

縱深距離減小,陵園規模較唐宋陵大爲縮小[①]。唐宋陵園神道石像生的組合與序列有比較完整的體系。唐陵石像生形制碩大,雄壯豪邁,雕琢精湛,它既繼承發展了漢魏陵墓的石雕藝術傳統,又吸收了西域、中亞和南亞地區的藝術因素[②]。宋陵石像生組合承上啓下,鐫刻技法純熟,裝飾題材豐富,構圖造型準確,形象精美,生動寫實[③]。西夏陵石像生殘缺毁失,研究者通過對陵區出土石馬、石狗及其他石製品的考察認爲,西夏陵墓石刻既有唐陵石刻的渾厚和力度,又不失宋陵造像的細膩和嚴謹,同時亦不乏民族習俗的流露[④]。西夏陵月城内列置石像生、縮減神道長度的這種方式有可能隱射到南宋帝陵的神道格局[⑤]。

第五,西夏陵園鵲臺呈雙塔態勢。鵲臺(闕臺)作爲陵園建築群入口的標志是入陵瞻拜起始點。唐宋皇陵陵園前左右對稱的鵲臺平面多呈方形、長方形或爲三出闕樓閣式建築,夯土築成胎芯基址,外包砌磚石。西夏 3 號陵園鵲臺爲夯築圓柱形胎芯塔式建築。

第六,西夏陵園中的碑座是力士形象雕像石座。西夏陵園在鵲臺之後、月城之前、大致在宋陵的乳臺位置搆築碑亭。碑亭建築在陵園前區規模較大,使得陵園在

---

① 孟凡人先生在解釋西夏陵陵園前區形成獨特布局的原因時説:“由于西夏王陵規模較小,所以陵園前區神道和石像生行列不宜過長,其長度必須與陵園和陵城規模保持適度而恰當的比例關係。在這種情況下,西夏陵陵園的神道不僅較唐陵神道大爲縮短,而且在依循宋陵縮短神道之制時,又較宋陵神道縮短。其次,石像生行列(調查資料估計,西夏陵石像生約 30 件左右)是縮短神道的最大障礙。爲解決這個問題,遂仿唐乾陵六十一王賓像配置形式,將石像生行列分段置於南神門外神道兩側,並在其外圍護月城。從而改變了宋陵石像生行列擁擠在乳臺與南神門間短神道上的狀况。此外,石像生行列分段置於南神門外神道兩側之後,從闕臺至月城門間神道則過於空曠,所以又仿唐乾陵在乳臺(闕臺)之後置二碑亭(有的置三碑亭)。上述情况表明,西夏陵前區的獨特布局形式,乃是在陵園規模較小、必須較以往帝陵縮短神道的前提下權變的結果。而這種權變又恰有唐乾陵碑亭和六十一王賓像配置模式可以借鑒,因而就形成了將神道按前後相連的兩段設計,前段置闕臺和碑亭,後段置月城和石像生的獨特布局形式。這種布局形式,既達到了神道長度與陵園和陵城規模比例合宜的要求,又使神道空間序列層次疏密結合,錯落有致。而神道以月城石像生組群凝重收尾,並與陵城相依,使二者相輔相成,則更增强了神道、月城和陵城應有的莊嚴、肅穆的紀念氛圍。”氏著:《西夏陵陵園形制布局研究》,故宫博物院《故宫學刊》,2012 年總第八輯,第 92 - 93 頁。

② 關於唐代陵園石刻,王仁波:《試論乾陵陵園石刻題材》,《文博》,1985 年第 3 期,第 46 - 55 頁;陳長安:《簡述帝王陵墓的殉葬、俑坑與石刻》,《中原文物》,1985 年第 4 期,第 72 - 77 頁(文中有唐十八陵、乾陵石刻内容);閻文儒:《關中漢唐陵墓石刻題材及其風格》,《考古與文物》,1986 年第 3 期,第 91 - 96 頁;張崇德:《唐代建陵及其石刻》,《考古與文物》,1988 年第 3 期,第 41 - 44 轉 20 頁;馬文良:《唐玄宗泰陵的石雕》,《文博》,1991 年第 4 期,第 54 - 56 頁;李毓芳:《唐陵石刻簡論》,《文博》,1994 年第 3 期,第 32 - 42 頁。

③ 關於北宋陵園石刻,楊伯達:《古代藝術的瑰寶——鞏縣宋陵雕刻》,《河南文博通訊》,1980 年第 3 期,第 22 - 26 頁;傅永魁:《河南鞏縣宋陵石刻》,《考古》編輯部編:《考古學集刊》第二輯,中國社會科學出版社,1982 年 12 月,第 134 - 162 頁;孟凡人:《北宋帝陵石像生研究》,《考古學報》,2010 年第 3 期,第 323 - 360 頁。

④ 韓小忙:《西夏陵墓雕塑文物略論》,《“國立”歷史博物館館刊》(臺),1994 年 7 月(第四卷第三期),第 32 頁,又氏著《西夏王陵》,甘肅文化出版社,1995 年,第 114 頁。

⑤ 孟凡人先生曾指出:南宋帝陵上宫的神道,與西夏王陵神道有相似之處。氏著:《南宋帝陵攢宫的形制布局》,《故宫博物院院刊》,2009 年第 6 期,第 51 頁。

整體結構中建築布局均衡。碑亭内列置的石碑座,迥然有别於唐宋陵墓前所常見的龜趺座而爲方體力士形象雕像石座①。西夏陵園碑座的放置,是在碑亭的室内預先挖有碑座坑位,雕像石碑座下半截埋在亭室内鋪地磚地面下,碑座僅出露雕像面部②。西夏碑座既已雕刻出人物面貌、前胸和肢體,而又不完整展示,這種置放碑座的詭異現象着實令人匪夷所思。唐宋陵碑座不論是龜趺還是方趺,均一座馱負一碑,而西夏陵區出土碑銘殘碎,不易確定陵園碑銘形制大小,碑座上馱碑方式即幾個碑座承托幾塊碑亦使人頗感費解。一般以爲西夏3號陵園碑亭中是兩個碑座承負一塊石碑;又有研究者提出四個碑座馱負一塊碑銘的看法③。

第七,西夏陵園的陵臺(陵塔)與唐宋陵園陵臺的形制和所處位置不同。西夏陵改唐宋陵"方上"封土臺爲不起土冢作用的夯土實心塔式建築。西夏陵園陵塔形制符合佛陀耶舍等譯《四分律》"佛言:(塔)應四方。若八角,若圓作"④的規定。陵園陵城内的主要建築偏於陵園中軸綫西側,陵臺(陵塔)既不在陵園的中心或中軸綫上,也不在墓室的正上方(墓室一般位於陵塔前10米左右),而是偏居於陵城内

---

① 唐碑座形制有龜趺、方趺兩類。《唐六典》卷四記載:"碑碣之制,五品已上立碑,螭音(音當作首)龜趺,趺上高不過九尺。七品已上立碑(碑當作碣),圭首方趺,趺上不過四尺。"(唐)李隆基撰,(唐)李林甫注,(日)廣池千九郎校注,(日)内田智雄補訂:《大唐六典》,三秦出版社,1991年,第96頁上欄、下欄。唐陵中方趺的實例如乾陵武則天"無字碑"、高宗"述聖紀"(俗稱七節碑)碑座。無字碑碑座邊長2.9米—3.3米、高0.75米;述聖紀碑碑座方形,邊長2.97米,上有陰綫刻瑞獸及花邊圖案。參見陝西省文物管理委員會:《唐乾陵勘查記》(楊正興執筆),《文物》,1960年第4期,第54頁、55頁圖7圖8;賀梓城:《乾陵〈述聖紀〉碑和它的現存文字》,《文物》,1961年第3期,第33頁。西夏王陵的方體碑座在形制意象、組合排列等方面與唐陵方趺有顯著不同。參見,韓小忙:《西夏王陵》下編八,甘肅文化出版社,1995年7月,第100-102頁;韓小忙、孫昌盛、陳悦新著:《西夏美術史》第三章第一節,文物出版社,2001年,第98-101頁;拙稿《試論西夏雕像石座》,《華夏考古》,2002年第3期,第83-88轉109頁;趙曉星:《西夏人像石座考》,鄭炳林主編:《佛教藝術與文化國際學術研討會論文集》,三秦出版社,2009年,第193-206頁;楊蕤、董紅征:《淺析西夏力士碑座的藝術風格》,《四川文物》,2010年第5期(《藝術考古》總第五期),第54-57頁。另參見胡同慶:《論古代舉重活動的表演性和娛樂性——兼論對敦煌、炳靈寺等石窟藝術中一些畫面的定名》,《敦煌研究》,2012年第3期,第23-26頁。

② 西夏3號陵園東、西碑亭雕像石座的座坑情況見寧夏文物考古研究所、銀川西夏陵區管理處編著:《西夏三號陵——地面遺迹發掘報告》,科學出版社,2007年,第38-39頁、54-56頁及彩版五2、彩版七,另參見寧夏文物考古研究所:《銀川西夏陵區三號陵園東碑亭遺址發掘簡報》(牛達生、韓小忙執筆),《考古與文物》,1993年第2期,第38-51頁。西夏9號陵(原編1號陵)四個碑座出土時的原始照片見許成、楊浣、董宏征著:《古都銀川》,杭州出版社,2010年,第106頁,這張照片亦見銀川西夏陵區管理處編:《西夏陵》,寧夏人民出版社,2013年,第169頁。西夏6號陵(原編8號陵)東碑亭出土一件碑座的情況,原陵園發掘簡報及陵園地面遺迹再次清理後的考古報告中均未明確指出有碑座坑。參見寧夏文物考古研究所、銀川西夏陵區管理處編著:《西夏六號陵》,科學出版社,2013年,第56頁、82頁。上世紀七十年代在西夏陵區考古工作過的吴峰雲先生曾告知,6號陵那件碑座出土時底部也埋在碑亭亭室地面下。

③ 韓小忙:《西夏王陵》下編八,甘肅文化出版社,1995年,第101-102頁。岳鍵:《西夏壽陵殘碑龍紋殘片復原研究》(打印稿)。

④ (姚秦)佛陀耶舍、共竺、佛念等譯:《四分律》卷第五十二(第四分之三),《大藏經》(新文豐出版公司影印)第二十二册(律部一),第九五七頁下欄。

西北處、墓室的正後方[①]。陵城内自南而北營建的獻殿、墓道封土和陵塔所構成的一條軸綫,與由陵園月城南門、陵城南門、北門三個門址的中心點連綫所構成的陵園中軸綫形成一定夾角。這種特殊的建築格局,是西夏陵各陵園建築布局的普遍定式。

第八,西夏陵園在陵塔與墓室位置之間設有祭臺(祭壇)[②]。

第九,西夏陵園陵塔寓意陵墓主人是轉輪聖王。陵園陵臺建以塔形,這在中國陵園建築中較爲特殊,表現了一種中國帝王葬制與佛家瘞葬儀軌完美的耦合形式。遠溯建塔(stupa,窣堵波)風氣之開端,實由佛家紀念佛陀爲其濫觴。原始安塔有其三意:一表人勝(表揚道高德重遠勝他人者),二令他信(令他人起信念者),三爲報恩(爲報佛、君、親、師恩者)。早先塔的形狀是半球狀的覆鉢,是禮佛的象徵物,因此它是實心的,信徒不僅在事實上不能進入其内部,在願望上一般也無由産生這樣的要求。真諦三藏引《十二因緣經》云:"有八人得起塔:一、如來,二、菩薩,三、緣覺,四、羅漢,五、阿那含,六、斯陀含,七、須陀洹,八、輪王。"(即轉輪王,據佛典説:"此王身具三十二相,在人壽自無量歲乃至八萬歲時乃出世;即位時,由天感得輪寶,轉其輪寶而降伏四方,故曰轉輪王")《長阿含經》卷三云:"有四種人應起塔:一、如來,二、辟支佛,三、聲聞,四、輪王。"這似與《十二因緣經》所云有異,實則《長阿含經》所云之如來,可括《十二因緣經》中之如來及菩薩;所云之聲聞,可括羅漢、阿那含、斯陀含與須陀洹,以四概八而已。"若立支提,有其四種:一、生處,二、得道處,三、轉法輪處,四、涅槃處"[③]。塔與喪葬的關聯,一是以塔埋葬遺體或屍骨,二是墓旁建塔作追福之用,三是墓旁建塔作墓記之用。佛塔的功能是爲生者增福延壽禳灾,爲逝者浄除地獄惡趣、護持他順利往生於善趣天界或浄土世界。塔的延伸意義還是佛陀生涯中最後的大事涅槃的象徵。塔是佛法尊崇和永恒的視覺標志,而且它還可以被看作佛主的化身。總之,儘管塔是諸多象徵性概念的具體化,作爲皇家

---

① 佛塔中心柱(塔柱、刹柱)下面的"龍窟"是奉藏舍利髮爪、經卷佛像及施捨珍寶的處所。這應是西夏陵墓室回避陵塔正下方的原因所在。西夏王陵及陪葬墓的墓室置位於陵園及墓園内西北方、中軸綫西側,李志清先生考證認爲:"是按照他們的傳統信仰跋焦占卜定位法而置墓穴之位……這種依據占卜信仰的葬俗,顯然亦是西夏的固有葬俗。"氏著:《西夏墓封土形制、施色及置位探討》,《考古》編輯部編輯:《考古學集刊》第五集,中國社會科學出版社,1987年,第330頁。

② 西夏陵3號陵在陵塔正前方、盗坑北邊緣發現一圓形夯土基址,它北距陵塔6.2米。圓形夯土基址以黄土夯築,直徑5、殘厚0.3米,周邊有包磚迹象。寧夏文物考古研究所、銀川西夏陵區管理處編著:《西夏三號陵——地面遺迹發掘報告》第三章第九節一(四),科學出版社,2007年6月,第287頁。這處遺址的性質功用,孟凡人先生認爲:"陵塔更重要的是將死去的西夏皇帝比附佛教的'涅槃'。陵塔前的圓形建築基址可能就是供養象徵'皇帝涅槃'的佛塔並與西夏'皇室'世俗祭祀活動相結合的'祭臺'或'祭壇'。"性質相類同的遺址在經考古發掘的6號陵(原編8號陵)陵塔前也存在。氏著:《西夏陵陵園形制布局研究》,故宫博物院《故宫學刊》,2012年總第八輯,第88、93頁。

③ (唐)釋道世撰,周叔迦、蘇晋仁校注:《法苑珠林校注》(中國佛教典籍選刊)卷第三十七、敬塔篇第三十五、興造部,中華書局,2003年,第三册第1188－1189頁。

紀念物,主要的似乎還是轉輪聖王之象徵[①]。所謂"轉輪王",就是以佛教治國、或以佛教治國意識形態統治天下的帝王稱號。北亞遊牧民族固有宗教及王權的觀念恐怕也有若干影響。佛教東傳以來,佛教文化作爲被吸收的外來成分,其輪迴轉世、地獄、净土等思想和信仰對中國傳統的冥世觀、靈魂觀産生了深刻影響。中國中古時期的君主利用、擷取佛教的資源,原先轉輪王觀念中"一佛一轉輪王"的模式在傳入中國之後,由于傳統政治思想與大乘佛教的影響,逐漸轉變成"轉輪王即佛"的模式。"轉輪王即佛"此一觀念,首次見於記載在北魏道武帝時。武則天時"轉輪王即佛"的觀念有了具體的落實,她是第一個公開宣稱自己就是轉輪王的君主[②]。西夏3號陵園出土的建築裝飾構件中,有不同種類的迦陵嬪伽,它們在質地、規格、形象等方面有别,數量較多,主要安裝在陵園角闕、門廡門闕、獻殿、陵塔等處。聶鴻音先生認爲:迦陵頻伽是佛和西方净土的象徵,西夏人把這種神鳥形象用於王陵,其目的是爲了昭告世人,安葬在這裡的皇帝就是大夏的佛[③],

---

① 相關内容參見震華:《佛塔考略》;慭園:《中國佛塔之規制》,該二文收入《中國佛教寺塔史志》(張曼濤主編,現代佛教學術叢刊59,第六輯九),(臺北)大乘文化出版社印行,1978年,第293頁;312-313頁;孫機:《關於中國早期高層佛塔造型的淵源問題》,《中國歷史博物館館刊》1984年總第六期,第42頁;劉淑芬:《唐代俗人的塔葬》,燕京研究院《燕京學報》新七期,北京大學出版社,1999年,第80頁;李崇峰:《塔與支提窟》,原載《中國博士後社科前沿問題論集》,經濟科學出版社,1997年,收入北京大學中國傳統文化研究中心編:《北京大學百年國學文粹·考古卷》,北京大學出版社,1998年,第691-701頁,又氏著《中印佛教石窟寺比較研究·以塔廟窟爲中心》第二章,北京大學出版社,2003年,第25-62頁(該書繁體字版由臺灣新竹覺風佛教藝術文化基金會於2002年7月出版)。

② 康樂:《轉輪王觀念與中國中古的佛教政治》,《"中央研究院"歷史語言研究所集刊》第六十七本第一分,1996年3月,第109-143頁。另參見,古正美:《從天王傳統到佛王傳統——中國中世佛教治國意識形態研究》(第五章,武則天的《華嚴經》佛王傳統與佛王形象),(臺北)城邦文化商周出版社,2003年初版,第223-274頁;張文卓:《從轉輪王到頂輪王——佛教輪王思想盛行的政治因素剖析》,《青海社會科學》2013年第3期,第137-141頁;吕博:《明堂建設與武周的皇帝像——從"聖母神皇"到"轉輪王"》,《世界宗教研究》2015年第1期,第42-58頁。陳寅恪先生曾追本溯源地詳論武則天爲何提高佛教地位以及佛教教義對其政治地位的重大影響。氏著:《武曌與佛教》,《中央研究院歷史語言研究所集刊》第五本第二分,1935年12月,第137-147頁,收入《金明館叢稿二編》,生活·讀書·新知三聯書店,2001年7月,第153-174頁。

③ 聶鴻音:《迦陵頻伽在西夏王陵的象徵意義》,《寧夏師範學院學報》(社會科學),2007年第1期,第112-114頁。聶先生認爲:這種象徵意義的出現是阿彌陀佛净土信仰在河西地區傳播的結果。持相同看法,黄春和先生説:"關於西夏人與迦陵頻伽的關係,筆者認爲與佛教净土信仰密切相關,是阿彌陀佛净土信仰在河西地區傳播的結果,因爲迦陵頻伽是西方净土世界的象徵,佛教净土經典《阿彌陀經》和《觀無量壽經》中都有此鳥的記載……西夏人將這種神鳥用於王陵,目的就是爲西夏皇帝的歸宿營造一個真正的西方净土世界,而事實上西夏王陵在整體布局和建築結構上都融入了佛教净土思想,體現了濃郁的佛教净土思想色彩。"氏著:《漢傳佛教時代與風格》(一、〈六〉3、西夏造像),文物出版社,2010年,第169頁。另,在密教造像的背景定式中也有迦陵頻伽,如佛像的背景一般是菩提樹或雙樹,左右上方諸天散花,好鳥盤旋,好鳥一般爲迦陵頻伽、鸚鵡等。吕建福:《中國密教史》,中國社會科學出版社,1995年,第189-190頁。

亦即轉輪王①。西夏帝王在國喪中已完全被神聖化。

第十,西夏陵園契合"陵、廟、寺"建築功用於一體。

唐宋皇陵的奉祀場所既設有獻殿(廣義或謂上宮)用於敬獻牲醴、舉行祭拜之禮,同時建有寢宮(下宮)用於侍奉墓主衣冠畫像,飲食起居如常日。唐陵"寢宮"包含寢殿、便殿等建築,其中寢殿爲寢宮正殿,應是供奉先帝神座之場所。寢宮這組建築群可總稱爲"廟"或"署"②。唐人顔師古注《漢書》中説:"寢者,陵上正殿,若平生露寢矣",漢代寢與廟兩者的關係,"日祭於寢,月祭於廟……寢,日四上食;廟,歲二十五祠。"③唐宋時期上宮與下宮的祭祀性質有着明顯的差异,《宋史·禮志·上陵》將上下兩宮祭祀之區别講得十分清楚:"凡上宮用牲牢、祝册,有司奉事;下宮備膳羞,内臣執事,百官陪位。"④也就是説,上宮(獻殿)之祭由品官行事,供奉太牢(牛、羊、豕三牲)少牢(羊、豕二牲),奉祝讀册,爲國家之公祭;下宮(寢宮)之祭則由宦官操持,供奉飲食,百官陪祭,如宮内之私祭。西夏陵園只設上宮,不建下宮,亦即没有供奉墓主魂靈日常衣食起居的儀禮之地,取消了事死如生的祭祀活動。獻殿本義即"獻祭之殿"、"陵上之廟"。西夏陵園獻殿處在墓室、墓道之前,這種布局符合宗廟前廟後寢的建制。獻殿作爲西夏陵園中的主體祭祀建築,祭祀禮儀趨同於宗廟,具有宗廟相同的功能和象徵意義,使得宗廟和陵墓結合了起來。西夏陵園中的祭祀場所惟有獻殿一處,不設下宮(寢宮),强化陵上祭祀,凸顯陵上祭禮地位的重要,如是則啓明代帝王陵墓取消下宮寢祭⑤之先聲。

西夏 3 號陵園諸塔林立,陵城及陵園形成塔院和塔林。《魏書·釋老志》:"塔亦胡言,猶宗廟也,故世稱塔廟。"⑥"塔意是何? 復有幾種"?《法苑珠林》卷三十七中記:"所云塔者,或云塔婆,此云方墳;或云支提,翻爲滅惡生善處……西梵正音名爲窣堵波,此云廟。廟者,貌也,即是靈廟也。"《摩訶僧只律》卷三十三中云:"初起僧伽藍時,先規度好地,將作塔處。不得在南,不得在西,應在東,應在北。不侵佛

① 關於西夏轉輪王與轉輪王塔,杜鬥城先生曾考證認爲:崇宗乾順實際上是以印度的阿育王爲榜樣,用佛教治國的轉輪王;仁宗仁孝以轉輪王姿態統治西夏。賀蘭山拜寺口雙塔的西塔"是一座密教性質的塔,是衣着完整的曼陀羅(壇城)"。氏著:《西夏的轉輪王塔——寧夏拜寺口西塔之建造背景》,附録於杜鬥城等著:《河西佛教史》第九章"西夏時期"後,中國社會科學出版社,2009 年,第 567-576 頁。

② 周明:《陝西關中唐十八陵陵寢建築形制初探》,《文博》,1994 年第 1 期,第 73 頁;沈睿文著:《唐陵的布局:空間與秩序》,北京大學出版社,2009 年,第 162-165 頁。

③ (漢)班固撰、(唐)顔師古注:《漢書》卷七十三、韋賢傳第四十三,中華書局點校本,第十册第 3115-3116 頁、3116 頁注[三]。

④ (元)脱脱等撰:《宋史》卷一百二十三、志第七十六、禮二十六,中華書局點校本,第九册第 2883 頁。

⑤ 關於明代取消下宮(寢宮)之設、明將唐宋陵寢上下二宮制度合而爲一的論述,見劉毅著:《明代帝王陵墓制度研究》第四章第一節(一、關於南宋皇陵〈攢宮〉對明代皇陵的影響)、第四節(二、關於明代陵祭幾個問題的討論),人民出版社,2006 年,第 337-338 頁、477-490 頁。另參見孟凡人著:《明代宮廷建築史》第十二章第二節(五、明孝陵構成要素與配置序列源於前代帝陵)(明代宮廷史研究叢書),紫禁城出版社,2010 年,第 467-471 頁。

⑥ (北齊)魏收撰:《魏書》卷一百一十四《釋老志》十第二十,中華書局點校本,第八册第 3028 頁。

地僧地，應在西在南作僧房……”[①]西夏興修塔廟，廣泛流布。經全面揭露的3號陵園地面建築基址，其月城門址兩側的門闕、陵城四面門址兩側的門闕和四隅的角闕均爲塔式建築，這些遺址出土的琉璃建築裝飾構件浸染佛教色調。陵園以高大雄偉的塔狀陵臺爲中心，四周圍繞高低錯落有序的佛塔群，在大佛塔周圍構建小佛塔，大體趨同於金剛寶座塔[②]樣式；而陵園前的鵲臺呈雙塔聳立姿態，也是一種塔寺配置。[③] 佛塔在陵園中占據了顯著地位。寺之與塔，本身就息息相關，互爲發揚佛光。有考“塔寺”的原語爲stupa，通過對“塔寺”譯語語源學上的追溯，“塔寺”譯語可能指“佛塔”與“佛塔管理者”的總稱[④]。10世紀末期至11世紀—13世紀藏地佛寺布局有主體大殿建在佛塔之南邊，與佛塔位於一條軸綫上，大殿平面形制呈“凸”字形（如扎達縣格林塘佛寺），又有寺院圍墻的四角凸出呈圓形角樓和碉堡式（如噶爾扎西崗寺）[⑤]。漢地寺院興建殿堂、塔，塔或建於殿後，主院前兩側雙塔對

---

① （唐）釋道世撰，周叔迦、蘇晋仁校注：《法苑珠林校注》（中國佛教典籍選刊）卷第三十七、敬塔篇第三十五、興造部，中華書局，2003年，第三册第1187－1188頁、1189頁。

② 《續高僧傳》卷二十六《隋京師静覺寺釋法周傳》：“韓州修寂寺……寺有磚塔四枚，形狀高偉，各有四塔鎮以角隅，青瓷作之上圖本事。”按法周奉楊堅（隋文帝）之命，送舍利到韓州（今山西省河津、萬榮二縣間）修寂寺置立舍利塔時，係在仁壽四年（604），則寺的建造當在隋代以前。法周當時曾目睹寺中有磚塔四座，形制高大，每塔四周附造青瓷小塔，小塔上並有佛本生故事圖。固不問小塔的形狀怎樣，但塔基上列以五塔之制則一。據此史料，現在所稱“金剛寶座塔”創始自明代，實則早在一千三百六十年前已經出現在我國疆土上了。引自：宗雯：《金剛寶座塔小考證》，收入《佛教文史雜考》（張曼濤主編，現代佛教學術叢刊100，第一〇輯一〇），（臺北）大乘文化出版社印行，1979年，第187－188頁。敦煌莫高窟北周第428窟西壁繪有金剛寶座式塔，有關論述參見，蕭默：《敦煌建築研究》（塔-磚木混合塔），文物出版社，1989年，第170－174頁。莫高窟428窟西壁的五塔，又有研究者認爲應稱“如來五分法身塔”，“五分法身塔是中西合璧之作”。施萍婷：《關於莫高窟第四二八窟的思考》，《敦煌研究》1998年第1期，第2－3頁及8頁。

③ 嘗考我國佛寺建築上採用的雙塔，在現存遺物上看，要算河南安陽寶山靈泉寺大殿前的雙石塔爲最古（據《河朔訪古新録》的記載，謂該雙塔均有初唐時期的題名石刻）。如果從文獻上或雕刻上去觀察，則佛寺雙塔之風，早在北魏時期已開其端。引自：孫宗文：《南朝四百八十寺》，收入《中國佛教寺塔史志》（張曼濤主編，現代佛教學術叢刊59，第六輯九），（臺北）大乘文化出版社印行，1978年，第50頁。西夏雙塔寺院的典型範例，現存有建於西夏中、晚期的拜寺口雙塔。牛達生：《寧夏賀蘭山拜寺口西夏古塔》，《考古與文物》1986年第1期，第61－65頁；牛達生：《再論賀蘭山拜寺口古塔爲西夏原建》，《考古與文物》，1987年第1期，第108－110轉103頁，牛氏二文收入氏著：《西夏考古論稿》，上海古籍出版社，2013年，第100－106頁、107－112頁。另可參考，寧夏回族自治區文物管理委員會辦公室、賀蘭縣文化局：《寧夏賀蘭縣拜寺口雙塔勘測維修簡報》（于存海、雷潤澤、何繼英執筆），《文物》1991年第8期，第14－26頁；寧夏回族自治區文物管理委員會辦公室，雷潤澤、于存海、何繼英編著：《西夏佛塔》（中國古代建築）維修篇三《賀蘭縣拜寺口雙塔》（于存海、何繼英執筆），文物出版社，1995年，第76－101頁；宿白：《西夏佛塔的類型》，初稿刊《西夏佛塔》（研究篇一），文物出版社，1995年，第1－15頁，後以《西夏古塔的類型》爲題收入氏著《藏傳佛教寺院考古》，文物出版社，1996年，第305－321頁。

④ 湛如、丁薇：《印度早期佛教的佛塔信仰形態》，《世界宗教研究》，2003年第4期，第30－31頁。

⑤ 霍巍：《古格與岡底斯山一帶佛寺遺迹的類型及初步分析》，《中國藏學》，1997年第1期，第83－101頁。

峙,以佛塔爲主的佛寺布局,佛塔爲主要建置[①]。塔作爲崇拜偶像的建築形式本是外來的,是佛寺獨特的建築符號。正如整個佛教石窟的歷史演變一樣,漢地寺廟經歷了由塔中心到塔像並重再到殿中心的歷史演化。佛塔佛像崇拜變成漢文化的偶像崇拜是佛寺漢化的一個方面[②]。魏晉以後至隋唐,佛寺受都城宫殿官署建築規制影響,採取院落式格局,平面布局依中軸綫作縱深展開,以殿堂廊廡等組成的院庭爲單元。凡此這些,在3號陵園建築布局、形式、風格中均有所反映,陵園月城相當於寺院前院。陵城四面墻垣中部門廡爲殿堂形制,除陵城南門外,其他三面門道臺基兩側没有漫道,表明陵城東、西、北三門只是象徵而無出入陵城的實際作用。以門道臺基面分布的磉墩(或柱礎)及殘留"胡墼"墻體基礎分析,陵城南垣門廡爲面闊五間、進深兩間的殿堂,其他三面門廡爲面闊三間、進深兩間殿堂。3號陵園中對佛塔的禮拜無疑轉化爲了對長生不死的崇拜。佛教題材元素(諸如迦陵嬪伽、摩竭、海獅)與佛的神聖象徵物(塔)被運用到陵墓建築環境中,佛教意象融入王陵,這使陵園充滿尊崇佛法的濃重氛圍和恢宏氣勢,在王陵儀規空間突顯佛法與皇權的結合,將一座墓葬轉變成爲死者的天堂[③]。西夏王陵的陵園規制充分發揮了佛教對皇權的輔翼功能。

墓與廟之兩立、合一,在三代至漢、晉、北魏反反復復[④]。而帝王陵上建佛教禪寺,據説始於東漢[⑤]。東漢開始,佛教文化因素進入中國墓葬文化中。陵園與佛

---

① 關於中國古代佛寺布局研究,宿白先生發表系列文章:《東漢魏晋南北朝佛寺布局初探》,刊《慶祝鄧廣銘教授九十華誕論文集》,河北教育出版社,1997年,第31-49頁;《隋代佛寺布局》,《考古與文物》,1997年第2期,第29-33轉28頁;《試論唐代長安佛教寺院的等級問題》,《文物》2009年第1期,第27-40頁;《唐代長安以外佛教寺院的布局與等級初稿》,氏著《魏晋南北朝唐宋考古文稿輯叢》,文物出版社,2011年,第270-285頁。前三篇文章收入《魏晋南北朝唐宋考古文稿輯叢》第230-247頁、248-254頁、255-269頁。

② 張法:《佛寺:從印度到南亞和漢地的演變》,《長春市委黨校學報》,1999年第2期,第71-76頁,收入中國人民大學復印報刊資料《宗教》,1999年第4期,第107-112頁。

③ 孟凡人先生認爲西夏3號陵陵城恰似"涅槃城"。"由于佛塔與涅槃密切相關,故陵塔與陵城相結合,又可將陵城喻爲'涅槃城'。以使死者不生不滅,到達安樂解脱之聖者所居;命終,往生極樂世界"。"其陵城門闕和角闕上諸塔與陵塔相得益彰,形成了更加濃厚的'涅槃'色彩,所以三號陵的陵城較其他諸陵陵城更似'涅槃城'"。"三號陵園諸塔林立,以佛教涅槃信仰爲主綫,將元昊之死比附於'涅槃',將陵城喻爲'涅槃城',使整個陵園仿佛置於'佛國净土極樂世界'之中,充分體現出三號陵陵主希望死後往生佛國净土極樂世界的强烈夙願"。氏著:《西夏陵陵園形制布局研究》,故宫博物院《故宫學刊》,2012年總第八輯,第94、95頁。是可謂文意相投。

④ 巫鴻:《從"廟"至"墓"——中國古代宗教美術發展中的一個關鍵問題》,《慶祝蘇秉琦考古五十五年論文集》編輯組編:《慶祝蘇秉琦考古五十五年論文集》,文物出版社,1989年,第98-110頁,收入巫鴻著,鄭巖、王睿編:《禮儀中的美術——巫鴻中國古代美術史文编》,生活·讀書·新知三聯書店,2005年7月,第549-568頁。

⑤ 常被引用一條的材料,《洛陽伽藍記》卷四中記:"明帝崩,起只洹(殆即精舍也。精舍者,修行者所居)於陵上,自此以後,百姓冢上或作浮屠焉。"(魏)楊衒之撰,周祖謨校釋:《洛陽伽藍記校釋》卷四"白馬寺",中華書局,1963年,第150-151頁。另參見,冉萬里:《帝陵建寺之制考略》,西北大學考古學係、西北大學文化遺産與考古學研究中心編:《西部考古》第一輯(紀念西北大學考古學專業成立五十週年專刊),三秦出版社,2006年,第433-441頁。

寺、宗廟相結合，即發現把佛堂、祠廟等共同建於陵園最早的實例，見於大同方山北魏馮太后永固陵[①]。永固陵之前造永固堂（陵廟），具有祠廟的性質；“思遠靈圖”建在永固堂之前，“靈圖”有“浮圖”、“浮屠”的意思，當是一座佛堂建築；思遠靈圖之西有齋堂。考古資料顯示，永固陵地表現存高22.8米的封土，墳丘前有平面長方形的建築基址和有回廊環繞的方形佛塔基址。佛教信仰使佛堂、齋堂和祠廟相結合，在思想上一方面採用儒家的傳統思想，强調“忠孝”、“貞順”，另一方面又崇尚佛教，這是北魏統治集團强烈信奉佛教的一種表現[②]。西夏陵園將“陵、廟、寺”建築功用契合在一起之構建理念折射出北魏方山永固陵格調的影子。永固陵的陵、廟（永固堂）、寺（思遠佛寺）這些單元建築前後依次分布，而西夏王陵的陵園即同佛寺，陵園（寺）中有宗廟（獻殿）。如果説永固陵集陵、廟、寺三者爲一體是“形似”，那麽西夏陵園融陵、廟、寺爲一體可稱得上是“神似”。

第十一，西夏陵園墓道預示着兩方向途徑。西夏陵園中陵臺（陵塔）與獻殿之間的墓道上方高高隆起填土，這種昭示墓室方位的情況在中國歷代陵園中極爲少見。考古發掘表明，深埋是西夏陵墓的一大特點：上世紀七十年代發掘的幾座西夏陵墓，6號陵（原編8號陵）墓室深達24.6米[③]；M182號（原編101號）陪葬墓墓室深21米[④]；M177（原編108號）陪葬墓墓室深12.5米[⑤]；依照3號陵墓道南端的解剖情況，推測3號陵墓室亦深達20多米[⑥]。1990年在洛陽東郊邙山發掘的元代賽

---

① 關於永固陵調查發掘研究，宿白：《盛樂、平城一帶的拓跋鮮卑-北魏遺迹——鮮卑遺迹輯録之二》，《文物》，1977年第11期，第42－43頁；大同市博物館、山西省文物工作委員會：《大同方山北魏永固陵》（白玉珍、劉緒發掘，解廷琦執筆），《文物》，1978年第7期，第29－35頁；徐蘋芳：《中國秦漢魏晋南北朝時代的陵園和塋域》，《考古》1981年第6期，第525頁，該文以《秦漢魏晋南北朝時代的陵園和塋域》爲題收入氏著文集：《中國歷史考古學論叢》，（臺北）允晨文化實業股份有限公司，1995年，又收入氏著文集：《中國歷史考古學論集》，上海古籍出版社，2012年，第114－131頁；中國社會科學院考古研究所編著：《新中國的考古發現和研究》第五章二（八），文物出版社，1984年，第537頁；張慶捷：《北魏永固陵的考察與探討》，北京大學古代文明研究中心編《古代文明研究通訊》（2003年）總第19期，第16－29頁；胡平、解廷琦、焦强：《大同思遠佛寺遺址考古發掘成果斐然》，《中國文物報》2004年10月1日第2版；大同市博物館：《大同北魏方山思遠佛寺遺址發掘報告》（胡平執筆），《文物》，2007年第4期，第4－26頁；沈睿文著：《唐陵的布局：空間與秩序》附三《陵墓與政治》（三、胡漢雜糅的永固陵），北京大學出版社，2009年，第315－317頁；王飛峰：《關於永固陵的幾個問題》，《中國國家博物館館刊》，2012年第11期，第19－30頁。元昊自稱元魏（鮮卑拓跋）後裔，祖源攀附意在賦予政權之正統性。北魏永固陵構築理念影響到西夏陵園制度是否與元昊自稱元魏後裔有涉，是個值得探究的問題。

② 楊寬著：《中國古代陵寢制度史》（上編五“5、永固陵的構造”），上海人民出版社，2008年，第49頁。

③ 寧夏回族自治區博物館：《西夏八號陵發掘簡報》（鐘侃、李志清、李範文執筆），《文物》，1978年第8期，第64、65頁。

④ 寧夏回族自治區博物館：《西夏陵區101號墓發掘簡報》（吴峰雲、李範文、杜玉冰發掘清理），《考古與文物》，1983年第5期，第39頁。

⑤ 寧夏回族自治區博物館：《西夏陵區一〇八號墓發掘簡報》（吴峰雲、李範文執筆），《文物》，1978年第8期，第71頁。

⑥ 寧夏文物考古研究所、銀川西夏陵區管理處編著：《西夏三號陵——地面遺迹發掘報告》第三章第十節一，科學出版社，2007年，第300頁。

因赤答忽墓，墓底距地面深 19.8 米，還被發掘者認爲是“洛陽市及全國較深的古墓”①。深埋應該是類似中國古代“潛埋虚葬”的另一種形式。“虚葬”(即僞葬)、“潛埋”(墓葬秘密的實際葬地)是在十六國——北朝時期遊牧民族統治階層内普遍施行的葬法，這種虚葬、潛埋到隋朝漸失②。潛埋的方式是不起墳，地表不留任何痕迹。據説早先黨項貴族也施行潛葬。明《陝西通志》卷四“榆林衛”中記：“紅石峽山在衛北十里紅山墩左，峽中有水自沙漠來，水從石流下，鬥落數千仞。舊傳李繼遷葬其祖彝昌，障水别流，而鑿石爲穴以葬。及葬畢，仍引水流於故道。今俗傳墓在水中石穴云。”③《西夏書事》卷七中也襲其説，黨項貴族建國之前李繼遷(趙保吉)於咸平六年(1003)建都西平(靈武)，“尋葬其祖於紅石峽，障水别流，鑿石爲穴，既葬，引水其上，後人莫知其處”④。黨項統治階層的潛埋、深埋，本意無非都是爲了預防挖墳盗墓。西夏陵園的墓道填土高高隆起在地面上，這種明示墓室位置的做法似與常理不合，一方面出於當時技術能力、陵地地質狀况的條件，因爲是深埋，體現了西夏統治階層對墓室防盗的某種自信。且在西夏律法中對發冢盗棺、毁屍滅骨、破壞墓葬、墓碑等行爲有嚴格處罰條文⑤。但另一方面，通過對 3 號陵地面遺址的全面清理，發現的遺迹現象、出土遺物反映出整座陵園修飾的絢麗輝煌，如陵園墻體及鵲臺、陵塔涂抹赭紅色細膩墻皮，墻頂掛瓦當、滴水，陵塔外罩木構建築；碑亭、獻殿、門屋夯土基址包磚，建築地面鋪磚，屋頂安置鴟吻；角闕、門闕以磚甃面等。這些單體遺址均發現大量陶製、琉璃質建築裝飾構件等。如若在縱貫陵城中央的顯眼位置惟獨留下一道光秃秃的墓道封土，這既與整座陵園榮耀燦爛的氛圍光景不相協調，也不符合陵園彰明較著的虔誠水準，墓道封土上面亦應有(裝飾性

---

① 洛陽市鐵路北站編組站聯合考古發掘隊：《元賽因赤答忽墓的發掘》(王支援、張劍、劉富良執筆)，《文物》，1996 年第 2 期，第 22－33 頁。相關文章，趙振華：《元〈賽因赤答忽墓志〉考》，《内蒙古社會科學》(文史哲版)，1994 年第 2 期，第 64－70 頁；《元賽因赤答忽墓被發掘》，《内蒙古社會科學》(文史哲版)1996 年第 3 期封三。

② 曹永年：《説“潛埋虚葬”》，中華書局編輯部編《文史》第 31 輯，中華書局，1988 年 11 月，第 79－86 頁；樸漢濟著、李椿浩譯：《魏晋南北朝時期墓葬習俗的變化與墓志銘的流行》，故宫博物院《故宫學刊》，2010 年總第六輯，第 272－275 頁。

③ (明)趙廷瑞修，馬理、吕柟纂：《陝西通志》(董健橋總校點，李之勤、閻琦、徐興海、王世平校點)卷之四、土地四、山川下、榆林衛，三秦出版社(上、下册)，2006 年，上册第 168 頁。

④ (清)吴廣成撰、龔世俊等校证：《西夏書事校證》卷七，甘肅文化出版社，1995 年，第 86 頁。

⑤ 西夏法典中有律令：“不准諸損毁地墓、陵、立石、碑記文等。違律時，於殿上座節親[王公皇親]、宰相、諸王等所屬地墓上動手者徒六年，至棺椁上則徒十二年，棺椁損壞至屍者當絞殺。以下臣民等所屬地墓上動手，徒三年，至棺椁上徒六年，損壞棺椁而至屍則徒八年。又損壞無屍之壇、臺、陵、立石、碑文、石獸時，一律當依前此損壞地墓罪減三等。若以暴力進行數次損壞，貪取地墓中物，則按强盗、偷盗法則及毁損罪，依重者判斷。”“諸人損毁地墓、丘墳、陵等時，當准許他人舉告……”史金波、聶鴻音、白濱譯註：《天盛改舊新定律令》卷三“十三，盗毁佛神地墓門”(中華傳世法典)，法律出版社，2000 年，第 184－186 頁。參見[俄]E·И·克恰諾夫譯，李仲三漢譯，羅矛昆校訂：《西夏法典——天盛年改舊定新律令(第 1－7 章)》第三章“盗毁墓祠聖物(160－166 條)”，寧夏人民出版社，1988 年，第 83－85 頁；史金波、聶鴻音、白濱譯：《西夏天盛律令》卷三“十三，盗毁佛神地墓門”(劉海年、楊一凡總主編，中國珍稀法律典籍集成甲編第五册)，科學出版社，1994 年，第 82－83 頁。

的)建築基礎設施。同時我們注意到,3 號陵園獻殿北面斜坡墁道正與墓道封土南端相對接,預示墓道封土頂面存在走向"祭臺"行祭祀追薦儀式之路道的可能性。凸起於地面的墓道填土自南向北增高,直向"祭臺"(或"祭壇")陵塔,墓道是途徑走向,其寓示墓道下方通向陰間世俗世界,上方通向往生佛國净土極樂世界。

第十二,西夏王陵喪葬禮俗中有漢俗、佛俗及黨項遊牧民俗。自先秦至兩漢,喪葬禮俗經歷了裝殮禮俗、埋葬禮俗演變,由廟祭到墓祭所引起的陵寢制度的演變①。唐代喪葬觀念習俗深受等級制度、法律條文、政治争鬥、風俗信仰等影響。唐代墓葬在八世紀中期有了變革,變化的關鍵在於整個喪葬中的喪、祭地位被提高,使得葬的直接表現形式墓葬變得簡陋起來②。北宋整個皇陵區按"五音姓利"安排,各種禮制相當嚴格,不僅有明確的規定,而且在實際當中被嚴格遵守,表現了皇家對禮法的嚴格追求。皇陵中不再用當朝的臣屬來陪葬,只以趙氏宗族的人陪葬,體現了在喪葬中對宗族、姓氏的重視③。在此演化進程背景下,西夏王陵中的葬俗借其考古發掘中相關涉之殘餘斷片信息,推知一二。西夏王陵埋葬習俗中有:1. 漢俗:曾發掘過的帝陵和陪葬墓,皆爲有長斜坡(或階梯狀)的洞室墓,帝陵三室(主室與左右二室),墓室周壁立護墻板。陪葬墓單室,墓壁是原生土、無護墻板,陵、墓均有人骨與棺板朽木出土,説明是土葬。佛教亦有土葬④,然與中原漢式洞室墓土葬不同。2. 佛俗:西夏 3 號陵園體現佛塔崇拜、"轉輪王"以佛教治國的信仰等。唐陵有佛教因素⑤,宋陵也多有佛教元素⑥,但全然不及西夏 3 號陵園中佛教

① 高崇文:《試論先秦兩漢喪葬禮俗的演變》,《考古學報》,2006 年第 4 期,第 447 - 472 頁。

② 齊東方:《唐代的喪葬觀念習俗與禮儀制度》,《考古學報》,2006 年第 1 期,第 59 - 82 頁。

③ 秦大樹:《宋代喪葬習俗的變革及其體現的社會意義》,鄧小南、榮新江主編《唐研究》第十一卷("唐宋時期的社會流動與社會秩序研究"專號),北京大學出版社,2005 年,第 313 - 336 頁。

④ 佛教"葬法:天竺有四焉。一水葬謂投之江河,以飼魚鱉。二火葬謂積薪焚之。三土葬謂埋岸傍取速朽也。四林葬謂露置寒林飼諸禽獸"。(北宋)道誠輯《釋氏要覽》卷下,河北禪學研究所編輯、中華全國圖書館文獻縮微復製中心出版:《佛學三書》(中國佛學文獻叢刊),1995 年,第 886 頁下欄。

⑤ 張建林:《唐代喪葬習俗中佛教因素的考古學考察》,李炳武、黄留珠主編:《唐代歷史文化研究》(陝西文史研究叢書),三秦出版社,2005 年,第 241 - 261 頁,又載西北大學考古學系、西北大學文化遺産與考古學研究中心編:《西部考古》第一輯(紀念西北大學考古學專業成立五十週年專刊),三秦出版社,2006 年,第 462 - 472 頁;冉萬里:《略論佛教地獄觀念對隋唐時期喪葬習俗的影響——以各類追冥福行爲中心》,文化遺産研究與保護技術教育部重點實驗室、西北大學文化遺産與考古學研究中心編:《西部考古》第四輯,陝西出版集團、三秦出版社,2009 年,第 224 - 250 頁;李星明:《佛法與皇權的象徵——論唐代帝陵神道石柱》,《復旦學報》(社會科學版),2011 年第 1 期,第 21 - 31 頁;李星明:《隋唐墓葬藝術中的佛教文化因素——以唐陵神道石柱爲例》,巫鴻、鄭巖主編:《古代墓葬美術研究》第一輯(2009 年"古代墓葬美術研究國際學術討論會"論文集),文物出版社,2011 年 9 月,第 245 - 270 頁。

⑥ 冉萬里:《宋代喪葬習俗中佛教因素的考古學觀察》,《考古與文物》,2009 年第 4 期,第 77 - 85 頁。北宋永定陵、永定禪院、元德李皇后陵及宋陵磚瓦窑廠等地發現陶制嬪迦,均爲殘破頭像或身像。河南省文物考古研究所編:《北宋皇陵》,中州古籍出版社,1997 年,第 307、311、337、423、444 頁,圖版六五:1、2,七五:3,八○:6,八七:4。嬪迦於宋代用於裝飾宫廟屋檐的實物報導,湯毓賢:《儐伽振翼,妙音繞檐——福建雲霄下營廟瓦飾》,《中國文物報》2004 年 3 月 10 日第 7 版。

題材内容之豐富直觀。譬如3號陵園發掘出土的建築裝飾構件中的迦陵頻伽是一種人鳥混合的形象，佛經記載它以其美妙聲音和優美舞姿娱悦佛、供養佛，佛教利用它來宣傳其教義①；裝飾構件中的摩竭是“龍首雙翼魚身”形象，係出自印度神話和佛經的摩竭魚王或摩竭舟，摩竭是法力無邊的一種海怪，既可興妖作惡，又能滋養人民，使之得以生息繁衍，被視爲闢邪的吉祥象徵②。諸種考究的琉璃建築裝飾構件，唐宋帝王陵園還是比較少見。而陵園出土花紋磚上的蓮花紋、忍冬紋，同樣具有佛教方面的神聖意義。在佛教中，蓮即佛，佛即蓮，佛教中有衆多的蓮花比喻和故事傳説；佛教視蓮花潔净溢香，莊嚴至聖，佛經稱之爲“法華”，又是佛國净土的象徵。忍冬紋是在南北朝時期開始流行的一種由荷葉變形後形成的紋樣，這種纏枝植物紋的發展也受到了西亞佛教藝術的影響，同時又是與中國古代傳統的雲紋相結合的産物③。西夏陵園又將供奉和膜拜佛陀、菩薩的寺院與拜謁和祭奠帝王的陵墓相互滲透而融合在一起。3. 黨項遊牧民族自身的葬俗：陪葬墓隨葬品有銅牛、石馬、石狗之類大型家畜仿製品，表達的意趣爲在畜牧生活的民族中牲畜是生存之根本、相伴始終。

第十三，雖然我們將西夏陵寢納入到中國帝陵體系中作考察，但西夏陵寢傾向於王侯陵墓規制，而非帝王皇陵規格。西夏陵具備秦漢、唐宋帝陵陵寢建置的一些基本要素，有陵墓地上建築的陵園墻垣、鵲臺、門闕、角闕、獻殿、陵臺及石像生，有陵墓地下建築的墓道、墓室，有陵區制、陪葬制等。然而在陵園布局規模等諸多方面西夏陵與唐宋帝王皇陵的陵寢規制存在相當差距。前文已指出，西夏陵的陵園平面布局更接近唐代“改墓爲陵”的順陵、恭陵，順陵係武曌母楊氏墳墓，恭陵爲唐高宗太子李宏墓（俗稱“太子冢”），這類墓本身就比唐代“因山爲陵”的帝王陵低一等級。其次，西夏陵園不置下宫，各陵園格局中没有相應獨立的禮制性建築。再次，西夏陵的陵區地域與陵園的建構規模遠不及唐宋帝王陵。唐陵區東西延展百餘公里，氣勢宏大，北宋陵區總面積亦達150多平方公里，西夏陵區面積僅50餘平方公里。在唐宋陵墓等級序列中，陵園的面積與神道的長度，具有重要的等級標示

① 陳雪静：《迦陵頻伽起源考》，《敦煌研究》，2002年第3期，第9－13頁。

② 岑蕊：《摩竭紋考略》，《文物》，1983年第10期，第78－80轉85頁下；孫機：《摩羯燈——兼談與其相關的問題》，《文物》，1986年第12期，第74－78頁；楊伯達：《摩羯、摩竭辨》，《故宫博物院院刊》2001年第6期，第41－46頁。另參見，牛達生：《自成體系的西夏陵屋頂裝飾構件》，氏著文集《西夏考古論稿》，上海古籍出版社，2013年，第72－88頁，亦刊杜建録主編：《西夏學》第十輯，上海古籍出版社，2014年，第280－290頁。

③ 柳涵：《漫談中國古代的蓮荷圖案》，《文物》，1959年第9期，第62－65頁；馬倩、潘華順：《古代蓮文化的内涵及其演變分析》，《天水師範學院學報》，2001年第1期，第24－28頁。關於西夏文物所反映的宗教性論述，參見史金波：《西夏文物的民族和宗教特點》，《中國歷史文物》，2005年第2期，第26－40頁。另參見，牛達生：《西夏遺迹》三（五）“黨項族葬俗的演變”，文物出版社，2007年，第99－103頁。

性意義[①]。陵寢塋地規模上，以陵城築墻爲例，有唐陵之冠的乾陵内城南墻、北墻基長 1450 米，東墻基長 1582 米，西墻基長 1438 米[②]；即便是順陵與恭陵，順陵陵園範圍南北 1264 米、東西 866 米，平面方形的内城南墻 286 米、東墻基 291 米[③]；恭陵陵園見方 660 米[④]，另一説恭陵陵園"長、寬均 440 米"[⑤]。宋陵中宋太宗永熙陵上宮保存最好，其平面呈方形的宮城邊長 240 餘米[⑥]。而西夏 3 號陵園陵城南北 181 米，東西僅 163 米。此外，西夏陵園陵城雖四面辟門，但除南神門外，其他三門封堵而無實際通行意義。乾陵以後諸唐陵及宋陵均於陵園四神門外各列置石獅一對，四門暢通。西夏陵園極度壓縮陵城前建築間距，3 號陵園鵲臺北距碑亭（宋陵乳臺位置）僅 35 米，碑亭北至月城僅 40 米，而宋永熙陵鵲臺北至乳臺 140 米，乳臺向北與宮城之間排列石像生的神道長 142 米；唐陵從鵲臺到乳臺距離更長，兩處間距通常 2000 多米，少者也在 1500 米左右，乳臺與南神門距離山陵一般 600 米以上。乾陵鵲臺北至乳臺 2350 米。西夏陵園又將石像生裹進月城，3 號陵園月城南北 53 米，神道大爲縮短而窄。唐陵神道兩側相向而立的石刻東西間距一般 60 米，最寬達 160 米；宋永熙陵東西分列的石像生間距 44.5 米；西夏 3 號陵靠近神道的兩側石像生基址東西間距 32 米。西夏王陵的陵園規模和神道長度與唐宋帝陵相較是不可企及的。這些亦應視爲西夏陵寢規格降格爲王制的表現。綜上幾方面，西夏陵園規劃僅是仿冒"天子之制"，陵園建制不是帝王皇陵規格，實際爲王侯陵墓級别。但這並不影響我們對西夏王陵的研究與關注程度。

四、小結

西夏汲取中原智慧，開拓本土資源。西夏王陵在唐宋陵寢制度深厚背景的影響下，採納取捨、兼收並蓄而有所創建衍化。西夏陵寢制度借鑒、融入了秦漢以來特别是北魏、唐宋陵園之規制、因素，既有唐風宋行，又有佛教樣式，還頗具自身特色。在物態層面上，西夏陵園形制以唐宋帝陵陵園建築平面布局爲藍本，但不是帝王皇陵的陵寢規格，屬王侯陵墓級别；在精神層面上，西夏陵園以北魏方山永固陵把佛寺、祠廟共建在陵園的建制理念爲依托，輸入與糅合傳統祠廟建築的祭祀功能，引進和融合佛教寺塔建築的紀念碑性，陵園建築中無論是形制還是裝飾都深深

---

① 王貴祥等：《中國古代建築基址規模研究》上編第十一章第二節"唐宋時代的墓葬塋域規模"，中國建築工業出版社，2008 年，第 172－176 頁。

② 楊正興：《乾陵勘查情況》，《文物》，1959 年第 7 期，第 73 頁；陝西省文物管理委員會：《唐乾陵勘查記》（楊正興執筆），《文物》，1960 年第 4 期，第 58 頁。

③ 陝西省考古研究所：《唐順陵勘查記》（王世和執筆），《文物》，1964 年第 1 期，第 35 頁。

④ 若是：《唐恭陵調查紀要》，《文物》，1985 年第 3 期，第 45 頁。

⑤ 中國社會科學院考古研究所河南第二工作隊、河南省偃師縣文物管理委員會：《唐恭陵實測紀要》（徐殿魁、王竹林執筆），《考古》，1986 年第 5 期，第 459 頁。

⑥ 河南省文物考古研究所編：《北宋皇陵》第二章第一節三，中州古籍出版社，1997 年，第 58 頁。

烙上了佛教色彩的印迹，從而自成有“陵、廟、寺”於一體的建築格調，與之相適應的喪葬習俗，就是集漢俗、佛俗及黨項遊牧民族自身的葬俗於一身，使漢族儒家文化和佛教文化與黨項民族文化三者有機地結合在一起，反映了在佛教信仰濃厚氣氛帷幕的籠罩下，中原傳統文化與西夏民族文化在陵寢制度方面的疊加和交融，令人耳目一新。西夏王陵爲西夏時期建築技藝的研究提供了可貴的實物材料。明安塞王朱秩炅《古冢謡》詩中雖有言“世更年遠迹已陳，苗裔縱存猶路人”，然以今視古，透過西夏王陵，使我們領略到西夏特色的建築藝術成就，感受到西夏黨項民族的精神境界。西夏王陵爲中國古代陵寢制度發展史書寫了可圈可點的一頁。

（附記：本文原爲 2012 年 9 月至 2013 年 7 月作爲中組部“西部之光”訪問學者期間的研修作業。原刊《宋史研究論叢》第十六輯。收入本論文集後作了補正。真摯感謝中國社會科學院人事教育局（專家與職稱處）在生活和學習考察方面的安排；誠懇感謝接收單位中國社會科學院考古研究所及中國社會科學院研究生院給予的便利條件；特别感謝導師孟凡人先生在習作撰寫當中的施教、幫助。再次感謝十多年前西夏 3 號陵地面遺迹發掘過程中，中科院考古研究所蔣忠義、徐殿魁、楊國忠三位先生的現場指導。）

西夏六號陵陵主再考

岳　鍵

關於西夏陵陵主歸屬之争,特别是六號陵陵主的考證,可謂曠日持久,從二十世紀七十年代迄今已近40載,學者們各抒己見,各有所據,一直難有定論。刊登在1978年《文物》第八期的《西夏八(六)號陵發掘簡報》(鐘侃、李範文執筆)最早提出了六號陵陵主應是西夏第八代皇帝李遵頊的觀點[①]。此後,《寧夏文物》在1986年試刊號(總第一期)刊登了吴峰雲《西夏陵園及其建築特點》的論文[②],提出了西夏陵擇穴是"平原起塚"和"依山起塚"的觀點,推測出六號陵陵主爲神宗遵頊。繼而,1987年《考古學集刊》第五集又刊登了韓兆民、李志清《關於西夏八(六)號陵墓主人問題的商榷》一文[③]。作者根據西夏曾被宋朝賜予趙姓,首次提出西夏陵是按宋之左昭右穆葬法擇穴,並以此爲據,爲西夏陵已知的9位陵主排序。從而推測出西夏六號陵陵主是李乾順。此文發表後,引起反響,並被學界所接受。在沉寂了10多年後,2012年《西夏研究》第三期發表了孫昌盛《西夏六號陵陵主考》一文[④](以下簡稱《陵主考》),再次引起熱議。筆者認爲《陵主考》一文商榷之處頗多,須做更深入的探討。在此,筆者不避淺陋,結合近幾年本人的研究成果,從西夏陵的修建時間;西夏陵的去宋化背景;西夏陵的始祖選位;六號陵碑亭遺迹的復原;六號陵殘碑的梳理諸方面作了進一步的論证,得出拙見:六號陵陵主爲崇宗嵬名乾順。

一、賀蘭山下的裕陵、嘉陵與横山縣的繼遷德明墓

西夏陵園建於何時?史載不一,但有一點是清楚的,即:西夏陵最早的入葬者應是西夏太祖李繼遷,只要確定了李繼遷的建陵時間,也就確定了西夏陵園的修建時間。史載:(繼遷)"景德元年(1004)正月二日卒,年四十二,子德明立,祥符五年(1012),德明追上繼遷尊號曰'應運法天神智仁聖至道廣德孝光皇帝。元昊追謚曰'神武,廟號太祖,墓號裕陵'。德明小字阿移,母曰順成懿孝皇后野利氏,即位於柩

① 寧夏回族自治區博物館:《西夏八號陵發掘簡報》,《文物》1978年第8期。

② 吴峰雲:《西夏陵園及其建築特點》,《寧夏文物》1986年試刊號(總第一期)。後該文略有增改,以《西夏陵園及其建築特點》爲題,收入《西夏文物》,文物出版社,1988年。

③ 韓兆民、李志清:《關於西夏八號陵墓主人問題的商榷》,《考古學集刊》第五集,中國社會科學出版社,1987年。

④ 孫昌盛:《西夏六號陵陵主考》,《西夏研究》2012年第3期。

前,時年二十三"[①]。

上述記載表明,繼遷卒於1004年正月,其葬期也應是1004年,葬於何處没有明確記載,只知墓號爲裕陵。又據清吴廣成《西夏書事》卷八載:"景德元年(公元1004年)春正月,保吉(繼遷)卒。……秋七月葬保吉於賀蘭山下,在山西南麓。寶元中(1039),元昊稱帝,號爲裕陵。"[②]從這條史料看,繼遷應該是1004年秋七月葬於賀蘭山下,西夏陵園的修建也應始於這一年。但仔細分析,却與歷史事實不符。西夏陵園位在興州境内,陵園的建設只能是在西夏營建興州之後,而興州的營建始於天禧四年(1020)[③],是德明在原懷遠鎮的基礎上營建的,這要比繼遷修墓下葬的時間晚16年,因此,不可能是1004年修的陵。那麽是否是德明在營建興州期間爲繼遷修的陵呢?也不是。因爲我們所見的繼遷陵是由元昊追封的,廟號太祖墓號裕陵,這就是説德明並没有在興州爲其父繼遷修陵。那麽在興州爲繼遷修陵的只能是元昊了。

元昊在宋明道元年(1032)十月,德明病故後嗣位。同年爲德明修陵,那麽,繼遷陵是否有可能修於此時,即與德明陵同修同葬呢?清吴廣成《西夏書事》卷十一載:"明道元年(1032)……冬十月,夏王趙德明卒,年五十一。……葬於嘉陵,在賀蘭山下,元昊稱帝後追號。"[④]根據文字理解,德明卒後,直接葬於賀蘭山下的嘉陵,元昊稱帝後追了號,而同時追號的還有其祖父繼遷。看來德明1032年葬於賀蘭山是没有多大問題了,其祖父繼遷也同時修陵重葬。可是當我們將這段文字與《宋史·夏國傳》原文獻對照時就會發現,其實兩段文字表述内容完全相左。《宋史·夏國傳》原文爲:(天聖)"九年十月,德明卒,時年五十一,追謚曰光聖皇帝,廟號太宗,墓號嘉陵。"[⑤]這段文字寫得很清楚,德明的帝號、廟號、墓號均爲"追謚",並不是德明卒年的謚號。同時追謚的還有德明的妻子、元昊的生母:衛慕氏惠慈敦愛皇后。而1032年衛慕氏尚健在,她是在1034年被其子元昊所鴆殺[⑥],此時元昊不可能爲其活着的母親追謚;而德明卒年,史載不一。《宋史·夏國傳》云"天聖九年十月";《續資治通鑒長編》卷一一〇云"明道元年十月"。此處宋史有誤,因爲同書又載,德明景德元年繼位,年二十三,卒時五十一。依此推算,德明卒年應以明道元年(1032)爲是。也就是説,如果1032年元昊在賀蘭山爲德明修了陵的話,絶不會等到6年後(即1038)才爲其追謚封號,由此,我們可以斷定,1032年爲德明修的墓不在賀蘭山下,那麽它去了哪裡?前述的1004年爲繼遷修的墓又在哪裡?難道在賀蘭山之外,另有繼遷和德明的墓葬?經查史料這一推測得到了證實。在陝北横山

① 韓蔭晟:《黨項與西夏資料匯編》上卷第一册,寧夏人民出版社,2000年。
②④ 杜玉冰:《關於西夏陵的幾個問題》,《西夏陵》,東方出版社,1995年。
③ 《續資治通鑒長篇》卷九十六,天禧四年潤十二月,《西夏通史》,人民出版社、寧夏人民出版社,2005年。
⑤ 韓蔭晟:《黨項與西夏資料匯編》上卷第一册,寧夏人民出版社。
⑥ 李範文:《西夏通史》,人民出版社、寧夏人民出版社,2005年。

縣確有繼遷和德明的兩處墓塚。據横山縣志載:“西夏李繼遷祖墓在縣麒麟溝山巔,西夏李德明墓在縣北納令河西王埋墓灣,大塚二。”[①]這就明確告訴我們横山縣的兩處大塚,一爲繼遷麒麟溝之墓,一爲德明西王埋墓灣之墓。

接下來的西夏陵的斷代問題,就簡單了許多。天授禮法延祚元年(1038),元昊舉行了立國稱帝大典,接受了百官奉册。“謚祖保吉曰神武皇帝廟號太祖,妣野利氏曰順成懿孝皇后,父德明曰光聖皇帝廟號太宗,妣衛慕氏曰惠慈敦愛皇后”[②]。同時追謚祖陵爲裕陵,宗陵爲嘉陵,而位於賀蘭山東麓兩處形制一樣的大陵以其自身的存在證明了,其就是史書記載的西夏陵園的始祖(太祖繼遷)、始宗(太宗德明)二陵。由此證明裕、嘉二陵修建的時間當在 1038 年。西夏陵園即建於這一時期。

二、西夏建陵的去宋化背景

元昊是在棄宋自立、堅持蕃化的背景下建立的大夏國。因此,陵園規制皆與宋制不同。襲位伊始,元昊就去掉了唐宋所賜李、趙姓氏,改姓嵬名氏[③],第二年,即夏顯道二年(1033),元昊又下秃髮令[④]。陞興州爲興慶府定爲首都。緊接着大興土木,修建具有黨項風格的宫城殿宇,定制具有黨項特色的衣冠服飾,就連朝儀、禮樂也要標新立異,另搞一套。夏大慶元年(1036)元昊又親自主持,命野利仁榮創製了紀録黨項語言的西夏文字,使西夏文化自立邁出了實質性的一步[⑤]。

天授禮法延祚元年(1038),元昊在興慶府南部築壇受封,稱帝建國,定國號爲“大夏”,進而大封百官,然後授意百官奉册爲其祖父繼遷上謚號爲:神武皇帝,廟號太祖,墓號裕陵;父德明謚光聖皇帝,廟號太宗,墓號嘉陵[⑥]。由此拉開了西夏陵園建設的序幕。

西夏陵選址關乎西夏王朝皇嗣龍脉的傳承延續,它與西夏定都興慶府密不可分,陵園由元昊主持修建,其葬俗葬制具有典型的反傳統性,並深深打上了元昊時期的烙印。

元昊所處時代佛教盛行,净土信仰風靡西夏全境。元昊立國後,以佛教九級浮屠規模修了大塚兩座。將其祖宗葬於賀蘭山東南谷。賀蘭山是西夏人眼中的西方聖山,這裡坡高地闊,視野開闊,近可視銀川平原,遠可望黄河波濤,是建陵最理想的西方净土。西夏陵是西夏人的精神象徵。在這塊净土上,既有賀蘭山遮風擋雨,又有嵬名始祖關懷護佑,更有佛祖的護持關照;西夏人相信,將祖陵修建於賀蘭山下一定會國泰民安、子嗣繁衍、大夏永續延年。西夏陵選址於賀蘭山是西夏佛教信

---

① 《横山縣志》(東順齋石印本)卷二頁二六上。

② (清)吴廣成《西夏書事》卷十二。

③ 《宋史·夏國傳上》,《黨項與西夏資料匯編》上卷第一册,寧夏人民出版社,2000 年。

④ 《西夏書事》卷十一。《西夏通史》,人民出版社,寧夏人民出版社,2005 年。

⑤ 《宋史·夏國傳上》,《黨項與西夏資料匯編》上卷第一册,寧夏人民出版社,2000 年,第 62 頁。

⑥ 李範文《西夏通史》,人民出版社,寧夏人民出版社,2005 年,第 159 頁。

仰的必然結果,亦可視爲元昊"西方净土"情結的表現。

建雙陵於賀蘭山東南麓,不但滿足了西夏人朝謁祭拜的需要,又聚合了全民向心力,提振了西夏人的民族精神,西夏立國之初,需要這種精神依托。毋庸置疑,西夏陵這種標新立異、獨出心裁且與中原王朝截然不同的陵園風格,彰顯了西夏文化獨有的民族特色。

三、嵬名祖陵與東南姓翁

西夏陵區一、二號陵位於賀蘭山東麓西夏陵區的最南端。陵塔以9級浮屠,二位一體的形制,高聳挺立,格外引人注目。長期以來,人們對其陵主身份多有揣測,認爲是太祖繼遷和太宗德明的可能性較大,而《陵主考》却認爲:"一號、二號陵爲李繼遷和李德明之陵墓僅僅是根據其地理位置位於最南端,並無直接或間接證據。"①筆者以爲,除地理位置具有不可替代的最有地標意義的方位證據外,亦有多處文獻記載和出土殘碑碑文都直接或間接表述了一二號陵就是太祖繼遷和太宗德明的陵墓。

六號陵出土西夏文殘碑M8E2:17、M8E2:25均有"東南氏(族、姓)"之語②,俄藏西夏官階封號表也多處出現"文孝恭敬東南姓官……"、"武孝恭敬東南姓官……"之語③,西夏辭書《音同》序文亦有"恭敬東南姓上皇座嵬名德照"之語④,李範文先生將其譯爲"恭敬東南族闕上德照嵬名皇座";史金波先生譯爲"恭敬東南姓闕上皇座嵬名德照";賈常業先生譯爲"恭敬東南族翁上皇座嵬名德照"。三人所譯雖有一定差異,但屬大同小異,何爲"東南氏(姓、族)","氏"者,姓也,"東南氏"即"嵬名氏",此處當特指埋葬於賀蘭山東南谷的"嵬名吾祖",即太祖嵬名繼遷和太宗嵬名德明。此前多有學者將元昊"自號嵬名吾祖"⑤理解爲"元昊改姓嵬名氏自稱兀卒(吾祖)",實乃大誤,此處兀卒(吾祖)不指元昊,乃指繼遷與德明,筆者理解這句話的本意應是"元昊自稱祖宗是嵬名氏"而不是自稱是嵬名氏的祖宗。這樣就理順了元昊與太祖繼遷與太宗德明之間的關係。繼遷是嵬名始祖,德明是嵬名始宗,嵬名祖宗葬於賀蘭山東南谷被尊稱爲"東南族翁",即嵬名先祖。"翁"者父也,普通百姓之"翁"與東南姓翁之"翁"的寓意有很大的不同。百姓之翁僅有"父"的含義,而東南姓翁之翁却含有一個"聖"字,這與嵬名氏均含有一個"聖"字的寓意是一樣的,即它們只能屬於皇族。"東南族翁上皇座嵬名德照"即指位於賀蘭山東南谷的嵬名德明之陵塚。其中,"東南族翁、上皇座"是同位語,均指代"嵬名德照";"皇座"是對已

---

① 孫昌盛:《西夏六號陵陵主考》,《西夏研究》,2002年第3期,第25頁。

② 李範文:《西夏陵墓出土殘碑萃編》,文物出版社,1984年,第66、67頁。

③ 史金波:《西夏社會》上,上海人民出版社,2007年,第295頁。

④ 李範文:《同音研究》,寧夏人民出版社,1986年,第202頁。

⑤ 《宋史·夏國傳上》,《黨項與西夏資料匯編》上卷第一册,寧夏人民出版社,2000年,第60頁。

故皇帝的尊稱，西夏開國皇帝是元昊，其陵理所當然地被尊稱爲"皇座"，而元昊的父親德明也就被尊稱爲"上皇座(即太宗)"，其祖父繼遷也就自然被尊稱爲"太皇座(即太祖)"。我們注意到，西夏文"皇座"的本義並不指"皇座"而是特指"皇榻"，即皇帝睡覺的地方。這就明白無誤地告訴我們：皇座就是陵寢的意思。由此，我們得到了一個最爲直接的證據：賀蘭山東南谷關首，即今之三關口頭道關之關首，葬有嵬名德明、嵬名繼遷的陵寢，這就完全證實了西夏陵之一、二號陵就是裕、嘉二陵。其陵主就是太祖嵬名繼遷、太宗嵬名德明。那麽嵬名德明與嵬名德照是同一人嗎？回答是肯定的。《遼史・西夏外紀》載："西夏，本魏拓跋氏後，唐季受賜姓曰李……子德明，曉佛書……賜姓曰趙……十八年，授繼遷子德明朔方軍節度使……二十一年，繼遷薨。其子德照遣使來告……二十八年，遣使册德照爲夏國王。……重熙元年……李德照薨，册其子夏國公元昊爲王。"[①]以上録文揭示了繼遷之子、元昊之父李德明又名李德照的全過程。元昊即位後，自認祖姓爲嵬名氏(自號嵬名吾祖)，李德照又由此被稱爲嵬名德照，即上皇座嵬名德照(正因爲如此，嵬名氏中絶不可能再出現第二個嵬名德照)，又因德照與繼遷同被葬於賀蘭山東南谷，因此又同被尊稱爲東南族翁。這也就解釋了諸多西夏文獻中爲什麽會多次出現"文孝恭敬東南族翁……"、"武孝恭敬東南族翁……"的敬語了。

通過以上考證，西夏一、二號陵陵主身份已很明確，一號陵就是西夏太祖嵬名繼遷之裕陵；二號陵就是西夏太宗嵬名德照(德明)之嘉陵無疑。

四、六號陵陵主考

根據西夏陵由南向北排列之順序，六號陵當屬崇宗嵬名乾順之顯陵。六號陵部分出土文物也支持這一觀點，而大量的殘碑記述又多與乾順有關，直接或間接地證明了該陵陵主爲崇宗嵬名乾順。

(一) 出土殘碑考

六號陵東西碑亭出土了大量的西夏文、漢文殘碑。《陵主考》僅根據幾塊漢文碑的隻言片語就斷定該陵爲西夏太宗李德明的嘉陵，而對衆多具有分期、斷代意義的西夏文碑信息却不予採信，使其可信度打了折扣，根據對殘碑内容的梳理分析，我們獲得了足够的新證據，認定六號陵陵主是西夏第四代皇帝崇宗嵬名乾順。

1. 首先，我們以《陵主考》提供的六號陵出土的漢文殘碑 T0914：5 爲例[②]，碑上刻有"……有二歲，在位三十……"(見圖 1)。《陵主考》認爲，這是記述墓主人年歲及在位時長的，通過碑文知道墓主人在位三十年或三十幾年。而"西夏十帝中没有一位皇帝的在位時間與六號陵殘碑記載的時間相符或接近。……只有李德明的在

① 《遼史・西夏外紀》，《黨項與西夏資料匯編》上卷第一册，寧夏人民出版社，2000 年，第 119 頁。
② 孫昌盛：《西夏六號陵陵主考》，《西夏研究》，2012 年，第 3 期，第 26 頁。

圖 1 T0914:5

位時間與殘碑記載六號陵墓主人在位時間相符。……《續資治通鑒長編》《宋史》《遼史》等均載德明卒於宋明道元年(1032)。宋咸平六年(1003)到明道元年,正好是30年。李德明自己也稱其在位達30年。……李德明嗣位於1003年,時年23歲,卒於1032年,其年正是52歲,而非《宋史·夏國傳》中的51歲。由此還原六號陵殘碑缺文應爲'……(時年五十)有二歲,在位三十(年)……'可以肯定,六號陵爲太宗李德明之嘉陵"①。

筆者認爲,以上論證有誤,其誤有三:一是對帝王在位概念的誤解;二是對所引文獻的誤讀;三是對所引時間的誤算。衆所周知,德明是元昊稱帝後才追封的皇帝,其在世時是大宋賜封的朝廷命官,臣宋28年連一天皇帝都未做過,又何來在位三十年之説。因此,此説不成立。另據《宋史·夏國傳》載:"吾族三十年衣綿綺,此宋恩也,不可負。"《東都事略·西夏傳》、《隆平集·夏國趙保吉傳》載:"國中三十年不披皮毛,而衣綿綺之衣。汝無負天子也!"上述兩處引文中都解讀不出德明在位三十年的信息。顯然,無論是"吾族三十年……"還是"國中三十年……"都不是指德明在位三十年,而是指黨項歸宋三十年的概念。這其中既包括了德明奉職的二十八年,也包括了繼遷附宋的數年。而所謂德明在位三十年或德明自稱在位三十年,都只是《陵主考》的一個誤讀,根據李範文先生主編的《西夏通史》附録1:《黨項西夏世襲表》,太宗德明奉職時間爲1004—1032年,只有28年;史金波、白濱、吴峰雲先生主編的《西夏文物》、《黨項西夏帝王世襲表》,太宗德明奉職時間爲1004—1032年,也是28年;而韓兆民、李志清先生發表在《考古學集刊》上的《西夏世襲簡表》所注時間爲1004—1031年,僅有27年。因此,《陵主考》所説的"只有李德明在位時間與碑文相符"②的説法是立不住脚的。

《宋史·夏國傳》載"(天聖)九年(1031)十月,德明卒,時年五十一",在同傳中又載,德明即位時年二十三。其中的(天聖)九年(1031)有誤,其前早已被學界發現並糾正。現已改爲(明道)元年(1032),調整後的文義應爲:李德明嗣位於1004年,時年23歲,卒於1032年,其年51歲。與《宋史·夏國傳》記載完全相符。《陵主考》將1031年改爲1032年,又將1004年改爲1003年,這樣一來就與還原的"……(時年五十)有二歲"一致了。但實際上却無法自圓其説。

其一:如按德明在位30年算,嗣位年齡是23歲,再加30年,那麼德明的卒年

①② 孫昌盛:《西夏六號陵陵主考》,《西夏研究》,2012年第3期,第27頁。

就應該是53歲,而不是52歲;

其二:如按德明卒年是52歲算,減去嗣位時的23歲,則實際在位只有29年,並不是30年;

其三:殘碑還原後的文句,不符合古文或西夏人的書寫習慣。比照甘肅武威西夏墓出土的墨書漢文:"故考西經略司都察劉德仁,壽六旬有八,於天慶五年次戊午四月十六日亡殁。"文中的"壽六旬有八"與"有二歲"行文規式完全相同。如將52歲換爲墨書格式,則爲"壽五旬有二"或"年五十有二",或直書"年五十二",絶不會出現"年五十有二歲"。古人行文,講求精煉,書寫時,"年歲"二字均單獨出現,絶不重復,故"年五十有二"之後,不會再出現"歲"字,而"……有二歲"之前也絶不會再出現"(時年五十)"的字樣,如《宋史·夏國傳》就直書"德明卒時年五十一"。

很明顯,《陵主考》之還原不可取,那麼,"……有二歲,在位三十……"所指爲何?筆者以爲,乃指墓主人生卒事迹,大概是説其幼年嗣位時只有2歲,在位30多年的時間所發生的事。雖然碑文只有不甚完整的兩句話,但墓主人的身份特徵已很清晰:① 嗣位時只有2歲;② 在位三十年以上;能滿足此兩項者即爲墓主人。與此碑内容相近的另一漢文殘碑M8:CHB:1+275載"……有司令於……/……齊王以孺慕……/……叩地之傷哀……"[①]兩碑應屬同一方碑的兩塊殘片(見圖2)。經梳理碑文,大意是……有司於(柩前)主持了(嗣位儀式)……(百官)齊聚(致哀),幼主依戀於先王……(於柩前)叩頭傷泣。(時年幼主)有2歲,在位三十……根據文義,應是追述墓主人幼年柩前繼位的事。這與德明23歲繼位,奉職28年的歷史事實不符。而西夏自繼遷起,至晛亡,共歷12主,以孺子嗣位者僅3人,一是元昊之子諒祚,即位時不滿周歲,在位20年,與碑文不符;二是諒祚長子秉常,即位時7歲,在位18年,亦與碑文不符;三是秉常子乾順,2歲父卒立嗣,3歲册封繼位,"在位三十……"與碑文相符。乾順在位53年,經歷了兩個歷史發展時期(前期與遼宋;後期與金宋)。而碑文所述,主要是與遼的糾葛。乾順從二歲繼位至元德七年(1122)派兵救遼,其在位三十(六年的時間),主要做了三件大事:(1) 和睦鄰邦;(2) 建立國學;(3) 實行分封。乾順的一系列政策

圖2 M8:CHB:1+275

① 李範文:《西夏陵墓出土殘碑粹編》,文物出版社,1984,圖版陸玖。

調整,使當時的西夏社會出現了政治開明、經濟發展、文化繁榮的新局面。殘碑“在位三十……”當指這一時期乾順的執政功績。上述 3 人中只有乾順的年齡與碑文相符,記述的事情與碑文相關。

那麽碑文“有二歲”與史書記載的三歲繼位相差一年作何解釋? 筆者以爲二者並不矛盾。“有二歲”是指幼主 2 歲立嗣,即先王臨終前對其子作爲接班人的指定;而“三歲繼位”是指朝廷對其接班人的正式册封,如乾順天祐元年(1086)嗣立,天祐二年(1087)宋册乾順夏國主,即是。綜上所述六號陵陵主當屬崇宗嵬名乾順。

2. 其次《陵主考》提供的六號陵爲太宗德明之嘉陵的另一佐證是漢文殘碑 M8:CBH－148“……洪恩沾……/……星宫食錢……/回天闕軍動……/太宗……/……城……”[①]。見圖 3(1)。

《陵主考》認爲,碑文中的太宗係指西夏太宗李德明。筆者認爲不排除這種可能性,但是指宋太宗趙炅的可能性更大。因碑文追述的是淳化五年(994),宋太宗下令平毁夏州城的事,而同碑的 MBCHB:7 中確有“……道……/淳化以……/……道……”的内容。見圖 3(2)。“……星宫食錢……”是指觀測的對黨項不利的天象。“……迴天闕軍動……”是指宋朝大軍出動一事,其中的“天闕”指宋王朝,“太宗”指宋太宗,“城”指平毁夏州城。梳理碑文,其大意是:淳化五年(994)夜觀天象,星宫食錢……宋朝大軍出動……太宗下令,平毁夏州城……史載:“太宗下詔,墮夏州;居民並遷於綏、銀等州。削保吉新賜姓名,復爲李繼遷。”[②]墮毁夏州城,是宋王朝對黨項的一次重大軍事行動。上述殘碑内容與史料相符,但與德明無關,追述的是發生在繼遷時期的一件大事。而同碑 M8:CBH－40 中所存二字“……諱繼……”即“諱繼(遷)”的存在,支持了對上述内容的考證,見圖 3(3)。

圖 3(1)　M8:CBH－148

圖 3(2)　M8:CBH－7

圖 3(3)　M8:CBH－40

① 李範文:《西夏陵墓出土殘碑粹編》,文物出版社,1984,圖版陸玖。

② 《東都事略·西夏傳》,《黨項與西夏資料匯編》上卷第一册,寧夏人民出版社,2000 年,第 101 頁。

3.《陵主考》提供的第三個佐證依然是殘碑，在 M8:CBH－292，中有兩字："……聖皇……"見圖 4。《陵主考》認爲，元昊稱帝後，曾追封李繼遷謚曰神武皇帝，李德明謚曰光聖皇帝。M8:CBH－292 中的"聖皇"二字當爲光聖皇帝之"聖皇"。筆者以爲《陵主考》的分析有一定道理，不排除這種可能性，但這並不是唯一答案。還有一種可能性似乎更大，即殘碑"聖皇"所指應爲崇宗乾順的母親"德聖皇太后"即梁太后。參見史金波《西夏社會》①。在殘碑 M8:CBH－HB:0667 中有幾行字"……卷，華□經二十卷……/……十一卷，菩薩内□……/……論十三卷□□□……"②M8:CBH－312 中有"……異□……/……譯通……/……破□……"③ M8:CBH－28 中有"……□……/……僧法……/……"④。

圖 4 M8:CBH－292

圖 5(1) T1412:16

圖 5(2) T0911:6

上述殘碑的斷文記述了西夏王朝曾有幾代帝王和太后參與的大事，即"譯經"。西夏是一個崇信佛教的國度，西夏文字創造不久，即開始了大規模譯經活動。根據西夏文《過去莊嚴劫千佛名經》發願文的記載，至天祐民安元年(1094)，西夏前四朝(元昊、諒祚、秉常、乾順)53 年共譯經 362 帙，812 部，3579 卷⑤。傳世的西夏文佛經《佛説寶雨經》、《地藏菩薩百八名經》等題款爲"勝智廣禄，治民集禮，德聖皇太后，梁氏御譯，神功勝禄，習德治庶、仁静皇帝嵬名御譯"，其中的"仁静皇帝"和"德聖皇太后梁氏"即爲崇宗乾順和他的母親梁氏。這與西夏譯經史相符。六號陵月城出土的經幢殘文 T1412:16 有"三/八卷/毗臣/論/十/帙□/等經一/帙十七/利等徑/二卷/音義一/高僧傳/札□"、T0911:6 有"卷/帙五卷/大師知教/孝皇帝/騎都尉/冥途"。見圖 5 (1、2)。其中的"孝皇帝"即指"聖文英武崇仁至孝皇帝嵬名元昊"，元昊是最早組織譯經的皇帝，上述内容是對譯經活動的回顧，表明，墓主人正

①⑤ 史金波:《西夏社會》下，上海人民出版社，2007 年，第 558 頁。

② 中國藏西夏文獻編輯委員會:《中國藏西夏文獻》(19)金石編 西夏陵殘碑 卷，第 103 頁。

③ 中國藏西夏文獻編輯委員會:《中國藏西夏文獻》(19)金石編 西夏陵殘碑 卷，第 100 頁。

④ 中國藏西夏文獻編輯委員會:《中國藏西夏文獻》(19)金石編 西夏陵殘碑 卷，第 86 頁。

處於譯經活動的頻繁期。而德明時期，西夏文字尚未創立，不存在譯經的可能。此處元昊皇帝名號的出現至少表明了兩層意思。其一：表明此墓不是德明墓，至少應是元昊以後的帝陵；其二：西夏文字已很流行。故筆者認爲 M8：CBH－292 中的“……聖皇……”二字當指“德聖皇太后”之“聖皇”，而非光聖皇帝之“聖皇”。而六號陵殘碑中多處提到的“梁”、“太后”與此碑互相印證，也有力地支持了此“聖皇”爲“德聖皇太后梁氏”的觀點。這又一次證明了六號陵陵主爲崇宗嵬名乾順。

圖 6　M8：CBH－4

4.《陵主考》提供的第四個佐证是殘碑 M8：CBH－4“……食邑三……/……皇太后也，仁……/……當齠齔之年……/……長曰志和鎮國……”①。見圖 6。《陵主考》認爲殘碑中的“皇太后”不是指西夏崇宗乾順之母梁太后，而是宋“皇太后”，“仁”爲“宋仁宗”。並據“食邑三”推論陵主生前不曾做過皇帝，並多次接受宋王朝分封食邑，進而證明六號陵陵主是太宗德明。筆者認爲《陵主考》的結論與殘碑原意多有不符。首先德明所封食邑中，從没有“食邑三（千户）”或“食邑三（百户）”的記載，由此而推測德明爲六號陵陵主，言之不確；其次“齠齔之年”是指兒童時期，“長曰志和鎮國”是指長大後一表人才，文章、音樂超群。而這種年齡與技能均與德明無關，更與宋“皇太后”和“宋仁宗”毫無關係。筆者以爲此處的“仁”當指當朝太子乾順的長子仁愛。據《西夏書事》卷三十三，“仁愛，幼聰穎，長多才藝。……”生於宋大觀二年（1108 年），死於宋宣和七年（1125 年），活了十七歲。但何年封太子未見記載。殘碑内容與文獻記載相符。此處“食邑三”，疑指給太子仁愛所封食邑三（千户）。“……皇太后也，仁……/……”或爲：……乾順母梁氏，即：“勝智廣禄，治民集禮，德聖皇太后也，仁（愛之祖母）……”此殘碑只有指仁愛時，才能上下貫通，文義通達，内容釋然，可見碑文内容是指乾順時期的事。

圖 7　M8E：1

5. 六號陵東碑亭出土西夏文殘碑 M8E：1 載有三字：“……甲戌年……”，②見圖 7 。而“甲戌年”有四：一爲元昊開運元年（1034）；一爲乾順天祐民安五年（1094）；一爲仁孝天盛六年（1154）；一爲遵頊四年（1214）。

元昊是開國皇帝，因此，不排除六號陵追述元昊時期的事情，那麽元昊“甲戌年”做了什麽呢？史載：元昊“母米氏，

① 中國藏西夏文獻編輯委員會：《中國藏西夏文獻》(19)金石編 西夏陵殘碑卷，第 83 頁。
② 李範文：《西夏陵墓出土殘碑萃編》，文物出版社，1984 年，第 64 頁。

族人山喜謀殺元昊，乃覺，元昊殺其母，而山喜之族皆沉於河”(《東都事略西夏傳》卷一二七)。第二年又殺了其妃衛慕氏母子。對這種殺母弑妻滅子，有違人倫的事情，西夏人是不會刻上墓碑當做功德來宣揚的。因此，“甲戌年”不可能指元昊時期發生的事；而仁孝是七號陵陵主，晚於六號陵，因此也不可能是仁孝時期發生的事；至於六號陵陵主是嵬名遵頊的觀點又早已被學界所否定[①]。故“甲戌年”只能是乾順時期的天祐民安五年(1094)了。史載：惠宗死，子乾順三歲繼位，惠宗後梁氏(乞逋妹)攝政，乞逋擅權恣横。免兵權後，日漸不滿，陰謀篡政。天祐民安五年(即甲戌年，1094 年)十月，大將嵬名阿吴、仁多保忠等計殺梁乞逋及其全家[②]。這是發生於乾順朝的一件大事，此碑所載，當指其事。顯然，六號陵陵主又一次指向了崇宗乾順。

6. 六號陵出土殘碑，多處提及“契丹”與“金”，這説明殘碑所述史事，正處於契丹與金的朝代更替期：夏、遼、金三國共存的時間很短，正逢乾順執政期。歷史上西夏與契丹關係密切，至乾順朝，關係更是達到極盛，就連乾順親執國政，也是靠遼的扶持才得以實現[③]。因此，在金滅遼的戰爭中，才有乾順 3 次派兵救遼的行動[④]。見(圖 8—圖 16)。

圖 8 HCM**8:29**

圖 9 HCM**8:34**

圖 10 HCM**8:91**

圖 11 HCM**8:23**

圖 12 HCM**8:41**

圖 13 HCM**8:113**

---

① 韓兆民、李志清：《關於西夏八號陵墓主人問題的商榷》，《考古學集刊》第五集，中國社會科學出版社，1987 年，第 316－326 頁。

② 李範文：《西夏通史》，人民出版社、寧夏人民出版社，2005 年，第 712 頁。

③ 李範文：《西夏通史》，人民出版社、寧夏人民出版社，2005 年，第 272 頁。

④ 李範文：《西夏通史》，人民出版社、寧夏人民出版社，2005 年，第 284—286 頁。

圖 14 HCM**8:124** **圖 15** HCM**8:125** **圖 16** HCM**8:95**

殘碑:HCM8:29"……無救契丹……"(見圖 8);HCM8:34"金等四軍"(見圖 9);HCM8:91"…… 先遣使 ……"(見圖 10);HCM8:23"…… 攝三萬……"(見圖 11);HCM8:41"…… 金目……/…… 性惠……"(見圖 12);HCM8:113 "…… 子愛 ……"(見圖 13);HCM8:124"…… 等軍/ 山 ……"(見圖 14);HCM8:125"…… 所 ……/…… 竄……/…… 中 ……"(見圖 15);HCM8:95"…… 明暗谷 …… "(見圖 16)等字句,均與歷史上乾順救遼的史事有關。

此處,"……金等四軍……"疑指金國四路大軍攻遼的戰事;"……金目……"疑指遼天祚帝逃至陰山後,金的耳目探子四處打探之事;"……山……"疑指陰山;"……明暗谷……"疑指天德境之野谷;"……攝三萬……"疑指夏將李良輔率兵三萬救遼之事;"……子愛……";"……性惠……"疑指乾順之子仁愛哭諫救遼之事。據李範文先生考,《西夏書事》卷三十三載:"仁愛,幼聰穎,長多才藝。初金兵破遼,遼主西走,即慟哭,請兵赴援。宣水之敗,咄嗟者累月,及乾順臣金,泣諫不聽,悒鬱而卒。"將上述斷句聯繫起來,似可對殘碑作如下釋讀:金國派四路大軍攻遼,天祚帝敗亡,逃至陰山夏境。金國派出探子尋訪,得知遼帝行踪後,即派出先遣使與夏交涉。夏帝乾順之子仁愛,泣求父王救遼。乾順派大將李良輔率兵三萬赴救,但未能成功,終以"無救契丹"而告終。

歷史上西夏三次救遼行動均發生於乾順執政期。也是西夏臣金棄遼的歷史轉折期。史載"保大二年(1122)。天祚播遷,乾順率兵來援,爲金師所敗,乾順請臨其國。六月遣使册乾順爲夏國皇帝。而天祚帝被執歸金矣"①。又載:"天輔六年(1122)金破遼兵,遼主走陰山,夏將李良輔將兵三萬來救遼,次天德境野谷,斡魯、婁室敗之於宜水,追至野谷,澗水暴至,漂没者不可勝計。"②歷史上繼遷、德明、秉常、乾順均受過遼之册封;繼遷、元昊、乾順均娶過遼之公主爲妻。因此,最讓乾順糾結而難以釋懷的事情莫過於"無救契丹",連續數年的救遼行動,不但没有救了契

① 《遼史・西夏外記》,《黨項與西夏資料匯編》上卷第一册,寧夏人民出版社,2000 年,第 122 頁。
② 《金史・夏國傳》,《黨項與西夏資料匯編》上卷第一册,寧夏人民出版社,2000 年,第 125 頁。

丹,反而失去了自己的愛妻遼成安公主[1]和愛子仁愛太子[2]。上述碑文意在歌頌乾順捨家護國的大德。

以上轉引文字,與殘碑文字互相印证,證實了乾順派兵救遼的史實,也證實了乾順是最後一位與契丹交往、並最終將契丹送上不歸路的帝王。有力地證實了六號陵就是崇宗嵬名乾順之顯陵的事實。

7. 東碑亭西夏文小字殘碑則斷斷續續記述了與乾順有關的另一件大事。M8E2:38 有:"……不……/……悟度……/……助持……"(見圖 17);M8E2:21 有:"……治順親國……"(見圖 18);M8E2:40 有:"……梁……/……佐……"(見圖 19);M8E2:52 有:"……惡去……/……梁……"(見圖 20);M8E2:54 有:"……惡心……/……聖……"(見圖 21);M8E2:218 有:"……酒頭終……"(見圖 22);M8E2:71 有:"……昭簡……"[3](見圖 23)。其中的"……治親順國……",依其義應爲"順親治國",意爲"乾順親理國政":"梁"應爲"梁氏"或"梁太后";"……酒頭終……"意爲"酒後卒";"……昭簡……"是乾順之母"昭簡文穆皇后梁氏"的謚號。梳理以上殘碑,從中可歸納出陵主如下信息:乾順欲親執國政,梁氏不允,仍助持輔佐,遼帝深感厭惡,派遣使者,以毒酒除掉了梁氏,謚曰"昭簡文穆皇后"。

圖 17　M8E2:38

圖 18　M8E2:21

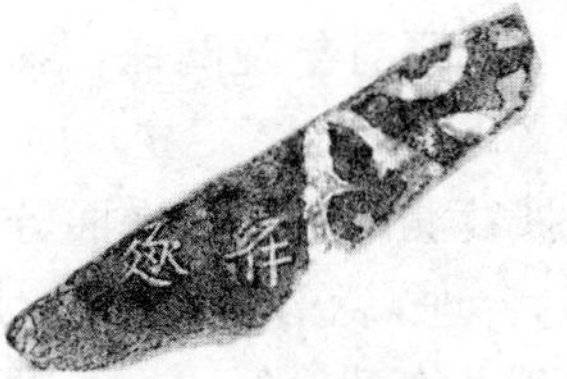
圖 19　M8E2:40

圖 20　M8E2:52

圖 21　M8E2:54

圖 22　M8E2:218

圖 23　M8E2:71

① 李範文:《西夏通史》,人民出版社、寧夏人民出版社,2005 年,第 715 頁。
② 李範文:《西夏陵墓出土殘碑粹編》,文物出版社,1984 年,第 8-9 頁。
③ 李範文:《西夏陵墓出土殘碑萃編》,文物出版社,1984 年,第 67-68 頁。

以上文義與史書記載完全相符。史書記載：元符二年(1099)二月，因梁氏恣意不讓乾順親執國政，“遼主素惡之”，遣人至夏國鴆死梁氏。命乾順親國政(《西夏書事》卷三十一)。而新編纂的《西夏通史》記述更詳：“夏永安二年正月，乾順年滿16歲，但梁太后仍然不許他親政。遼道宗對梁太后一直非常厭惡，多次拒絕西夏請援。這時，梁太后又向遼國上表，因爲言辭不恭，遼道宗大怒，派遣使臣前往夏國，用毒酒將梁太后毒死，扶持乾順執掌了夏國的國政。”(《西夏通史》272頁)

綜上所述乾順爲六號陵陵主，已成爲不争的事實，因此六號陵當爲崇宗嵬名乾順之顯陵無疑。

(二) 碑亭遺迹考

六號陵東西碑亭共出土了夏漢兩種文字的殘碑一千多塊。《陵主考》認爲，西夏文碑要晚於漢文碑，是元昊稱帝後增加的陵碑。兩座碑亭形制不同，西碑亭爲木構方形亭式建築，爲早期所建；東碑亭爲圓形磚券結構的建築，爲晚期所建。李德明初葬時，僅建了西碑亭(漢碑亭)。元昊爲李德明封號後，又建了東碑亭。同時，在東西碑亭室内樹立西夏文碑①。事實果真如此嗎？

鑒於上述推測是建立在六號陵陵主是太宗德明這一前提上的推論，虛擬因素較多，其可信度須考證。其主要觀點是：

兩座碑亭有早晚關係，西碑亭早(1032年初建)，東碑亭晚(1038年補建)；

漢文碑早(1032年立)，西夏文碑晚(1038年立)。

根據實測的六號陵平面分布圖②(見圖24)，我們可以看出：整個陵園結構緊凑，布局合理，規劃整齊劃一，所有建築物及附設構築物均以獻殿爲中心軸綫呈東西對稱狀布設，給人一種莊重、大氣又不失嚴謹的視覺衝擊。陵園主體位於北側，由陵城、月城和外城對稱構築而成；陵園的碑亭、闕臺位於南側，對稱而立，就像人的兩條腿支撑着人體一樣，其位置、功能十分關鍵，不可或缺。可以想象，六號陵如真像《陵主考》所描述的那樣有過兩次建設，那麽，整個陵園布局將失衡。東碑亭的缺失，就像鋸掉一條大腿的瘸子，不但外觀十分難看，而且支撑功能盡失，對這種自殘式的做法，西夏人没有任何理由、任何可能去做。由此我們得出結論1：六號陵東西碑亭的建設，没有早晚關係，屬一次性規劃，一次性建設完成。

另據實測的六號陵西碑亭平面布局圖③(見圖25)我們得知：碑亭爲面闊三間、進深三間的亭式建築。亭室中心部位有一處長徑2.45米、短徑2.2米的大坑，坑之東北側亦有一處長1.6米，寬1米的小坑。根據亭之功能及出土的夏、漢殘碑推

---

① 孫昌盛：《西夏六號陵陵主考》，《西夏研究》，2012年第3期，第28頁。

② 寧夏文物考古所、銀川西夏陵區管理處：《西夏六號陵》，科學出版社，2013年，第8頁。

③ 寧夏文物考古研究所、銀川西夏陵區管理處：《西夏六號陵》，科學出版社，2013年，第81頁。

測,這兩個坑應是立放西夏文和漢文碑的碑座坑。根據碑坑位置不難判斷,中心大坑應爲立放主碑的地方;東北側小坑應爲立放次碑的地方。如果漢文碑早於西夏文碑,那麽,漢文碑將被立於碑亭中心坑位,而西夏文碑只能立於東北側的小坑位。否則,結果將相反。根據西碑亭已出土的夏、漢兩種殘碑,做量化分析:

西碑亭共出土西夏文殘碑 388 塊,每字規格爲 4 cm×3.5 cm;以每字面積爲計算單元,則一百字單元面積爲 4 cm×3.5 cm×100=1400 cm^2;

西碑亭共出土漢文殘碑 321 塊,每字規格爲 3 cm×2.5 cm;以每字面積爲計算單元,則一百字單元面積爲 3 cm×2.5 cm×100=750 cm^2。

通過百字單元面積的量化分析,我們得出西碑亭西夏文碑面積體量遠大於漢文碑面積體量,又知中心碑是大體量碑,那麽由此推論:碑亭中心坑位所立只能是西夏文碑。由此得出結論 2:六號陵西碑亭西夏文碑位於中心位置,漢文碑位於邊側位置;因六號陵屬一次性規劃建設,所以西夏文碑與漢文碑没有早晚關係,均爲同期所立(見圖 26)。由此得出最後結論是:六號陵東西碑亭均爲同一時期所建;兩碑亭的夏漢文碑均爲同一時期所立。

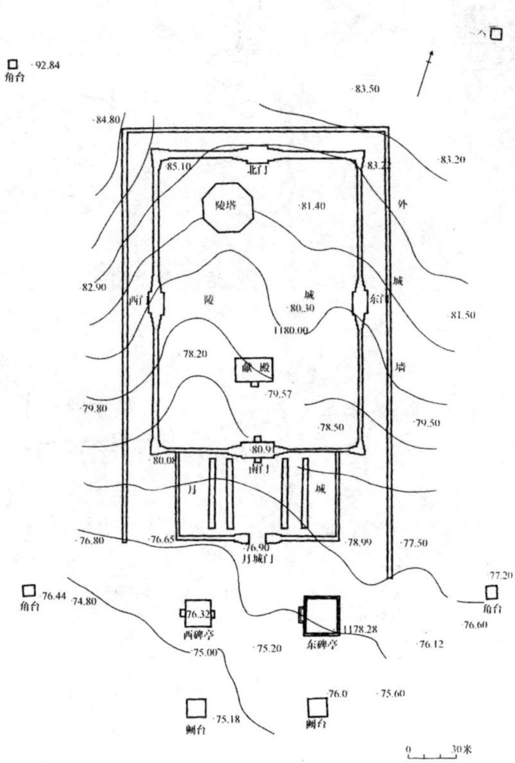

圖 24 六號陵平面分布圖

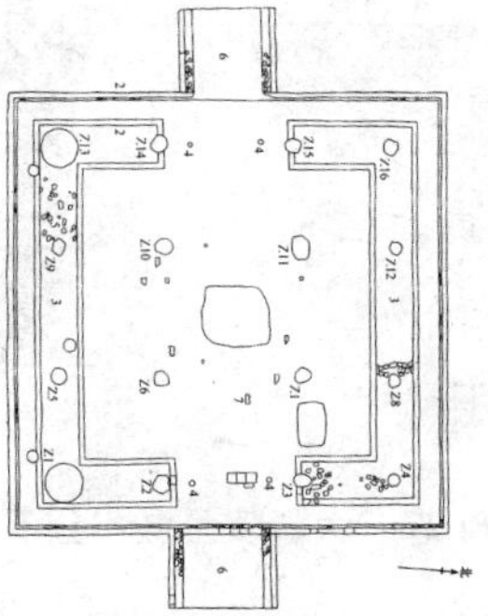

圖 25 六號陵西碑亭平面圖

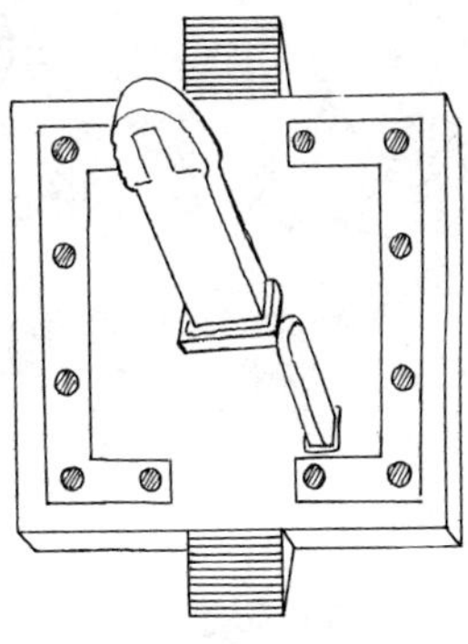

圖 26 六號陵西碑亭復原圖

通過對碑亭遺迹的量化分析，我們得知，墓主人所處時代，西夏文字作爲主體文字已經得到廣泛應用。另從六號陵東門出土的一塊編號爲：(T2203②：8)[①]的西夏文草書筒瓦得知，這一時期西夏文字已很成熟，就連民間工匠也能信手書寫，顯然陵碑所處時代已是西夏中、晚期。

(三) 文臣頭冠考

根據最新考古發掘，六號陵月城出土了兩尊石像生頭像(見圖 27)。之所以引起我們的關注，是因爲，這兩尊頭冠爲我們第一次所發現。這種冠帽屬幞頭冠的一種，其樣式，既不同於大唐的軟脚、硬脚幞頭，也不同於五代的展脚幞頭，亦與北宋的直脚幞頭冠和南宋的無脚幞頭冠相異，更與遼代的高脚幞頭冠相去甚遠。幞頭冠由最初的民間用包頭布演變成襯有固定帽身骨架的帽子，前後經歷了上千年的歷史。該幞頭冠是直通冠，没有兩脚，没有帽階(像臺階一樣的帽子)。這是與唐宋、五代、遼幞頭冠的最大不同(見圖 28—32)，應是西夏禮制成熟期的文官首服。這表明，作爲帝王陪臣的石像生所處時代，已處於西夏中晚期，亦符合乾順時期服飾特徵，間接證明了六號陵是崇宗乾順之顯陵。

圖 27　六號陵月城出土石像生頭像

圖 28　唐代幞頭

圖 29　五代幞頭冠

圖 30　遼代幞頭冠

① 寧夏文物考古研究所、銀川西夏陵區管理處:《西夏六號陵》,科學出版社,2013 年,第 257 頁。

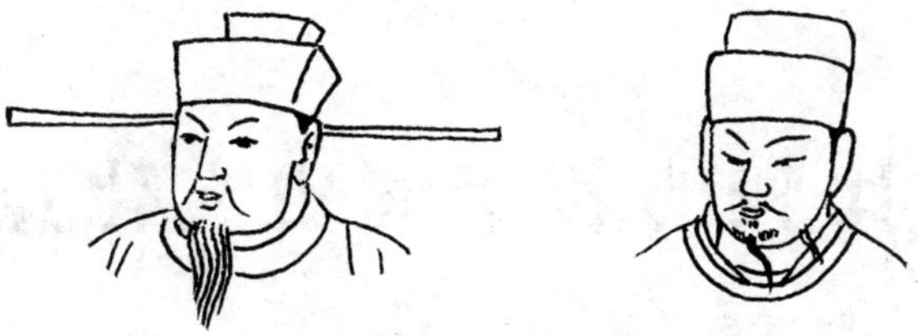

圖 31 宋代幞頭冠

圖 32 西夏幞頭冠

六號陵還出土了部分文物，如：錢幣、柱礎等，亦能間接證明六號陵陵主爲崇宗乾順的事實，但因前述證據已很充分，無須再增加篇幅贅述，故略之。

綜上所述，我們從西夏祖陵的選位，殘碑文字的梳理考證，碑亭遺址的復原分析及文臣頭冠的比較研究，已形成了一個完整的證據鏈，足以認定：西夏六號陵應是崇宗嵬名乾順的顯陵。

本文未公開發表

西夏文“馬”字比較的若干歷史文化意涵

胡若飛　薛　路

西夏文是解讀西夏歷史文化的重要工具，其本身也成爲後人研究的對象。

西夏文“馬”字是值得重視的分析綫索，在《俄藏黑水城文獻》第十册“俄3NHB.NO.214 215 216 217 218 685 4777 番漢合時掌中珠（甲種本）（37—7）”中明確標注了“馬”字的西夏文發音與漢字的雙解（附件1）①。

在西夏學研究初期，《番漢合時掌中珠》的出土與刊布，改變了人們通過隻言片語苦苦揣摸西夏古字的狀況。

馬象徵着勇往直前，生機勃勃，奔騰不息和靈動睿智，馬在中華民族的文化地位極高，具有一系列的象徵和寓意，龍馬精神是中華民族自古以來所崇尚的奮鬥不止、自强不息的進取向上的民族精神，在祖先的世界觀中已經把“龍”、“馬”等同於剛健、明亮、熱烈、高昂、升騰、飽滿、昌盛、發達的代名詞，中原漢族爲代表的馬文化也必然對西夏王朝的各族人民産生極大的影響。早在公元200年左右的“雷臺漢墓”，就位於西夏王朝管轄區域的重鎮今甘肅武威，其中的銅奔馬現在已經成爲了中國旅遊的標志，銅奔馬亦稱“馬超龍雀”，馬如閃電般的飛奔狀，三條腿騰空疾馳，右後腿脚踏一展翅奮飛回首驚視的“風神鳥”龍雀。我們在出土的黑水城文獻中也看到了來自西夏時期的圖騰“白畫天馬”（俄TK321 .2）②，馬文化同樣在敦煌的石窟藝術中有所表現，融匯爲漢文化與西夏文化的共同遺産。

筆者盡量利用第一手文獻資料，從西夏文“馬”字這一多棱鏡面展開西夏主體民族黨項羌文化到西夏文化，再從西夏文化到周邊民族的文化對比，其中涉及西夏文産生的政治訴求和社會背景等因素。

一

1. 西夏文是人類創造的諸多文字系統中的一種，本節嘗試將重點放在文字、文化傳播的社會因素上，在歷史長河中，民族間相互間的文化交融與影響是其主流。

---

① 俄羅斯科學院東方研究所聖彼得堡分所，中國社會科學院民族研究所：《俄藏黑水城文獻》（第十册），上海古籍出版社，1999年。

② 俄羅斯科學院東方研究所聖彼得堡分所，中國社會科學院民族研究所：《俄藏黑水城文獻》（第七册），上海古籍出版社，1997年。

依據《俄藏黑水城文獻》第十册有關各民族的介紹，俄 NHB.NO.741 新集碎金置掌文(甲種本)(13—5)是西夏文，譯作漢文是“彌藥勇健行，契丹步速慢，藏(番)多敬佛僧，漢皆愛俗文，回鶻飲酸乳”，印證了多元民族文化在西夏時期的一些特徵。

西夏文的創製模仿了漢字和其他周邊的文字，特別分析了漢字聲、韵、調所採用的反切的表示方法，西夏文的架構、筆畫與漢字相近，但兩者區别的差異還是很大的，西夏文是一種與其他文字完全不同的、全新的文字。例如，漢字的“騎”字在《説文解字》中是：“騎”跨馬也。從馬奇聲。切渠羈。”[①]西夏文的“騎”字在《文海》原文見於《俄藏黑水城文獻》第七册俄 NHB.NO.221 213，史金波、白濱、黄振華三先生在《文海研究》中的漢文注解爲：“騎(人)下(馬)全此者乘也載也馱也。”西夏文的“人”字在上，西夏文的“馬”字在下，組成了一個“騎”字(附件 2)，表意明顯，與漢字的“騎”字表音有了本質的區别[②]。僅就“騎”字而言，西夏文在創製時，並不是簡單的參考與模仿，或許僅僅是借鑒了漢字的方塊字的結構形式，而是一種全新的創造，故而才有遠看如漢字，近看一個都不認識的現象。

2. 漢族文字在西夏地區的傳播與流行，等於説西夏文直接跨過了漢地中原文化早期衍變的記録符號系統。

關於漢字的“馬”，在文化的理解上，古代與現代不同，《説文解字》傳承文字方面居功甚偉，使今人了解古字省去很多周折和時間。

漢字(體)衍變的時序：甲骨文(商用甲骨)—金文(商用銘文)—小篆(周)—隸書(秦漢)—草書(漢)—楷書(隸書演變)—行書(楷書演變)，楷書在魏晋時開始出現。漢字一定是經歷了一個少用到完全不用的逐步被淘汰的過程，將古文字中的圖畫式的、圓曲紛亂上而又下，左而復右、逆順倒筆、雜沓多變的筆劃，變更爲横、竪、撇、點、捺、折等六種基本筆劃所組成的部首偏旁，幾乎完全改變了圓曲的筆劃走勢。而當西夏文創製時期，漢字走向了穩定的模式，商代的甲骨文，代表了漢語的書寫系統的古老形態，甲骨文“馬”字把馬的頭、鬃、眼、腿、尾的特點，很形象地表現出來，此“馬”字取自徐中舒先生主編的《甲骨文字典》卷十(附件 3)[③]，春秋戰國古璽文字中的“馬”字的造型很雜，此“馬”字取自《金文編》第十(附件 4)[④]，在各個時代的古文字中，“馬”的形象較多，僅舉有代表性的列出。漢文中“馬”字亦爲部首字，凡是由“馬”字所組成的字多與馬或是牲畜有關，如“馭”、“駒”、“駕”、“驢”、“騾”等。

《俄藏黑水城文獻》(第三册)俄 TK121 佛説聖大乘三歸依經發願文(8—7)：“仍敕有司，印造斯經，番漢五萬一千餘卷，彩畫功德大小五萬一千餘幀。……時白

---

① (漢)許慎：《説文解字》，中華書局，1963 年。

② 史金波、白濱、黄振華：《文海研究》，中國社會科學出版社，1983 年。

③ 徐中舒主編：《甲骨文字典》，四川辭書出版社，2003 年。

④ 榮庚編著：《金文編》，科學出版社，1959 年。

高大夏國乾祐十五年歲次甲辰九月十五日，奉天顯道耀武宣文神謀睿智制義去邪惇睦懿恭皇帝施。"[①]依據史金波先生《西夏社會》中"西夏紀年表"乾祐十五年爲公元1185年[②]。此文獻説明即使在西夏文已經使用、流行一百多年後，漢字所承載的歷史和燦爛文化依然在西夏大行其道。

中華文化正是通過漢字這個媒介擴展到中原漢地以外的諸多民族政權和地區，也就是我們現在所説的漢字文字圈。儘管周邊民族政權和地區語言不同，但統治階級至少使用漢語或是漢字，其歷史多是以漢字來記録的。由于戰亂的原因，關於西夏王朝的歷史文獻無論在數量、質量上都比較欠缺，漢語的文獻數量也不豐富，隨着新出土的文獻的刊布，一段神秘的歷史在幾代學人的共同努力下必將逐步充實起來。

人類社會發展到高級階段，才發明了文字，西夏文似乎跨越一個逐步的演化過程，直接借鑒了其他已經很成熟的文字加以創新，但至今絲毫没有減弱西夏文放射的光芒。

3. 1916年美國語言學家勞費爾(B.Laufer)根據伊鳳閣提供的材料選了200多字，通過比較研究，確定西夏語與印支(漢藏)語系中的羅羅(彝)語、麽些(納西)語最爲接近，因而，名爲西羅麽語組[③]。

納西族是中國一個古老的民族，是古羌人向南遷徙的一個支親，納西族歷史上曾經被稱作摩沙、麽些、麽些蠻等，中華人民共和國成立後，改稱納西族，納西族主要聚居雲南省麗江(原麗江納西族自治縣)維西、中甸及蒗縣的永寧區、德欽、永勝、鶴慶、劍川、蘭坪等縣和四川省鹽源、鹽邊、木里等縣，西藏的芒康縣也有分布。

納西族使用納西語，屬漢藏語系藏緬語族彝語支，納西族歷史上有幾種民族文字，分别爲東巴文、哥巴文、瑪麗莎文和阮可文。其中，巴東文是世界上保存下來爲數不多的一種古老文字符號，被稱爲"活着的象形文字"。東巴文因東巴教的祭司掌握並用來書寫東巴經而得名，東巴文是象形文字或稱爲圖畫文字，它比原始記事的圖畫文字進步，但又比能系統記録語言的表意文字原始，東巴文由象形符號、標音符號和附加符號構成，以象形符號爲主。

位於祖國西南麗江的納西族與位於西北地區的黨項羌族雖然地域相隔，共同點是同爲羌人，但兩者文字却大不相同。納西族的巴東文傳承有序，我們很容易就可以找到巴東文的"馬"字。此巴東文"馬"字分别取自《巴東象形文常用字詞譯註》編號696，(附件5)[④]、《納西象形文字譜》編號367，(附件6)[⑤]巴東文字的形體來源

---

① 俄羅斯科學院東方研究所聖彼得堡分所，中國社會科學院民族研究所：《俄藏敦煌黑水城文獻》(第三册)；《佛説聖大乘三歸依經》，上海古籍出版社，1999年。

② 史金波：《西夏社會》，上海人民出版社，2007年。

③ 勞弗爾(B.Laufer)：《西夏語—印度支那語言學研究之一》，《通報》(第17卷)，1919年第1期。

④ 趙净修：《巴東象形文常用字詞譯注》，雲南人民出版社，2001年。

⑤ 方國瑜編，和志武參訂：《納西象形文字譜》，雲南人民出版社，1981年。

於大多是通過描摹具體事物而來的圖形。可見,西夏語若與納西語同支,文字却有很大的本質區别。在巴東文中,"馬"字有類似漢文部首的意思,在馬字上增加些符號就組成了與馬或牲口有關的單詞或是詞組,如"駿馬"、"野馬"、"騾"、"驢"(附件7)等。

4. 這裡還有必要就相關的彝文彝語做幾點簡單的介紹。彝族是中華各民族中一名古老的成員,具有悠久的歷史和燦爛的文化。古彝族語言爲漢藏語系藏緬語族彝語支,彝族有着悠久的文化傳統,是中國古羌戎或氐羌的遺裔,彝族的族源包括來源於西北的羌人,其遷到西南地區後,又與當地居民逐漸相融合而形成。主要分布在金沙江南北兩側,是四川、雲南、貴州的主要原住民,他們用自己民族的文字寫下了許多歷史書籍和宗教經典以及優美的詩歌等,不僅有自己的語言文字而且大部分人還兼通漢語漢字,這有益於民族間的良好的溝通和廣泛交流。

彝文和漢字、西夏文相似的是均爲方塊字,彝文是單音表意,同樣符合"六書"造字之規律,可分筆畫、部首等,即有象形也有會意①。

關於彝文的介紹,在《大定縣志》卷十三"風土志"中有這樣的記載:"夷文,安國享所譯夷書九則,内載阿田可唐時納垢居巖谷,撰爨字,字如科斗,三年始成字母一千八百四十,號韙書,即今夷字。文字左翻倒念,亦有象形會意諸義。"同文還記載了其廣泛的運用,其文類爲:"書籍有曰理命,言性理者也;有曰苴載,記世系事迹者也;曰補第,巫祝書也;曰弄思,雅頌也、風歌也;又有輿禄命書。"②

彝族文字在人民的生産、生活中也有着重要的作用,特别是在彝族有着有别於漢族的曆法:十月太陽曆法,它是以 3 個 12 屬相周,36 日爲一個月,30 個屬相周爲一年,一年有 10 個月,一年爲五季,每季兩個月共 72 日,一個屬相 12 日爲一個節氣,30 個屬相周爲一年,一年有 30 個節氣。《西康綜覽》第六章彝族中中也有記載:夷人計日,用鼠、鷄、龍、虎等字。其次序日子與漢人所用屬相同,惟以三十六日爲一個月,十個月爲一年③。

依據貴州省畢節地區民委彝文翻譯組 1978 年 6 月編寫的《彝漢字典》初稿所録的與漢字相對應的"馬"字,其發音爲"mux—mu—1"(附件 11)④。

由于彝族居住地域分布廣闊,在語言和文字上也有地域之區别,我們再録一個彝文"馬"字,它流行於玉溪市的峨山、新平、沅江、易門、通海等縣;昆明市的西山區、晉寧縣;紅河的石屏、建水、紅河;楚雄州的雙柏縣;以及思茅市的江城縣。此"馬"取自《峨山彝文識字教材》(附件 12)⑤。

---

① 周有光:《六書有普遍適用性》,《中國社會科學》,1996 年第 5 期。

② 趙顯國集編:《大定縣志》(1926),國家圖書館藏。

③ 李亦人編著,左永澤、郭宇屏校訂.:《西康綜覽》,南京正中書局,1947 年。

④ 貴州省畢節地區民委彝文翻譯組:《彝漢字典》,貴州省畢節地區民委彝文翻譯組(印刷品),1978 年。

⑤ 李增華主編:《峨山彝文識字教材》,岷山縣民族宗教事物局(印刷品),2005 年。

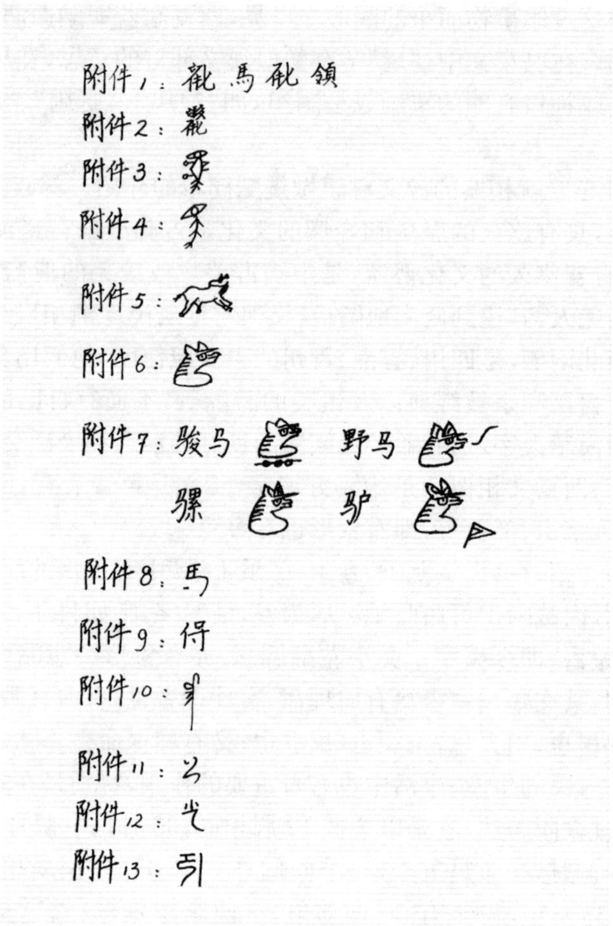

5. 契丹族是中古出現在中國東北地區的一個“逐水草而居”的民族。契丹族源於東胡後裔鮮卑的柔然部。它以原意爲鑌鐵的“契丹”一詞作爲民族稱號。歷史文獻最早記載契丹族開始於公元 389 年，柔然部戰敗於鮮卑拓跋氏的北魏。其中北柔然退到外興安嶺一帶，成爲蒙古人的祖先室韋。而南柔然避居今内蒙古的西喇木倫河以南、老哈河以北地區，形成契丹民族。唐爲防禦契丹，加强東北邊防兵力，建立範陽、平盧兩節度，重用胡人安禄山，結果釀成安史之亂。兩百多年後，公元 916 年，契丹族首領耶律阿保機創建契丹國。以今内蒙古赤峰地區爲中心，疆域東至於海西至金山（阿爾泰山）和流沙，南至河北中部和山西北部，北至外興安嶺。設置五京，上京臨潢（今林東）、中京大定（今寧城），西京大同、南京析津（今北京）。跟五代（907—960）和北宋（960—1279）對峙，長達兩個世紀以上，後改稱遼，統治中國北方。遼末，女真族起事，遼帝國迅速走向滅亡，公元 1125 年爲金所滅。

契丹文字早於西夏文創制100多年,與西夏文不同,契丹大字、契丹小字都是拼音文字,至少這兩種文字都有一個共同點,就是與漢族文字的外形有着很大程度的相似。《遼史》(卷二,本紀第二,太祖下)中記載了契丹文字中的大字的創製準確時間:神册"五年春正月乙丑,始製契丹大字,九月壬寅,大字成,詔頒行走"①。遼大祖神册五年即公元902年,而此時,黨項羌已經與契丹有了密切的交往,同年又載:"秋八月乙未,巳未朔,黨項諸部叛。"

契丹小字,没有記載確切的製字年代。

在《契丹小字研究》一書中有這樣的表述:"從歷史記載中,我們可以明顯地看到,契丹在製字過程中是有漢人參與,並且是參照漢字製成的。我們再從契丹文字本身來考查,證明史載不誤。兩種契丹文字除了有不少直接借用漢字的字形外,即使是與漢字不全相同的字,其形體特徵,筆畫走向,也是套取漢字而來,很像漢字的偏旁部首。"②

契丹文實行"雙文"制度,遼國滅亡之後,契丹字還在有限範圍内使用近一個世紀,金初借用契丹字,《金史》(章宗明昌二年,1191):"詔罷契丹字。"從創始到廢棄,歷時270年(921—1191),③但是契丹文的典籍一本也没有留下來,只有宋人王易的《燕北録》中收録了五個契丹字,成爲無人認識的古文字。

《比較文字學初探》標注的契丹文大字"馬"字與漢字的馬字明顯相似,可見有借源漢字的傾向(附件8),而與西夏文的差别較大④。

6. 女真族首領阿骨打(金太祖)公元1115年建立金國,大祖弟吴乞買(金太宗)公元1125年滅遼國,公元1126年滅北宋,虜徽欽二帝。公元1153年建都北京(原爲燕京),統治淮河以北半壁江山直至公元1234年被蒙古大軍所滅。

女真原來没有文字,借用契丹字,金太祖命完顏希尹和葉魯創製女真字,天輔三年(1119)頒行,《金史·完顏希尹傳》:"希尹乃依漢人楷字,因契丹制度合本國語,製女真字。"又説:"希尹依仿契丹字製女真字。"二十年後,熙宗天眷元年(1138)又另創一種女真字,皇統五年(1145)頒行,前者被稱爲女真大字,後者被稱爲女真小字,仿照契丹雙文制度。

蒙古滅金以後,中原女真人不再用女真字,東北女真人繼續使用200年,後來成爲無人認識的文字,從創始到完全遺忘經歷了三個世紀。

明代永樂年間編輯的《華夷譯語》,其中的《女真館來文》、《女真館雜字》是女真字和漢語字的雙語字彙,給後世解讀提供了綫索。我們在《女真文辭典》看到標注明確的譯文爲"馬"的女真文(附件9),看似與西夏文有近親的關係,也與漢字有某

① 《遼史·本紀》卷二,中華書局,2011年。

② (清)格爾泰,劉鳳翥,陳乃雄,于寶林,邢復禮:《契丹小字研究》,中國社會科學出版社,1985年。

③ 《金史·本紀》卷九,中華書局,1985年。

④ 周有光:《比較文字學初探》,語文出版社,1998年。

些結構上的近似[①]。

7. 歷史上回鶻文曾對周圍其他民族的文化發展有過很大的影響，十三世紀初，回鶻文爲蒙古族所採用，經過若干變化後成爲現代的蒙古文。十六世紀以後，滿族又從蒙古族那裡接受了這種字母形成了滿文。維吾爾族是中華民族大家庭中的少數民族之一，其在不同歷史時期的漢文文獻中被譯爲"袁紇"，在范文瀾、蔡美彪等著的《中國通史》第三編第五章第一節中介紹："袁紇有烏護、烏紇、韋紇等名稱，唐時稱爲'回紇'亦稱'回鶻、畏兀兒'等。均爲古代部族——維吾爾族的别稱。維吾爾族語屬於阿爾泰語系突厥語族，維族人民在九世紀以前的幾個世紀中曾使用過突厥文。"[②]麻赫穆德·喀什噶里認爲，"回鶻人的語言是純粹的突厥語"。其後大約從九世紀下半葉開始改用以粟特文字母爲基礎的回鶻文，從十一世紀起，因受伊斯蘭教的影響，新疆南部維吾爾人民開始轉用阿拉伯文字母，而吐魯番、哈密一帶直到十六世紀仍然使用着回鶻文。

早在唐朝時受中原文化的强大影響，回鶻文化取得了巨大的進步與發展，他們有着悠久的歷史，先遊牧於蒙古草原，後定居在西域、河西走廊一帶，信仰佛教人數衆多，西夏王朝時期回鶻高僧被西夏皇室所推崇。

在西夏文字典《文海》中，"嵬"、"惡"均被釋作"族姓回鶻之謂"。甘州回鶻和沙洲回鶻政權相繼滅亡後，河西完全成了西夏政權的一統天下，除了部分外逃外，其遺民大都淪爲了西夏的居民，回鶻文化與西夏主體黨項羌的文化交流也就在情理之中。

高昌(回鶻)文漢譯"馬"字，取自《北京圖書館古籍珍本叢刊 6》(第九頁)(附件10)[③]。

西夏王朝初期，回鶻僧人是當時西夏文譯經的主要人員，他們不僅精通佛理，善於譯經，還是演經、傳道的高僧，在當時這些高僧有着很高的社會地位，天祐民安五年(1094)西夏王朝向遼朝所進的貝葉經即回鶻僧人所譯，可見倍受西夏王朝禮遇的回鶻高僧已經能熟練掌握西夏文、漢文等多種文字和語言。

《天盛改舊新定律令·卷十·司序行文門》："任職人番、漢、西番、回鶻等供職時……"這表明，在西夏王朝有大量的回鶻人，在民族排名上位於番(西夏)、漢、西番(吐蕃)之後[④]。

8. 早在七世紀初，松贊干布統一了西藏高原諸部落，建立了奴隸制的吐蕃王朝，八世紀中葉，吐蕃北擴西進逐漸成爲了藏區和西北地區的主要統治者，並對西北地區的民族構成、民族關係與分布都産生過極大的影響。

---

① 金啓孮編著：《女真文辭典》，文物出版社，1984 年。

② 范文瀾，蔡美彪等：《中國通史》(第三編)，人民出版社，1978 年。

③ 北京圖書館古籍出版編輯組：《北京圖書館古籍珍本叢刊》之六，書目文獻出版社，1990 年。

④ 史金波、聶鴻音、白濱譯註：《天盛改舊新定律令》(第十九畜利限門)，法律出版社，2000 年。

在藏族歷史上,佛教和苯教的學者一直都對藏文的起源持有不同的觀點,佛教學者認爲藏文是公元七世紀松贊干布的文臣吞米·桑布扎仿照天竺梵文進行創製的,而苯教學者則認爲藏文是由象雄文演變來的。

佛教認爲:松贊干布從繼位開始,就想創製吐蕃人自己的文字,他重用吞米·桑布扎,他從小聰明伶俐,又有喫苦精神。松贊干布特意把他召進紅山宫,囑咐説,我們吐蕃没有文字,好比一個人没有眼睛,一個武士没有刀劍,走夜路没有燈。你一定要把造字的方法學回來,這是造福子孫後代的大事情.

吞米·桑布扎和他的同伴,離開了吉雪沃塘,經歷千辛萬苦,翻過冰雪覆蓋的喜馬拉雅山,騎着大象走出了老虎出没的森林,走遍南亞各地,最後找到了精通聲韵和文字學的大師婆羅門李敬,獻上金砂金粉,恭恭敬敬地提出了創製文字的請求。婆羅門李敬被他的熱誠和意志所打動,答應收他爲徒。吞米·桑布扎在李敬身邊整整 3 年,學會了梵文、烏爾都文等南亞文字,又學習了文字的創製方法,最後帶着寶雲經、寶篋經、大悲蓮花經等經書佛典回到了吐蕃。

松贊干布熱烈歡迎吞米·桑布扎學成歸來,親自把他送進北郊的工噶瑪如宫堡,讓他在那裡邊集中精力創製文字。他像喇嘛修禪一樣,獨自一人在那裡邊待了很多個夜晚和白天。他仿傚蘭扎文(天城體梵文)創製了藏文楷書體,仿傚(哇什都)烏爾都文創製了藏文草書體,以梵文 50 個聲韵字母爲藍本,結合吐蕃語言實際,創造藏文聲母 30 個,韵母 4 個及拼音造句之法,在 30 個藏文聲母中,有 24 個字母仿照梵字製成,其餘 6 個是吞米·桑布扎自創,能拼寫出藏人所有的語言,表達藏人所有的意思。

從此以後,松贊干布不但學會和精通了藏文,還和吞米·桑布扎一起製定了十善法,這是用吐蕃文字寫成和頒布的第一個法律條文,也是藏人遵循的道德規範。

苯教則認爲藏文是由象雄文演變來的。象雄,漢文文獻稱其爲"羊同",是西藏高原最早的文明中心,並且還是西藏的本土宗教——苯教的發源地,苯教史籍也視象雄爲西藏文明的中心和聖地,其宗教和文字都對西藏文化産生過巨大的影響。

八世紀中葉,贊普赤松德贊在西藏山南扎囊縣境内建立了第一座寺院桑耶寺,專門從事宗教文化的學習,並聘請了 13 位僧侣爲教師,挑選了 25 名學僧學習藏文及佛教典籍,這便是藏史上最早出現的藏式教育①。

藏傳佛教寺院憑藉着宗教和政治上的雙重權威,控制着整個藏區的政治、軍事、經濟、文化、教育、藝術等各個領域,寺院内的學經機構,就是一套有序的教育系統,寺院教育是當時唯一的教育渠道,每個寺院就猶如一所學校,這也印證了法尊大師所説的"西藏教育就是佛法,離了佛法也就没有了教育了"。也爲我們指明了古老的藏文能有效傳播到今天的主要原因。

---

① 周潤年:《藏傳佛教寺院與藏族教育》,《法音》,1991 年第 6 期。

我們在《英藏漢對照詞典》中選録了與漢字的馬字所對應的藏文(附件 13)①。

一個"馬"字,在西夏王朝的周邊就有多種文字,而且互不相認。很多的文字都有一個基本的類型,儘管也有很多是跨類型的,常見的有五種文字的基本類型,形意文字、意音文字、音節文字、輔音文字、音素文字,與其對比我們可以清晰地看到,西夏文的大方向是表意,少有表音。既没有學習契丹或是女真的"雙文"制度,也没有參照和接受回鶻的文化,更没有採納同語系的(並非來源於漢字而跟漢字原理基本相同的"异源"而"同型"的)少數民族傳統文字東巴文和彝文。僅僅是借鑒了來自中原的漢文化,因爲漢文化在這個地區傳播的歷史已經很久遠了。其實,我們完全没有必要把西夏文的創製看作是對漢字六書的借鑒,然後硬性的詮釋,西夏文就是西夏文而已。

二

1. 當公元 1038 年前後西夏創製本民族文字時,大中華漢字圈的思想已趨於成熟,漢字成爲中華文化和文明的標志,周邊民族已經很成熟的文字無疑是西夏文創製的最有益的借鑒。

大量的漢文書籍,記載着漢文化幾千年的文明發展,涉及到各個方面,如軍事、政治、經濟、宗教、醫學、天文、地理、農耕等等。通過探尋西夏黨項羌族的遷徙、發展的軌迹,西夏文的文字應用的歷史相比漢字就顯得有些短暫、甚至蒼白也是正常的。

史載,公元 584 年黨項羌有千餘家"歸化",公元 585 年大首領拓跋寧叢率領部落到旭州即今甘肅省臨潭縣境内,請求定居下來,隋政府予以大將軍的官號,自此,黨項羌族中部分人便開始與當地的漢族人民共同生産、生活在這片土地上並繁衍生息②。

寧夏南部地區的文明史是與周、秦等同步的,唐朝軍事力量强大,有幾個大的著名民族突厥、鐵勒、叶谷渾被安置在古代寧夏地區,黨項羌拓跋等部的兩次遷徙都是從發生戰亂的地方遷走,唐時寧夏南部也是安置黨項羌的主要地區,這裡漢族居民所掌握的如冶煉、農耕等先進生産技術、生産工具及其所處的封建生産關係,都必然對黨項羌的社會生産發展起到極大的推動作用,而漢族也同樣受到了他們的影響③。

雖然西夏王朝在建國初期就已頒布西夏文,但西夏文的普及和廣泛的應用,要達到完善程度必然需要較長的過渡時間和實踐,才能完成西夏文替代其他文字,而這個過渡期的暫時性文字必然在漢字和藏文中做選擇,不然,政令則無以爲憑。

以我們所經歷過的簡化漢字的經驗來看,由于民衆有一個對文字運用的强烈

① 伊西拉姆措:《英藏漢對照詞典》,甘肅民族出版社,2005 年。

② 《隋書·列傳》卷八十三,中華書局,1985 年。

③ 杜建録:《西夏與周邊民族關係史的緒論》,載《西夏與周邊民族關係史》,甘肅文化出版社,1995 年。

需要,從繁到簡也要 20 多年的時間才得以全面完成,而這段時間民衆則是繁、簡混用。

西夏王朝所採取的解決方案就是將原漢文的經典書籍,快速而大量的翻譯爲西夏文,特别是隨着上層統治階級及社會民衆對宗教信仰的增强,僅佛教龐大的信衆就需求大量的佛經,這就必然促進了印刷業的發展。西夏活版印刷的出現改變了原雕版印刷的雕版時間長、版中某字損壞則影響整版使用的弊端。活版印刷是由一個個單字組成,經過揀字、拼版後即可印刷,印畢,單體字仍然可以繼續使用,快速便捷。可見這一個“活”字,堪稱提高印刷效率的一場變革,使西夏文藉助宗教的發展之勢得以迅速傳播和運用。

漢地中原地區自古有私塾與官學之分,那麽,西夏文作爲一種新的文字,而且筆畫繁多,除借助宗教的發展契機外,西夏文的傳播及普及教育,究竟還有哪些途徑,值得做進一步的深入探討。

雖然藏文産生的確切年代已無從考證,但可以肯定的是松贊干布時期已經發展成爲一種比較成熟的文字,並有許多關於藏族古代神話和歷史的記載。儘管藏文的具體創製時間在學界仍有不同觀點,我們姑且依其最晚的一説,即松贊干布内臣吞米·桑布扎仿照天竺文字創製了藏文。在西夏文字創製前,西夏主體民族黨項羌族没有自己的民族文字,而是使用中原的漢字,以及吐蕃的藏文,因爲早期黨項羌族是由鄰近藏區或藏區遷移而來的,故有些民衆也能使用藏文。

西夏王朝在建立之前很長的一段時間,黨項羌隸屬於漢地中央政權的管轄,漢字和藏文同樣在民間廣爲流行和使用。

《舊唐書》(吐蕃上、卷一百九十六上、列傳第一百四十六)記載:貞觀八年,其贊普棄宗弄贊始遣使朝貢。弄贊弱冠嗣位,性驍武,多英略,其鄰國羊同及諸羌並賓伏之。太宗遣行人馮德遐往撫慰之。見德遐,大悦。聞突厥及吐谷渾皆尚公主,乃遣使隨德遐入朝,多賫金寶,奉表求婚,太宗未之許。使者既返,言於弄贊曰:“初至大國,待我甚厚,許嫁公主。會吐谷渾王入朝,有相離間,由是禮薄,遂不許嫁。”弄贊遂與羊同連,發兵以擊吐谷渾。吐谷渾不能支,遁於青海之上,以避其鋒。其國人畜並爲吐蕃所掠。於是進兵攻破黨項及白蘭諸羌,率其衆二十餘萬,頓於松州西境。遣使貢金帛,云來迎公主。又謂其屬曰:“若大國不嫁公主與我,即當入寇。”遂進攻松州,都督韓威輕騎覘賊,反爲所敗,邊人大擾。太宗遣吏部尚書侯君集爲當彌道行營大總管,右領軍大將軍執失思力爲白蘭道行軍總管,左武衛將軍牛進達爲闊水道行軍總管,右領軍將軍劉蘭爲洮河道行軍總管,率步騎五萬以擊之。進達先鋒自松州夜襲其營,斬千餘級。弄贊大懼,引兵而退,遣使謝罪。因復請婚,太宗許之。弄贊乃遣其相禄東贊致禮,獻金五千兩,自餘寶玩數百事①。

① 《舊唐書·列傳》卷一百九十六,中華書局,1985 年。

貞觀十五年的唐蕃通婚之事，地近吐蕃歸附唐朝的羌族部衆却爲此蒙受了損失。

黨項羌族内徙前，長期生活在青藏高原東部，其居住地曾一度處於吐谷渾的領地之中，因而和鮮卑吐谷渾相互融合，並在融合中發展壯大起來，大約在北周時就開始擺脱吐谷渾的直接控制，隨後活動範圍一度深入到南山（今崑崙山）附近，和西藏高原上的吐蕃保持了一段相當密切的關係。

吐蕃與黨項羌族在長達多個世紀的交往中，軍事、政治、民族、文化的相互交流極爲密切，唐朝時，吐蕃和黨項羌各部的戰爭，大批的黨項羌人歸屬於吐蕃政權，兩族民衆呈部分混居、雜居，而當黨項羌族在建立西夏王朝以後，也有很多的吐蕃人在河隴、河湟一帶與黨項羌族人民混居、雜居在一起，接受黨項羌爲主體的西夏王朝的統治，真可謂是“你來我往、水乳交融”。

依據《伯希和西夏語文評論四種》一文中提供的聶歷山對《西藏文字對照西夏文字抄覽》的評論（原載《通報》第 24 卷 1926 年第 399 至 403 頁）所述：“距甘肅甘州十里路的一座小廟中一直還保存着一塊石碑，上面刻着西夏仁宗皇帝給黑水河諸神的敕令。我在 1908 年春天親自看到這件碑銘，我可以肯定碑陰是西夏字。……1176 年碑銘背面的高質量拓片的好處是或許這個碑陰是藏語的，可是藏語碑銘文獻在 12 世紀畢竟極爲罕見，何况更爲重要的是，既然此前已經有了西夏文的創製，西夏君主就不應該直到 12 世紀下半葉還繼續習慣用藏語來書寫非佛教文獻，或許僅僅其文字是西藏字，而記録的語言則是西夏語。”[①]

因此可見，藏文對西夏民衆的影響還是很大的。文字作爲記載語言的符號系統，從理論上講具有多種可能的選擇。借用現成的外來字母拼寫本民族的語言，古代民族文字歷史上這樣的例子較多，如在滿族及其先世女真族的歷史上就曾經先後出現過兩種文字系統：一爲女真文，創製於公元 1119 年，時值北宋徽宗時期，與遼、金對峙。據《金史》卷七三《完顔希尹傳》：“金人初無文字，國勢日强，與鄰國交好，乃用契丹字。太祖命希尹撰本國字，備制度。希尹乃依仿漢人楷字，因契丹字制度，合本國語，製女直字。天輔三年八月，《字書》成，太祖大悦，命頒行之。”公元 1234 年金朝滅亡後，女真文仍在中國東北地區使用，至公元 15 世紀中葉失傳，改用蒙古文。

西夏人在没有自己的文字前，在河西地區是否曾有過以藏文拼音方式來記録黨項羌族的語言？是否也曾借用藏文表現過蕃羌文化歷史上兩族文化密切相互影響的關係？甘州可能遺有藏文轉寫的碑銘當是重要而合理的推測。

2. 大家公認，考古學是一門從物質遺存來研究古代文化和歷史的學科。一個世紀以來的考古資料爲探索西夏的歷史與文化提供了重要綫索。僅僅靠出土的文

① 聶鴻音：《伯希和西夏語文評論四種》，《書品》，2003 年第 4 期。

獻資料中的辭句，而没有實物的印證，無法達到全面證實的完美。

在1977年2月至11月寧夏博物館的考古人員對編號爲M177的陪葬墓所進行的發掘中，發現位於墓穴甬道西側的一件圓雕大石馬，其長約130厘米，重355千克，體型碩大，比例恰當，頭部稍微下垂，頸部呈彎曲狀，神態自然，馬鬃整齊流暢地披散在脖子上，雕刻手法十分細膩，藝術地再現了馬的生動形象並通過對馬局部和細節的展示，那精湛的刻工，顯示了西夏時期的工匠已經具備了豐富的藝術修養和嫻熟的雕刻技巧，使得原本很普通的石馬給人無限遐想的空間，極富吸引力①。

在中原漢地，車馬坑是帝王或是大臣墓葬的陪葬坑，車馬坑有兩種，商周時以真車真馬作爲埋葬品，另一種則是以模型車馬爲埋葬品，秦漢時爲多。用石馬陳設於墓地有悠久的歷史，秦始皇陵的兵馬俑坑和咸陽楊家灣漢墓的兵馬俑，其數量、規模之龐大都令人嘆爲觀止！西漢霍去病墓前的立馬、卧馬和躍馬是目前所知陵墓前最早的石馬。帝陵置石馬，有可能始於東漢光武帝原陵。特别是從與西夏接觸頻繁的唐代，其帝陵除唐高祖獻陵外，均置石馬，唐陵神道設置仗馬之制，爲宋、明、清諸帝陵所沿襲。

我們知道，每一個藝術品即是現實環境中物質與非物質的反映與折射，又是人類思想的再創造，石馬的造型不是西夏藝人憑空臆造的，應該是源於對自然界生靈的認識和感受②。

每件文物或文獻所能提供的知識點是孤立的、有限的，每件文物所能提供的信息量也是有限的，但是如能將這些信息集中到一起，就可以建立起立體交叉的認知之網。如果再加入其他古籍的相關信息，將它們千絲萬縷的内在聯繫全面連貫打通，則西夏文字相關古籍、西夏學研究相關資料、西夏出土文物三者相結合，或許可以爲西夏學研究不斷走向深入打開新的知識點及新的關聯。

透過隻言片語，我們希望能對西夏文“馬”字有一個小小的詮釋，在西夏王朝的文字變革中，總要有一個或長或短的過渡期，在已經發現的西夏曆書中，史金波先生在《西夏社會》一書中就刊發了兩幅“西夏文－漢文合璧曆書”（圖版164和圖版165）。其中西夏文與中原漢字搭配混用就與作者的觀點相吻合。

有時西夏古文字也會爲我們帶來疑惑，例如在黑水城出土的文獻中有一件西夏文記録的“天盛二十二年賣地契”，而西夏仁宗的年號只有天盛二十一年即己巳至乙丑（1149—1169）。

西夏文獻保留了大量西夏文佛經，讓我們了解到當時社會的宗教發展情況，在俄藏黑水城文獻“俄A11密教唸誦集34—20”中有：“奉此良馬大寶故遠離輪迴。”

西夏《天盛改舊新定律令》透過文字留給了我們一部完整的法律，幾乎包括了那個時代生活的各個方面，本文多次援引，不得不説這是西夏文字留給後世的一大

---

① 黄振雲：《西夏王陵鎏金銅牛石馬和遼興平公主墓葬考》，《東北史地》，2010年第5期。

② 湯卓煒：《環境考古學》，科學出版社，2004年。

寶貴遺産。

歷史的發展是多種複雜因素交互作用的結果，其中決定性的因素是生産力的發展。

《俄藏黑水城文獻》(第十册 俄 NHB.NO.214 215 216 217 218 685 4777 番漢合時掌中珠甲種本頁 37—28)"，從中我們了解到，在西夏王朝的政府機構中設有"馬院"，大概是專司馬匹之職。

在俄探險隊發掘的文獻中，有部西夏王朝的法典《天盛改舊新定律令》，在這部律令中，對馬匹的飼養、繁殖以及宰殺與盜竊都有非常詳盡的規定，並對違反者所獲刑期與懲罰都標注明確，顯示出西夏政府對馬匹的重視和保護。

在西夏的法律中多見有"財産刑"的規定，官員出現違法之行爲，可以馬代罰，大概的比例是一匹馬抵消若爲庶人的十三杖，兩匹馬抵消若爲庶人的十五杖。

作爲國家財産的這些馬匹(稱"官馬")也需要專人的飼養和管理，《天盛改舊新定律令・卷十九・畜利限門》中規定："官牧場之馬不好好養育而減食草者，計量之，比偷盜法加一等。未減食草，其時檢校失誤致馬羸瘦者，當視肥馬已瘦之數罰之，自杖罪至一年勞役，令依高低承罪。"在《天盛改舊新定律令卷十》"司序行文門"標注馬院司是專門負責馬匹管理的政府機構，其列位於下等司。

3. 在西夏王朝時期，西夏的馬匹(黨項馬)曾作爲重要物資以貢品的形式向中原進貢，可見馬匹在西夏亦很珍貴。

據現在文獻記載，西夏統治者們在其建國前後的四十多年，至少有過五次向北宋購買佛經以及經帙籤牌等，照例西夏進馬七十匹，作爲印造一部大藏經的紙墨工本，北宋有時不收馬匹，全部作爲贈送，表示優待。

《續資治通鑒長編・卷一九〇》天聖八年(1030)十二月載："丁未，定難軍節度使西平王趙德明遣使來獻馬七十匹，乞賜佛經一藏，從之。"①

《續資治通鑒長編・卷一一五》景祐元年(1034)十二月載"癸酉，趙元昊獻馬五十匹，求佛經一藏，詔特賜之"②。

《西夏紀事本末・卷二〇》嘉祐三年(1058)載"賜夏國主贖大藏經詔曰：所載請贖大藏經並經帙籤牌等令印造，候嘉祐七年正旦進奉人到闕，至時給付"。

嘉祐七年，夏國主乞贖大藏經，詔曰："其請贖經文，已指揮印經院印造，候嘉祐十一年正旦進奉人到闕給付。"③

《宋史・夏國傳下》熙寧五年(1072)十二月載："遣使進馬，贖大藏經，詔賜之而還其馬。"④

---

① 《續資治通鑒長編》卷一九〇，中華書局，1985 年。

② 《續資治通鑒長編》卷一一五，中華書局，1985 年。

③ 《西夏紀事本末》卷二〇，龔世俊等點校，甘肅文化出版社，1998 年。

④ 《宋史・夏國傳》卷四八五，中華書局，1985 年。

此外，北宋王朝主動賜經一次，《續資治通鑒長編·卷一七九》至和二年(1055)四月載"庚子，賜夏國大藏經"(《宋會要輯稿·禮》)①。

《西夏書事·卷一九》："没藏氏(諒祚母)因阿訛等還，感中國恩，遣使入貢，仁宗賜大藏經慰之。"②

西夏以珍貴的馬匹所换得的三藏經即指佛教典籍的叢書，又名一切經、契經、藏經或三藏。内容包括經(釋迦牟尼在世時的説教以及後來增入的少數佛教徒——阿羅漢或菩薩的説教在内)、律(釋迦牟尼爲信徒制定必須遵守的儀軌規則)、論(關於佛教教理的闡述或解釋)。大藏經的編纂，始於釋迦牟尼涅盤不久，弟子們爲保存他的説教，統一信徒的見解和認識，通過會議方式的結集，形成一致公認的經、律、論内容。其後又增加了有關經、律、論的注釋和疏解等"藏外典籍"，成爲卷帙浩繁的四大部類。

西夏是以遊牧爲主發展起來的民族，馬、牛、羊這類家畜的飼養需要廣闊的草場放牧，而西北地區正爲西夏的遊牧民族提供了一個宜牧宜農的地理環境，兩者相互依賴。遊牧人需要農耕業出産的穀物一類的産品，農耕業則渴望獲得遊牧人擁有的馬匹和皮革。定居在黄河流域的西夏黨項羌族不僅擁有强大的畜牧業，也擁有同漢地一樣的農耕業馬匹，馬匹在西夏不僅僅是財富的象徵，而且在人們的生活中有着很重要的作用，在没有機械化運輸代步工具的年代，一匹良馬可日行150公里，在西夏所轄的廣闊區域中，很多地帶是成片的草原或是戈壁灘，人們主要依靠馬匹這種速度快、耐力好而且通人性的家畜來完成貨物的運輸和騎乘。更爲重要的是在戰争等軍事活動中，馬匹也有着獲得優勢性的因素，馬匹是作爲一項重要的軍事潛力來考量的，西夏軍隊的"鐵鷂子"就是以騎兵爲主的精鋭部隊。據説，西夏黨項羌所特有的"黨項馬"比蒙古馬要高大，負重也比蒙古馬大，在戰場衝鋒時"黨項馬"具有明顯的優勢，在軍隊"招兵買馬"時，原産地爲西夏王朝的"黨項馬"即是代表最優良的馬匹。

早在漢唐時期，元稹就在其詩作中寫有"北買黨項馬"，可見，在唐朝時"黨項馬"已經是最重要的"邊貿"商品之一③。

公元1038年，西夏王朝應運而生，這是個統一的多民族的地方政權，西夏文的出現使西夏人有了强烈的民族歸屬感。

據《宋史》卷四百八十五 列傳第二百四十四 外國一 夏國上 記載：(元昊)"曉浮圖學，通番漢文字，案上置法律，常携《野戰歌》、《太乙金鑒訣》"；"元昊自製蕃書，命野利榮仁演繹之，成十二卷，字形體方整類八分，而畫頻重複。教國人紀事用蕃書，

---

① 《宋會要輯稿》第一九零册，中華書局，1957年。

② 《西夏書事》卷一九，龔世俊等點校，甘肅文化出版社，1995年。

③ 《元稹集校注》，上海古籍出版社，2011年。

而譯《孝經》、《爾雅》、《四言雜字》爲蕃語"①。

西夏文字具有其獨特的社會作用、歷史作用，是我們今天研究西夏社會、文化與政治等諸多方面的一把鑰匙。

古文字學是一門涉及歷史文獻、古代史、考古學和語言文字等多門學科的邊緣學科。西夏文的創製，滲入了當時很强的政治需要，區別於漢地(宋)所採取的措施，如：文字、樂禮、禿髮、服裝等，在元昊給宋朝的國書中已經表達的清清楚楚，《宋史》卷四百八十五 列傳第二百四十四 外國一 夏國上記載：

"臣祖宗本出帝胄，當東晋之末運，創後魏之初基。遠祖思恭，當唐季率兵拯難，受封賜姓。祖繼遷，心知兵要，手握乾符，大舉義旗，悉降諸部。臨河五郡，不旋踵而歸；沿邊七州，悉差肩而克。父德明，嗣奉世基，勉從朝命。真王之號，夙感於頒宣；尺土之封，顯蒙於割裂。臣偶以狂斐，製小蕃文字，改大漢衣冠。衣冠既就，文字既行，禮樂既張，器用既備，吐蕃、塔塔、張掖、交河，莫不從伏。稱王則不喜，朝帝則是從，輻輳屢期，山呼齊舉，伏願一垓之土地，建爲萬乘之邦家。於時再讓靡違，群集又迫，事不得已，顯而行之。遂以十月十一日郊壇備禮，爲世祖始文本武興法建禮仁孝皇帝，國稱大夏，年號天授禮法延祚。伏望皇帝陛下，睿哲成人，寬慈及物，許以西郊之地，册爲南面之君。敢竭愚庸，常敦歡好。魚來雁往，任傳鄰國之音；地久天長，永鎮邊方之患。至誠瀝懇，仰俟帝俞。謹遣弩涉俄疾、你斯悶、卧普令濟、嵬崖㛹奉表以聞。"

北宋文學家沈括所著筆記體著作《夢溪筆談》大約成書於 1086 至 1096 年，收録沈括一生所見所聞和見解，被西方學者稱爲中國古代的百科全書。在該書也有同樣的記載，《夢溪筆談》卷二十五："未幾，元昊果叛，其徒遇乞先創造蕃書，獨居一樓上，累年方成，至是獻之，元昊乃改元，製衣冠禮樂，下令國中悉用蕃書，胡禮，自稱大夏。"②

在《續資治通鑒長編》"景祐元年十月丁卯條"記載："趙元昊自襲封，即爲反計，多招納亡命，峻誅殺，以兵法部勒諸羌。始衣白窄衫，氈冠紅裡，頂冠後垂紅結綬。自號嵬名吾祖，凡六日、九日則見官屬。其僞官分文武，或靴、笏、幞頭；或冠金帖鏤冠，緋衣，金涂銀黑束帶，佩蹀躞，穿靴，或金帖紙冠，間起雲銀帖紙冠，餘皆禿髮，耳重環，紫旋襴，六垂束帶，佩解結錐、短刀、弓矢韣，乘鮿皮鞍，垂紅纓，打跨鈸拂。民庶衣青緑，用此以別貴賤。元昊初製禿髮令，先自禿髮。及令國人皆禿髮，三日不從令，許衆殺之。"③

正是這些歷史文獻已經明確地記録了西夏文創製的主要政治訴求及其他因素。

---

① 《宋史・夏國傳》卷四百八十五，中華書局，1985 年。

② 《夢溪筆談》卷二五，四川人民出版社，2009 年。

③ 《續資治通鑒長編》卷一百十五，中華書局，1985 年。

結　語

我們可以通過《番漢合時掌中珠》了解到，西夏所使用的語言有别於漢地中原的語言。中國有"六書"（指事、象形、形聲、會意、轉注、假借）説，六書不僅能説明漢字，同樣能説明其他民族古文字。"六書有普遍適用性"，這是比較文字學的重大發現。但就西夏文"馬"字，並没有套用"六書"。"六書是文字大備以後，人們歸納出的條例，造字之初是没有的"。我們試圖通過西夏文"馬"字延展相關點的聯繫，加深我們對以黨項羌族爲主體的西夏社會的認識和了解。我們研究西夏文"馬"字並没有選擇孤立的就字論字，而是把西夏文的研究放回到産生它的年代中，從政治、經濟、軍事、法律制度等諸多的社會背景綜合考量，以期接近歷史變革的真實軌迹。

限於認識水平，西夏文"馬"字研究或許還存在不足，這將在後續的研究工作中逐步彌補。

本文未公開發表

《寧夏社會科學》西夏欄目述評

孫穎慧

《寧夏社會科學》是反映和代表寧夏社會科學學術研究水平的綜合性理論刊物。1981年2月17日寧夏回族自治區黨委宣傳部批復，同意寧夏哲學社會科學研究所（寧夏社會科學院前身）公開出版《寧夏社會科學》和内部發行《寧夏社會科學通訊》，6月《寧夏社會科學》試刊號印發；1982年12月《寧夏社會科學》創刊號出版。自1983年始，《寧夏社會科學》以季刊的形式公開發行，1986年改爲雙月刊。截至2010年底，已出版163期。自創刊以來，爲繁榮寧夏的社會科學研究事業做出了積極貢獻。1995年被自治區思想宣傳領導小組授予全區出版系統先進集體稱號；1996年被中國社會科學院文獻信息中心評爲“中國人文社會科學核心期刊”；2001年進入“中國期刊方陣”，被評爲“雙效期刊”；2002年被評爲“寧夏回族自治區優秀期刊”寧夏一等期刊；2003年1月，《寧夏社會科學》榮獲“第二届國家期刊獎百種重點期刊”稱號，是西北地區唯一獲此殊榮的社會科學類學術期刊，該獎的獲得，標志着《寧夏社會科學》已進入全國期刊百强之列；2004年，《寧夏社會科學》被北京大學圖書館評爲“中文核心期刊”；1999年、2004年、2008年分别被南京大學中國社會科學研究中心評價中心（CSSCI）選爲《中文社會科學引文索引來源期刊》。《寧夏社會科學》分别加入了“中國學術期刊網”和“萬方數據庫”，同時入選“中國學術期刊綜合評價數據庫”，全文收入“中國學術期刊（光盤版）”和“萬方數據—數字化期刊”，並被《中國核心期刊（遴選）數據庫》收録，實現了期刊電子化和數字化。根據“中南財經大學圖書館社科經濟期刊信息服務部”提供的檢索報告，1990年至2005年的16年中，在《寧夏社會科學》上共有339篇文章被《新華文摘》和《中國人民大學復印報刊資料》等全國性文摘報刊全文轉載或摘引，除個别年份，被轉載的文章數在全自治區所有社會科學期刊中都是最高的。特别是1998年共有34篇文章被上述報刊轉載，達到歷史最高水平，在西北五省區的綜合性社會科學學術期刊中，《寧夏社會科學》排名第二位，在五個省級少數民族自治區的綜合性社會科學學術期刊中排名第一位。

《寧夏社會科學》“西夏研究”欄目是被公認的西夏學術期刊欄目之一。1981年8月，全國西夏研究學術討論會在銀川召開，其時《寧夏社會科學》發行試刊號。試刊號的重點内容是登載了一組有關西夏研究的調查和論文，引起了參加會議的學者和專家的極大興趣。他們認爲:西夏建都銀川近二百年,對寧夏地區和西北地區的政治、經濟、文化都産生過重大影響。寧夏應該成爲西夏研究的中心,應該建立西夏研究的情報和資料網絡,應該有專門刊物發表國内外的最新研究成果。其中顯著的成果就是《寧夏社會科學》把"西夏研究"列爲重點欄目之一,自創刊號始,幾乎每期都登載西夏研究的論文和信息。該欄目堅持民族性、學術性、地方性、國際性的獨特風格,堅持嚴格有序、一絲不苟的編輯標準,爲西夏學科建設作出了重要貢獻,贏得了學術界的關注與贊譽,爲西夏研究的繁榮起到了澆灌和栽培的作用。《寧夏社會科學》創刊 27 年,共發表西夏方面的論文 280 餘篇,其中 1992—2010 年發表西夏論文近 250 篇,是十年前西夏論文的 4 倍多。根據"中南財經大學圖書館社科經濟期刊信息服務部"提供的檢索報告,1990 年至 2005 年的 16 年中,《寧夏社會科學》西夏類文章上共發表有 180 篇文章,其中有 30 篇被《新華文摘》和《中國人民大學復印報刊資料》等全國性文摘報刊全文轉載或摘引,其餘 90%被《新華文摘》、人大復印資料目録索引。其中 2001 年《中國人民大學復印報刊資料》K23 宋遼金元史專題轉載篇目排序爲全國第一(31 種期刊轉載文章 43 篇)。

鑒於羅矛昆對《寧夏社會科學》1981—1991 年間的西夏研究作了述評[①]、馬淑萍對《寧夏社會科學》1992—2008 年的西夏研究作了綜述[②],因此,本文通過對《寧夏社會科學》西夏欄目及近 3 年(因馬淑萍文對 2008 年的西夏文章介紹不全,故在此將其包含其中)發表的西夏類 60 多篇文章的梳理,使讀者對該刊及"西夏欄目"有一個系統的了解,也爲今後更好地辦好該欄目有所借鑒。

一、西夏語言文字研究

語言文字研究是西夏學研究的重要組成部分,近幾年有關這一學科的研究逐步向深度和廣度發展。韓小忙對《夏漢字典》中的一些西夏字音進行了補證[③]。向柏霖考察了 14 世紀藏文典籍中兩個詞語的西夏語源[④]。賈常業依據西夏文詞典《文海》的構字規律,從西夏文字與漢文字的對比中剖析了西夏文字的實質,又從已知的材料中運用音韻學原理、西夏文的同居韵原理,提出了解讀佚缺、未知西夏文字的字形結構與反切擬音的規律、思路、方法和手段,這對彌補西夏文字的空白、全面了解西夏語言文字體系、西夏文與漢語的關係、西夏文字形聲義之間的關係問題有着重要的學術意義[⑤]。王培培對西夏文本《類林》中的西夏文誤譯字進行了指

① 羅矛昆:《〈寧夏社會科學〉"西夏研究"十年述評》,《寧夏社會科學》,1992 年第 5 期。

② 馬淑萍:《〈寧夏社會科學〉西夏研究十七年》,《寧夏社會科學》,2009 年第 6 期。

③ 韓小忙:《〈夏漢字典〉補證之二:字音訂補》,《寧夏社會科學》,2008 年第 1 期。

④ 向柏霖:《吐蕃傳説中的兩個西夏詞》,《寧夏社會科學》,2008 年第 6 期。

⑤ 賈常業:《西夏文詞典佚缺字形結構與反切擬音解讀》,《寧夏社會科學》,2008 年第 6 期。

正,並盡可能分析其誤因[①]。賈常業、王艷春以《文海》《同音文海合編》所提供的反切擬音資料爲基準,用《番漢合時掌中珠》作爲輔助佐證材料,對番文辭書《同音》丁種本、寫本韵書《文海寶韵》和《五音切韵》韵圖中的 799 個重唇音字與漢語作了比較和分析,同時利用已有材料對佚失的番語重唇音平、上聲字的音值進行構擬[②]。西田龍雄著、魯忠慧翻譯的《概觀西夏語語法的研究》[③]依次介紹了毛利斯(M.G. Morisse)、A.Ivanov、B.Laufer、羅福萇、聶歷山等人在西夏語法研究方面的貢獻,並作出相應的評價,對西夏語法研究具有重要參考價值。

二、西夏文獻考釋

西夏文獻考釋近年來發表較爲集中,專家學者們在西夏史料的發現、搜集、考證、補充上傾注了極大的心血,進行了艱苦細緻的工作,也取得了顯著的成果。潘潔通過分析黑水城出土西夏借糧契約和元代賦税文書中記數符號的形式、含義和原則,並與敦煌失名算經和古代數學著作進行比較,揭示了記數符號在不同時期不同類型文獻中的特徵,並從整體上描繪了它的發展歷史,折射出黑水城文化所起到的繼承和發揚的作用,爲研究黨項民族對中原文化的吸收提供了實證[④]。梁松濤對西夏文詩歌《敕牌贊歌》進行了解讀,並對這首詩中有關西夏牌符的材質、形狀,特別是"敕走馬"銀牌的一些問題進行了具體的考證。這首詩歌的解讀將爲西夏牌符問題的研究提供直接的第一手資料[⑤]。崔雲勝提出張澍發現了西夏碑,但其《書西夏天祐民安碑後》一文和《偕同遊至清應寺觀西夏碑》詩序對發現西夏碑的時間記載互異。之所以出現這種現象,是由于《書西夏天祐民安碑後》一文作於嘉慶十五年(1810),離他發現西夏碑的時間僅相隔 6 年,故其時他對西夏碑發現的時間記得非常清楚,而《偕同遊至清應寺觀西夏碑》詩及《詩序》是作於他晚年編輯《養素堂詩集》之時,由于事隔太久,故對發現西夏碑的時間記憶模糊,以致二者對西夏碑發現的時間記載出現了矛盾。張澍發現西夏碑是對西夏學的重大貢獻,同時也激起了他對西夏歷史和文化探索和研究的熱情,對西夏歷史和文化的研究作出了重要貢獻[⑥]。崔雲勝又對張澍《觀西夏碑》詩進行了箋注,指出其詩雖然存在諸多失誤、缺點和不足,但由于它作於張澍晚年學問成熟時期,其內容涉及西夏文字的創造、西夏歷史的編纂以及西夏的歷史和文化,體現出張澍對西夏歷史和文化的研究深度,爲後人提供了許多非常有價值的參考和綫索[⑦]。剋平、龔煌城著,彭向前譯的

---

① 王培培:《西夏文〈類林〉音譯補正》,《寧夏社會科學》,2009 年第 4 期。
② 賈常業、王艷春:《番漢語重唇音反切擬音之比較》,《寧夏社會科學》,2010 年第 3 期。
③ 西田龍雄:《概觀西夏語語法的研究》,魯忠慧翻譯,《寧夏社會科學》,2010 年第 5 期。
④ 潘潔:《黑水城出土文書中的記數符號初探》,《寧夏社會科學》,2008 年第 2 期。
⑤ 梁松濤:《西夏文〈敕牌贊歌〉考釋》,《寧夏社會科學》,2008 年第 3 期。
⑥ 崔雲勝:《張澍發現西夏碑相關問題的再探討》,《寧夏社會科學》,2008 年第 5 期。
⑦ 崔雲勝:《張澍〈觀西夏碑〉詩箋注》,《寧夏社會科學》,2010 年第 6 期。

《諸葛亮〈將苑〉的番文譯本》[①]首次刊布了現存113行的番文寫本《將苑》,這也是英國國家圖書館所藏完整文獻的首次刊布。研究表明譯者没有過多地拘泥於漢文本的《將苑》,而是使用了一些與漢文本没有直接對應關係的番文特有詞語,甚至還省略了一些他認爲對番族讀者不重要的篇目。基於此,把《將苑》的番文譯本定性爲對漢文本的改編,庶幾近之。尤爲重要的是,對本書的研究揭示出一套用以指稱鄰族的番語特有詞彙,這套詞彙共由四個族名組成,各自代表四方鄰族中的一個。胡玉冰認爲《西夏志略》傳本中,中國民族圖書館、中央民族大學圖書館、大阪大學圖書館所藏版本不僅分册各不相同,其鈔録質量也有高低,經過比較研究,大阪大學藏本是三種版本中質量最好的[②]。許偉偉對黑水城出土的夏元時期的穀物借貸文書契約的對比,並考察夏元文書各自的特色、穀物借貸文書在借期和還期方面的時間問題以及黑水城地區的穀物種類、夏元習俗的傳承等問題,試圖揭示黑水城地區夏元時期的一些經濟活動特點和社會面貌[③]。韓小忙從英藏黑水城文獻中分離出若干刻本《同義》殘片,對保存比較完整的俄藏同類寫本文獻進行了補充,發現的24個刻本殘片,可補充寫本缺損文字37處,校改錯訛3處,同時這些殘片對新近出版的《同義研究》一書中擬補的6處錯誤進行了更正[④]。賈常業的《西夏法律文獻〈新法〉第一譯釋》[⑤],西夏文鈔本《新法》,是在特定的歷史條件下製定的,其内容包括刑法、行政法、軍事法、民法、經濟法等,多方位地反映了西夏社會生活的方方面面,對研究西夏法律制度的演變以及了解西夏政治、經濟、家庭和社會等提供了可靠的資料,有着重要的歷史意義和文獻價值。杜建録《英藏黑水城馬匹草料文書考釋》[⑥],記載黑水城馬匹草料文書缺佚年款,通過内容判斷是西夏社會文書,它佐證了《天盛律令》關於給公務人員提供糧餉草料的規定。由于文書較殘,目前還不能斷定該文書記録的是軍用馬匹支取草料還是公用馬匹支取草料。戴忠沛的《五份新見藏文注音西夏文殘片校釋》[⑦]認爲夏藏對音殘片是研究西夏語音的重要材料,目前能確認的殘片有25份,其中20份殘片的内容此前已見整理刊布。本文整理最後5份新見的藏文注音西夏文殘片内容,其中有2份來自俄藏黑水城文獻,另外3份屬大英圖書館收藏。至此,所有能確認的藏文註音西夏文殘片均已作全文刊布。彭向前的《西夏漢文寫本〈卜筮要訣〉再探》[⑧]是在連劭名《西夏漢文寫本〈卜筮

---

① 剋平、龔煌城:《諸葛亮〈將苑〉的番文譯本》,彭向前譯,《寧夏社會科學》,2008年第6期。

② 胡玉冰:《淺析〈西夏志略〉三種傳本之分册與鈔録質量》,《寧夏社會科學》,2008年第6期。

③ 許偉偉:《黑城夏元時期契約文書的若干問題——以穀物借貸文書爲中心》,《寧夏社會科學》,2009年第3期。

④ 韓小忙:《刻本〈同義〉殘片的發現及其學術價值》,《寧夏社會科學》,2009年第4期。

⑤ 賈常業:《西夏法律文獻〈新法〉第一譯釋》,《寧夏社會科學》,2009年第4期。

⑥ 杜建録:《英藏黑水城馬匹草料文書考釋》,《寧夏社會科學》,2009年第5期。

⑦ 戴忠沛:《五份新見藏文註音西夏文殘片校釋》,《寧夏社會科學》,2009年第6期。

⑧ 彭向前:《西夏漢文寫本〈卜筮要訣〉再探》,《寧夏社會科學》,2010年第1期。

要訣〉研究》[1]的基礎上對黑水城出土漢文寫本《卜筮要訣》作進一步探索，認爲該書共由四部分組成，可分別擬作"八卦象例"、"搖卦訣"、"六十四卦歌訣"以及"六十四卦占辭、占詩"；並從諱字、出土地點、鈔本中的通假字入手，論证了《卜筮要訣》確爲西夏時期的鈔本。研究表明《卜筮要訣》八卦卦序罕見，有新增的八卦物象，在"搖卦訣"中融入有關卦形的口訣，兩套六十四卦排列順序並存，且占辭中夾雜有字卜的內容，爲研究中古時期易學與西夏地區民間通俗文化提供了珍貴的資料。佟建榮在全面搜羅《中國藏黑水城漢文文獻》中西夏姓氏的基礎上，對其中元代黑水城地區的西夏姓氏進行了梳理，考證出嵬名、也火、小李、吾即、吾七、羅即、普珠、葉玉、兀南、兀那等蕃姓在西夏時期的西夏文、漢文寫法，追溯了梁、李、蘇、賀、楊等漢姓在西夏時期的使用情況，並對西夏姓氏在蒙元時期發生的變化作了簡略論述[2]。

柳長青、杜建録的《網絡下的西夏文及西夏文獻處理研究》[3]將利用計算機在網絡環境下對西夏文及西夏文獻的處理進行研究，通過對已有的西夏字庫、"夏漢電子字典"的修正和補充，進而建立新的西夏文網絡字庫和在綫夏漢電子字典等數字化資源，同時研究西夏文獻的數字化、網絡化整理的解決方法和實現技術，最終將西夏網絡數字化資源集成並整合爲較全面的西夏學數字化網絡資源平臺，通過該平臺的建立進而探索少數民族文字古籍的計算機研究方法和計算機科學技術與人文社會科學相互交叉、相互結合的研究方法。趙濤的《承天寺西夏斷(殘)碑新证》[4]通過對承天寺殘碑銘考釋，詮釋了西夏殘碑的一些歷史問題，考證了承天寺內殘斷刻石稱"軌"，還是稱碑、稱碣，殘碑文中的宋"詔聖"實爲西夏"福聖"紀年之誤，從而省去在有關承天寺塔修建諸問題多方考證之苦。

三、西夏文化藝術

徐莊認爲在研究古代鼓風技術發展的文章中，有的未提及西夏創製的木扇風箱，對木扇風箱的承上啓下作用和價值談得很少；有的則又將木扇風箱和活塞式風箱混爲一談，對其價值評介不够準確。《西夏雙木扇式風箱在古代鼓風器發展中的地位》[5]將西夏這一科技上的創造放在古代鼓風技術發展的大背景中進行論述，以期正確説明其價值及地位。薛正昌的《文化背景的大一統——從西夏文化遺存看傳統文化的深層影響》[6]説明西夏文化的主幹是傳統文化的翻版，只是一些表象與

---

① 連劭名：《西夏漢文寫本〈卜筮要訣〉研究》，《寧夏社會科學》，2007 年第 1 期。
② 佟建榮：《〈中國藏黑水城漢文文獻〉中的西夏姓氏考證》，《寧夏社會科學》，2010 年第 5 期。
③ 柳長青、杜建録：《網絡下的西夏文及西夏文獻處理研究》，《寧夏社會科學》，2008 年第 5 期。
④ 趙濤：《承天寺西夏斷(殘)碑新證》，《寧夏社會科學》，2010 年第 5 期。
⑤ 徐莊：《西夏雙木扇式風箱在古代鼓風器發展中的地位》，《寧夏社會科學》，2008 年第 1 期。
⑥ 王艷雲：《西夏黑水城與安西石窟壁畫間的若干聯繫》，《寧夏社會科學》，2008 年第 1 期。

形式上的内容才融入了黨項民族的文化。包括政治層面的直接影響、生産和生活方式等，主要表現在西夏文字與西夏文化所涵蓋的内容、西夏佛塔與西夏建築文化、西夏石窟與西夏宗教文化、服飾文化影響等，由這幾方面就可以看出傳統文化對西夏文化的影響及其程度，體現的是"大一統"的文化背景。

王艷雲就黑水城和安西東千佛洞、榆林窟三地中，西夏繪畫在形式方面存在着密切聯繫的關鍵點進行對照和比較，探討藝術發展的承啓和流變[①]。吉拉・薩瑪秀克著，馬寶妮譯的《哈拉浩特出土繪畫作品中的歷史人物——事實與假説》[②]認爲哈拉浩特出土的藝術作品展示了唐古特藝術中以佛教爲主的藝術特色，在一些作品中，現實中的統治者或是被描繪成佛陀的模樣，或是作爲供養人，與佛陀置於同一場景中。這些聖像或是展示了統治者神聖化的形象，或是反映了唐古特王國歷史上的重要事件。陳育寧、湯曉芳的《元代刻印西夏文佛經版畫及藝術特徵》[③]對《中國藏西夏文獻》中輯録的元代刻印的西夏文佛經 21 種，其中 7 種經首均有一組版畫，題材大體分爲情節性和非情節性兩類，這些版畫題材豐富、人物造型多樣、布局新穎、圖案裝飾風格獨特，它們所反映出共同的藝術特徵，是對西夏文化的繼承、對中原傳統繪畫藝術和藏傳佛教繪畫藝術的吸收和交融，具有明顯的時代藝術特徵，也從一個側面反映了作爲大一統的元朝對各種宗教文化及各民族文化兼容並蓄、傳承發揚光大的態度。顧穎《西夏藏傳風格繪畫與西藏佛畫的异同比較》[④]，西藏佛畫的傳入决定了西夏藏傳風格繪畫的産生，但後者並非是前者的簡單翻版。二者具有共同的象徵語彙系統、風格淵源和繪畫程式，但在描繪的對象、主道的風格以及風格的衍化方面，西夏藏傳風格繪畫都表現出頗具民族性、地域性的特點。這對於學界進一步探究這種異同所形成的根源、背景將不無裨益。

四、西夏的政治、軍事、制度

李鴻賓《唐末的形勢與黨項勢力的崛起》[⑤]從"二元制構造"的角度解釋黨項勢力於唐末崛起的事項。作者認爲，唐朝疆域和民族(族群)是由農耕地區、漢人爲核心的内層與非農地區(牧業、半農半牧等)、非漢群體的外層結合而成的。當内層力量强於外層的時候，向心力聚增而形成一統性的王朝；反之，外層有可能脱離内層的控制而自行其事。安史之亂削弱了内層實力，致使外層勢力上昇。黨項的崛起即源自於此，其發展之盛，即在吐蕃衰微之時。黨項崛起之實質，是地方勢力分立

---

① 薛正昌:《文化背景的大一統——從西夏文化遺存看傳統文化的深層影響》,《寧夏社會科學》,2009 年第 5 期。

② 吉拉・薩瑪秀克:《哈拉浩特出土繪畫作品中的歷史人物——事實與假説》,馬寶妮,譯,《寧夏社會科學》,2008 年第 6 期。

③ 陳育寧、湯曉芳:《元代刻印西夏文佛經版畫及藝術特徵》,《寧夏社會科學》,2009 年第 3 期。

④ 顧穎:《西夏藏傳風格繪畫與西藏佛畫的異同比較》,《寧夏社會科學》,2009 年第 4 期。

⑤ 李鴻賓:《唐末的形勢與黨項勢力的崛起》,《寧夏社會科學》,2009 年第 2 期。

的表現,其族性之張揚則依隨於此並在唐朝消亡以後才膨脹的。鄭彦卿的《黨項宗族與封建化進程探析》[1]是在部落宗族的層面上論述黨項的封建化過程,因此政治和文化上的封建化成爲黨項封建化過程中與經濟封建化同樣重要的社會封建化的内容,而在黨項的歷史上,是以姓别爲部落,因而宗族就成了構成黨項社會的基本組織單位。楊文、高小强認爲西夏對北宋經略河湟民族政策的影響主要表現在:只能與河湟吐蕃政權結盟共抗西夏;北宋將招、買馬的地點愈來愈傾向於河湟蕃族區域;爲消除邊患、經制西夏,對河湟吐蕃實施經略是大勢所趨;西夏政權對北宋的威脅和河湟蕃族政權對北宋的嚴重依賴,使北宋"聯蕃制夏"政策製定有一定的現實性[2]。

汪天順的《北宋陝西路沿邊的弓箭手組織》[3]認爲宋真宗時期,爲抵禦西夏軍事進攻和節省軍費開支而建立的陝西路弓箭手組織,由于得到統治者的重視和扶持,在宋神宗、哲宗時期,發展到鼎盛階段。弓箭手在開發西北土地、鞏固北宋西北邊疆方面,作出了突出貢獻。北宋後期,伴隨封建統治的日趨腐朽,宋政府已無法保證弓箭手身份土地的穩定擁有,弓箭手因身份土地的不斷喪失以及其他種種因素的作用,走向衰落。金勇强根據歷史時期氣候變化研究成果,利用石笋、孢粉、樹輪記録,對唐宋時期西北中東部氣温序列進行了重建,並從横向和縱向分析了氣候變化與戰事的關係,同時對北宋時期氣候冷暖變化和水旱灾害指數變動與宋夏戰事的關聯性進行了探討,推論出宋夏戰事與氣温波動存在負相關關係,與水旱灾害次數和水旱指數呈正相關關係[4]。

趙彦龍從迄今發現的西夏契約資料、西夏契約的格式及簽字畫押的特點、西夏借貸(典當)的計息方式、西夏借貸(典當)不還的處罰方法等四個方面對西夏契約進行了探討,得知西夏不僅借鑒學習中原王朝的契約經驗,同時對西夏的契約制度進行了完善[5]。趙彦龍、李晶、江菊玉等利用目前手頭上的一些西夏書信資料,對西夏書信文書概況、西夏書信文書内容這兩大方面從文書學的角度進行了比較深入系統的探討,從而完善了西夏文書的内容和結構體系[6]。文志勇認爲俄藏西夏文獻《西夏官階封號表》殘卷反映了西夏某個時期的官制狀况,它對於我們了解西夏國的政治制度、職官制度以及帝后、師位、文武、僧俗、巫卜等七品以上各級官號的性質、種類和劃分有着非常重要的現實意義,有助於我們釐清漢文文獻中記載的某些西夏官號的真正含義,爲學界點校古籍、解决西夏官制的聚訟紛紜都能提供有

① 鄭彦卿:《黨項宗族與封建化進程探析》,《寧夏社會科學》,2010年第3期。

② 楊文、高小强:《試論西夏政權對北宋經略河湟區域民族政策的影響》,《寧夏社會科學》,2010年第1期。

③ 汪天順:《北宋陝西路沿邊的弓箭手組織》,《寧夏社會科學》,2008年第2期。

④ 金勇强:《氣候變化對宋夏戰事的影響述論》,《寧夏社會科學》,2010年第1期。

⑤ 趙彦龍:《西夏契約再研究》,《寧夏社會科學》,2008年第5期。

⑥ 趙彦龍、李晶、江菊玉:《西夏的書信文書》,《寧夏社會科學》,2009年第5期。

力的原始證據,也希望研究西夏的學者重視和充分利用起西夏的原始材料①。艾紅玲的《西夏禮儀制度考論》②認爲西夏人非常重視禮制建設,形成了一套較爲完整的禮儀制度:祭祀之禮包括祭祀天地祖先孔子等;軍禮有占卜、盟誓、祠神和蒐守之禮等;朝會之禮源於唐宋,但儀式有所簡化;婚禮也有類似於中土六禮的儀程,其中"婚價"在西夏人的婚禮程序中有着特殊的規定和作用;另外,西夏已經形成了比較完善的喪服制度。

五、西夏經濟、地理

崔紅芬主要從不同階層的施捨、寺院買賣兼併土地、高利貸經營、宗教活動、納錢度僧和亡故僧尼的部分財産施入寺院等方面對西夏寺院經濟來源作一簡要論述③。牛林豪的《北宋時期隴東地區的小城鎮及其功能》④認爲由于軍事上的需要,隴東地區小城鎮大規模興起,這些小城鎮具有軍事、商業、行政管理、教育教化、居住等多個方面的功能。左長纓認爲西夏立國後與周邊國家建立了以榷場貿易爲主的,以和市貿易、貢使貿易和走私貿易爲補充的對外貿易多元化發展格局,具有十分鮮明的歷史特點⑤。姚軒鴿的《西夏王朝捐税制探析》⑥認爲,西夏王朝興衰的捐税軌迹告誡後世,其捐税制的專制性是不容置疑的。在這種極端不公正、非人道、不自由的專制捐税制下,横征暴斂就是其專制本性的必然邏輯,背離捐税終極目的就成爲一切專制捐税制與生俱來的宿命。因此,最終一定會窒息整個社會發展與繁榮的内在動力,直至老的皇權專制及其專制捐税制結束,新一輪的皇權更迭開始。

劉建麗、白蒲嬰從文獻記載與洮西地理位置與戰略地位、對陝西沿邊與西夏地界的認識等三方面,闡述了歷史上不同洮地、洮水所處地域,並對史學界"洮西地即西夏占領地"的傳統説法予以辨析,從而證明張載對陝西沿邊形勢與沿邊地理有清晰的認識,後人對"取洮西之地"有誤解⑦。

六、西夏宗教、習俗

陳廣恩認爲元朝政府有意識地吸收和借鑒了西夏對待藏傳佛教的宗教政策以及西夏的藏傳佛教制度,西夏藏傳佛教在元代流傳、修行儀規、藝術創作等諸多方

① 文志勇:《〈西夏官階封號表〉殘卷新譯及考釋》,《寧夏社會科學》,2009 年第 1 期。
② 艾紅玲:《西夏禮儀制度考論》,《寧夏社會科學》,2009 年第 1 期。
③ 崔紅芬:《試論西夏寺院經濟的來源》,《寧夏社會科學》,2008 年第 1 期。
④ 牛林豪:《北宋時期隴東地區的小城鎮及其功能》,《寧夏社會科學》,2008 年第 1 期。
⑤ 左長纓:《以榷場貿易爲主的西夏貿易》,《寧夏社會科學》,2008 年第 3 期。
⑥ 姚軒鴿:《西夏王朝捐税制探析》,《寧夏社會科學》,2010 年第 2 期。
⑦ 劉建麗、白蒲嬰:《張載"取洮西之地"辨析》,《寧夏社會科學》,2009 年第 1 期。

面也對元代藏傳佛教造成了較大影響[①]。陳愛峰、楊富學認爲西夏時期佛教昌盛，與印度之間存在着一定的佛教聯繫，既有印度高僧入西夏講經説法，更有西夏高僧赴印度求取真經。西夏地處絲綢之路要衝，無論西夏與遼、宋、金的關係是緊張還是緩和，中印之間的往來僧侣皆可自由出入西夏境内，西夏在溝通中印佛教交流中起到了橋梁作用[②]。崔紅芬通過對西夏僧人德慧不同師號的年代考證及對他翻譯和校勘多部佛經的梳理，認爲德慧精通漢文、西夏文、藏文和梵文，爲西夏的譯經事業和佛法弘揚作出了一定貢獻[③]。

林雅琴的《西夏人的婚姻與喪葬》[④]認爲黨項族的婚姻形態有一個歷史發展的過程。早期他們流行群婚制度。遷入西北以後，随着社會生産的不斷發展和漢族婚姻文化的日益侵染，黨項人的婚姻形態發生了很大的變化。首先是包辦婚姻和買賣婚姻普遍，其次是一夫多妻和一夫一妻制並存，再次是族際婚姻較爲流行。此外，還有一種婚俗，主要發生在西夏中後期，也就是某些喇嘛教派别僧侣的初婚權。西夏的葬俗有羌俗、漢俗、佛俗三種。内遷以前，主要實行羌俗；西夏成立後，主要實行漢俗和佛俗。西夏的墓葬等級明顯與西夏階級結構相呼應，皇帝陵墓和貴族官僚的墓葬一般規模較大、形制嚴整、陪葬奢侈，平民墓葬一般面積狹小、形制簡單、陪葬稀少。

七、西夏佛經

楊志高對《英藏黑水城文獻》第四册被定名爲《金剛般若波羅蜜經》的兩種形制10件西夏文殘片進行了重新考察，指出其名應爲《慈悲道場懺罪法》(第一卷、第五卷、第十卷)。文中通過英藏本和中國國家圖書館藏本勘同，對其進行了綴合補證和釋讀，並探究了兩地藏本間的版本關係[⑤]。孫伯君考證了題爲元真智等譯的《佛説大白傘蓋總持陀羅尼經》實爲西夏譯本，並指出這種甄别夏譯漢文佛經的方法具有普適性[⑥]。段玉泉在林英津女士《西夏語譯〈尊勝經〉釋文》基礎上，進一步對英藏、内蒙古藏西夏文本進行梳理，結果表明各藏卷西夏文本《尊勝經》至少有9個不同的版本，分屬於合刻本、單刻本、寫本和石刻本四個系列。通過對題記及部分語言材料的對勘，可以推論，《尊勝經》的西夏文譯本和漢譯本據藏文本翻譯而來。以此同期、同源性的藏文本、漢文本作爲對勘材料而進行的西夏文藏傳佛教文獻解讀，於西夏語言學的深入研究具有重要價值[⑦]。許生根認爲日本藏西夏文《大方廣

① 陳廣恩：《試論西夏藏傳佛教對元代藏傳佛教之影響》，《寧夏社會科學》，2008年第5期。
② 陳愛峰、楊富學：《西夏印度佛教關係考》，《寧夏社會科學》，2009年第2期。
③ 崔紅芬：《西夏僧人"德慧"師號考》，《寧夏社會科學》，2010年第2期。
④ 林雅琴：《西夏人的婚姻與喪葬》，《寧夏社會科學》，2010年第6期。
⑤ 楊志高：《英藏西夏文〈慈悲道場懺罪法〉誤定之重考》，《寧夏社會科學》，2008年第2期。
⑥ 孫伯君：《真智譯〈佛説大白傘蓋總持陀羅尼經〉爲西夏譯本考》，《寧夏社會科學》，2008年第4期。
⑦ 段玉泉：《西夏文〈勝相頂尊總持功能依經録〉再研究》，《寧夏社會科學》，2008年第5期。

佛華嚴經》就是當年流失到海外的靈武出土西夏文佛經中的精品，該文獻保存完整，屬於元代的善本，距今七八百年之久，具有很高的學術價值。由于日本藏西夏文獻一直没有完整公開刊布，國内學者對日本藏西夏文佛經的研究還很少，筆者在對日本藏西夏文佛經文獻實地考察的基礎上，對比西夏文《大方廣佛華嚴經》在海内外收藏的不同版本，試就日本藏西夏文《大方廣佛華嚴經》作初步的探討[①]。聶鴻音的《西夏文〈阿彌陀經發願文〉考釋》[②]認爲俄羅斯科學院東方文獻研究所收藏的 инв.№6518 和 инв.№7123 兩紙西夏文殘葉可以拼配成一篇《阿彌陀經發願文》，並對發願文進行了翻譯和考證，指出施主是夏仁宗的母親曹氏。文中提到曹氏的尊號是"帝母"，似乎表明《宋史》卷四百八十六記載的"國母"出自中原史臣的信手改易。孫伯君首次公布了俄羅斯科學院東方文獻研究所藏西夏文 инв.№2844 號殘片實爲《佛説最上意陀羅尼經》的録文，並通過與《大正藏》所收宋施護漢文譯本的對照，指出西夏文本乃根據施護本所譯，這份材料中存有大量陀羅尼，借助西夏文、漢文和梵文的對音，我們可以進一步了解西夏字的實際讀法[③]。李楊在對照黑水城紙本《尊勝陀羅尼》的基礎上，對保定經幢本進行了復原和解讀，並根據不同版本所用西夏文譯音字的不同，探討了保定本與黑水城紙本以及居庸關石刻本的傳承關係，希望能爲研究元明時期西夏文《尊勝陀羅尼》的傳播，乃至西夏後裔在中原從事宗教活動的情況提供參考[④]。

八、西夏歷史事件與歷史人物研究

牛達生對西方學者是何人、何時最先研究西夏的，西夏文字是什麽時候、什麽人"考定"的，所謂有人從 12 枚西夏錢中得識 40 個西夏字等問題提出了不同的看法，認爲西方最早研究西夏的學者是英人偉烈，最早"考定"西夏文字的是我國學者張澍，所謂用 12 枚西夏錢幣認出 40 個西夏字是一種誤解[⑤]。

魏淑霞、陳燕選取慶曆年間宋夏和議事件，對宋朝著名的諫官、政治家、外交家余靖在當時複雜的政治環境中，以過人的膽識和智慧出使遼，從容坐於帳中辯言，往復數十次，最終説服遼同意宋夏和議，爲宋朝帶回了準確的情報信息，爲推進宋夏和議的持續進行及維護宋的利益作出了重要貢獻[⑥]。汪天順的《論薛向經營北宋西、北國防》[⑦]認爲薛向是王安石變法時期的重要人物、均輸法的主要參與者和直接實施人，但他的主要貢獻是在王安石變法之前的宋仁宗時期，對陝西、河北邊

① 許生根：《日本藏西夏文刊本〈大方廣佛華嚴經〉考略》，《寧夏社會科學》，2009 年第 4 期。
② 聶鴻音：《西夏文〈阿彌陀經發願文〉考釋》，《寧夏社會科學》，2009 年第 5 期。
③ 孫伯君：《黑水城出土西夏文〈佛説最上意陀羅尼經〉殘片考釋》，《寧夏社會科學》，2010 年第 1 期。
④ 李楊：《保定西夏文經幢〈尊勝陀羅尼〉的復原與研究》，《寧夏社會科學》，2010 年第 3 期。
⑤ 牛達生：《簡論西方學者早期西夏學研究中的幾個問題》，《寧夏社會科學》，2009 年第 2 期。
⑥ 魏淑霞、陳燕：《余靖與宋夏和議》，《寧夏社會科學》，2009 年第 3 期。
⑦ 汪天順：《論薛向經營北宋西、北國防》，《寧夏社會科學》，2009 年第 4 期。

疆的治理整頓，特别是對河北邊糴和陝西鹽政、馬政中的弊端進行改革，對鞏固北宋西、北部國防發揮了重要作用，産生了深遠影響。薛向是北宋一代邊疆大吏中的佼佼者，是一位值得肯定的歷史人物。佟建榮、張萬静的《西夏后妃姓氏異譯考論》[①]認爲由于夏漢語音差異，西夏 7 個黨項后妃姓氏同名異譯現象很嚴重。本文在全面搜羅這些姓氏異譯的基礎上，通過對照、分析、考辨，澄清因異譯而導致的混淆，並對通行的點校本史書及《西夏姓氏録》中出現的相關訛誤進行了訂正。張琰玲對 20 世紀 80 年代以來，有關范仲淹與西夏的 50 餘篇論文進行了梳理，認爲這些成果的刊布不僅豐富了范仲淹研究的内容，也是西夏研究不可或缺的重要部分[②]。

九、西夏研究信息和綜合評述

這也是研究工作中必不可少的一個環節，作述評和提供信息，既向廣大讀者介紹研究動態，使其對這一學科研究成果有概括的了解，又向專家學者適時通報研究的新信息，便於把研究工作推向新的深度。因此，本刊相當重視發表這方面的文章。卜平、王艷春對由李範文主編的大型叢書《西夏研究》1—8 輯的内容進行了介紹。這部叢書編輯出版了當代西夏學研究具有較高學術價值和代表性的成果，同時整理、翻譯了爲西夏學作出傑出貢獻的專家學者的代表作，包括中國的羅氏父子、王静如、李範文，俄國的聶斯克、克恰諾夫以及日本的西田龍雄，我國臺灣學者龔煌城等的作品[③]。

黄秀蘭在統計數據的基礎上，從西夏學研究的成果量、研究人員基本情况、發文期刊、引文、研究内容等五個方面，用量化指標客觀表現、評價分析與綜合評述相結合的形式，對第二届西夏國際研討會之後國内的西夏學研究成果進行統計分析和評述[④]。孫穎慧、王艷春對"第三届西夏學國際學術研討會"提交的學術論文進行了分析和評述，認爲這次會議對拓展西夏學術研究視野、探索西夏學研究爲現實服務之路起到積極作用[⑤]。張琰玲對中國學者 200 年來的著作進行了整理和簡要分析，以年出版量的統計形式集中呈現[⑥]。

《寧夏社會科學》上發表的西夏研究的學術論文，内容是有一些變化的，最初涉及西夏國力（西夏社會經濟的研究占了顯著的篇幅）、歷史人物與歷史事件、西夏遺

---

① 佟建榮、張萬静：《西夏后妃姓氏異譯考論》，《寧夏社會科學》，2009 年第 5 期。

② 張琰玲：《范仲淹與西夏研究文獻綜述》，《寧夏社會科學》，2010 年第 6 期。

③ 卜平、王艷春：《傳承文明　自主創新——大型叢書〈西夏研究〉簡介》，《寧夏社會科學》，2009 年第 3 期。

④ 黄秀蘭：《近兩年國内西夏學研究文獻統計分析》，《寧夏社會科學》，2009 年，第 1 期。

⑤ 孫穎慧、王艷春：《第三届西夏學國際學術研討會綜述》，《寧夏社會科學》，2009 年第 1 期。

⑥ 張琰玲：《二百年中國西夏學著作概述》，《寧夏社會科學》，2009 年第 5 期。

民、史料的考證與補充、語言文字與文化、西夏地理和部族、綜合評述和研究信息介紹等，内容比較寬泛。隨着考古文獻的不斷發掘，涉及的研究範圍不斷擴大、内容不斷深入，從總體上看有這樣幾個特點：1. 在研究内容上更廣泛，幾乎涉及到了各個領域，而且越來越細，從細小處反映西夏的各個方面。2. 研究領域不斷拓寬，隨着西夏學的不斷發展及新材料的不斷發現和各國各種不同學科學者們的涉足，大大拓寬了西夏學的研究範圍。3. 研究過程深入細緻，在廣泛占有資料的基礎上，對論點能進行層層深入的剖析，雖然有不少論文研究的是老問題，但由于新的史料的不斷發掘及其他學科的理論和方法的介入，使老問題有了新成果。不少論文注意引用第一手資料，在引用中多能做到準確實在，一般少有浮躁不實之辭。4. 研究隊伍廣，發表論文的作者老中青均有，其中既有多年筆耕塞上、辛勤勞作的本區學者，而更多的是成果頗豐、享有盛譽的區外學者，包括一些外籍學者。一批鋭意進取的學界新秀也呈獻了他們的新作。許多不是專門從事西夏學的學者也開始關注西夏學的研究，他們從不同的視角對西夏學的一些問題進行了詮釋，使西夏學的研究進入一個全新的時期。從年齡結構來看，可謂新人輩出，而且這些新人中博士生占的比例較大。

當然，在優勝劣汰的競争環境中，一份學術刊物要想生存和發展，還需在以下方面進行思考：首先是應解决自己的特色問題，雖然"西夏欄目"是其特色之一，但在突出時代特色、地域特色、個性特色、確立刊物自身的風格方面仍需努力。其次，打造品牌欄目。名欄比名刊影響力更大，體現刊物的特色和品味。作爲一份有影響的學術刊物，必須要有自己的特色欄目或名牌欄目。品牌欄目往往就是對刊物形象最好的廣告，欄目與刊物，相輔相成，相得益彰，應是良性互動關係。刊物没有獨具特色的優勢欄目，好比一個人没有鮮明的個性，而淪於平庸。以特色欄目或者品牌欄目支撑和造就學術名刊，應密切聯繫學術界，了解學界動態與信息跟踪。再次，合力互動。刊物要進一步提高學術和事業的敏感性，只有快速捕捉學術熱點、事業焦點，才能給讀者帶來更多的具有原創性和創新性的重大研究成果。可能的話，一家發起，主題研討，區域互動，形成效應。還可組織作者進行學術討論，待時機成熟時，以專欄、筆談的形式進行專題報導。

原刊於《甘肅社會科學》2010 年第 6 期

黑水城漢文文獻研究叙録

張琰玲

自1908年黑水城文獻出土以來,對它的整理、翻譯與研究就受到學術界的重視,尤其是20世紀90年代以來,隨着俄藏、英藏、日藏、中國藏黑水城文獻的公布,學界掀起了黑水城文獻整理與考釋研究的熱潮,甚至有學者提出了"黑水城文獻學或黑城學"的倡議。在研究中,由于語言的限制,對西夏文文獻的研究相對薄弱,而漢文文獻研究全面展開,精品佳作,層出不窮。本文則將檢索、搜集到的2012年以前(含2012年)出版或公開發表的黑水城漢文文獻研究著作10部、論文240餘篇簡要叙録如下。

著　作

1.《黑水城出土文書》(漢文文書卷)

李逸友著,科學出版社1991年出版。1983年和1984年内蒙古文物考古研究所先後在黑水城兩次發掘,共得文書3000件,其中漢文文書數量最多,計2200件,本書刊印760件,内容涉及軍政、農政、站赤事務等。通過細緻的歸納總結,該書將760件文書按内容進行分類排列。上編主要是針對部分出土文書所做的綜合性論述:(一)黑城出土文書概況;(二)亦集乃路的居民和建制;(三)亦集乃路的農牧業和商業;(四)亦集乃路的財政經濟;(五)亦集乃路的站赤;(六)亦集乃路的社會情況;(七)亦集乃路的儒學和文化;(八)亦集乃路的宗教信仰及其他;(九)元代的詔敕律令;(十)元代的票引契券;(十一)北元初期的新史料。下篇鈔録了經過整理的文書,根據文書出土時的保存狀況分爲"整""缺""殘""屑"四種,將760件文書依其内容分爲十九類:宗教類、人事類、民籍類、禮儀類、軍政事務類、農牧類、錢糧類、俸禄類、諸王妃子分列類、軍用錢糧類、官用錢糧類、律令與詞訟類、站赤類、票據類、契約類、書信類、儒學與文史類、雜類、佛教類。書末還配有文書索引及黑白圖版,便於檢索利用。《黑水城出土文書》詳盡地勾勒出元代及北元初期亦集乃路的歷史概貌,具體而又全面地反映了亦集乃路的政治、經濟、文化等社會狀況,對於研究元史及北元時期的歷史提供了不可多得的珍貴實物資料。

2.《黑城出土漢文遺書叙録》

[俄]孟列夫著,王克孝譯,寧夏人民出版社1994年11月出版。1909年柯兹洛

夫率俄探險隊，在我國的黑城（今内蒙古自治區額濟納旗南）遺址挖掘並運走大量文物。這批珍貴的文物包括大量古代書面文獻和器物。書面文獻除了舉世聞名的8千餘件西夏文刊本和寫本外，還有不少漢文、藏文、回鶻文、突厥文、叙利亞文、女真文、蒙古文等書籍和文卷，以及元代紙幣。俄羅斯學者孟列夫負責對這批黑城漢文遺書進行系統的整理分類和編寫全面的敘録。他們從衆多的文獻中整理出488件，拼合成375個序號，著録爲《黑城出土漢文遺書敘録（柯兹洛文藏卷）》一書，由莫斯科科學出版社東方文獻編輯部於1984年出版。這本書是對柯兹洛夫從黑城所發掘的11—14世紀的漢文寫本和木刻本的首次完整敘録。這批黑城出土的漢文遺書包括各種不同的佛、道、儒學典籍、文學、歷史著作、字書、醫書、占卜書，以及社會經濟文書和元代紙幣等，特别是一些罕見的宋、金、西夏版印書籍和主要是西夏書籍卷首的木版畫，它們不僅是研究西夏、宋、金、元朝政治、經濟、科技、文化、藝術、法律、軍事、宗教、語言、文字和風俗習慣的寶貴文獻，也是研究黨項族與漢、藏、蒙等兄弟民族相互關係和相互影響的寶貴資料，具有很高的文獻價值。本書主要由兩部分内容構成：第一部分，導言。篇幅约占全書的四分之一，反映了俄羅斯學者的研究成果。對藏卷的叙録采用了科學的分類研究方法，從十一個方面進行了分類研究，内容涉及佛教作品、儒家和道家的作品、醫書、曆書、占卜書、歷史著作、字書、文學作品、木版畫、印章、文書、以及關於書籍和印刷史的資料、黑城出土漢文遺書中發現的歷史資料、書籍業技術方面的資料等。並且對藏卷的年代、性質、用途的考釋及紙質、書法、術語、人名、地名、印章諸方面，也與歷史文獻進行了對比。第二部分，黑城漢文遺書敘録。内容含佛教經典作品、漢文佛教原著、儒家和道家的作品、歷史著作和文學作品、字書、木版畫、裝飾圖案、彩色畫、素描、印章、醫書、曆書、占卜書、紙幣、文書。本書在某些方面填補了許多空白。譯著内容含：漢文本序言、導言、黑城漢文遺書叙録、附録、譯者後記。

3.《俄藏黑水城文獻》（漢文部分）

俄羅斯科學院東方研究所聖彼得堡分所、中國社會科學院民族研究所、上海古籍出版社合編，上海古籍出版社1996年12月出版。《俄藏黑水城文獻》1—6卷是漢文部分。全書各卷連續編號，共有八千多個編號，每一部分自成體系，卷首有總目、編例、内容提要及涵蓋部分文獻的精華的彩頁，書後收本部分文獻的專題敘録、年表、分類目録、索引等。《俄藏黑水城文獻》是宋、夏、金、元時期的寫本和刻本，其中絶大部分是西夏文獻，也有相當數量的漢文及小部分其他民族文字文獻，距今有七百至九百年的歷史，均屬珍本、善本或孤本。六卷本的《俄藏黑水城文獻》基本是按俄藏各類編號的順序號編輯出版。由于不同時期參與整理者的選擇，使文獻編號與時代順序、内容不相適應，在每一卷中都包容了不同時代不同内容類别的文獻。俄藏漢文文獻從大類上可分爲佛經文獻和世俗文獻兩大部分。以佛經文獻爲主，内容包括經、律、論三藏，密宗經典等中國佛教史上著名經典的刊本和罕見的鈔本。世俗文獻中包括儒家和道家經典;醫書、曆書、占卜書;史書、字書、文學、版畫藝術及文書、紙幣等。據詳細統計,《俄藏黑水城文獻》第一册至第六册共收録西夏時代的漢文文獻 313 件,另有疑似文獻 15 件(均爲曆書或是佛教文獻),在 313 件漢文文獻中有佛教書籍 249 件,世俗文書 63 件;佛教書籍中佛經最多,共 160 件,涉及 31 種佛經,此外另有陀羅尼、心咒類文書 12 件;儀軌類文書 37 件;注、疏、論類文書 32 件;版畫 6 件;禪宗文獻 2 件。在 63 件世俗文書中,大致包括政務類 5 件,經濟類 32 件,軍事類 1 件,律刑類 4 件,書籍類 5 件,醫藥類 2 件,占卜類 3 件,書信類 10 件,祭文 1 件。

4.《黑水城出土等韵鈔本〈解釋歌義〉研究》

孫伯君著,甘肅文化出版社 2004 年 11 月出版。《解釋歌義》是一部關於漢語等韵門法的著作。據考證,寫本年代當在 12—13 世紀初期,作者聯繫金代等韵學空前繁榮的大背景和此書中的衆多綫索,推測《解釋歌義》是金朝女真人撰作,然後傳入西夏。它的面世證實了韵書關於門法創自智公的記載,爲我們解決了等韵門法創始人是智邦這一音韵學史上懸而未決的問題。它的主體部分爲王忍公等韵門法歌訣,據考證,很可能就是《郡齋讀書志》記載的王宗彦《四聲等第圖》。歌訣部分歸納了等韵各個門法的具體内容,藴涵了元明等韵門法的主要形式,其詳細程度可以説没有哪一部現存書可與之相比。其中對智邦《指玄論》的吟咏,在客觀上保存了等韵門法的源頭經典之作《指玄論》的内容,爲我們了解早期等韵門法及等韵學上的相關概念提供了不可多得的材料。無名氏注釋以"義曰"形式與王忍公歌訣隔開,是現存關於《切韵指玄論》和《四聲等第圖》的惟一注本。《〈解釋歌義〉研究》内容涉及此書的成書年代、歌訣作者考證、等韵概念的解釋、歌訣所藴涵的反切體例的注釋和説明、與《廣韵》反切之比較等諸多方面。

5.《英藏黑水城文獻》(4 册)

西北第二民族學院,英國國家圖書館,上海古籍出版社編,上海古籍出版社 2005 年 3 月出版。《英藏黑水城文獻》爲英國探險家斯坦因 1914 年從内蒙古黑水城遺址所得,現藏於英國國家圖書館。以西夏文爲主體的寫本和刻本,總量 4000 多件,漢文文獻 230 多件,還有少量梵文、藏文等其他語種的文獻,文獻年代可確定爲西夏和元朝時期,保存有較豐富的社會文書,内容包括曆書、醫書、卜卦書,契約、賬册、户籍册,律書、訴訟文件、官府呈文等,是研究宋夏元時期宗教、政治、軍事、社會生活等各個領域的第一手資料。

6.《斯坦因第三次中亞考古所獲漢文文獻(非佛經部分,全二册)》

沙知、吴芳思編,上海辭書出版社 2005 年出版。本書編寫以斯坦因三探行程爲序,依次收入各遺址搜集的漢文社會内容類文書。内容涉及政治、經濟、文化、民族、語言、中西交通等,有詔敕、書信、户籍、田簿、古籍、醫書、童蒙讀物、符咒等。年代上起魏晋,下迄西夏、元,以晋、唐居多。全書 1500 幅圖片,原樣影印,圖文對照。

沙知先生對照館藏原件逐字釋讀辨認,仔細録文,並依據圖照原樣一一標注比例,還歷史文獻原貌。斯坦因第三次中亞探險所獲漢文文書寫本殘件 864 個號,件數超過千件以上。在漢文寫本 864 個編號中,經統計佛經殘件占半數以上,有 567 個號,世俗内容寫本殘件僅占三分之一左右,有 297 個編號四百餘件殘件。這批未刊寫本殘件的年代,從紙質、書法及内容分析,與馬斯伯樂刊布的 607 件屬於同一時期,上起東漢末年,下迄元代,以晋唐時期爲最多。内容上大多數是寫經。社會内容的寫本有信件、訴狀、牒文、田薄、賬曆、契約、官文、醫方、典籍殘片等。漢文寫本殘件約四百餘件,分别出自麻扎塔格、和田、樓蘭、敦煌、黑城子和吐魯番六個地區。從時間上看,以敦煌所出幾枚木簡年代爲早,係東漢木簡。黑城子寫本殘件下限較晚,在宋元時期。黑城子文書 79 件。黑城子文書已經馬斯伯樂刊布者計 134 件。其餘未經刊布者,大多爲很殘的小碎片,大者七八行,小者僅一、二字殘留,以佛經居多,但尚有一部分社會内容的文書、刻本殘件,有一定研究價值,這 79 件文書,年代上亦與馬斯伯樂已刊布者一致,大致上屬於西夏宋元時期。其中有年代者僅兩件。這二件文書的發現,對於揭示西夏在黑城子的統治年代,以及黑城子文書的歷史背景,應該是有助益的。文書内容較雜,主要有殘公文,殘賬目、殘人名簿、藥方、祭文、信札和古刻本典籍等。殘公文從内容看主要是元代的。殘賬目有馬料賬、糧用賬、衣物賬等。除此之外,黑城子文書中較值得注意的是幾件刻本和鈔本古典籍殘件。

7.《黑水城出土音韵學文獻研究》

聶鴻音、孫伯君著,文物出版社 2006 年出版。本書就 1909 年在内蒙古額濟納旗西夏黑水城遺址發現的四種漢語語音韵學資料給予詳盡的校勘,包括:《廣韵》(北宋本殘卷)、《平水韵》(宋本殘卷)、《韵格簿》半頁、《解釋歌義》(金本殘卷)。

8.《中國藏黑水城漢文文獻》(10 册)

塔拉、杜建録、高國祥主編,國家圖書館出版社 2008 年 11 月出版,8 開精裝。本書收集中國藏黑水城漢文文獻 4213 件,其中社會文獻 2800 件,占絶大多數,宗教文獻只是很少一部分。在社會文書中,有公文,有民間文書,有票據、印本等等。根據種類和數量編成 10 卷,卷一爲農政文書,212 件;卷二爲錢糧文書,387 件;卷三爲俸禄與分例文書,203 件;卷四爲律令與詞訟文書,415 件;卷五爲軍政與站赤文書,600 件;卷六爲票據、契約、卷宗、書信,277 件;卷七爲禮儀、儒學、文史,278 件;卷八爲醫算曆學、符占秘術、堪輿地理及其他,99 件;卷九爲佛教文獻,233 件;卷十爲圖畫、印章及其他文書,1509 件。中國藏黑水城漢文文獻,和已經公布的俄藏黑水城文獻與英藏黑水城文獻一起,成爲宋夏金元史與宋元佛教、中古社會、宋元科技、古代醫藥、絲路貿易、回族形成、法律制度、文書制度以及文獻版本學等研究領域十分珍貴的原始資料。

9.《俄藏黑水城所出〈宋西北邊境軍政文書〉整理與研究》

孫繼民著,中華書局 2009 年 3 月出版。該書對《俄藏黑水城文獻》第六册第

164 頁至 272 頁刊載的一組宋代文書進行文書學整理，主要是釋録和校勘文字，主要包括定名、題解、録文及標點、校記和參考文獻等的系統整理，並分專題加以深入研究。整理篇主要包括凡例，宋西北邊境軍政文書，文書編年與綴合復原，附録有兩件僞齊文書、五件靈石所出宋代文書、一件江蘇金壇所出文書。研究篇包括專題研究論文 12 篇，研究探討《宋西北邊境軍政文書》的論文 9 篇、俄藏黑水城金代文書 2 篇、《俄藏黑水城文獻》漢文文獻的年代構成 1 篇。

10.《俄藏黑水城漢文非佛教文獻整理與研究》(上、中、下)

孫繼民著，北京師範大學出版社 2012 年 3 月出版，16 開精裝，入選國家哲學社會科學成果文庫。本書分爲整理編和研究編兩大部分：整理編是對《俄藏黑水城文獻》第 1—6 册所有非佛教漢文文獻進行文書學的整理，主要是釋録和校勘文字，包括定名、題解、録文、標點、校記和參考文獻等；研究編主要是匯集主持人及研究團隊近年來研究《俄藏黑水城文獻》漢文非佛教文獻的論文，分爲綜合研究、宋代文獻、西夏文獻、金代文獻、元代文獻等五個部分。

論　文

(一) 通論

1. 羅福萇《俄人黑水訪古所得記》(《國立北平圖書館館刊》第四卷第三號，西夏文專號，1930 年)。對俄柯兹洛夫所獲文獻中的 34 種文獻作了簡要的内容、版本描述，指出西夏刊印的漢文書中佛經最多，且多爲李仁孝及其後羅氏寫刊。

2. 向達《斯坦因黑水獲古紀略》(《國立北平圖書館館刊》第四卷第三號，西夏文專號，1930 年)。1914 年斯坦因由肅州至黑水城，對黑水城内外進行了全面發掘，本文詳細介紹及描述了斯坦因發掘經過及收獲。文末附有斯坦因黑水城所獲西夏文書目。

3. 斯文赫定著、侯仁之譯《黑城探險記》(《禹貢》第 1 卷第 9 期，1934 年)。記載了 1931 年至 1932 年斯文赫定亞洲探險隊在黑水城一帶考察紀録，是一篇調查與考古研究成果。

4. 黄文弼《略述内蒙古、新疆第一次考古經過及發現》、《河西古地新证》(載《西北史地論叢》，上海人民出版社 1981 年)。1927 年，以瑞典人斯文赫定和我國學者徐炳昶等組成的中瑞西北科學考察團在考察以黑水城爲中心的額濟納河下游地區時，中方黄文弼發掘了文書殘頁數百件，該二文就是黄先生對此次考察的紀録。

5. 陳炳應《黑城新出土的一批元代文書》(《考古與文物》1983 年第 1 期)。本文對 1978 年和 1979 年從黑水城遺址發現的一批元代文書共 24 件，進行了考釋與研究。全文從以下五個問題對這批文書涉及的内容作了論述：亦集乃路的建置和社會組織、驛路交通、經濟和社會關係、元代的公文制度及更換庫官事件、元代官府的代用幣。

6. 郭治中、李逸友《内蒙古黑城考古發掘紀要》(《文物》1987年第7期)。本文詳細介紹和紀録了黑水城發掘經過和發現:一、查明黑城遺址爲早、晚兩座城址疊壓在一起;二、分布在城内的上層建築物;三、黑城出土遺物,絶大部分是清理上層(元代)建築遺址時發現的,下層(西夏)的出土物數量極少,並只限於陶瓷片;四、黑城出土的文書,已經編號的近二千件。文字多爲漢文,也有一部分爲西夏文、畏兀體蒙古文,還有少量藏文、八思巴字以及其他文字寫印的文書。作者按文書性質分類作了介紹,並指出,黑城文獻不僅包含着西夏和元代,也部分包含了北元時期一段歷史。

7. 郭鋒《大英圖書館藏未經馬斯伯樂刊載之斯坦因第三次中亞探險所獲漢文文書》(《敦煌學輯刊》1990年第2期)。本文對漢文寫本殘件的内容作了概要介紹,指出大英圖書館藏未經馬斯伯樂刊布之斯坦因第三次中亞探險所獲漢文文書寫本殘件864個號,這批未刊寫本殘件的年代,從紙質、書法及内容分析,與馬斯伯樂刊布的607件屬於同一時期,上起東漢末年,下迄元代,以晋唐時期爲最多。内容上大多數是寫經。社會内容的寫本有信件、訴狀、牒文、田簿、賬曆、契約、官文、醫方、典籍殘片等。

8. 李逸友《黑城出土文書續釋》(載《北方民族文化遺産研究文集》,内蒙古教育出版社1995年)。該文從以下五個方面對幾件文書進行了考釋與研究。一、亦思替非字題署。《黑水城出土文書》(漢文文書卷)收録有用亦思替非字題署的文書5件。這5件有亦思替非字的公文,都是有關財政收支的重要文件,由甘肅行中書省下達給亦集乃路總管府執行,因此負責主管財務的官員要在公文末尾用亦思替非字題署。二、懲治印造僞鈔罪律令鈔本。編號爲F114:W1文書,是一件懲治印造僞鈔罪的律令鈔本。本文對這件殘文書進行了復原,並作了移録及分析論述。三、《大元通制·條格》殘本。對1963年黑水城出土的一件殘件文書,經過核對,確定此件文書爲《通制條格》卷十八"和雇和買"條中第6件律令的殘段。四、站赤只應賬册。1963年在黑城採集的另1件文書:63:02,是一件站户記録只應過往使臣的賬册。

9. 金瀅坤《俄藏敦煌文獻中的黑水城文書考證及相關問題的討論》(《敦煌學》2003年第24期)。本文對《俄藏敦煌文獻》第十六和十七册中的文書進行了辨析,共考證出十七件黑水城文書,其中官文書九件,記賬和残曆四件,契約文書兩件,性質不明者兩件,遼代文書一件,西夏的兩件,元代的十四件,並對相關問題進行簡要的説明。

10. 白濱《俄藏黑水城文獻中的宋代文獻》(《宋代歷史文化研究(續編)》,人民出版社2003年)。本文扼要介紹了《俄藏黑水城文獻》前6卷漢文部分中的宋代文獻。按其内容區分爲佛經文獻、非佛經文獻和世俗文獻三個部分。佛經文獻主要簡要介紹了佛經、經論、殘經版面三部分的版本和經名。非佛經文獻介紹了幾份道家、韵書、史書、曆書及其他文獻的版本情况和内容。世俗文獻介紹了宋朝邊境軍政文書,約有30餘件,計109紙。

11. 楊曉華《黑水城漢文文獻的發現及其學術價值》(《圖書與情報》2005年第6期)。該文簡略介紹了國内外對黑水城遺址的發掘情況,即1908年和1909年,俄國玆洛夫兩次抵達黑水城進行發掘;1914年英國人斯坦因對黑水城發掘;1962年和1963年,内蒙古自治區文物隊兩次到黑水城遺址進行考古調查;1976年和1979年,甘肅省考古隊對黑水城及周邊地區進行了考古調查和發掘;1983年到1984年,内蒙古考古研究所聯合阿拉善盟文物工作站對黑水城遺址進行了全面發掘。

12. 孫繼民《黑城學:一個更爲貼切的學科命名》(《河北學刊》2007年第4期)。該文對黑水城文獻的朝代構成和學科定名問題進行探討,認爲黑水城文獻的朝代構成中可確定的是唐、五代、遼、宋、西夏、金、僞齊、元(包括北元)諸朝;提出目前流行的"西夏學"一語不足以涵蓋黑水城文獻的性質,圍繞黑水城文獻而興起的專門學問用"黑城學"或"黑水城文獻學"定名更爲恰當。

13. 白濱《黑水城文獻的考證與還原》(《河北學刊》2007年第4期)。該文從黑水城文獻出土地辨析與文獻甄别、文獻綴合以及文獻殘卷的擬題與斷代等三個問題入手,以現有的研究成果爲個例對黑水城文獻整理與研究過程中應該注意的問題作了解析。

14. 史金波《創建黑水城出土文獻研究新的里程碑》(《河北學刊》2007年第4期)。本文從文物、文獻、史料以及學術等方面對黑水城出土文獻價值進行了探討,同時指出在録文、定名和斷代過程中需要注意的問題。

15. 陳瑞青《開創黑水城宋代文獻研究的新局面》(《中國史研究》2008年第4期)。本文分析黑水城宋代文獻主要集中在俄藏部分,其内容涵蓋佛經、經部、子部、史籍、筆記、曆書、音韵著作以及"宋西北邊境軍政文書"等,指出黑水城宋代文獻研究仍處於起步階段,尚有諸多疑難問題亟待解決。

16. 陳瑞青《黑水城宋代文獻性質刍議》(《第三届國際西夏學研討會論文集》,2008年)。本文首先介紹了黑水城宋代文獻的構成、紀年問題;其次,梳理了學術界關於"宋代西北邊境軍政文書"如何傳入西夏之討論。

17. 魏琳《俄藏黑水城宋代文書的拼合問題》(《第三届國際西夏學研討會論文集》,2008年)。本文主要對俄藏109頁"宋代西北邊境軍政文書"中第37頁與第23頁文書;第45頁、15頁、95頁、48頁與第80頁文書;第109頁與第55頁文書作了摘録和綴合。

18. 白濱《關於黑水城文獻研究的兩個問題》(《中國史研究》2008年第4期)。黑水城文獻的公布,對研究宋、遼、夏、金、元史起到了極大的促進作用。隨着研究的深入,弄清黑水城遺址的挖掘次數以及文獻數量成爲黑水城文獻研究中亟待解決的兩個問題。

19. 孫繼民、劉廣瑞《黑水城文獻發現的始年及在近代新材料發現史上的地位》

(《中國史研究》2008 年第 4 期)。主要論述了黑水城文獻研究與西夏學的關係,確立黑水城文獻的發現在中國近代新材料發現史上的地位等問題。

20. 劉廣瑞《黑水城所出元代帶編號文書初探》(河北師範大學碩士論文,2009 年)。對《俄藏黑水城文獻》《斯坦因第三次中亞考古所獲漢文文獻(非佛經部分)》《中國藏黑水城漢文文獻》及《黑城新出土的一批元代文書》中元代帶編號文書進行文書學的整理,從文書類別及藴涵的意義和黑水城文獻出土地點對文書作了闡述。

21. 孫繼民《敦煌學視野下的黑水城文獻研究》(《南京師大學報》2009 年第 3 期)。該文認爲黑水城文獻研究與敦煌學的學科性質相近,都是中國近代新發現的五大材料的重要組成部分,而且是五大新材料中學緣最近的兩大學科。

22. 邢鐵《準確把握黑水城文書的史料價值》(《民族研究》2010 年第 3 期)。指出在宋史研究中並不缺乏史料,所缺少的實際上只是文書(實物)種類,黑水城文書彌補了這一缺項。研究宋朝及元朝歷史問題的時候,黑水城文書可以用來補充説明某項制度在執行過程中的具體情況,即"活的制度史"、制度的靈活性;如果用黑水城文書資料來補充和校正宋元王朝的統一令制,則需要慎重。對於歸宗改姓的問題,應該注意到一個時代背景。還有《至正二十五年巴都麻改嫁合同婚書》記載了一個寡婦改嫁的過程,本來只是蒙古人的婚嫁習俗,有的文章稱之爲反映了元末下層民衆的社會生活,顯然是誇大了。在使用黑水城文書、特别是用來研究宋代歷史問題的時候應該慎之又慎,力争準確判斷和把握其史料價值。

(二) 軍政

1. 陳高華《"亦集乃路河渠司"文書和元代蒙古族的階級分化》(《文物》1975 年第 9 期)。該文指出這件文書是亦集乃路河渠司向該路總管府上報執行拘收蒙古子女情况的保結文書,反映了元代蒙古族平民分化、流散現象的嚴重與普遍。

2. 孫繼民《黑水城宋代文書所見蔭補擬官程序》(《歷史研究》2004 年第 2 期)。本文對《俄藏黑水城文獻》第 6 册收録的一件宋徽宗時期有關趙德誠擬補承節郎的文書内容作了移録,針對文書涉及的若干人名、官名進行了考釋與探討。進一步揭示了該文書對宋徽宗時期蔭補制度及其公文運轉流程的反映。

3. 張春蘭、陳瑞青《宋建炎二年(1128)德靖寨牒某指揮爲招收延安府脱身官兵事考釋》(《延安大學學報》2004 年第 6 期)。《俄藏黑水城文獻》第六册收録有一組"宋西北邊境軍政文書"的圖版,該組文書共 109 件,作者對其中第 69 件文書内容進行了考釋,重新定名與研究。

4. 陳瑞青《從勾集札看援西軍的命運》(《承德民族師範專科學校學報》2005 年第 1 期)。《俄藏黑水城文獻》第六册漢文部分共收録宋代西北邊境軍政文書 109 件,其中第 63 件原題爲《靖康二年四月十八日付第七將札》,作者對此件文書進行了考釋與研究,認爲該文書寫作的時間是兩宋之交,集中反映了兩宋之交,范致虚組織入援勤王諸路軍的命運以及各種政治勢力在歷史動蕩時期碰撞、角逐的場面。

5. 張春蘭《宋靖康二年某路經略安撫司牒爲施行赦書事考釋》(《文物春秋》2005 年第 2 期)。《俄藏黑水城文獻》第六册漢文部分共收録宋代西北邊境軍政文書 109 件,其中第 28 件爲一件宋代軍事文書,本文以爲應定名爲《宋靖康二年某路經略安撫司牒爲施行赦書事》,對其内容、年代及撰擬主體進行了分析考證,認爲該文書所提供的資料可印證、補充史籍所載北宋末年宋將范致虚戰敗西京、兵潰潼關的歷史事實。

6. 張春蘭《俄藏黑水城宋代"御前會合軍馬入援所"相關文書研究》(河北師范大學碩士論文,2005 年)。該文對《俄藏黑水城文獻》第六册收録的宋西北邊境軍政文書中,涉及到"御前會合軍馬入援所"四件文書進行了考釋,並且對相關情況的文書進行系統性梳理。

7. 孫繼民、陳瑞青《試釋幾件俄藏黑水城宋鄜延路公文草稿》(《西夏學(第 1 輯)》2006 年)。在《俄藏黑水城文獻・宋代西北邊境軍政文書》中,有 4 頁首行爲"檢"或"撿"字的文書,它們是第 9 頁原題爲《靖康元年正月吴湛碟》、第 72 頁原題爲《宣和七年正月某日張澤令》、第 79 頁原題爲《促保捷第二十一指揮碟》和第 102 頁原題爲《建炎二年十二月潘定碟》的文書。這 4 頁文書對於宋代的公文制度,特别是軍事文書制度極有價值,本文對這四頁文書分别進行了移録和考釋、研究。認爲這 4 件文書爲宋代鄜延路安撫經略司所屬軍隊的公文草稿。

8. 陳瑞青《從俄藏黑水城宋代文獻看北宋收復燕山府之役》(《宋史研究論叢》第七輯,河北大學出版社 2006 年)。《俄藏黑水城文獻》第六册漢文部分共收録宋代西北邊境軍政文書 109 件,其中第 87 件文書原題爲《第七將隊第七副將下屬仕千申狀》,這件文書涉及北宋收復燕山府之役,作者對此件文書進行了考釋研究,認爲文書内容對於研究北宋收復燕山府之役具有很高的史料價值,文書中清楚地記載了宋軍收復燕山府的過程。

9. 楊浣《黑城〈西北諸地馬步軍編册〉考釋》(《中國史研究》2006 年第 1 期),孫繼民、杜立暉《俄藏黑水城所出一件金代軍事文書再探——對楊浣先生〈黑城西北諸地馬步軍編册考釋〉一文的正補》(《中國史研究》2007 年第 4 期)。楊浣對黑城出土的一件軍事文書進行了考釋,並指出其爲金代軍事文書。孫繼民、杜立暉在肯定楊浣一文斷代正確的基礎上,糾正了其在頁碼編號、録文行數統計、録文缺字標示、録文釋讀、録文官名地名解釋等方面的失誤,並進一步對該文書所涉及的金代猛安謀克制度、士兵的民族構成、仿宋軍制等問題進行了解讀。

10. 孫繼民《俄藏黑水城宋代文書所見宋高宗建炎二年(1128)王庶被拘事件》(《宋史研究論從》第 3 輯,河北大學出版社 2007 年)。在《俄藏黑水城文獻》第 6 册收録"宋西北邊境軍政文書"中,有五頁建炎二年(1128)十二月形成的文書,分别是第 14 頁原題爲《建炎二年十二月劉廣吕敦禮申第七將狀》、第 22 頁原題爲《建炎二年十二月呈狀》、第 69 頁原題爲《德靖寨呈狀》、第 84 頁原題爲《建炎二年十二月具領狀》和第 102 頁原題爲《建炎二年十二月潘定牒》的文書。作者對這五件文書做了録文及研究，認爲這五頁文書反映南宋初年曲端拘禁王庶事件，展現陝西抗金戰場宋軍内部矛盾。

11. 孫繼民《俄藏黑水城文獻宋代小胡族文書試釋》(《中華文史論叢》2007 年第 2 期)。《俄藏黑水城文獻》第 6 册所收《宋西北邊境軍政文書》中有兩頁共三處出現"小胡等族""小胡族"字樣。本文通過對這些文書的考釋，指出文書提供了有關宋代小胡族地區分布的佐证資料、小胡族内部民族構成的具體資料、有關的民族地區分布的確證資料和小胡族兵員構成的直接資料。本文還刊布了宋代石刻《正將李公重修石空寺記》。

12. 楊倩描《黑水城宋代軍政文書與宋史研究——以鄜延路爲中心》(《河北學刊》2007 年第 4 期)。认为《俄藏黑水城文獻》第 6 册有關宋代西北邊境軍政的文書共有 109 頁，内容涉及到兩宋之際以鄜延路爲中心的西北地區的重要事件、公吏制度、軍事制度、司法訴訟、社會風俗等内容。俄藏黑水城宋代西北邊境軍政文書不僅可以對兩宋之際以鄜延路爲中心的西北地區史料作一定的補充，而且對一些具有普遍意義的宋代制度、事件、人物的研究也有相當的價值。

13. 陳瑞青《關於一件黑水城宋代軍政文獻的考釋》(《文物春秋》2007 年第 4 期)。本文對《俄藏黑水城文獻》第 6 册收録的宋代西北邊境軍政文書第 102 件《建炎二年十二月潘定牒》文書中的關鍵詞語及其歷史背景進行了考釋，認爲此牒對於反映陝西抗金戰場宋軍内部矛盾及軍將勢力發展等情況有極高的歷史價值。

14. 孫繼民、杜立暉《俄藏黑水城金代毛克文書初探》(《歷史研究》2007 年第 4 期)。該文對《俄藏黑水城文獻》第 6 册第 308、309 頁的一件金代漢文毛克文書進行了考釋和定名，並利用文書提供的信息研究探討了金代猛安謀克制度。

15. 孫繼民《火器發展史上的重要文獻——新刊僞齊阜昌三年(1132)文書解讀》(《敦煌吐魯番研究》第 10 卷，2007 年)。該文對新刊僞齊阜昌三年(1132)文書進行了定名，探討了兩宋之際管型火器之外的抛射型火器手砲的發展問題以及宋、金、僞齊之間的戰争。在此基礎上，馮金忠的《新刊黑水城阜昌三年文書所見僞齊職官制度》(《文獻》2010 年第 1 期)，探討了孫先生未涉及的僞齊職官制度問題。

16. 鄭彦卿《黑水城所出一件元代職官文書考釋》(《寧夏社會科學》2007 年第 5 期)，對李逸友《黑水城出土文書》中一件職官品級表進行了考證與研究，認爲該文書爲我們提供了部分元代職官的名稱和品級情況，提出這件文書最早産生於元代晚期。

17. 楊倩描《從俄藏黑水城文獻看宋代的"背嵬"》(《宋史研究論叢第九輯》，河北大學出版社 2008 年)。《俄藏黑水城文獻》第六册漢文部分共收録宋代西北邊境軍政文書 109 件，本文對其中第 92 頁文書進行了研究，俄藏"叙録"將其定名爲《某年正月統制司吴湛狀》，作者認爲這是一件很有史料價值的文書，它證明了在北宋末年，在西北宋軍的建制中已經有了"背嵬隊"。這種"背嵬隊"的性質與南宋的"背嵬軍"基本相同,且有承襲關係。

18. 張春蘭《俄藏黑水城宋代軍政文書所見西軍潰散兵員問題探析》(《邊疆考古研究》2008年第7輯)。本文對《俄藏黑水城文獻》第6册收録的宋代西北邊境軍政文書中的第4、39、44、63、64和73頁進行了考釋和研究,認爲這幾頁文書涉及"西軍"潰散兵員問題。

19. 許生根《英藏黑水城出土四件元代軍政文書初探》(《寧夏社會科學》2008年第2期)。本文對英藏黑水城出土《黑水城屯戍支用官糧册》《亦集乃路廣積倉具申季報糧斛並放支軍人季糧事呈文》《嶺北行省打造軍器用糧事呈文》《嶺北行省打造軍器用糧事呈文》4件元朝軍政文書内容進行了初步的整理研究。

20. 馬順平《北元宣光二年甘肅等處行中書省亦集乃分省咨文考釋》(《内蒙古大學學報》2008年第2期)。本文對《俄藏黑水城文獻》中編號爲TK204V的題名《宣光二年甘肅等處行中書省亦集乃分省咨文》的文書做了録文、考釋和研究。指出這件文書所記載的亦集乃分省是此前文獻中從未提到的,可以彌補《元史》的不足,記録洪武五年馮勝北征甘肅行省的部分,糾正並補充了《明太祖實録》中相關史料的闕失。

21. 陳艷《俄藏黑水城文獻宋保安軍金湯城文書諸問題研究》(河北師範大學碩士論文,2009年)。該碩士論文以《俄藏黑水城文獻》中一件宋西北邊境軍政文書爲中心,對宋西北邊境軍政文書的研究現狀作了介紹和分析;對魏琳在其文章《關於幾件俄藏黑水城宋代文書的拼合》中綴合的一件由第15頁、第45頁、第48頁、第80頁和第95頁組成的文書進行分析;對文書所見的"會子""交旁"與請糧程序與請糧標準進行了探討。

22. 潘潔、陳朝輝《黑水城出土元代亦集乃路選官文書》(《寧夏社會科學》2009年第3期)。本文對1983—1984年由内蒙古文物考古研究所發掘出土的黑水城文書中的幾件罕見的北元時期舉保人推薦任官文書、保存基本完整的選任倉庫官文書和其他選官文書進行了分析研究,認爲黑水城出土的北元時期推薦任官文書和其他幾件選官文書反映了元代亦集乃路官員選任的要求,以及亦集乃路官員對調現象。

23. 杜立暉《黑水城F114:W3元代選充倉庫官文書初探》(《西夏學》(第4輯),2009年),指出《黑水城出土文書》(漢文文書卷)編號爲"Fll4:W3"的文書,内容涉及元代倉庫官員的選任等情況,對於認識元代各路選充倉庫官員的吏職範圍變化,選充倉庫官員的條件等内容均具有重要的史料價值,认爲將Fll4:W3文書定名爲"元至元末年中書省諭諸行省選充倉庫官例"較妥。

24. 楊彦彬《試析元末至北元初期甘肅地區的分省設置——以三件黑城出土文書爲中心》(《西夏學》(第4輯),2009年)。黑城出土的俄TK204V、俄TK214、M1.0192(F14:W6A)這三件文書,内容涉及元末甘肅地區的分省情況。作者通過對這三件文書分析研究，主要探討了元末至北元初甘肅地區的分省設置情況及分省的主要機構設置和職責，分省與行省、路的關係等。

25. 吴超《黑城出土文書所見"牌子"考》(《北華大學學報》2009 年第 4 期)。本文對《黑水城出土文書》(漢文文書卷)F249：W22 文書做了探討研究，認爲本件文書爲牌子户文書。金代以人爲主組成的牌子，爲軍事組織的基本單位。元代沿用了金代這一軍事組織的基本單位，但是性質已經發生了些許變化。牌子已經具有户籍管理的職能，已經出現以户爲社會基本單位的牌子户。作者認爲牌子頭可能是渠社社長所轄管理人員，與社長共同管理本轄區的户籍，維護本區的安定，從而也證明了亦集乃路的社會基層組織爲渠牌制。

26. 叢海平《黑城出土文書所見海都之亂時期亦集乃路的軍糧供給》(《雲南大學學報》2009 年第 4 期)。本文結合《元史》，比照《黑城文書》中的《大德四年軍糧文卷》，對海都之亂時期亦集乃路的位置，以及爲元軍籌措轉運軍糧情況等進行初步疏理，认为亦集乃路作爲西北兵站之一，在元代北方軍糧後勤供給體系中充當了重要角色。

27. 朱德軍《宋代西北邊境弓箭手供給問題的歷史考察——以俄藏黑水城文獻爲中心》(《西夏學》(第 5 輯)，2010 年)。本文針對《俄藏黑水城文獻》第 6 册關於宋西北邊境軍政文書中的"漢蕃弓箭手"供給問題，分析研究了西北邊境弓箭手的供給問題。平時弓箭手雖"悉無衣廪"，但在"上番""恩賞""募選"之時，可以支取"口食""衣賜"，國家對此進行嚴格的管理，"程序化"是它最突出的特點。

28. 陳瑞青《黑水城文獻所見宋代蕃兵制度的新變化》(《民族研究》2010 年第 3 期)。俄藏黑水城"宋西北邊境軍政文書"有多件反映兩宋之際西北地區基層蕃官、蕃兵的文書，對於研究這一時期蕃兵，尤其蕃族弓箭手的職能、地位演變情況具有重要的文獻價值。本文對"置將法"實行後係"將"弓箭手職能、地位的演變，以及"保甲制"下弓箭手出戰形式的變化這兩個相關問題作了細緻地探討和研究。

29. 陳瑞青《俄藏黑水城宋代文獻所見差破"白直人兵"文書考》(《西夏學》(第 5 輯)，2010 年)。本文利用黑水城文獻中涉及的"白直人兵"文書，對宋代白直的歷史淵源、服役狀況、社會地位等作了深入的探討。認爲宋代白直實行差、募兼行的職役制度。

30. 陳瑞青《從黑水城宋代文獻看兩宋之際宋夏關係》(《江漢論壇》2010 年第 10 期)。本文首先對俄藏黑水城《宋西北邊境軍政文書》概況做了介紹，對策應環慶路軍馬文書進行了深入研究，認爲這些文書反映了北宋末年，爲應對西夏軍事入侵，北宋軍隊在陝西的調動、布防情況。對於研究這一時期的宋夏關係具有重要的史料價值。

31. 杜立暉《俄藏黑水城肅州路官員名録文書考釋》(《西夏學》(第 5 輯)，2010 年)。《俄藏黑水城文獻》第 4 册收録一件編號並定名爲"俄 TK226 肅州路官員名録”的元代文書,本文對其録文進行了詳細説明,對文書時間做了闡述,針對文書定名提出了商榷,探討分析了文書的價值。

32. 朱建路《從黑水城出土文書看元代亦集乃路河渠司》(《西夏學》(第5輯),2010年),依據《黑城出土文書(漢文文書卷)》元代亦集乃路渠社的史料,對亦集乃路渠社的分布、基層組織及其職能等進行了探討。指出關於渠社的記載證實了甘肅行省確已建立村社制度,反映元代在農村已設立村社的廣泛性。

33. 孫繼民《西夏漢文乾祐十四年安排官文書考釋及意義》(《江漢論壇》2010年第1期)。本文對《俄藏黑水城文獻》第6册第300頁收録的一件編號爲иHB.NO.2208的西夏時期漢文文書進行了重新釋録,關於安排官文書的公文種類屬性、安排官的職官性質和機構屬性做了詳盡闡述。認爲安排官文書證實,西夏漢文的公文中也存在類似宋代札子的文體。

34. 陳瑞青《黑水城所出南宋初年施行赦書文書考釋》(《西夏學》(第八輯),2011年)。《宋西北邊境軍政文書》中收録的第28頁和第98頁文書中均涉及南宋初年施行赦書事項。本文對這兩頁文書中的赦書進行了考證,認爲該赦書就是宋高宗即位赦書。作爲統領陝西五路勤王部隊的御前會合軍馬入援所將高宗即位赦書作爲處理潰散兵員的依據,表明陝西在建炎元年五月已經擁戴南宋政權。

35. 吴超《黑水城出土文書所見人事變化初探》(《吉林師範大學學報》2011年第3期)。本文指出黑水城文書所見官員的人事變化,主要表現爲對調官吏、保舉官吏、選充官吏幾種。文章利用黑水城文書,對所見官員的人事變化進行了分析與研究,認爲黑水城出土文書所見官員人事變化情况爲我們了解元代官員調動選任提供了較爲翔實的文獻。

36. 朱建路《黑水城所出〈亦集乃分省元出放規運官本牒〉考釋》(《寧夏社會科學》2012年第2期)。本文對《俄藏黑水城文獻》第四册所載《亦集乃分省元出放規運官本牒》文書作了考釋與研究,認爲該文書爲北元初期的文書,文書中的“總兵官”指擴廓鐵木兒,内容反映了北元初期擴廓帖木兒與明軍在甘肅地區對峙情况及亦集乃分省爲恢復經濟所做的努力。

37. 陳瑞青《黑水城元代文獻中的“安定王”及其部隊》(《南京師大學報》2012年第5期)。本文對黑水城元代文獻中出現的“安定王朵立只巴”的世系、駐地以及在元代末期的活動進行了研究,指出黑水城文獻中出現的“朵立只罕翼軍人”是安定王在亦集乃路總管府的駐軍。

38. 杜立暉《黑水城元代漢文軍政文書的數量構成及其價值》(《寧夏社會科學》2012年第2期)。本文主要梳理了《黑城出土文書(漢文文書卷)》《中國藏黑水城漢文文獻》、陳炳應《黑城新出土的一批元代文書》《俄藏敦煌文獻》《斯坦因第三次中亞考古所獲漢文文獻(非佛經部分)》所涉及的元代漢文軍政文書,指出這些文書是原生態的元代公文檔案,對認識、研究相關行政制度、軍事事件等可提供新的視角與重要的資料。

(三) 經濟

1. 陳國燦《西夏天慶典當殘契復原》(《中國史研究》1980 年第 1 期)。馬伯樂《斯坦因在中亞細亞第三次探險的中國古文書考釋》一書中,包含西夏天慶年間典當殘契 15 件,這批典當文契,都是天慶十一年(1204)五月書寫的。各契按日相連,可能是典當商人裴松的典當契約底賬,十五件典當文契,均已殘缺難讀。作者從典當文契本身内在的某些特點和規律出發,對這批殘契作了完整的復原。

2. 李逸友《元代草原絲綢之路上的紙幣——内蒙古額濟納旗黑城出土的元鈔及票券》(《中國錢幣》1991 年第 3 期)。1983 年至 1984 年内蒙古文物考古研究所在黑水城發掘了一大批元鈔和少量票券,該文對這些紙幣進行了詳盡分析論述,認爲其不僅提供了研究元代紙幣和可流通的有價證券的實物資料,而且對於元代紙幣的使用和貶值情況,也提供了新材料。

3. 楊選第《元代亦集乃路的民間借貸契約》(《内蒙古師大學報》1996 年第 3 期)。李逸友《黑水城出土文書》中有 26 件元代亦集乃路民間私人契約文書,其中 13 件借貸契約,本文對這 13 件借貸契約式樣和内容、借貸契約特點進行了闡述和研究,認爲契約格式完備、手續完整、内涵豐富。結合契約内容分析,可看出元代借貸契約具備的某些特點以及亦集乃路居民經濟生活的概貌。

4. 葉新民《亦集乃路元代契約文書研究》(《蒙古史研究》第五輯,1997 年)。該文指出李逸友《黑水城出土文書》(漢文文書卷),有許多契約文書,涉及到婚姻、借貸、雇傭買賣等諸多方面,爲元史研究提供了新資料。文章對這些契約文書進行剖析研究,認爲亦集乃路的契約文書,屬於民間私人文書,具有一定的法律效力。

5. 周祥《黑城出土文書與元代鈔本的印造和使用》(《錢幣博覽》2003 年第 1 期)。本文對内蒙古黑水城出土的四張萬億寳源庫文書進行了研究,認爲它們的確不是鈔本,是四張萬億寳源庫開具的收據,對這四張收據的分析,可以知道元代紙幣入庫的一套管理制度。

6. 龐文秀《黑城出土元代有價證券例证》(《内蒙古金融研究》2003 年第 4 期)。該文對李逸友《黑水城出土文書》(漢文文書卷)所收鹽引、鹽券、茶引、鈔本、契本等有價證券,結合《元史》相關史料做了探討,認爲黑水城出土的這些元代有價證券,共同特點是由國家專門管理機構印行發賣,除了可以憑券領納券上規定的生活消費品外,還可以此代替鈔幣在市面上流通,一定程度上它已具備了貨幣的一些職能。

7. 劉洋《元代亦集乃路水稻種植問題小考》(《陝西師範大學繼續教育學院學報》2003 年第 4 期)。李逸友《黑城出土文書(漢文部分)》指出“這裡(亦集乃路)雖有河水灌溉,又具夏秋季節氣温高等自然條件,但土壤均係風沙土,缺少黏性和有機質,因此不能蓄水種稻”。李先生這一結論主要依據是《黑城出土文書(漢文書卷)》第 140 頁 F51:W5 文件的“白米本路並無出産”。本文作者對這一論斷進行了商榷,認爲元代亦集乃路有水稻種植。

8. 王大方《内蒙古考古工作者發現元朝的糧庫登記賬册》(《内蒙古社會科學》2003 年第 3 期)。該文對《黑水城出土文書》元代糧庫登記賬册中的兩件進行了分析,指出亦集乃路的糧庫管理官員,在登記賬册上使用了精確到五六位的登記方法。

9. 馬彩霞《關於黑水城所出一件元代經濟文書的考釋》(《西域研究》2004 年第 4 期)。該文對《俄藏黑水城文獻》第六册第 15 頁收録的一件“申亦集乃路總管府驗糧文”文書進行了考釋與研究,認爲黑水城所出的“亦集乃路總管府驗糧文”很可能爲至正二十四年(1364)前後的文書,是亦集乃路廣積倉的申驗糧文書。

10. 張玉珍《從黑城出土文書看元代貨幣制度》(河北大學碩士論文,2006 年)。本文研究了《黑水城出土文書》(漢文文書卷)第 183 頁的拾肆“票據類”中的二件印有“都提舉萬億寶源庫”的票券。作者結合同期出土的《鹽券》《倉票》,並根據史料,對二件票券的印造年代、内容、性質及其所反映出的元代貨幣體制和財政狀況進行了研究。

11. 劉秋根、孫春芳《元代商業信用初探——以黑城文書爲中心》(《中國古代社會與思想文化研究論集(第二輯)——首屆“古代社會與思想文化”國際學術研討會專輯》2006 年)。本文以黑城文書(漢文部分)中幾件與商業信用有關的文書爲主,對元代商業信用基本類型,元代消費信用情況給予初步的探討。

12. 潘潔、陳朝輝《元代亦集乃路税糧初探》(《内蒙古社會科學》2007 年第 2 期)。本文以黑水城出土的税糧賬册爲主,分析了税糧的種類、税額等基本情況,復原部分文書,並與俄藏西夏賦税文書進行比較,揭示亦集乃路税糧徵收的基本規律和農業種植的特殊情況。

13. 徐悦《黑城所出 F116:W115 號提調農桑文書的考釋》(《寧夏社會科學》2007 年第 4 期)。本文對《黑水城出土文書》(漢文文書卷)中一件 F116:W115 號提調農桑文書進行考釋與研究。認爲提調農桑文書反映了元政府重視種桑養蠶,在亦集乃路推行區田法和桑糧間作制等方面的問題。

14. 杜建録《西夏乾祐二年材料文書考釋》(《寧夏社會科學》2007 年第 3 期)。本文對俄藏編號 B61、ДX2828 號、ДX10279 號三件文書進行了考釋,對文書的格式與定名,文書反映的社會歷史問題做了研究。

15. 劉秋根、楊小敏《從黑城文書看元代官營酒業的變化》(《寧夏社會科學》2007 年第 1 期)。本文通過對黑水城出土漢文文書中出現的一件有關元代亦集乃路官府管理釀酒業的資料進行分析,認爲元代亦集乃路官府自用非商品酒生産由官府集中生産轉變爲官府管理下的分散釀造。

16. 楊印民《元代官府只應酒品的生産與管理——兼與〈從黑城文書看元代官

營酒業的變化〉一文商榷》(《寧夏社會科學》2010 年第 1 期)。本文首先對劉秋根、楊小敏《從黑城文書看元代官營酒業的變化》一文觀點提出了商榷,認爲該文書没有任何信息表明元代地方官府將醖造供應使臣的分例酒交由具體酒户生產,因此也就不能得出元代官府非商品酒釀造權力分散和下移的結論。其次,作者對李逸友先生整理的編號爲 F9:W105 的文書進行重新解讀和研究。

17. 魏郭輝《俄藏敦煌文獻 ДX.16714 提舉司牒校釋及相關問題考略》(《寧夏社會科學》2008 年第 7 期)。本文考證了《俄藏敦煌文獻 ДX.16714 提舉司牒》係混入敦煌文獻中的一件黑水城文書,該文首先對文書進行録文以及來源考訂,其次對文書内容做了詳細校釋,應該是一件元代社會經濟文書。對文書中"伯顔丞相"做了考析,認爲文書中的伯顔丞相爲元世祖時期滅南宋的丞相伯顔。同時文書也透露出元代亦集乃路設有鐵場。

18. 潘潔、陳朝輝《元代亦集乃路賦税考——黑水城出土税票考釋》(《第三届國際西夏學研討會論文集》2008 年)。該文對 1983 年和 1984 年,黑水城出土税票進行了考釋與研究。指出元代與西夏税額基本一致,不同的是每畝納小麥數增加了 3 倍多,而大麥數相應減少;地税徵收的方式爲人户合納;時間集中在十月至十二月;收購税糧和發放税票的機構爲亦集乃路的府倉廣積倉;納税人户主要爲軍户、民户和宗教户,涉及蒙古、漢、黨項三大民族。

19. 吴超《亦集乃路税務管理初探》(《陰山學刊》2008 年第 5 期)。本文對《黑水城出土文書》(漢文卷)中有關地税、抽分羊馬、酒醋課和商税等方面的文獻進行了研究,認爲亦集乃路的税務管理主要是對地税、抽分羊馬以及商税進行管理。而酒醋課則是甘肅行省派專人負責,不歸亦集乃路管轄,所收的酒醋課也要解納到甘肅行省豐備庫。亦集乃路管理税務的機關爲税務司,其對地税和抽分羊馬的管理主要依據"勘合"進行徵收,並發放收税憑據。

20. 史金波《天盛癸未十五年借錢契》(《西夏社會》,上海人民出版社 2007 年)。杜建録《西夏天盛十五年貸錢文契考釋》(《第三届國際西夏學研討會論文集》,2008 年)。孫繼民、許會玲《西夏天盛十五年(1163 年)王受貸錢契等考釋》(《宋史研究論叢第九輯》,河北大學出版社 2008 年)。三篇文章都對《俄藏黑水城文獻》漢文部分第 6 册第 321 頁的一件編號爲俄 NHB.NO7779A 文書,進行了不同程度的探討與研究。史金波先生認爲後記立文字人王受,同立文字人小受及同立文字人周遇僧,人名下無畫押,此契尚不是具有法律效力的正式契約。杜建録對文書進行了考釋與研究,認爲該文書爲研究西夏官私借貸與借貸利率,提供了重要的依據。孫繼民先生贊同史先生的觀點,提出此件文書應定名爲《西夏天盛十五年(1163)王受貸錢契稿(或鈔件)》。其内容反映了西夏貨幣借貸的計息方法、還本付息的方式和西夏國内商業經濟和貨幣經濟的發展。

21. 杜建録《英藏黑水城馬匹草料文書考釋》(《寧夏社會科學》2009 年第 5

期)。本文所探討的馬匹草料賬册是英藏黑水文獻的一部分。作者認爲此件馬匹草料文書缺佚年款,通過内容判斷是西夏社會文書。由于文書較殘,目前還不能斷定該文書記録的是軍用馬匹支取草料還是公用馬匹支取草料。

22. 陳静《黑水城所出〈天慶年間裴鬆壽處典麥契〉考釋》(《文物春秋》2009 年第 2 期)。本文對《俄藏黑水城文獻》第 2 册收録的西夏天慶年間裴松壽處典麥契的 12 組殘片進行了復原,並對其内容和年代做了考釋。認爲斯坦因所獲的 15 件漢文西夏天慶十一年用衣物典麥契,與此件文書無論在時間上還是内容上都有契合之處,應該是一組文書,可以放在一起研究。杜建録《俄藏西夏天慶年間典糧文契考釋》(《西夏研究》2010 年第 1 期)就俄藏西夏天慶年間典糧文契作了考釋,對相關問題進行了探討,提出俄藏西夏天慶年間典糧文契彌足珍貴,爲探討西夏貸糧文契格式、貸糧利率、償還期限、違約處罰以及其他相關問題提供了重要的依據。趙彦龍《西夏時期的契約檔案》(《西北民族研究》2001 年第 4 期),主要對《天慶間典當文契》等幾件契約檔案作了介紹。

23. 許偉偉《黑城夏元時期契約文書的若干問題——以穀物借貸文書爲中心》(《寧夏社會科學》2009 年第 3 期)。本文比對夏元時期的穀物借貸文書契約,考察夏元文書各自的特色、穀物借貸文書在借期和還期方面的時間問題以及黑城地區的穀物種類、夏元習俗的傳承等問題。

24. 朱建路《黑水城所出元代糧食相關文書研究》(河北師範大學碩士論文,2009 年)。本文以黑水城所出元代文書爲基礎,選取其中若干件文書,在分析其形式、確定其性質、考訂其名稱的基礎上,研究文書所反映的意義,對元代末期亦集乃路的糧食問題進行較全面地探討。

25. 張重艷《黑水城所出元代軍糧文書雜識》(《蘭州學刊》2009 年第 12 期)。對《黑水城出土文書》(漢文文書卷)和《中國藏黑水城漢文文獻》收録的元代軍用錢糧义書進行了對比和介紹,分析認爲闊端赤是元代基層軍隊中負責管理馬政的人員,其軍糧及其他開支由地方供應,其在軍隊中的地位和正軍是相似的。

26. 許會玲《黑水城所出西夏漢文榷場文書考釋》(河北師範大學碩士論文,2009 年)。本文對《英藏黑水城文獻》第 4 册所收録的 2 件文書和《俄藏黑水城文獻》第 6 册所收録的 15 件榷場文書的研究現狀作了介紹,對文書作了録文、斷定及文書書式的復原、考釋,對西夏中後期的榷場貿易做深入的探討。

27. 潘潔《黑水城出土元代賦税文書研究》(《西夏學(第 4 輯)》2009 年)。本文以黑水城出土的一些涉及税糧的重要内容的文書爲研究對象,探討了黑水城文書所反映的元代亦集乃路的税糧、抽分、酒醋課、契本税等賦税徵收的基本情況,彌補了黑水城賦税研究領域的不足。

28. 陳瑞青《黑水城所出元代亦集乃路總管府錢糧房〈照驗狀〉考釋》(《西夏學》(第 4 輯),2009 年)。本文對《黑水城出土文書》(漢文文書卷)編號爲 Y1:W22 的一件文書進行了考釋和研究，認爲這件文書對於研究元代文書制度、軍事制度具有較高的史料價值。

29. 徐悦《元代亦集乃路農作物種類考述》(《西夏學》(第 4 輯)，2009 年)。本文主要以《黑水城出土文書》(漢文文書卷)爲依據，從糧食作物、經濟作物、藥材三個方面將亦集乃路農作物的種類進行了考述。

30. 朱建路《英藏黑水城所出兩件糧食相關文書再研究》(《寧夏社會科學》2010 年第 1 期)。許生根發表《英藏黑水城出土四件元代軍政文書初探》一文，對 4 件與倉庫糧食有關的文書進行了分析，指出元代亦集乃路的糧食來源多元化。

31. 杜建録《黑城出土西夏榷場文書考釋》(《中國經濟史研究》2010 年第 1 期)。本文對《俄藏黑水城文獻》(1—6 册)漢文部分公布的西夏榷場文書中的 12 件文進行了釋文，探究了文書内容與書寫格式，研究了文書所見地名與文書形成年代，論述了文書所反映的貨物，認爲這些文書雖然没有一件完整的，但經過考證辨析，可解決西夏榷場機構設置、交易貨物、商税徵收等重要問題。

32. 許偉偉《黑城所出收付契文書 Y1：W201 考釋》(《西夏學》(第六輯)，2010 年)。本文認爲黑城所出《宣光元年(1371)十一月十二日收付契》文書，是黑城契約文書中一例收付契約，並做了考釋，研究了文書中鋪馬制度，鋪馬出借行爲以及馬主官員身份的界定。

33. 李艷、謝繼忠《從黑城文書看元代亦集乃路的水利管理和糾紛》(《邊疆經濟與文化》2010 年第 1 期)。該文認爲元代亦集乃路是甘肅行省的北部重鎮，軍民所依賴的農業生産全靠黑河水灌溉，由于人口、耕地、氣候、民户負擔等多種因素，當地水利灌溉管理嚴格，並針對糾紛時常發生的史實，官府有相應的處理糾紛的方式和方法。

34. 劉廣瑞《黑水城所出元代"白帖"文書初釋》(《内蒙古農業大學學報》2012 年第 2 期)。在《中國藏黑水城漢文文獻》中收録了三件元代"白帖"文書，其中兩件文書内容都是關於元代亦集乃路廣積倉税糧憑據，本文對這兩件文書作了考證與研究，指出"白帖"文書爲研究元代税糧徵收程序提供了實物價值。

35. 陳瑞青《黑水城所出元代甘肅行省豐備庫錢糧文書考釋》(《寧夏社會科學》2012 年第 2 期)。本文對黑水城出土的元代 F116：W21 號文書進行了考釋，認爲這件文書是甘肅行省豐備庫給亦集乃路總管府的牒文。

36. 杜立暉《黑水城文書與元代錢糧考較制度》(《首都師範大學學報》2012 年第 4 期)。本文指出黑水城 F116：W555 文書應命名爲"元至正十一年(1351)二月十八日錢糧房呈亦集乃路總管府考較屯田千户所錢糧事"。其内容爲錢帛與糧斛專項考較，錢糧房爲亦集乃路錢糧考較的實際組織者。元代錢糧考較開始時間爲歲終，完成於第二年上半年；其程序是先認定需辦錢糧總數，再下達公文要求委官提調，後在行省展開並逐級上報甘結及相關信息。

(四) 社會

1. 李逸友《黑城文書所見的元代納憐道站赤》(《文物》1987 年第 7 期)。本文對黑水城文書中有關納憐道站赤數字、站名,每個站赤擁有馬匹的數目,納憐道的管理機構,站赤供給,站户占有土地情況進行了分析研究。

2. 李逸友《元代文書檔案制度舉隅——記内蒙古額濟納旗黑水城出土元代文書》(《檔案學研究》1991 年第 4 期)。1983 年和 1984 年内蒙古文物考古所從黑水城發掘了大量文書,本文對這批文書中所見的元代文書檔案制度進行了公文的種類和格式,公文的處理和檔案使用諸多方面研究。

3. 劉曉《從黑城文書看元代的户籍制度》(《江西財經大學學報》2000 年第 6 期)。《黑水城出土文書》(漢文文書卷)第 91 頁到 93 頁的民籍類,保留有許多與元代户籍有關的内容。作者認爲這些文書殘卷是我們研究元代户籍制度不可多得的實物資料。作者結合這些文書殘卷中的四件,對元代的户口登記程序與户籍内容作一些再探討。

4. 陳高華《黑城元代站赤登記簿初探》(《中國社會科學院研究生院學報》2002 年第 5 期)。《俄藏黑水城文獻》中的元代兩件文書,本文經考釋,認爲是站赤登記簿,爲研究元代站赤只應情況及有關河西蒙古宗王等提供了珍貴的資料。通過研究,推斷出兩件站赤登記簿産生於元代後期,兩件文書時間應有先後。

5. 孫繼民《黑水城所出宋趙德誠家狀試釋》(《敦煌學輯刊》2002 年第 2 期)。《俄藏黑水城文獻》第 6 册收録一件北宋時期保安軍德靖寨人趙德誠報告鄉貫、三代、年甲的文書,本文對這件文書進行了詳細考釋,指出文書定名應擬題爲《宋靖康元年(1126)趙德誠家狀》,其可貴之處是展示了宋代家狀的實物形態。

6. 金瀅坤《從黑城文書看元代的養濟院制度——兼論元代的亦集乃路》(《中央民族大學學報》2003 年第 2 期)。本文認爲《俄藏敦煌文獻》ДX.19072R《元至正三年亦集乃路巡檢司爲收養郭張驢等孤老狀本路總管府及指揮使判》爲黑水城文書,此件文書證實了元代鰥寡孤獨廢疾收養制度曾有效地實行,並一直到元末。元朝還建立了與養濟相關的法律,以確保鰥寡孤獨老弱殘疾者得到收養。

7. 石坤敦《從黑水城出土漢文文書看元亦集乃路的西夏遺民》(《敦煌學輯刊》2005 年第 2 期)。本文通過對黑水城出土漢文文書中出現的西夏遺民資料進行分析,對亦集乃路出土文書中所見的西夏人進行了詳細舉例説明,初步研究了元代亦集乃路遺留西夏遺民的生活狀況及其與當地其他民族的融合情況。

8. 潘潔、陳朝輝《元代亦集乃路大王妃子分例文書復原》(《寧夏社會科學》2007 年第 1 期)。該文認爲黑水城出土元代漢文文書中,用來記録亦集乃路總管府爲其轄區的大王、妃子供應生活物資的文書,應該統稱爲諸王分例類。它們中以桑哥失里大王分例羊酒和卜魯罕妃子分例米麵文書數量較多。經比較,可以復原其中的大部分。作者從分例文書的性質、行文格式和文書内容體現的某些規律出發,對桑哥失里大王分例羊酒和卜魯罕妃子分例米麵文書進行復原。

9. 陳瑞青《從俄藏黑水城文獻看宋代公文的貼黄制度》(《中華文史論叢》2007年第2期)。本文利用《俄藏黑水城文獻》中的《宋代西北邊境軍政文書》,對宋代公文貼黄制度的淵源、貼黄的類型以及對後世的影響作了初步的探討。

10. 王亞莉《黑城出土元代簽補站户文書F116:W543考釋》(《寧夏社會科學》2009年第3期)。該文對黑城《簽補站户文卷》中F116:W543文書進行了考釋與研究,分析闡述了文書記載元末站户消乏逃亡現象,朝廷命令各地站官及時簽補站户,嚴格依照事産、物力、牲畜等財産標準來簽補。上户、中户、下户一概簽充,打破了等級限制,並招誘逃亡或遷移站户復業,以補充人數。

11. 王亞莉《元代亦集乃路"蒙古八站"考釋》(《西夏學》(第4輯),2009年)。本文依據《黑水城出土文書》(漢文文書卷)中的站赤文書,對"蒙古八站"的設置情况以及構成和地理分布等進行了探討。認爲蒙古八站分别是在城站、鹽池站、普竹站、狼心站、即的站、馬兀木南子站、山口站和落卜克站。站赤主要是官員計察軍情,專爲軍需而備,主要交通工具是馬和駝,爲使臣提供抵應什物,所設站官主要爲提領和百户人。

12. 王盼《麥足朵立只答站户案初探》(《西夏學》(第4輯),2009年)。本文對黑水城出土的《麥足朵立只答站户案文卷》作了探討與研究,認爲該文書主要關於在城站户麥足朵立只答與其驅口亦稱布的糾紛,麥足朵立只答因爲其驅口不爲其服站役而上告官府。

13. 杜立暉《黑水城F116:W434元末簽補站户文書試釋》(《寧夏社會科學》2010年第4期)。本文認爲F116:W434文書是元朝政府簽補站户的官方文書,其不但具有重要的文獻價值,更對於研究元代特别是元末站赤管理機關的運行、站户的簽補、復業站户的處理以及當時的職官等内容都具有極高的史料價值。

14. 蘭天祥《黑城出土柬帖文書刍議》(《寧夏社會科學》2010年第2期)。本文對黑城出土的8件元代柬帖文書由格式到内容進行了初步的探討和研究,指出黑城出土文獻是研究宋元時期社會生活重要的實物資料,柬帖文書更是反映元代亦集乃路居民交往的主要憑證。

15. 崔紅芬《漢文〈雜字〉所反映的西夏社會問題探析》(《西夏學》(第六輯),2010年)。本文對《俄藏黑水城文獻》第六册中《雜字》進行了分析,認爲《雜字》是以事門分類編輯當時常用語詞,是西夏時期流行的通俗字書,内容包括經濟商業、政治制度、民族關係、社會生活和文化藝術等多個方面,具有明顯地方特色。

16. 郭兆斌《黑水城所出兩件與養老制度有關的文書研究》(《西夏學》(第八輯),2011年)。本文對《俄藏敦煌文獻》第17册《補遺》中所收Дх19072R號文書作了分析,在對金瀅坤先生文章做了補正之後,對元代亦集乃路地區官府收養老人的程序及元代的養老制度做了論述。

（五）法律

1. 李逸友《黑城出土的元代律令文書》（《文物》1991 年第 7 期）。1983 年和 1984 年，黑城元代亦集乃路遺址中出土了一批元代律令文書，其中有《大元通制》和《至正條格》的殘頁，從而首次得見這兩部原書的真實面貌。

2. 陳志英《元皇慶元年（1312）十二月亦集乃路刑房文書初探》（《内蒙古社會科學》2004 年第 5 期）。《俄藏黑水城文獻》漢文部分第六卷中的“俄 Дх1403”號文書，被定名爲《皇慶元年刑房奉詔赦除令》，作者通過比對該件文書，以及李逸友《黑水城出土文書》F21：W3 文書，認爲這兩件文書爲同一案件不同類型的文書，F21：W3 應是案件審訊過程中對犯人忽都龍的取狀，而“俄 Дх1403”號文書則可能是刑房對令只僧吉的判文，提出將其定名爲《元皇慶元年（1312）十二月亦集乃路刑房文書》。

3. 劉永剛《對黑水城出土的一件婚姻文書的考釋》（《寧夏社會科學》2008 年第 4 期）。該文對《黑水城出土文書》（漢文文書卷）中編號爲 F13：W130 的一件涉及婚姻的文書重新釋讀，認爲文書的主要内容是，脱歡應招入伍，無行軍諸物資，盤纏不够，其弟脱火赤參軍病亡，所以“以錢市斗内白米壹石，小麥壹石，大麥壹石，羊、酒、筵席”的實物，將弟妻巴都麻説媒改嫁，給哈里巴臺爲妻，認爲這份文書既是巴都麻改嫁合同婚書，又有合同買賣性質。

4. 張國旺《俄藏黑水城 TK194 號文書〈至正年間提控案牘與開除本官員狀〉的定名與價值》（《西域研究》2008 年第 2 期）。該文對俄藏黑水城 TK194 號文書《至正年間提控案牘與開除本官員狀》的性質與定名進行討論，認爲文書應爲至正年間亦集乃路總管府錢糧房文書，可定名爲《元代至正間亦集乃路錢糧房所録本路官員請俸文書底簿》，認爲文書反映了元末俸禄制度及具體執行情況。

5. 張重艷《也火汝足立嵬地土案文卷初探》（《西夏學》（第六輯），2010 年）。本文對黑城出土的《也火汝足立嵬地土案文卷》作了研究，整個案件起因於戰亂，本是亦集乃路站户的也火汝足立嵬家族被迫逃亡至永昌路西凉州雜木口充當扎剌兒站站户，後要求回亦集乃路復業。文章指出元代站户存在兩地入籍的情況，並對案件三年才有明確審理結果的原因作了分析。相關研究爲了解元代站户的户籍及土地情況提供了新材料。

6. 張重艷《中國藏黑水城所出元代律令與詞訟文書的史學價值》（《南京師大學報》2012 年第 5 期）。本文對中國藏黑水城所出元代律令與詞訟文書的史學價值進行了研究，認爲黑水城出土的刻本、寫本律令文書，爲研究元代法律典籍提供了版本學的新材料。出土的元代詞訟文書，對元代的訴狀文書格式進行了驗证，同時提供了民事案件審理中新的狀式寫法，爲研究元代審判程序提供了新材料。

7. 馬立群《黑水城出土婚姻類文書探析》（《圖書館理論與實踐》2012 年第 11 期）。本文通過對《黑水城出土文書》（漢文文書卷）四則婚姻類文書的解讀與研究，指出從中可以發現元代亦集乃路地區婚姻聘禮的形式、聘財的高低與婦女改嫁問題，同時可知經濟因素對婦女改嫁影響較大。

（六）語言

1. 聶鴻音《黑水城鈔本〈解釋歌義〉和早期等韵門法》（《寧夏大學學報》1997 年第 4 期）。本文認爲《解釋歌義》是現存最早的漢語等韵門法著作之一，又是早期同類著作中最爲詳細的一種。書中一批前所未見的資料不但展示了漢語等韵學的初始狀況，而且還爲解决誰是等韵門法創始人這一懸而未决的難題提供了可靠的證據。

2. 孫伯君《西夏新譯佛經中的特殊標音漢字》（《寧夏社會科學》2007 年第 1 期）。黑水城出土的漢文文獻中有幾部西夏仁宗時期（1140—1193）刊印的佛經，是由西夏本土僧人寶源等新譯的。本文認爲這些經典中的陀羅尼秉承了唐代以來密咒梵漢對音的標音傳統，在遇到難於在漢語中找到對當字的梵語語音時，採用了很多注音輔助手段，包括在基本漢字前加“口”旁，在基本漢字後加注“二合”“引”“重”“合口”“緊”和創製新的“切身”字等辦法來描摹梵語的實際音值。這些特殊標音漢字的用法與《番漢合時掌中珠》中的夏漢對音用字有些相似。作者根據梵語，對夏譯佛經陀羅尼中的特殊標音漢字所代表的實際語音進行了詮釋。

3. 孫伯君《西夏譯經的梵漢對音與漢語西北方音》（《語言研究》2007 年第 1 期）。該文認爲黑水城出土的漢文佛經中的陀羅尼的對音秉承了唐代以來梵漢對音的傳統，特别是爲準確描摹梵語的實際音值所採用的那些注音輔助手段，頗能顯現與中原漢譯佛經的個中淵源，所不同的是夏譯密咒所用漢字的字音是西夏地區流行的漢語西北方音。特别是《勝相頂尊總持功能依經録》中的陀羅尼，對幫助人們認識 12 世紀漢語西北方音的概貌有重要意義，同時亦爲建立在《番漢合時掌中珠》夏漢對音基礎上的西夏字的擬音提供參考。

4. 蔡永貴、靳紅慧《俄藏黑水城文獻〈劉知遠諸宫調〉俗字整理研究》（《西夏學》（第六輯），2010 年）。該文指出黑水城文獻中的俗字反映了宋元時期西北地區特别是黑水城地區的俗字使用和文字書寫情况。本文搜集了《俄藏黑水城文獻》第六册所載金刻本《劉知遠諸宫調》中的俗字，考證分析了其中的 232 個俗字，並對其進行分類整理研究。

5. 王使臻《俄藏文獻 Дx.2822“字書”的來源及相關問題》（《西夏學》（第五輯），2010 年）。本文通過對俄藏文獻 Дx.2822“字書”的内容與《西夏地形圖》《天盛律令》、西夏文《三才雜字》等文獻的對比分析，認爲 Дx.2822 是在西夏仁孝時期（1139—1193）依照西夏前期境内流傳的漢族文人編寫的一部實用的識字教材而修訂的字書鈔本，後流傳到黑水城。

6. 吴超《黑城出土文書所見蒙古字學考》（《陰山學刊》2010 年第 6 期）。本文提出《黑水城出土文書》中的蒙古教授證明了亦集乃路的蒙古字學的存在，並受亦集乃路總管府的管轄。探討了蒙古字學的生員和經費來源，認爲蒙古字學教授利用士兵空閑的時間對其進行蒙古字學教育，其經費來源爲國家財政支出和學田的收入。並認爲 F111：W55 文書的時間上限爲大德七年(1303)

7. 惠宏《黑水城漢文文獻雜釋》(《西夏學》(第六輯)，2010 年)。本文對黑水城出土漢文文獻中出現的一組詞語作了考釋，這組詞語有俄 Дx16714《至元二十六年提舉司文狀》中的"了跳、鎖停、曲須"；俄 A7《慈烏大黑要門》中的"嚴""鈎兼"；俄 TK158《夾頌心經發願文》中的"無漏、罔極"；俄 TK128《佛說聖佛母般若多心經御制後序發願文》中的"絶蔑"。

(七) 文化

1. 邱瑞中《黑城元代文獻札記》(《中國典籍與文化》1996 年第 2 期)。該文對《黑城出土文書(漢文卷)》中未收的冥錢、版刻資料，三册比丘僧的習誦本，數頁元代畏兀兒蒙古文刻經，黑城刻本之殘頁中瘦金體字黑城文犢等作了介紹。

2. 李輝、馮國《俄藏黑水城文獻兩件類書定名與拼合》(《寧夏社會科學》2005 年第 2 期)。本文對俄藏黑水城漢文文獻中，標明爲類書的兩件刻本，一爲編號爲俄 TK314 的殘件，一爲編號爲俄 TK322(2)的殘件進行勘比，確認此二件實出於唐人徐堅《初學記》第一卷。

3. 張富春《俄藏黑水城文獻俄 TK316 號漢文文獻題名辨正》(《圖書館理論與實踐》2005 年第 3 期)。該文指出《俄藏黑水城文獻》俄 TK316 號漢文文獻只是《資治通鑒・晋紀》的節略、改寫，並不出自《資治通鑒・晋紀》，而是出自《資治通鑒綱目》。本文還認爲此文獻宜題名爲《資治通鑒綱目晋孝武帝寧康、太遠事》，而不宜題爲《晋紀》。

4. 段玉泉《英藏黑水城文獻 Or8212/1243 號殘頁補考》(《文獻》2005 年第 4 期)。本文就 1993 年由郭鋒先生録文刊布，編號爲 Or8212/1243 KK Ⅱ0244 a xxD，擬題"宋刻本孔穎達禮記正義(單行本)殘頁"進行了研究，認爲郭書序言部分對此件材料介紹以及録文擬題直接將其稱之爲《禮記正義》欠妥，指出該件文書殘頁所記載内容出自孔穎達《春秋左傳正義》。

5. 許文芳、韋寶畏《俄藏黑水城 2822 號文書〈雜集時要用字〉研究》(《社科縱横》2005 年第 6 期)。本文對俄藏 2822 號文書《雜集時要用字》的定名和斷代作了進一步的探討，認爲將其定名爲《雜集時要用字》更恰當一些，寫作年代應在公元 1170 年至公元 1209 年或 1217 年之間。

6. 段玉泉《俄藏黑水城文獻〈初學記〉殘片補考》(《寧夏社會科學》2006 年第 1 期)。本文指出俄藏黑水城文獻 TK322《六十四卦圖歌》封底亦裱有兩紙類書殘片，此殘片與李輝、馮國棟先生考證的兩件類書殘片可以拼合，同屬於《初學記》的一個頁面，該《初學記》殘本當爲北宋刻本，非金刻本。

7. 段玉泉《黑水城文獻〈資治通鑒綱目〉殘頁考辨》(《寧夏大學學報》2006 年第

3 期)。本文對俄藏編號爲 TK316,内蒙古藏編號爲 F6:W36 的黑水城漢文刻本殘頁作了考釋,認爲這兩件殘頁均出自朱熹《資治通鑒綱目》,兩件藏品版本特徵極爲相似,但紙質不同,當屬不同版本或者同一版本的不同印刷。根據避諱情况判斷,其中 TK316 應當是南宋刻本。

8. 張廷杰《俄藏黑水城文獻中的元佚詞》(《寧夏大學學報》2006 年第 1 期)。本文對《俄藏黑水城文獻》(漢文部分)第五册中收録的有關手寫的《大聖樂》等九調十首詞進行了分析,認爲這些文獻爲元佚詞,作者當爲修仙悟道之山人隱者抑或是仕途失意的落魄文人;其詞格式有與詞譜不相合者,爲詞律研究者提供了新的資料依據。

9. 陳静《黑水城〈吕觀文進莊子義〉錯誤舉例》(《中國哲學史》2008 年第 3 期)。該文認爲,吕惠卿的《莊子義》現在只有金刻本和黑水城殘本存世,並不等於當年就只有這兩個刻本。黑水城《莊子義》殘本有很多漏字錯字、俗字、簡略字,還有前字不誤而後字故意用簡單筆劃的字來代替繁複前字的現象,有好些讀不通的句子和段落,從這些現象來看,它不像是在作者吕惠卿的關注之下刊印的最初版本,也稱不上精良。因此,稱它早於金刻本是可以的,而在没有進一步的證據之前,以它早於金刻本就稱之爲"原刻本"或者"初刻本"是不恰當的。

10. 孫廣文、蘭天祥《元代亦集乃路儒學教育初探》(《寧夏社會科學》2009 年第 5 期)。該文對黑水城出土文書中涉及儒學教育的部分文書進行分析,探討了亦集乃路儒學教育的内容,生員、學生及儒户,儒學教育和學課錢,以及學田等問題,以期揭示亦集乃路儒學教育的基本面貌。

11. 吴超《亦集乃路的儒學管理初探》(《陰山學刊》2009 年第 3 期)。本文依據《黑水城出土文書》中有關儒學資料,對亦集乃路的儒學教育作了初步研究。亦集乃路儒學既受甘肅儒學提舉司管轄又受亦集乃路總管府的管轄。儒學教授是選拔博學多才的儒生,生員來源爲儒户和良家子,經費主要有政府的財政支出、學田、學課,從學生鈔本和印本來看,儒學教學的内容應是符合元朝政府規定的。

12. 潘潔《黑水城出土〈文獻通考〉版本考》(《圖書館理論與實踐》2009 年第 7 期)。本文以黑水城出土的 4 卷《文獻通考》爲資料,在疏理《文獻通考》版本的基礎上,將黑水城《文獻通考》與現藏於北京國家圖書館的泰定元年(1324)初刻本、中國臺北圖書館的至元五年(1339)余謙修補本進行比較,考證出此本爲元朝泰定元年(1324)西湖書院刻本。此外,黑水城《文獻通考》卷四六中的一處手寫改動,糾正了初刻本中的錯誤。

13. 惠宏《黑水城出土〈尚書句解〉殘頁考》(《西夏學》(第 4 輯),2009 年)。該文對李逸友《黑水城出土文書》(漢文文書卷)中,一件編號爲 F1:W67 的尚未求得出處的《尚書》注本作了研究。依據《四庫全書》本《尚書句解》確認黑水城出土的這一殘頁正是朱祖義撰《尚書句解》的刻本之一。其次,對文獻的作者、成書年代及其價值進行了研究。最後,對黑水城出土本《尚書句解》版本作了考察。

14. 邱志誠《黑水城 M1·1296、M1·1298 號文書的綴合、考釋及相關問題研究》(《文獻》2012 年第 4 期)。該文指出《黑水城出土文書》(漢文文書卷)中編號爲 Fl:W44、Fl:W45 的兩件文書,是占卜入門知識課本的習鈔本,Ml·1296、Ml·1298 號文書並不是符占文書鈔本。這兩件文書實際上是一個鈔本的兩個連續頁,應該只給一個編號、一個題名,且正確定名應是《習抄元版《〈圖像合璧君臣故事句解〉殘頁》。

(八) 宗教

1. 王克孝《蘇聯藏西夏漢文佛經刊本述略》(《文獻》1990 年第 1 期)。本文對《黑城出土漢文遺書叙録》19 種中保存較完整的刊本情況作了叙述與介紹。認爲西夏用漢文刻印的書籍傳世不多,上述刊本佛經則填補了我國書籍印刷史上的這段空白,這些刊本多爲現存的海内孤本和珍本,爲考察和研究西夏的雕版印刷提供了新的實物資料,而且使我們得以把西夏刊本的最早時間精確地上溯到 1073 年,這些刊本在雕版格式、裝幀技藝上既受到漢族文化的明顯影響,又有着自己的特點,特别是版畫中所描繪的人物形象、髮式衣冠等方面更具有西夏的藝術風格。

2. 聶鴻音《黑城所出〈續一切經音義〉殘片考》(《北方文物》2001 年第 1 期)。《黑水城漢文文獻叙録》一件編號爲 F64:W1 的漢文書籍刻本殘片編入儒學與文史類,本文對這件殘片進行簡要的補充説明,認爲這件殘片出自遼代僧人希麟編集的《續一切經音義》卷六,是對《無量壽如來唸誦修觀行儀軌》的音義注解。目前還無法判斷黑城所出《續一切經音義》的準確刊印年代,指出它是黑城遺址發現的首件遼人作品。

3. 邱樹森《從黑水城出土文書看元"回回哈的司"》(《南京大學學報》2001 年第 3 期)。本文對三件涉及"回回哈的司"文書作了考釋與研究,提出這三件文書可以證明該機構在元代幾經廢除,但在元後期各地已經恢復,哈的大師的職權照舊;哈的司多設於禮拜寺中,説明"回回哈的司"是唐宋"蕃坊"向明清"教坊"轉化的過渡形式。

4. 李輝、馮國棟《俄藏黑水城文獻〈慈覺禪師勸化集〉考》(《敦煌研究》2004 年第 2 期)。本文指出了俄藏黑水城文獻《慈覺禪師勸化集》,作者是宋代雲門宗、净土宗僧人宗賾,並對宗賾的生平和另一部總集《葦江集》作了詳細的考證。

5. 宗舜《俄藏黑水城文獻之漢文佛教文獻續考》(《敦煌研究》2004 年第 5 期)。本文對《俄藏黑水城文獻》(漢文部分)中没有定名的 3 個寫卷進行了定名,並糾正了 8 處原定名不確的情況,通過兩次考訂,使新定名的佛教文獻總數達到 36 件,而未能定名的佛經文獻僅有 2 件。

6. 馬格俠《俄藏黑城出土寫本〈景德傳燈録〉年代考》(《敦煌學輯刊》2005 年第 2 期)。本文考證了黑城寫本《景德傳燈録》的年代、所依據的底本、傳入黑城地區的時間等問題,認爲該寫本所依據的底本是現在傳世的最早版本,可能是《熙寧藏》或更早的版本。

7. 孫伯君《西夏寶源譯〈勝相頂尊總持功能依經録〉考略》(《西夏學》(第1輯),2006年)。黑水城所出的寶源譯本《勝相頂尊總持功能依經録》,係由西夏國師鮮卑寶源於仁宗天盛元年(1149)前後根據梵文本翻譯,譯文風格明顯受藏文譯經的影響,並帶有西夏地區流行的漢語西北方言的特徵。

8. 孫伯君《西夏寶源譯〈聖觀自在大悲心總持功能依經録〉考》(《敦煌學輯刊》2006年第2期)。本文對黑水城所出漢譯本《聖觀自在大悲心總持功能依經録》進行了考釋研究,認爲該經係由西夏國師鮮卑寶源於仁宗天盛元年(1149)前後據梵文本翻譯的,與藏文《聖者大悲觀自在妙集功德陀羅尼》出自同一部梵文原典。

9. 沈衛榮《重構十一至十四世紀的西域佛教史——基於俄藏黑水城漢文佛教文書的探討》(《歷史研究》2006年第5期)。本文對俄藏黑水城漢文文獻中的藏傳密教文獻作了研究,將其與回鶻、西夏、蒙古文中的佛教文獻相比較,認爲可以重構11—14世紀西域佛教史。

10. 湯君《西夏全真教佚詞十一首考釋》(《宗教學研究》2007年第2期)。《俄藏黑水城文獻》第一册,編號A20號寫卷爲黑水城出土的全真教佚詞,該文對此寫卷作了分析與研究,認爲佚詞與全真教的密切關係,它們應該是在西夏發現的全真詞的實物,是金全真七子的作品。

11. 連劭名《西夏漢文寫本〈卜筮要訣〉研究》(《寧夏社會科學》2007年第1期)。本文對俄藏黑水城文獻中一份編號爲TK153V.B60V西夏時期的漢文寫本作了分析研究。認爲這件文書是根據《周易》編寫的簡易卜筮書籍,包括筮法、六十四卦名、占辭等内容。占辭僅存乾、坤、屯、蒙、需、訟、師七卦。這件寫本是研究中古時期易學與西夏地區民俗文化的珍貴資料。

12. 韋兵《佛教世俗化與宋代職業倫理建構——以俄藏黑水城文獻〈慈覺禪師勸化集〉爲中心》(《學術月刊》2008年9月)。該文指出在唐宋之際的社會轉型中,貧民化和世俗化是重要趨勢,黑水城文獻《慈覺禪師勸化集》中,北宋高僧宗賾稱修行與世俗生活並不相悖,《勸化集》諸篇對包括胥吏、軍人、商人在内的各行業職業操守和佛教修證的關係進行了詳細論述,從理論上闡明宗教修行與世俗職業生活兩者在本質上是統一的。

13. 黄傑華《黑水城出土藏傳佛教實修文書〈慈烏大黑要門〉初探》(《中國藏學》2009年第3期)。本文以《慈烏大黑要門》爲例,先將寫本重新整理標點,再通過比對其他大黑天修法文書,説明該文書的内容要點,試圖釐清大黑天信仰在西夏藏傳佛教的輪廓。

14. 彭向前《西夏漢文寫本〈卜筮要訣〉再探》(《寧夏社會科學》2010年第1期)。該文對黑水城出土漢文寫本《卜筮要訣》作了進一步探索,認爲該書共由四部分組成,可分别擬作“八卦象例”“摇卦訣”“六十四卦歌訣”、以及“六十四卦占辭”“占詩”;並從諱字、出土地點、鈔本中的通假字入手,論证了“卜筮要訣”確爲西夏時期的鈔本。

15. 宋坤《俄藏黑水城宋慈覺禪師〈勸化集〉研究》(河北師範大學碩士論文,2010 年)。本文對《俄藏黑水城文獻》第三册當中的 TK132 號《慈覺禪師勸化集》研究現狀進行了介紹和分析,對慈覺禪師生平作了補考,對目前所見傳世文獻當中所存的《勸化集》相關内容進行了梳理和介紹,對宗賾佛教思想的世俗化傾向進行了探討,對宗賾的“忠孝”觀念進行了分析討論。另外,本文還對長蘆寺的建置問題進行了簡單考證,並對《勸化集》進行了釋録。

(九) 醫藥、曆法

1. 張培瑜《黑城新出天文曆法文書殘頁的幾點附記》(《文物》1988 年第 4 期)。《内蒙古黑城考古發掘紀要》報導的出土文書中有天文、曆法資料,本文對發表的曆書殘頁和月食記録作以下研究:一、出土的曆書是元至正二十五年(1365)授時曆殘頁。二、古代曆簡曆書近年考古多有發現。目前已知自西漢迄清,除三國、兩晋、南朝、隋曆本尚未發現外,後世只有元朝曆書未見。黑水城曆書殘頁的出土,補上了這個空缺。三、月食現象我國史書上記載不多。新出黑水城文書中“至正五年乙酉歲八月十六日丁卯夜望月食”的記録,《元史・天文志》未載,日本、朝鮮都有記録。它可能是當地民間的觀測實記,也很可貴。

2. 張培瑜、盧央《黑城出土殘曆的年代和有關問題》(《南京大學學報》1994 年第 2 期)。黑城出土的漢文文書中有五件殘曆,本文認爲是元大德和至正時期授時曆書殘頁,黑城殘曆授時曆創立了曆書新格式,删除了大小歲會、雜會、黄道黑道等叢書類目,集中每月六候列於月首等等,使曆書面目一新。這種格式一直爲明清遵循。

3. 劉海波、劉玉書《黑城出土文書醫藥初探》(《第二屆中國少數民族科技史國際學術討論會論文集》,社會科學文獻出版社 1996 年)。本文對李逸友《黑水城出土文書》中有關醫藥資料進行整理歸納,按醫事建制,疾病簡掇,方藥雁輯等項進行了初探。從而説明早在 700 多年前的亦集乃醫藥已初具規模。

4. 劉海波《黑城出土文書醫藥殘文考略》(《中華醫史雜志》1998 年第 2 期)。本文對《黑水城出土文書》中的醫藥殘文加以整理,並參照元代朝廷有關的醫藥政策、法令,按醫學與教授,惠民藥局與良醫,醫論與方藥,以及三皇祭祀等項進行簡要的考證,分析認爲元代各路州均設立醫藥機構。

5. 張如青《俄藏黑水城中醫藥文獻初探》(《中華醫史雜志》1999 年第 1 期)。本文對《俄藏黑水城文獻》10 餘種中醫藥文獻,如《孫真人千金方》《辰龍麝香保命丹》《紫苑丸方》《神仙方論》等作了介紹,對俄藏黑水城文獻之中醫藥文獻的版本作了探究。

6. 史金波《黑水城出土活字版漢文曆書考》(《文物》2001 年第 10 期)。本文對《俄藏黑水城文獻》中的漢文殘曆作了探討,認爲殘曆書時代爲 13 世紀初期,是早已失傳的古曆,是有確切年代最早的漢文活字印本,是西夏印本。

7. 張如青《俄藏黑水城佚名古方書輯校考釋》和《俄藏黑水城佚名古方書輯校考釋(續)》(《上海中醫藥大學學報》2001 年第 4 期、2002 年第 1 期)。對俄藏黑水城文獻 TK187 佚名古方書殘卷進行釋校、考證、研究。確定了該文獻的成書年代、版本形制;破釋了文獻中大量漫漶字、俗體字及宋、金時期的俗語詞;結合傳世唐、宋方書對其中的醫方進行了比較研究與綜合考證。

8. 張如青《俄藏黑水城文獻〈辰龍麝香保命丹〉考釋》(《中醫文獻雜志》2004 年第 2 期)。本文對俄藏黑水城文獻《辰龍麝香保命丹》進行釋讀、輯校,並從文獻形制、刻印年代、仿單源流、主治病症方面等作了全面考釋。認爲 TK173《辰龍麝香保命丹》是現存最早的中成藥方單。

9. 惠宏《俄藏黑水城漢文醫藥文獻概要》(《國醫論壇》2005 年第 1 期)。本文對俄藏黑水城文獻中的 7 件西夏文醫藥文獻、10 件漢文文獻,進行了版本特徵和内容介紹。認爲這些藥方文獻價值遠比不上敦煌醫藥文獻。但是,其中不少材料(例如《孫真人千金方》)還是有相當價值的,對這些材料的全面整理與研究,可以幫助我們增添對傳統醫藥文獻的認識。

10. 潘潔《黑城分例文書中的屬相紀年》(《内蒙古社會科》2006 年第 4 期)。該文對黑城出土文書中反映的屬相紀年情況進行了詳細的列表介紹以及研究,指出黑水城出土的漢文文書基本上採用年號紀年,屬相紀年均出現在翻譯少數民族的文書部分,屬相紀年在元代流行於少數民族中。

11. 惠宏《英藏斯・碎・181 脉法殘片考——兼推黑城文獻之下限》(《時珍國醫國藥》2006 年第 10 期),《英藏黑水城文獻 Or8212/1343 號脉法殘片考——兼論黑水城文獻與敦煌文獻的互串問題》(《西夏學》(第 1 輯),2006 年)。二文指出英藏黑水城文獻 Or8212/1343 號脉法殘片亦編號爲 S・碎・181,馬繼興先生在《敦煌醫藥文獻輯校》一書中全文輯録,擬題爲"不知名脉法殘片"。該文對此殘片作了進一步考察,認爲這一脉法殘片實際上與《普濟方》卷一二六《傷寒門・平脉法第二》中一段文字完全吻合。此外,該文還舉例論述了黑水城文獻與敦煌文獻的互串問題。

本文未公開發表